本书出版得到济南大学出版基金资助

THE STUDY ON THE GROUP OF
MANCHU POETS IN THE MODERN TIMES

近代满族诗人
群体研究

郭前孔　著

人 民 出 版 社

责任编辑:宫　共

封面设计:汪　莹

图书在版编目(CIP)数据

近代满族诗人群体研究/郭前孔 著. —北京:人民出版社,2023.10

ISBN 978-7-01-025976-5

Ⅰ.①近⋯　Ⅱ.①郭⋯　Ⅲ.①满族–诗人–人物研究–中国–近代

Ⅳ.①K825.6

中国国家版本馆 CIP 数据核字(2023)第 181856 号

近代满族诗人群体研究

JINDAI MANZU SHIREN QUNTI YANJIU

郭前孔　著

人民出版社 出版发行

(100706　北京市东城区隆福寺街 99 号)

北京汇林印务有限公司印刷　新华书店经销

2023 年 10 月第 1 版　2023 年 10 月北京第 1 次印刷

开本:710 毫米×1000 毫米 1/16　印张:21.5　字数:329 千字

ISBN 978-7-01-025976-5　定价:66.00 元

邮购地址 100706　北京市东城区隆福寺街 99 号

人民东方图书销售中心　电话 (010)65250042　65289539

序

　　郭前孔君的这部《近代满族诗人群体研究》即将付梓，他要我说几句话。前孔是我招收研究生中最早的一位，那一年我有事没去参加招生的面试工作，后来他自己找到我家说他是我的学生，从此就有了我们后来近三十年的师生缘分。我记得前孔来读研究生时，带着一个上小学的儿子，生活甚是拮据。我在学校有一间筒子楼里的房子，平时上课或者去图书馆查找资料用来休息，就把这间房子借给他们父子俩栖居。硕士研究生毕业，前孔很顺利地在济南大学找到工作，生活终于安定下来。后来他又跟随苏州大学的王英志先生读博士，在王先生的培育指导下，前孔学业有了很大进步，完成了王先生国家社科基金项目"清代唐宋诗之争流变史"中的近代部分。

　　高校教师的工作压力之一便是申请项目。2011年前孔和我商量报一个课题，我提议研究满族文学家，觉得这是一个比较冷并有价值的领域，当时比较多地考虑能否中的，而没有考虑一旦课题拿到，前孔将面临一个全新领域的挑战。所以很长时间我内心充满了惴惴，开始怕项目中不了，让他埋怨我，项目下来后，我又担心一个新课题的艰难会不会让他望而生厌，做不下去。事实证明我多虑了。从此后他进入这一领域，至今已经十多年了。可喜的是前孔没有因为项目结题就停下来，而是继续深入拓展，撰写成这样一部著作，让我特别欣慰。

　　我于此领域无研究，翻阅他的大作受益很大。这是一部关于满族诗人群体宏观把握的研究著作，就此而论非常不容易，没有沉潜多年的积累是不可能做到的。作者立足于丰富的文献，概括每一个阶层的共性，系统地展示了帝王、宗室、基层官员以及闺秀等对于汉文化的向慕与热衷于诗歌创作的风尚。这样的写作策略，适合满族在清代社会的独特性，具有相当的合理性。由此我们观察到近代满族作家群体上行下效，共同推动了满族文学创作在近代到达的高潮，在高潮中出现了文学社团与名家名作。与之相关的是对社团、诗学、家族都也作了比较精彩的论述，表现出作者驾驭大课题的能力，基本能做到思路周全，逻辑严密。

基于对近代满族作家的群体认识，更是由于作者对于这些作家的作品了解，发现了"纪程诗"这样具有创作特色的诗体。在目前的研究中，研究者注意到近代满族诗歌中的山水诗或曰景物诗，而作者第一次对这一现象进行了深入的探讨。问题被发现，给人一种豁然的感觉。清代幅员辽阔，官员们以京师为轴心，四射到全国各地。这种情况其实前朝也是如此，但是清代的满族作家们似乎不像汉族作家对空间距离、陌生环境的恐惧与悲戚，而是把去洪荒辽远的地方作官，或者贬谪作流徒，当作一次与行程相识相亲的经历，并用诗歌的形式把沿途风物和感怀记录下来，这不仅是古代纪行诗赋的新变，也是一份地理与文学的完美结合。作者提出"纪程诗"的概念，可能更能揭示这种文体与前代纪行诗赋从精神气质上的不同。为此作者辨析新概念，呈现新现象，并挖掘其产生的社会背景，总结其特色，无疑是本作的亮点之一。这一发现为全面认识近代文学、中国山水文学提供了新的范本。

这本书就整体而言重点在宏观研究，但一些具体作家的研究也能细致入微。如宝廷，不仅在满族作家里，就是在近代整个作家群中都很值得深入研究，作品多，生平履历丰富，交往人多。前孔对宝廷其人与其诗的论述，条分缕析，切实入微。虽是学术著述，读来能引人入胜。此外，本书论及满族文化繁荣时，特别关注到皇室、宗亲对教育的重视，由此衍生出文化世家、藏书家的大量涌现，还表现于对理学、经训考古等方面的成就，吉光片羽，不一一赘述。总之本著作在满族文学研究史上具有开拓意义。

目前的学术研究，由于资料获得的相对容易，途径也多，学术著作容易形成规模，造成了当下的一种学风，研究者长于文本的外围研究，例如辑佚、版本梳理、数据统计等，当然这种研究自然是学术研究的题中之意，而文学研究之中之思想、情怀、作者的心路历程与诗歌艺术的相得益彰则罕能进入三昧。本书则能在梳理清楚外围情形外，不乏对文学本质、文学形态的描述与分析。

如果要说几句不足的话，我认为研究满族文学，应该将其置于近代诗学背景中，或许更能提升课题中一些问题的理论价值。

2021年，前孔君又申请到了国家社科基金项目"清代旗籍翰林群体文学研究"，显然他还要继续在这一领域披荆斩棘。祝贺前孔大作问世，也预祝新的课题取得更加具有突破性的进展。

孙之梅

壬寅岁暮

目　录

前　言

作为中华民族大家庭中的一员，满族在明末迅速崛起，并入主中原，成为这个古老而又庞大帝国的统治阶级。之后，采取了一系列的文治武功，平定三藩，统一台湾，抗击沙俄，巩固边疆；发展经济，尊崇理学，稽古右文，使清王朝在百年中呈现出极盛局面。康乾盛世，不仅经济繁荣，军事强盛，版图扩大，而且文化教育科举也出现了长足进步。《四库全书》的编纂、古籍典藏的整理、文学艺术的整合，使清代成为历代中国文化集大成之势。在各民族中，不仅汉民族的教育文化极其发达，少数民族特别是作为统治阶级的满族的教育文化也迅速发展起来。到乾、嘉时期，满族的文化学术、文学艺术蓬勃发展，嘉庆帝谕云："我国家景运昌明，文治隆茂。八旗臣仆，涵濡圣化，辈出英才。自定鼎以来，后先疏附奔走之伦，其足任干城腹心者，指不胜屈……迨乎太平既久，大雅遂兴。轺轩遍于八方，庠序深于六义。而诗陈宝鼎，非沛上之英，客满瀛洲，无晋阳之产。极之萋苴，周恪杞梓，楚才胥入，网罗咸陪，奔奏论勋宿卫，词诓炳乎丹青，尽瘁前驱，技且穷于病，兢未闻畋渔，迩化并附，歌薰鼓吹，从征且能肆雅，近则振振麟角，道备亲贤，纠纠虎贲，才兼文武，璧府焕周庐之彩，光与星辉；戟门联幽谷之芳，章依汉倬，有若今日之盛者也。"[①] 汉族诗论家袁洁《蠡庄诗话》卷一也云："国朝肇基东土，景运昌隆，一时风云龙虎之从，旗常竹帛，勋业烂然。自是圣圣相承，重熙累洽。蒙古、满洲中英才辈出，研京炼都，彬

---

① 　铁保辑：《熙朝雅颂集》嘉庆帝上谕，辽宁大学出版社 1992 年版。

彬然与唐、宋名家争胜。顾或睹一二巨公之集，或见和章一二首及所传佳句而已。嘉庆甲子岁，铁梅庵尚书抚山左时，手辑八旗诗篇进呈。上溯崇德，至乾隆六十年，得诗百三十四卷。蒙赐名《熙朝雅颂集》，并御制序文，颁之中外大吏，洵为从古未有之大观。其间天潢勋旧、名公巨卿、文武庶司、畸人逸士，以及闺媛，无不含英咀华，吟咏成帙。足见国家培养之深、文教之盛，逾于历代矣。"① 于此满族文风之盛可见一斑。

清代满族诗文创作相当发达，在现存所见到的各种文献资料中多有记录。如金启孮云："清代府邸世家的王公、世职，受宫中、府中传统教育，多擅长武事，尊礼文人，对于语言、文学皆兼有所长。"② 另外，还可以通过以下几组数据来显示，徐世昌编辑《晚晴簃诗汇》，收六千一百五十九位清代诗人之诗两万七千四百二十首，其中八旗诗占六分之一左右。清人诗集有七千余种，其中满族人的诗文集多达近七百种，几占十分之一。这些都足以说明满族诗歌在清代诗坛上的兴盛态势。另外，钱仲联先生在《顺康诗坛点将录》中以天贵星小旋风柴进予纳兰性德，以地藏星笑面虎朱富予尹继善，均给予满族诗人以较高的地位。

近代满族诗人在清末以来也备受重视。据笔者统计，钱仲联先生主编的《清诗纪事》录入道光朝及以后各朝代共三十一人。徐世昌主编的《晚晴簃诗汇》收入道光朝及以后诗人二十名。袁行云编写的《清人诗集叙录》编录十七人，《中国文学家辞典·近代卷》收入一十人。钱仲联先生著《近百年诗坛点将录》，选取1880—1980年的诗人，其中予盛昱以北山酒店地奴星催命判官李立，在《道咸诗坛点将录》中以地微星矮脚虎王英予承龄。汪辟疆作《光宣诗坛点将录》以天贵星小旋风柴进予宝廷，以地隐星白花蛇杨春予志锐或唐晏，以地察星青眼虎李云予盛昱，也均给予较高的评价。

真正值得重视的是，新中国成立以来特别是20世纪80年代以来涌现出一大批专门研究清代满族文学的专家和学者，他们以搜罗编辑满族文献、

① 袁杰：《蠡庄诗话》，《清诗话三编》，上海古籍出版社2014年版，第3593页。
② 金启孮：《金启孮谈北京满族》，中华书局2009年版，第233页。

撰写研究论文专著为职志，为清代满族文学研究开拓出一片新天地。编纂的著作主要有：张菊玲、关纪新、李红雨辑著《清代满族作家诗词选》（时代文艺出版社 1987 年版），朱眉叔、黄衍柏、董文成、卜维义选注《满族文学精华》（辽沈书社 1993 年版）。从宏观上可以一览清代乃至近代满族诗词的整体风貌。专著主要有：邓伟主编《满族文学史》（沈阳出版社 1989 年版）、张佳生著《八旗十论》（辽宁民族出版社 2008 年版）、马清福著《八旗诗论》（延边大学出版社 1989 年版）、张菊玲著《清代满族作家文学概论》（中央民族学院出版社 1990 年版）、董文成主编《清代满族文学史论》（中国文联出版社 2000 年版）、张佳生著《清代满族文学论》（辽宁民族出版社 2009 年版），张佳生著《独入佳境——满族宗室文学》（辽宁人民出版社 1997 年版）。这些专著或专论清代满族诗词，或纵观清代满族文学，或从不同角度研究探讨了清代满族诗歌的概况和个案，具有很大的开拓性。但他们主要关注清代前中期的满族诗歌创作，以之作为清代满族诗歌研究的主体，对近代诗歌顾及较少。特别值得提及的是由邓伟作为总主编的四卷本《满族文学史》（辽宁大学出版社 2012 年版），洋洋洒洒，纵横自如，不仅对清前中期满族诗歌进行了广泛探讨，而且对近代满族诗人及其诗歌创作进行了详尽的挖掘，主要诗人诗作均在其视野之内，颇具参考价值。

　　除论著外，近年来还出现了为数不少的研究清代满族诗歌的学位论文，其中部分论文专门以近代满族诗歌作为议题或涉及近代满族诗人诗歌的学位论文。如浙江大学李杨的博士论文《八旗诗歌史》（2014 年）、北京师范大学雷晓彤的博士论文《清代满族诗人群体研究》（2005 年）、苏州大学张德华的硕士论文《宝廷诗歌研究》（2009 年）、浙江师范大学王志芳的硕士论文《爱新觉罗·宝廷诗歌研究》（2010 年）、云南师范大学金丽的硕士论文《顾太清诗歌研究》（2013 年）、内蒙古大学杨兰的硕士论文《那逊兰保家族文学研究》（2013 年）、浙江大学朱吉吉的硕士论文《清代满族女诗人研究》（2011 年）、黑龙江大学刘晴的硕士论文《晚清名士盛昱研究》（2010 年）等。他们选取著名满族诗人及其诗作进行了详细研究，颇具资料性和启发性。另外还发表了一大批该方面的学术论文，也有不少关于近代满族诗人及其诗歌的个案研究论文，但所占比例不高。

总之，到目前为止，近代满族诗歌研究取得了可喜的成绩，学者们筚路蓝缕，为今后的研究打下了较为坚实的基础，成为今后研究的路标。但不可否认的是，这些研究成果大多为个案研究，理论性、综合性不强，将近代满族诗人作为一个族群进行研究的著作尚未出现，因此，该方面研究显得很有必要。为此，笔者于 2011 年以"近代满族诗人群体研究"为题申报该年度的教育部人文社科规划项目，幸获批准，由此开启了该领域的学习和研究。

在论著写作之前，必须首先对"满族"一词加以定性。事实上，对"满族"的定义，至今依然是国内外学界争论不休的问题。有的史学家如王钟翰先生主张"旗人"和"满族"是同一概念，即不仅"老满洲"和"新满洲"都是满族人，蒙古八旗和汉军八旗也应被看作是满族人，因为他们也被一同编在八旗之下，享有同"八旗满洲"同等地位。[①] 而有的史学家如李洵和李广利两位先生则持相反意见。他们在"老满洲"和"新满洲"都是满族人这一点上没有异议，分歧发生在"旗人"和"满族"是否同一指称或完全等同上。李洵先生认为，汉军八旗、蒙古八旗同满洲八旗属于"民族联合体"，而"民族联合体"是"以集体或集团的形式，一个民族的集团加入另一个民族集团之中，并保持其民族的集群特征"。因而，汉军和蒙古八旗成员，在清代虽然可以被称为"旗人"，但"旗人"并不等于就是满族。所以，"汉军八旗与蒙古八旗是相对满洲八旗而言的，这三种'八旗'是代表着三个不同的民族系统，显然是一种民族联合体。终清之世，满、蒙、汉军八旗始终分立，绝无融合之迹，越往后来，汉军旗人改为民籍的日见增多，反映了这种不稳固的民族联合体趋向瓦解。汉军、蒙古八旗这种民族联合体，从实质上看，它们的性质应当是民族雇佣兵的性质，是满族贵族为了补充本旗兵源不足的一种必要的措施"[②]。李广柏先生也持同样观点[③]。著名满族文学研

---

① 王钟翰：《关于满族形成中的几个问题》，《社会科学战线》1981 年第 1 期。

② 李洵：《满族史研究刍议》，《满族研究》1985 年创刊号。

③ 李广柏：《曹雪芹是满族作家吗?》，《红楼梦学刊》1982 年第 1 期。

究专家董文成先生不仅赞同李洵、李广柏两位先生的主张，在分析"清代满族的核心和外围"中认为："除了以汗和皇帝为首的宗室贵族和满洲其他王公贵族集团之外，前述融合到以建州、海西女真为基础的满族当中的女真诸部及其他东北少数民族共同组成的'佛满洲'平民和奴仆大众，则是满族的基本下层成员。同各自以原来民族单独编旗的蒙古八旗和汉军八旗成员相较，以汗和皇帝为首的满洲贵族集团及其家族成员为核心的满洲旗人可算广义的满族正式成员；而蒙、汉二族的旗人则是以满族为盟主的满、蒙、汉三族旗人组成的独特民族联合体中的外围或附庸。"① 在此，我们采纳李洵、李广柏和董文成等几位先生的意见，将"满族"这一范畴限定在八旗满洲范围内，论述内容不再涉及蒙古八旗和汉军八旗。

关于"近代"一词的时限，我们参照近年来学界较为广泛认同的看法，将道光元年（1821）作为起点，下限至一九一九年"新文化运动"。这样，上下时限差不多百年时间。之所以如此，还在于我们发现，有的诗人尽管出生在乾隆、嘉庆年间，但他们的创作一直延续到道光初中期，如奕绘、麟庆、庆麟、斌良等人。而辛亥革命以后，尽管清政府退出了历史舞台，有些满族宗室遗老依然用创作表达他们的落寞。因而，只有如此分界才符合近代满族文学发展的实际情况。

在满族文学研究过程中，将近代满族诗人作为一个群体进行研究尚属首次，这就注定将是一次艰苦的尝试，本论著旨在从整体上对他们的成员构成、文学活动、诗歌创作、文学家族等情况进行全面观照。当然，由于这个群体的庞大和成员的复杂，经过多方努力，试图多角度、全方位地展现该诗群的基本风貌。但由于水平所限，加之搜集资料的困难——许多诗人的诗作散佚而无从寻找，只能择善而从，肯定会留下不少缺憾，恳请各位专家和读者批评指正。

---

① 董文成：《清代满族文学史论》，中国文联出版社 2000 年版，第 27—28 页。

第一章　满族文化发展盛况

一种文学的出现，总是与一定的历史文化相关联，有其特殊的社会原因和文化原因。文学本身就是一种文化现象，近代满族文学也不例外。因此，欲探讨满族文学，首先就要从其社会历史文化入手，唯其如此，才能高屋建瓴，透彻了解近代满族文学的发展及其内蕴。

第一节　满族文化发展概况

以清代皇帝为首的满族统治者，崇尚汉族文化，重视本民族教育，取得了令人称羡的成就。

入关以前，满洲虽有自己的文化，但尚处于起步阶段，还比较原始。定都北京后，最高统治集团不满足于军事斗争的胜利，他们认识到，马上得天下，但不能马上治天下。要想征服和治理这个封建统一的大帝国，只靠翻译汉族文化已不能适应形势需要，必须虚心学习先进的汉族文化，以儒家文化治国，将它作为巩固政权，加强思想统治的工具。由于深知掌握汉族文化对维护其统治的迫切性和重要性，上至帝王贵胄，下至朝廷重臣，掀起了学习汉族文化的热潮。

首先需要提及的是，清朝历代皇帝尤其是康雍乾三位对汉族文化的提倡。满族皇帝从太祖努尔哈赤开始，就深知学习文化的重要性。他们不仅自己重视文化，还重视本族人的学习。努尔哈赤命手下人利用蒙古文字创造满文，太宗皇太极指示达海等人改进满文，翻译汉文书籍。特别是入关之后的几任帝王，都是学习汉族文化的榜样。

康熙帝五岁开始读书，接受系统的汉族文化。举凡当时的各种知识，无论是历史、书法艺术、文学、理学，还是天文、数学、地学、历法，无不感兴趣，又无所不晓。曾国藩在《国朝先正事略序》中说他：“上而天象、地舆、历算、音乐、考利、行师、刑律、农政，下至射御、医药、奇门、土遁、满、蒙、西域、西洋之文书字母，殆无一而不通。且无不创立新法，别启津途，后来高才绝艺，终莫能出其范围。”①其后雍正、乾隆、嘉庆、道光诸帝，皆若沐其圣教，学识深厚，凌夸前贤。在《庭训》中，康熙帝回顾自己的学习情况：“自幼龄学步，能言时，即奉圣祖母慈训……益思学问者，百事之本。不能学问，则渐即于非儿。以故自少读书深见，夫为学之要，在乎穷理致知，天德王道，本末该贯，存心养性，非此无以立体、齐治、均平，非此无以达用。于是孜孜焉，日有课程，乐此忘疲。”②晚年他又对大臣们说：

> 朕御极五十年，听政之暇，勤览书籍，凡四书五经、通鉴、性理等书，俱经研究。每儒臣逐日进讲，朕辄先为讲解一过，偶有一句可疑，一字未协之处，亦即与诸臣反复讨论，期于义理贯通而后已。③

不仅自己如此，他还非常重视皇子们的教育，设立了上书房，作为皇子们专门的教育机构。在学习方面，对皇子们非常严格，他们常常是每日五更即入上书房读书，直到傍晚，无论寒暑，一年中只有节假五天休息。赵翼《檐曝杂记》载：“本朝家法之严，即皇子读书一事，已迥绝千古。余内直时，届早班之期，率以五鼓入，时部院百官未有至者，惟内府苏喇数人往来。黑暗中残睡未醒，时复倚柱假寐，然已隐隐望见有白纱灯一点入隆宗门，则皇子

---

① 李元度：《国朝先正事略》曾序，岳麓书社 2008 年版。

② 《清圣祖御制文二集》卷 40，《清代诗文集汇编》第 192 册，上海古籍出版社 2010 年版，第 485 页。

③ 《清圣祖实录》第 3 册，中华书局 1985 年影印本，第 432 页。

进书房也。吾辈穷措大专恃读书为衣食者，尚不能早起，而天家金玉之体乃日日如是。既入书房，作诗文，每日皆有程课，未刻毕，则又有满洲师傅教国书、习国语及骑射等事，薄暮始休。"[①] 皇子们的学习内容，也主要是《四书》《五经》《性理》之类汉族文化中的经典科目。读书、学习汉族文化，成为皇族的"本朝家法"。后来的皇子无不遵从这个"家法"，这使他们具备很高的汉族文化知识水平。例如乾隆帝曾对大臣们说："朕自幼读书宫中，讲诵二十年，未尝少辍，实一书生也。"可以说，清代的皇帝，是中国历史上所有朝代帝王中文化水准最高的群体。勤于读书、广泛接受汉民族文化，使他们提高了文化水平，增长了见识，开阔了视野，同时也得到了汉族士大夫的肯定和褒扬，为他们的施政赢得了人心。

受到皇族重视汉族文化的影响，王公贵胄也纷纷重视对其子弟的教育。满族拥有完备的教育体制，以八旗官学为代表的八旗各类学校，数量众多，体制完备，适应了各级八旗弟子、各地八旗子弟的教育要求。如八旗官学的设立，顺治元年"若琳奏：臣监僻在城东北隅，满员子弟就学不便。议于满洲八固山地方各立书院，以国学二厅六堂教官分教之，以时赴监考课。下部议行。于是八旗各建学舍，每佐领下取官学生一名，以十名习汉书，余习满书。二年从所蕴言，两旗为一学，每学教习十人"[②]。可见从顺治初年开始，八旗学校中就已开设汉文课程。值得注意的是，无论汉书还是满书，其内容均是汉族文化，正如杜家骥先生所说："八旗旗学，虽满汉文并学，但所学到的知识，仍以汉文化为主，因为即使学清文，包括专习清文、蒙古文，虽然文字是清文、蒙古文，而内容也多是汉文化内容，因而翻译科举，其考试内容也主要是汉族的四书五经、文史、诗词歌赋等。"[③] 到同、光年间，八旗官学造就科举之才尚甚兴盛，光绪末叶，裁掉国子监，八旗官学改并学堂，随着科举制度的废除，清学课程已经基本消失，取而代之以各种实学课程。

---

① 赵翼：《檐曝杂记》，中华书局 1982 年版，第 8—9 页。
② 赵尔巽：《清史稿》，中华书局 1998 年版，第 840 页。
③ 杜家骥：《八旗与清朝政治论稿》，人民出版社 2008 年版，第 403 页。

皇族弟子的教育，更具有代表性。皇族一般成员按血缘关系远近分为宗室、觉罗，并分设宗学、觉罗学，凡宗室、觉罗子弟均可入学，各学均设满、汉书教习，一时学习汉族文化蔚然成风。昭梿云："国朝自入关后，日尚儒雅，天潢世胄无不操觚从事。"① 《清史稿·选举一》云："顺治十年八旗各设宗学，选满洲生员为师，凡未封宗室子弟，十岁以上俱入学习清书。"②除清学外，以教授四书五经为代表的汉族文化成为重要的教学内容，这满足了满人学习汉文化的需要，为提高满人的汉文化水平创造了条件，使他们汲取汉族传统思想文化，也为他们热衷于诗文写作产生了极大影响。

王公宗室中条件优裕者还纷纷延请汉族名士教导子弟，这对于汉文化的接受更具意义。康熙帝在其亲政后不久，就曾规定：宗室王公子弟"各就本府读书……讲读经史诸书"③，可见清代帝王认识到私家教育对快速接受汉族文化的积极意义，同时这也是改变当时八旗教育尚不发达的必然途径。清代初年，安亲王岳乐府第、大学士明珠府第，多有汉族文人在其中执教，如《啸亭杂录》中云："崇德癸未年，饶余亲王曾率兵伐明，南略至海州而返，其邸中多文学之士，盖即当时所延致者。安王因以命教其诸子弟，故康熙间宗室文风以安邸为最盛。主人喜为西昆体，尝延朱襄、沈方舟等为上宾。方舟妻某，迟方舟久不归，作《杭州图》以寄之，当时传为佳话。主人尝选孟郊、贾岛诗，为《寒瘦集》以行世。以宗藩贵胄之尊，而慕尚二子之诗，亦可谓高旷矣。"④ 其产生的效应是明显的，岳端、纳兰性德等著名诗词名家均出于这两家府第可为明证。清末曾在京为官的陈恒庆曾回忆道：当时京城"满洲大家，车马衣服之外，有必备者六项。京谚云：'天棚、鱼缸、石榴树、先生、肥狗、大丫头'……先生乃教读者也，训子弟读书之外，兼可代写信函。"⑤ 于此可知，从康熙年间社会趋于稳定开始，私家教育逐渐发展，

---

① 昭梿：《啸亭杂录·续录》，上海古籍出版社 2012 年版，第 224 页。
② 《清史稿》卷 106，《选举一》，第 840 页。
③ 《清朝文献通考》卷 63《学校一·宗学》，万有文库十通本，第 5436 页。
④ 昭梿：《啸亭杂录》卷 6，第 129 页。
⑤ 陈恒庆：《谏书稀庵笔记》，文海出版社 1966 年版，第 156 页。

直到清末（近代）还非常兴盛。不仅宗室王公延揽汉人名士，一般的满洲世家大族有经济能力者也纷纷加入了这个行列。这就表明满洲人不仅仅附庸风雅，而是早已经形成一股社会风气。当时的汉族名士毛奇龄、屈大均、丁野鹤、施闰章、王士禛、汪琬、姜宸英、陈其年、朱彝尊、宋荦、戴名世、汤斌、徐乾学、查慎行、孔尚任、顾贞观、蒋景祁、韩菼、严绳孙、王石谷、王源、顾彩、高澹人、方苞等都是这些王公贵族的座上客。因为读书应举成为满族人维持家族繁荣、振兴家业的有效途径。其盛况，正如昭梿在《啸亭杂录》"宗室诗人"条中所云："近日科目复盛，凡温饱之家，莫不延师接友，则文学固宜骎骎然盛也。"①

清代居我国封建社会末期，是我国文化的总结和集大成时期，这一点已为学界所认同。之所以如此，是与清代帝王的提倡所息息相关的。仅据在中国文化史上占据重要地位的大型类书来说，《四库全书》《古今图书集成》的编纂是史无前例的，它们都是在清代帝王的责令下完成的。清代的诗文别集多达七千余种，而满族就有近七百种，几占整个数量的十分之一。以区区万分之一的人口数量，创作出如此惊人的精神成果，不得不说是个奇迹。要认识这一点，我们查阅了《清史稿·艺文志》中有关清代帝王敕令编纂的诗文总集情况如下：

《古文渊鉴》六十四卷（康熙二十四年，徐乾学等奉敕编）、《唐宋文醇》五十八卷（高宗御定）、《全唐文》一千卷（嘉庆十九年敕编）、《清文颖》一百二十四卷（乾隆十二年，张廷玉等奉敕编）、《清续文颖》一百八卷（嘉庆十五年敕编）、《全唐诗》九百卷（康熙四十六年，彭定求等奉敕编）、《四朝诗》三百十二卷（康熙四十八年，张豫章等奉敕编）、《全金诗》七十四卷（郭元釪原本，康熙五十年奉敕刊）、《佩文斋咏物诗选》四百八十六卷（康熙四十五年，张玉书等奉敕编）、《历代题画诗》一百二十卷（康熙四十六年，陈邦彦等奉敕编）、《熙朝雅颂集首集》二十六卷，《正集》一百八卷（嘉庆九年，铁保等奉敕编）、《千叟宴诗》四卷（康熙六十一年敕编）、《千

---

① 昭梿：《啸亭杂录》卷2，第25页。

叟宴诗》三十四卷（乾隆四十九年敕编）、《重举千叟宴诗》三十四卷（乾隆五十五年敕编）、《南巡召试录》三卷（乾隆时，谢墉等奉敕编）、《上书房消寒诗》一卷（嘉庆时，董观国等奉敕编）、《三元诗》一卷，附《三元喜宴诗》一卷（嘉庆二十五年，陆锡熊奉敕编）、《历代赋汇》一百四十卷，《外集》二十卷，《逸句》二卷，《补遗》二十二卷（康熙四十五年，陈元龙等奉敕编）、《四书文》四是一卷（乾隆元年，方苞奉敕编）、《历代诗余》一百二十卷（康熙四十六年，沈辰垣等奉敕编）、《曲谱》十四卷（康熙五十四年奉敕撰）①

此外，清代皇帝亲自编纂的总集有：《唐诗》三十二卷，《附录》一卷（康熙五十二年，圣祖御选）、《唐宋诗醇》四十七卷（高宗御定）。

可以说，清代的诗文总集都是在皇帝的亲自主持下完成的。就文学成就而言，前无古人，后无来者。张杰先生在《清文化与满族精神》一书中总结满族四种精神为："艰苦奋斗的精神，英勇奋战的牺牲精神，锐意改革的创新精神，积极进取的学习精神。"② 可以说道出了清代前中期以帝王为代表的满族精神的实质。

第二节　教育昌盛，科举滞后

满洲自入关之后，面对高度发达的汉民族文明，认识到只有努力掌握汉民族的优秀文化，才能有效而长久地治理这个庞大而历史悠久的国家。要想整体上提高本民族的文化水平，最重要的手段就是兴办教育，让一大批满族人掌握汉族语文，使他们除了成为各级政府部门中合格的官员，增强行政治理能力外，还具有较高的文化素养。很多学者认为若按人均比例而言，满族知识分子数量比汉族多。这倒比较符合当时的实际情况。

满洲教育大致分为官学和私学两个方面。官学方面，在国子监下专设

---

① 《清史稿》，第4404—4423页。

② 张杰：《清文化与满族精神》，辽宁民族出版社2012年版，第12—15页。

八旗官学，它是旗人最大最正规的学校。除此之外，又根据不同阶层、不同地区分别设立了不同的学校，主要有八旗义学：满足大多数经济条件一般的旗人家庭儿童入学问题；景山官学、咸安宫学：解决内务府包衣子弟入学问题；世爵世职官学：招收八旗中承袭世爵世职的二十岁以下之子弟。此外，各种专门学校的设置也非常齐全，主要有八旗教场官学：为远离旗城内居住且多无力延师教育子弟的旗人设置的学校，其主要课程是清文清语、骑射；圆明园护军营官学：为驻守圆明园的满洲八旗、内务府三旗包衣护军及其家属设置的学校，教护军营兵丁子弟汉书；东陵官学：雍正五年在东陵设立的令章京、甲兵之子读书的官学；健锐营学：乾隆年间设立于京西香山健锐营，专教该营八旗兵丁学习清语、骑射的学校。八旗驻防学校也遍布各地：盛京、吉林、黑龙江、广州、福州、绥远、荆州、京口、杭州、西安等，凡是比较大的驻防地都设有学校。据相关专家研究统计，清代各驻防地共有 25 所旗人书院，其中大部分成立于道光朝之后，到咸丰十一年（1861）恢复驻防文试后，旗人书院迅速发展。[1] 除此之外，一些专门之学也增设了算学、蒙古官学、朝鲜译学、回缅官学、托忒学等。因而，满族的教育普及达到很高的程度，有专家就指出："这就使八旗或者说满族成为当时国内学校教育普及程度最高的民族。八旗学校在校舍、师资、教师和学生待遇等方面，也远较其他学校为优。"[2]

在私学方面，皇子皇孙在上书房接受专门教育，一般的宗室、觉罗，则有宗学、觉罗学，其他的宗室王公、高官显宦，多于本府第自设家塾聘师授课；旗人贵族、官宦世家等但凡经济条件优越的府第，也多延师教育子弟，或让子弟在附近的私塾中就读。官方对满洲教育的重视及其教育的普及性，不仅其他少数民族所无，即使是汉族，也从未这样实施过。这样就形成了一种良性循环：官方及私家对教育的重视，促使满族人的知识水平大幅度提高，从中选拔的官吏数量之比远较汉人为高，而这又反过来影响了满族的

---

① 顾建娣：《清代的旗人书院》，《近代史研究》2015 年第 6 期。

② 许可峰：《核心与边缘：清代前中期民族文教政策研究》，民族出版社 2017 年版，第 156 页。

私家教育的发达。① 到近代，特别是咸丰年间以后，由于国势陵夷，财力拮据，贫困加剧，宗学、觉罗学往往惨淡经营，宗室子弟废学者日益增多。宗室之家有能力延师者也大不如从前，能者不过十分之一。大量宗室子弟失学在家，致使教育程度大幅降低。近代宗室文人宝廷在《请整顿八旗人才疏》中云："近年八旗文风未见，大逊于前。何以消乏如此？推原其故：一由于官学废弛，教育无法。虽不乏读书应试之人，而专攻举业，所学非所用。一由于开捐以来，进身太易。捐一笔帖式，谋入档房。但能奔走攀援，虽目仅识丁，不十年即可富贵。纵有聪明可造之才，沾染陋习，亦渐于轻浮卑佞。故有谓档房为泪人之渊，语虽近激，非过论也。今欲培八旗人才，必自整顿官学与笔帖式始。"② 虽然说的是八旗教育，但也适用于宗室子弟。

发达的教育体系为清朝各级政府机构提供了源源不断的人才，也为清代乃至近代文学培养了不少后备人才。根据《清史稿》之《选举志一》中有关八旗官学、宗学、景山官学、咸安宫学的记载，虽然具体数量难以统计，但可以看出，颇为可观。八旗官学以雍正五年（1727）为例，官学生定每旗名额设百名。他们学习期满后，择优保荐，考选录用。嘉、道以后，官学积渐废弛，八旗子弟仅恃此进身为官。光绪初年，朝廷力筹整顿，派遣满、汉进士出身大员二人为管理八旗官学大臣，教育水平有了显著提高。同、光年间，"国学及官学造就人才，亦颇称盛"③。宗学乾隆十一年（1747），定学生招生名额左翼七十，右翼六十；嘉庆十三年（1809），两翼各增学额三十，共近二百人，此数量定为永制固定下来。景山官学康熙二十四年（1686）招内务府三旗佐领、管领以下幼童三百六十名。嘉庆年间，定额镶黄旗、正白旗均一百二十四名，正黄旗一百四十名，回童四名。咸安宫学于雍正六年（1728），选拔内务府三旗佐领、管领以下幼童及八旗俊秀者九十名。以上名额中虽然均包括一定数量的学习满语者，但习汉语者仍然很多。他们均在学

---

① 以上所列学校及观点均参考杜家骥《八旗与清朝政治论稿》之《八旗教育及其政治作用与影响》，人民出版社 2008 年版，第 372—412 页。

② 震钧：《天咫偶闻》，北京古籍出版社 1982 年版，第 112 页。

③ 《清史稿》之《选举志一》，第 3111 页。

习期满后，分别等第录用。

发达的教育体系不仅孕育出了科举世家，也培育出了世宦之家和文人世族。尽管清代中后期也涌现出不少的科举人才，但同汉族相比，尤其是自康熙中叶满汉科举并轨之后，其通过科举途径为宦特别是显宦者所占比例不大。究其实，乃是清廷政策所致。自清初开始到中叶，历代皇帝为了保持满族的民族特性，提倡右武左文政策。顺治七年三月二十五日谕礼部云："我朝以武功开国，皆资骑射，勿以太平而忘武备，今后满洲官民不得沉湎嬉戏，耽娱丝竹，违者送法司治罪。"① 顺治十一年六月九日谕曰："满洲人入关后，多习汉书，入汉俗，帝虑及长此以往，将渐忘满洲旧制，遂谕宗人府：宗学读书宗室子弟既习满书，即可阅读已翻译成满文之汉书，永停习汉字诸书。"② 顺治十三年二月初七日又谕令礼部："文武两途，不可偏重。今八旗子弟专习诗书，不讲武事，命尔部酌定每牛录当读满汉书子弟人数，定为新例。应试及衙门取用，均在定数之内，定数外读书子弟，各衙门无得取用，亦不许应试。"③ 乾隆三年谕：不准八旗各省驻防官弁子弟就近参加岁、科考试。"盖以国家之设驻防官弁，原令其持戈荷戟，以备干城之选，非令其攻习文墨，与文人学士争名于场屋。竞尚虚名，荒废骑射，殊失设立驻防之本意。"针对八旗子弟中产生的玩忽奢靡现象，雍正帝在即位第二年（1724），他斥责道："尔等家世武功，业在骑射，近多慕为文职，渐至武备废弛；而由文途进身者，又只侥幸成名，不能苦心向学，玩日愒时，迄无所就；平居积习，尤以奢侈相尚，居室用器，衣服饮馔，无不备极纷华，争夸靡丽，甚且沉湎梨园，遨游博肆，不念从前积累之维艰，不顾向后日用之难继，任意糜费，取快目前，彼此效尤，其害莫甚。"④ 可见至清中叶，清帝仍然牢记祖宗的信条，务为保持民族本色。因而，满族人所记笔记中也屡屡不忘提及这一点，如《啸亭续录》卷二"谙达"条云："国朝定制，凡皇子六龄入学

① 章开沅：《清通鉴》，岳麓书社 2000 年版，第 206 页。
② 章开沅：《清通鉴》，第 307 页。
③ 邹博：《清通鉴》，线装书局 2009 年版，第 184 页。
④ 《清世祖实录》卷 16，雍正二年二月丙午条。

时，遴选八旗武员弓马、国语娴熟者数人，更番入卫，教授皇子骑射，名为'谙达'。"①《天咫偶闻》卷一云："国家创制，以弧矢威天下，故八旗以骑射为本务，而士夫家居亦以射为娱。家有射圃，良朋三五，约期为会。其射之法不一。曰射鹄子，高悬栖皮，送以响箭。鹄之层亦不一名，最小者名羊眼。昔果益亭将军专工射鹄，有'果羊眼'之称。然工者仍不事此，或一箭诸圈皆开而不落，如花篮式，此为至难。曰射月子，满语名艾杭，即画布为正也。曰射绸，悬方寸之绸于空而射之，此则较难。又有于暮夜悬香火于空而射之，则更难。然皆巧也，非力也。闻之开国之初，其射也，弓用八力，箭长三尺，镞长五寸，名透甲锥，所中必洞，或连贯二人而有余力，是以南京太和门箭遂没羽焉，此国初所以能威天下也。"② 这种"国策"在八旗诗文中也多有吟咏，如皇子弘昼《咏良弓》云："射为男子事，余暇美弓弩。是以初生时，弧矢悬门户。我有六材弓，破的摧雕羽。霹雳声到今，彷徨名自古。用以备不虞，用以定疆土。用以明揖让，三美此兼聚。当此风高时，良弓鸣四五，试望平原地，麀鹿正麌麌。"③ 他不仅揭示了"弧矢悬门户"的习俗，也指出了骑射之"三美"，具有多重重大意义。在《得良弓》一诗中，他还将良弓上升到精神层面，"内以正其心，外以正其行。目必以正观，耳必以正听。良弓尚为宝，良人可作圣。"《天咫偶闻》卷一又云："自开国至乾、嘉，田狩盖为重典，非以从禽，实以习武也。圣祖于热河建避暑山庄，以备木兰巡狩行围之制，一用兵法，围时以能多杀者为上，皆以习战斗也。又杀虎之制，以二侍卫杀一虎，得者受上赏。故嘉庆癸酉之变，京营兵皆能战，遂以殄除巨寇，灭此朝食。道光以后，不复田狩，于是讲武之典遂废。后生小子既不知征役之劳，又不习击刺之法，下至束伍安营，全忘旧制，更安望其杀敌致果乎？迨同治中，穆宗奋欲有为，亲政后曾畋于南苑。诸环列至有预购雉兔，至临时插矢献之，而蒙花翎之赐，可为叹息也。"④ 右武左文

---

① 昭梿：《啸亭杂录》，第306页。
② 震钧：《天咫偶闻》，第12页。
③ 弘昼：《稽古斋全集》，《清代诗文集汇编》第332册，第267页。
④ 震钧：《天咫偶闻》，第12—13页。

的政策在近代才渐渐不被重视，趋于沉寂。所以，当外族入侵，内部动荡之时，清政府赖以支撑国势的八旗子弟失去了战斗力，不得不依靠汉族的地主武装来维持摇摇欲坠的统治。

因为这样的民族政策，在科举方面，对八旗子弟的科举考试时停时续。《清史稿》之《选举志三》对八旗科考的发展有一个简略的叙述，云："八旗以骑射为本，右武左文。世祖御极，诏开科举，八旗人士不与。顺治八年，吏部疏言：'八旗子弟多英才，可备循良之选，宜遵成例开科，于乡、会试拔其优者除官。'报可。八旗乡、会试自是年始。其时八旗子弟，每牛录下读满、汉书者有定额，应试及各衙门任用，悉于此取给，额外者不得习。往往不敷取中。故自十四年至康熙十五年，八旗考试，时举时停。先是乡、会试，殿试，均满洲、蒙古为一榜，汉军、汉人为一榜。康熙二十六年，诏同汉人一体应试。寻定制，乡、会场先试马步箭，骑射合格，乃应制举。庶文事不妨武备，遂为定制。初八旗乡试，仅试清文或蒙古文一篇，会试倍之。汉军试《书》艺二篇、《经》艺一篇，不通经者，增《书》艺一篇。二、三闱试论、策各一。逐科递加，自与汉人合试，非复前之简易矣。"① 从这段文字中可以得知，八旗子弟的科举考试直到康熙二十六（1688）年才固定下来，且应举的前提是"骑射合格"，这又印证了清廷对八旗实行的"右武左文"的政策即使在允许科举考试时也不会有所改变。

对八旗子弟的制举情况是如此，那么作为皇室近支，也就是同为政权核心支柱的宗室子弟情况如何呢？实际上，关于宗室子弟科举考试一事，清廷把持得更为严格，推行也更为滞后。康熙三十六年（1698），清圣祖提出了宗室子弟参加科举考试的问题，然而仅仅过了三年，他又决定取消，他说："今科乡场，曾令宗室考试。宗室朕数加恩，何患无官，嗣后停其考试。"② 他以另有取径为由，断然停止了宗室参加考试。雍正二年（1724），世宗再次提出这个问题，但并未实施。到乾隆年间，出现的情况和康熙年间

---

① 《清史稿》第 12 册，第 3160 页。
② 《皇朝文献通考》，《四库全书》本第 633 册，第 231 页。

一样。直到嘉庆年间，问题才得到正式解决。嘉庆六年（1802），正式准予宗室成员考试。① 至于一再停止宗室科考的原因，清仁宗给予了解释："宗室向有会试之例，后经停止。敬惟皇考圣意，原因宗室当娴习骑射，以存满洲旧俗，恐其专攻文艺，沾染汉人习气，转致弓马生疏。"② 看来满族的科考实施与否，主要原因在于维持"满洲旧俗"。昭梿在《啸亭杂录》中对此也有记载："康熙初，尝置宗室科目，不久停止，见紫幢居士文昭诗中。乾隆乙丑复设科目，中达麟图，戊辰中良诚，辛未中玉鼎柱。后以达侍班失仪罢斥，遂停文科目。嘉庆己未，今上亲政，从肃亲王之请，复设乡、会试，壬戌中果齐斯欢、慧端、德明阿三人。果为郑恭王胞侄，慧为简良王曾孙，德即良祭酒子，皆入词林，一时称盛。其后累科皆中二三人。"③

那么，八旗子弟通过科举考试中举的数量如何？这可以从《清史稿》之《选举志》中找到答案。根据其中的记载，从顺治初年到嘉庆年间，举人的录取名额很不固定，大约每届五十名左右；进士名额，也是大约五十名左右。宗室子弟考举人者则按照应试人数的九分之一录取，会试名额由皇上根据质量酌情裁定。由此可以断定，真正通过科举考试走上仕途的八旗子弟在所有八旗官宦中所占比重并不高，特别是高官显宦中科举出身的八旗子弟更少。因而谙熟清代掌故的朱彭寿在其所著《旧典备徵》之"八旗大臣起家科甲者"条云："本朝八旗子弟，专重骑射，风尚质朴，不以文事争能，故起家科第、驰声艺苑诸人，大都不甚显贵。如纳兰性德、法式善、盛昱皆是。"他随后历数清朝历代八旗子弟中，考中进士且官至二品以上者共三百零四人，中举人者八十九人。"然二百余年来，尚不足四百人，较之由他途进身之旗员，实居少数。视汉大臣中之多由科甲者，其情形转有不同，此以见朝

---

① 以上参考江庆柏《清朝进士题名录》之《清朝进士题名文献概述》，中华书局 2007 年版，第 93—95 页。
② 嘉庆《钦定大清会典事例》卷 264《贡举》，《近代中国史料丛刊三编》第 663 册，第 1575 页。
③ 昭梿：《啸亭杂录》，第 24 页。

廷立贤无方，量材授官，固不拘一格也。"① 但如果我们考察整个清代满族的著名文人，很多是出身科第者，如清初中叶的纳兰性德、鄂尔泰、铁保、英和、麟庆等，近代的宝鋆、锡缜、宝廷、盛昱、志钧、升寅等。从中亦可见科举尽管不会产生更多的高官，但对文学特别是诗歌创作的影响却是巨大的。

所以我们不能据此就简单地否认满族教育对促进文化发展和文学创作的重要作用。事实上，由于满族教育的普遍性以及他们在国家中所处的崇高地位和优越的经济条件，使得他们的文化水平远较其他少数民族要高得多，特别是皇室和宗室成员，甚至涌现出很多贵族官宦世家和文化世家。昭梿《啸亭杂记》卷十就列举了满洲氏族九大家，云："满洲氏族，以瓜尔佳氏直义公之后，钮钴禄氏宏毅公之后，舒穆禄氏武勋王之后，纳兰氏金台吉之后，董鄂氏温顺公之后，辉发氏阿兰泰之后，乌喇氏卜占泰之后，伊尔根觉罗氏某之后，马佳氏文襄公之后，为九大家云。凡尚主选婚，以及赏赐功臣奴仆，皆以九族为最云。"② 其他氏族也有绝特者，如原为蒙古贵族、后归顺大清隶属满洲的博尔济吉特氏族，《雪桥诗话余集》卷四记云："博尔济吉特忠顺公明安，本兀鲁特贝勒，天命初，率属来归，隶满洲，封二等伯。子昂坤以功封二等男，赐达尔汉和硕斋号。多尔济以功封二等子。纳穆生格以前锋统领从征厦门，阵殁，谥直勇。曾孙马兰泰袭伯，以北路军营参赞大臣、副将军，晋封一等恭诚侯。时斋方伯国栋、虚宥府尹博卿额皆忠顺公五世孙。虚宥戊辰通籍，庚辰典试四川，壬午复视蜀学，戊子典试浙江。诗才亮特，出自勳门。其一门得易名者，如内大臣鄂齐勒，谥勤恪；杭州将军札穆扬，谥敏恪；大学士文孚，谥文敬；刑部尚书阿勒清阿，谥壹慎；大学士琦善，谥文勤；礼部尚书惠丰，谥恭壹；可谓鼎盛。至文勤之孙恕斋，而君子之泽斩矣。"③ 马佳氏升寅家族也颇为引人注目。升寅（1762—1834），字宾旭，满洲镶黄旗人。嘉庆五年（1800）举人，累官工部、礼部尚书，赠

---

① 朱彭寿：《旧典备征》，中华书局 1982 年版，第 113—120 页。

② 昭梿：《啸亭杂录》，第 223 页。

③ 杨钟羲：《雪桥诗话全编》，人民文学出版社 2011 年版，第 2420—2421 页。

太子太保，谥"勤直"。其长子宝琳（1800—1866），字梦莲，号梦迹山人，累官直隶保定知府。次子宝珣（约 1813—约 1875），道光二十一年（1841）进士，官兵部侍郎、山海关副都统。宝琳有数子，绍祺（秋皋），咸丰六年（1856）进士，由编修官至理藩院尚书。绍諴（葛民），光绪中先后任山西布政使、治郑州河工，终驻藏大臣；绍彝（叙五），为尚书、二季户部郎；绍英（越千）宣统初为兵部侍郎、内务府大臣。绍諴之子世蕭为衢州知州。其世代不仅是典型的官宦之家，而且文化气息也相当浓厚。他们除了各有诗文著述传世外，升寅还亲自作《家戒诗注释》供子弟们学习。另外，著名清史、满族史专家杜家骥在其所著的《八旗与清朝政治论稿》之《八旗教育及其政治作用与影响》中列举了满洲完颜氏麟庆家族、满洲索绰络氏英和家族、满洲鄂尔泰家族、满洲阿克敦家族①，他们均是通过科举考试荣膺显宦的家族，其成员多为高级品官员。由于他们常年的苦读，在汉族文化方面有很深的造诣，在文化乃至文学方面都有不俗的表现。

第三节　理学发达，经训迭出

哲学是一个民族文化形态的最高体现，也是一个民族文化成熟的重要标志。中华汉民族历经几千年的努力创造了我国哲学的经典形态——理学，此后就一直作为官方哲学为元明两代帝王所提倡。以皇帝为首的满族统治阶级，为实行对以汉族为主的各民族的有效统治，认识到儒家学说是汉民族几千年来的核心信仰和精神支柱，也是汉民族的文化精华。因此，倡导学习、研究儒家经典成为满族统治集团最关心的问题。正如美国学者K.E. 福尔索姆所言："满族人自愿采纳了汉族的儒家文化，清朝统治者力图在支持儒家思想上'比汉族人有过之而无不及'，他们不能变更儒家信条以适应自己的需要，因为掌握和仲裁儒家信条的是士绅，但是清统治者能够而且运用了这些信条作为取信于汉族人并统治汉族的手段。他们还大肆

---

① 详见杜家骥《八旗与清朝政治论稿》，第 388—396 页。

宣扬这一信念，即一个有道德人不能做有悖于国家利益的任何事情：'如果人人都孝亲敬长，就不会有人犯罪了。'"①清初理学，由于康熙帝的大力提倡，以之作为官方哲学，并提拔重用了一批理学人才为之擂鼓呐喊，使理学很快得以兴盛。这批得到提拔重用的理学大臣就有魏裔介、汤斌、李光地、魏象枢、熊赐履、耿介、张伯行等。熊赐履为了抬高理学的地位，即所谓"卫道"和"明统"，撰《学统》，以孔孟程朱为道统正宗。魏裔介写《圣学知统录》以及《圣学知统翼录》，突出表彰了程朱理学所推崇的历代学者，诸如孔孟、周朱、二程等人，意在"羽翼圣道，鼓吹《六经》"②。到乾嘉年间，汉学盛行，理学衰微，虽没有了康熙朝的理学名臣重儒，但也有维护宋学的桐城派出现。而汉学大儒们尽管以汉学为帜志，但并不将宋儒一笔抹杀。嘉道年间，方东树作《汉学商兑》为宋学声张门户，摇旗呐喊。时至近代，社会剧变，清廷出于挽救危局的需要，继续加强思想文化统治，提倡和强化尊儒重道的文化政策，理学重新得到重视，出现了复苏局面，唐鉴、倭仁、曾国藩等理学家纷纷涌现，但已日落西山，无法出现清初的繁荣局面。随着王朝的垮台，理学也失去了其官方地位，成为历史的烟云。

与此相关联，满族的理学也经历了这样的历史盛衰，但令人赞叹的是，这个几乎从文化荒漠中崛起的民族，学习和接受汉族文化如此之快，理学在短时间内迅速发展，以致出现众多的理学家和理学译著，不得不令人称奇。这当然也与皇帝的提倡有着莫大的关系。入关以前，皇太极就命令贝勒大臣子弟读书，目的是"讲明义理，忠君亲上"；康熙皇帝极力倡导程朱理学，以之作为统治以汉民族为主体的各族民众。康熙十六年（1677），"上亲制《日讲四书解义序》曰：朕惟天生圣贤，作君作师，万世道统之传，即万世治统之所系也"③，将道统和治统结合在一起，为满族统治服务，强调"道

---

① ［美］K.E. 福尔索姆：《朋友·客人·同事——晚清的幕府制度》，中国社会科学出版社2002年版，第12页。
② 魏裔介：《圣学知统翼录序》，《魏贞庵先生集》卷4，清龙江书院刻本。
③ 《清实录》卷70，中华书局影印本1985年版，第3503页。

统在是，治统亦在是焉"①。康熙五十一年（1712），将配享孔庙东庑先贤之列的朱熹，升入大成殿的十哲之次，说明他对程朱理学的高度重视。而在他亲政之初，就亲自制定《上谕十六条》，要求各省府州县以及八旗学习遵守。这其中，"敦孝弟以重人伦，笃宗族以昭雍睦"成为"十六条"的核心内容。昭梿《啸亭杂录》卷一云："仁皇夙好程、朱，深谈性理，所著《几暇余编》，其穷理尽性处，虽夙儒耆学，莫能窥测。所任李文贞光地、汤文正斌等，皆理学耆儒。尝出《理学真伪论》以试词林，又刊定《性理大全》《朱子全书》等书，特命朱子配祠十哲之列。故当时宋学昌明，世多醇儒耆学，风俗醇厚，非后所能及也。"②雍正帝即位后，更进一步将《上谕十六条》加以扩充解释，名为《圣谕广训》，宣扬"纲常名教之义"。乾隆帝也是如此，昭梿《啸亭杂录》卷一云："上（乾隆——作者注）初即位时，一时儒雅之臣，皆帖括之士，罕有通经者。上特下诏，命大臣保荐经术之士，辇至都下，课其学之醇疵。特拜顾栋高为祭酒，陈祖范、吴鼎等皆授司业，又特刊《十三经注疏》颁布学宫，命方侍郎苞、任宗丞启运等集《三礼》。故一时耆儒夙学，布列朝班，而汉学始大著。"③在他们的倡导影响下，满族知识分子亦将经书作为治学的根本路径，使这个入关前几乎没有自己文化的民族在较短的时间内取得了长足进步，远远拉开了同其他少数民族的文化距离。对此，皇子允礼深有感触，作诗道："千秋经学在朝廷，三《易》如今集大成。道必折中方诣极，书从御纂自研精。笺疏历采唐兼宋，义传先遵朱与程。日把新编勤展玩，象爻微意几时明。"（《读周易折中》）笔者据恩华《八旗艺文编目》统计的经类目录，列举整个清代满族知识分子所译著的经学书目如下：

序号	时期	作者	译著
1	崇顺	满洲阿什坦	《清文大学中庸》（译），《清文孝经》（译）
2	顺康	满洲和素	《清文左传》（译）

---

① 《清实录》卷 70，第 3503 页。
② 昭梿：《啸亭杂录》卷 1，第 4 页。
③ 昭梿：《啸亭杂录》卷 1，第 11 页。

续表

序号	时期	作者	译著
3	顺康	满洲佟国维	《公易》四卷，《周易汇统》四卷，《卦爻辞义》
4	顺康	满洲性德	《合订删补大易集义粹言》八十卷，《礼记陈氏集说补正》三十八卷，《通志堂经解》一千八百卷，《词韵正略》
5	顺康	满洲佟世男	《篆字汇》十二卷
6	顺康	满洲完颜伟	《天人一贯图说》
7	康雍乾	宗室肫图	《理象解因》四卷，《书经直解》，《诗解正宗》
8	康雍乾	简仪亲王德沛	《一学三贯清文鉴》
9	康雍乾	满洲高斌	《初学切要》
10	嘉道	宗室裕恩	《音韵逢源》四卷
11	嘉道咸	满洲寿昌	《夏小正疏证》
12	咸同光	宗室宝廷	《尚书持平》
13	同光	满洲敦崇	《左传菁华》四卷，《经义新评》一卷
14	道咸同光	满洲多隆阿	《易原》十六卷，《易蠡》十五卷，《毛诗多识》十二卷
15	咸同光宣	满洲世续	《四书图说》
16	咸同光宣	满洲庆恕	《大学衍义约旨》二卷
17	同光宣	满洲长庚	《温故录》
18	同光宣	满洲绍英	《朱子性理吟注录》
19	不详	满洲强谦	《易学问答》二卷
20	不详	满洲平远	《诗经济变》

　　由上表看出，满族知识分子在清代前期译著儒家经典作品出现了一个高潮，中期萎靡，进入近代（道咸同光宣五朝），又有复苏之势，并未出现人们想象的低谷。之所以出现这种状况，既与帝王的倡导有关，也与当时的科举制度有关。康熙帝曾说过：满人"因有满书，满洲武官翻阅史书，通达义理者甚多。汉人武官读书者甚少，竟有一字不识者。"①武官尚且如此，遑

① 《康熙起居注》第 2 册，中华书局 1984 年版，第 1474 页。

论文官？这也从另一个角度说明了满人对儒家文化的重视和接受程度。清代的科举制度承袭明代，因而由科举选拔的满族官员，其教育阶段所学以四书五经为主，他们的儒学基础普遍打得很厚实，以至于生于近代的震钧在《天咫偶闻》卷十中云："前辈讲理学者甚多，每以《近思录》《朱子全书》《伊洛渊源录》《呻吟录》《嵩阳讲义》等书为指归。训子弟，以小学为入门，大抵比户如是，而读书尤慎。先伯祖恭慎公训子弟，语及《四书》，辄曰：某篇、某章、某句。检寻之无少误，经书皆能举其注语。先高祖赠光禄公训子弟，倍讽书手不持本，有误必斥，先辈皆然，殊不以为异也。"① 又云："旗人精《易》者最多，如来文端之相马，自云得之于《易》。文梦乡之谈《易》，见于《鸿雪因缘图记》。其著述成书者，不胜屈指，然多不传。近有崇济亭善隐居西山佛寺，邃于《易》数，人鲜知者。惜其踪迹飘然，无从口问耳。"② 更为重要的是，他们不仅停留在书本上，还落实在个人行为中以致成为一种习俗文化，将儒家之道社会化、生活化。如《天咫偶闻》卷十云："八旗旧家，礼法最重。余少时见长上之所以待子弟，与子弟之所以事长上，无不各尽其诚。朝夕问安诸长上之室，皆侍立。命之坐，不敢坐。所命耸听，不敢怠。不命之退，不敢退。路遇长上，拱立于旁，俟过而后行。宾至，执役者，皆子弟也。其敬师也亦然。子弟未冠以前，不令出门。不得已而出，命老仆随之，故子弟为非者甚鲜。"③《啸亭杂录》卷十云："乾隆中，简仪亲王品行端醇，崇尚理学，其刚直可匹薛文清，政治可匹王阳明，殆有过者。"④ 卷十载康熙朝满洲科臣图尔泰，"素尚理学，于戍所自置周、程四先生祠，朝夕礼拜"⑤。于此可见理学早已深入满族人心。

满族知识分子译著经书很早就开始了。据现有文献来看，满洲正白旗人完颜氏阿什坦最早，他是顺治九年（1652）进士，用满文翻译《大学》

① 震钧：《天咫偶闻》，第 209 页。
② 震钧：《天咫偶闻》，第 131 页。
③ 震钧：《天咫偶闻》，第 209 页。
④ 昭梿：《啸亭杂录》，第 224 页。
⑤ 昭梿：《啸亭杂录》，第 232 页。

《中庸》《孝经》等儒家经典，被康熙帝誉为"大儒"。满洲德格勒，为康熙初最著名的满族理学家，曾对清初著名理学家李光地产生了很深的影响。他以清风亮节闻名天下，后被明珠党羽害于塞外，可惜无著作传世。但震钧对其评价甚高："考公一生学业，虽不可得详，然当时与汤文正、徐文定同举侍值内廷，必非常人。且于乾清宫试文臣十二人，满臣中公与文定而已。"① 纳兰性德，在汉族学者徐乾学协助下，整理宋元以来的说经诸书，编成一千八百卷的巨作《通志堂经解》，并给各家经解作序，其经学造诣之高，足以说明满族研讨儒家学说的水平。宗室德沛，不仅对堪称"玄学"的《易经》颇有研究，著有《周易补注》《易图解》等著作，在他官两江总督时，躬莅钟山书院讲书，诸生公服环听，咸宗仰之，被江南士林所景仰。道咸以来，满族经学研究著述并没有衰弱，满洲寿昌作《夏小正疏证》，宗室宝廷作《尚书持平》，满洲敦崇作《左传菁华》《经义新评》，都达到很高的水准。特别是满洲多隆阿，其经学著述之丰富，堪称近代满族之最，《易原》十六卷，《易蠡》十五卷，《毛诗多识》十二卷，都是《易经》《毛诗》研究的扛鼎之作。据上表可知，近代满族经学著述占整个满族的一半。因此，震钧说："至己亥、庚子之交，徐相当国，理学书大重于时，乡之《说文》皆束阁不观矣。"② 这与近代理学的复兴是相一致的。

第四节　藏书家频出，文化家族涌现

中国诗歌发展到清代，学问成为诗歌创作的一个重要因素，所谓"清诗以学胜"，如吴孟复曾说过"唐诗以情韵胜，宋诗以理趣胜，清诗以学问胜，故能鼎峙于诗史上"③，道出了古典诗歌三座高峰的各自特征。诗歌的学问化，是以读书乃至藏书多寡为依存的。清代乃至近代涌现出了很多藏书家，其中满族藏书家颇为引人注目。

---

① 震钧：《天咫偶闻》，第43页。
② 震钧：《天咫偶闻》，第178页。
③ 吴孟复：《吴山萝诗文录存》，黄山书社1991年版，第20页。

满洲震钧作为一个满族掌故大家,在其《天咫偶闻》卷四中记录了满族藏书的情况:"内城旧藏书家,初推曹楝亭通政寅,后其书归昌董斋学士龄。又宗室素菊主人钦训堂藏书最有名,余尝得其钞本题跋六种,皆无刊本。又玉元圃家有读易楼,藏书多王渔洋、黄叔琳两家物。完颜氏半亩园藏书亦富。文也庵太守良精于鉴书,于某书凡有几刻,某刻最精,言之娓娓,书贾皆向请益。其藏书也,一书或收数本。苟遇精者,不惮再购。身后其家开述雅堂书肆卖之,迄未尽。续耻庵孝廉廉家,书亦多,尤饶丁部,多不经见之本。大抵此事,非真读书人又世代藏书者,不足以语此。否则非以殿板书炫收藏,即以局板书充数,皆无当于一哂,不如寒士案头,置数部书真读之为愈也。"①藏书家必是真读书、好读书之人,书中所述曹寅、昌龄、宗室永瑆、玉栋、麟庆、文良、续廉,除曹寅、玉栋是八旗汉军外,其他均是满洲人。他们既是藏书家,又是著名的文人,如昌龄有《时名集》,永瑆有《钦训堂集》,麟庆有《皇朝纪盛录》,续廉有《羞园诗录词草》,文良虽然没有诗文集传世,但有二十卷的《四库书目略》。《天咫偶闻》对昌龄又作了较为详尽的介绍:"昌龄,满洲富察氏,傅阁峰尚书鼐之子。以进士官至学士,性耽书史。筑谦益堂,丹铅万卷,锦轴牙签,为一时之盛。通志堂藏书虽多,其精髓蓂如也。其书后归礼邸。宋末江湖诸集,多手自抄者,亦想见其风雅也。"②

近代也涌现出不少的满族藏书家,如恩华《八旗艺文编目》收录了四个著有书目的藏书家全部是近代满族人:宗室盛昱编有《意园藏书目》,满洲文良编有《四库书目略》,满洲裕德编有《经籍要略》,满洲国英编有十卷的《共读楼书目》。其中以国英最著。国英(1823—1884),字鼎臣,姓索绰络,满洲镶白旗人,近代满族藏书家。原籍吉林,居于北京,官至广东、江西、浙江按察使。为官之余,尤喜文翰,薪俸所余,笃志于蓄书。他早年有感于藏书家秘不示人,而贫寒苦学之士,又苦于无钱购书。有鉴于此,他

---

① 震钧:《天咫偶闻》,第85页。

② 震钧:《天咫偶闻》,第91页。

退官闲居之后，在光绪二年（1876）于家庭宗祠东建楼五楹，贮藏书籍二万余卷，三千二百余种，法帖四百三十余册。声称自己所藏之书，"子孙未必能读，即使能读，亦何妨与人共读"，遂将他的藏书楼名为"共读楼"。书楼内设检事一人，负责管理书籍和接待读者。规定阅读章程，定于每年三月至十二月，每月逢三、八日开楼；学生会试期间，每日开放。借阅方法为先领取图书条，凭条借书，图书只准就室阅览，已具有中国公共图书馆的雏形。刻有《共读楼书目》十卷，巾箱本，光绪五年（1880）刊刻。该书目由他自己作序，序中阐述了他的基本藏书思想，对阅书办法、开放时间等均有记载，著录图书多为实用的普通版本，宋椠元刻甚少，因为意在共读，不求精椠。盛昱藏书甚富，他一生不仅好读书而且嗜藏书，王謇在《续补藏书纪事诗》中有"天潢贵胄郁华阁，绝域空碑阙特勒。铁岭名贤冠一代，纳兰小令伯希文"①之句。盛昱藏书甚为巨观，据刘晴研究，他丰富而珍贵的藏书主要来源于两个方面：一是来自王府旧藏，特别是怡亲王府的珍贵古籍，在这些古籍中，盛昱得之最多而最精者；二是从京城琉璃厂购买善本书。其藏书宏富之名，当时已传至日本，日本学者岛田翰将其列为清代九大藏书家之一，而且是满族唯一的大藏书家。②他在因病辞官回家后，闭门终日考订古籍，陈列三代彝器、法书名画以自娱。又书写《康熙几暇格物》，编付石印，沉醉于医理药方。为编写《八旗文经》，他"发其藏书，旁加搜访，寻碑阅肆，裒集丛残"③。可以说，《八旗文经》的编纂就得益于他繁富的藏书。还有满洲续廉，生卒年不详，字耻庵，又字小泉，隶内务府正白旗，麒庆子。光绪癸巳（1893）举人，历官内务府员外郎，家多藏书。

此外，满族非著名或曰非专门的藏书家更多。比如多隆阿（1794—1853），字雯溪，又字文希，舒穆录氏，满洲正白旗人。除著有多部经学著作外，尚有《慧珠阁诗钞》《慧珠阁文钞》《慧珠阁诗话》等文学著作以及《阳宅拾遗》《地理一隅》等舆地之书，为满族文人中之博学者。他有书屋三

① 王謇：《续补藏书纪事诗》，书目文献出版社1987年版，第42页。
② 刘晴：《晚清名士盛昱研究》，黑龙江大学硕士学位论文，2010年，第41—43页。
③ 杨钟羲：《意园事略》序，《清代诗文集汇编》第772册，第205页。

间，藏书一千多卷。为买书，不惜卖掉家中的耕地，因此博得"好书不惜挥金买"的美誉。

与藏书家的出现相适应的是文化家族的涌现。家族是我国社会的基本组织形态，它是以血缘关系为基础而形成的社会组织，包括同一血统的数辈人，既有其内在的凝聚力和向心力，也有其独特的家风家学乃至家脉。家风是指一个家族的世德、门风，是家族的精神文化传统；家学是指家族世代相传之学，包括学术、文学、艺术等，是家族文化修养；家脉是指"家族构成系统及其延伸的姻娅脉络"①。自我国中古以来，随着文化的渐趋发达和科举制度的日益完善，出现了越来越多的以家族为标志的知识分子群体，如宋代的"三苏"，明清之际的山东新城王氏（代表人物是王士禛）、德州田氏（代表人物是田雯）等。所谓"文化家族"，一般是指有崇尚知识文化的传统，或者以儒为业，科举兴盛，世代簪缨，而家族成员又大都具有相当的文才，喜好舞文弄墨，文采风流，甚至有著作传世的家族。

满族作为清代接受教育最普遍、社会地位最高、经济实力最强的民族，其文化家族的广泛出现也就成为历史的必然了。光绪朝所修《顺天府志·官学》云："我朝入关定鼎，特设官学，书、射兼习，以教八旗子弟，皆毓成文武之才。二百年来，名臣良将，多出其中。"②在满族的各种官学和私学教育中，汉族文化中的经史诗词，是其重要内容。即使是一般旗人，由于受到普遍良好的教育，吟诗能文者也很多。我们从《熙朝雅颂集》《八旗艺文编目》，乃至《八旗文经》中所收数百名旗人的诗文、著作中就可以看出。此外还出现了一些有名的文人家族，如岳端家族、阿什坦家族、英和家族、麟庆家族、文衡家族等。关于文人家族在各种诗话、笔记中均有记载，如《雪桥诗话余集》卷五就记载了一门风雅的例子："眉宾吏部善聪，他他拉氏，国初五大臣罗屯之裔。礼部侍郎常寿曾孙，少时与弟若泉司马善达、东瞻方伯善泰，有'三凤'之目……眉宾曾充甲午同考官，诗才清妙……东瞻子远

---

① 罗时进：《地域、家族、文学》前言，上海古籍出版社 2010 年版，第 4—6 页。
② 光绪朝：《顺天府志》第 2 册，北京古籍出版社 1987 年版，第 279 页。

皋中丞，历充壬子山西、甲寅贵州、辛酉浙江正考官，分校癸丑、乙卯会闱，总裁己未、辛未两科会试，一督江苏学攻，为当时士林推重。"① 这里所介绍的善聪一家二代四位成员，既有官职，又有文才，属于我们所说的"文化家族"。作为世代以知识荣耀的家族，他们的家族兴盛有的甚至延续数代。但这里我们想要考察的是，中国近代以诗文书画著称的家族知识分子群体的状况。

满族最大的家族知识分子群体当属皇室爱新觉罗家族，自顺治帝始，一直到光绪帝，历代帝王都饱读经史诗书，有各种著作文献流传下来，历代的皇子们也是如此。这是人所共知的事实，在此暂且不表。宗室王公家族也大致与此相同。事实上，康、乾以后的满族贵族们，大都既有高官厚禄，善于骑射，又满腹才华。他们都醉心于汉族文化，长于汉诗，积极汉化，用汉文写诗作词，从康熙、乾隆起成为一种风气。因此，满族出现的文化家族灿若群星，他们科甲蝉联，才俊满门，清华不坠。在此主要选取若干有代表性的家族加以观照。

1. 觉罗崇恩家族。崇恩（1802—约1870），字仰之，号雨舲，一作雨铃，又号香南居士，满洲正红旗人，廪贡生。"初官泰安知州"，"鸦片战争中任江苏布政使，奉职无状，远使卫藏，道光二十九年归。咸丰间官山东巡抚，九年招京，降内阁学士。同治二年年六十一，家居不出。刻《香南居士集》。诗起道光九年，各集以事系名，止于同治九年，年当六十八。其诗洗脱八旗诗人闲适之习，较为质直（中略）晚官山东，邀何绍基主泺源书院，摩挲金石打本，唱酬甚密，格益精进。自云幼年诗为《天籁集》《师竹集》，由其弟崇禧、崇封编辑，丛刻时均未收，是性情心力，俱假歌咏以传矣。"② 另外，崇恩还精通金石文物，著有《香南精舍金石契》二卷。其父舒敏，字叔夜，又号石舫、适斋居士，乾隆辛卯（1771）举人，有《适斋居士集》。徐世昌《晚晴簃诗话》卷一二三云："石舫为春圃制军伍拉纳子，语铃中丞

① 杨钟羲：《雪桥诗话全编》，第 2468—2469 页。
② 袁行云：《清人诗集叙录》，人民文学出版社 2016 年版，第 2369 页。

崇恩父。制军坐事见法，诸子戍伊犁，石舫在戍所三年，赦还，又四年，遽病卒，年仅二十有七。"①崇恩祖辈伍拉纳（？—1795），累官福建布政使、河南巡抚、闽浙总督。尚无文集传世，可见其家族文化从其父舒敏始。舒敏次子崇禧、三子崇封俱能诗，但可惜的是均早觞。崇恩有六子，其中四子廷奭、六子廷雍都善诗，有诗集传世。廷奭有《未弱冠集》八卷，廷雍有《读不尽斋且存稿》。崇恩妻钮钴禄氏也能诗。

2. 满洲玉德家族。玉德（？—1809），字达斋，瓜尔佳氏，满洲正红旗人，由官学生考补内阁中书，历官山东巡抚、浙江巡抚、闽浙总督，著有《余荫堂诗稿》九卷。子斌良（1771—1847），字吉甫，又字笠耕、备卿，号梅舫、雪渔，晚号随葊，江南候补道，有《抱冲斋诗集》《眠琴仙馆词》《乌桓记行录》等；桂良（生卒年不详），历官太子太傅、文华殿大学士、军机大臣，谥"文端"。著有《簧宫敬事录》。岳良（生卒年不详），字崧亭，官安徽臬司，又官蕃司乌什办事大臣。著述除《崇百药斋》三集外，尚有《潼关倡和诗草》《关外纪程百咏草》。徵良（生卒年不详），官大理寺司务。法良（生卒年不详），字可庵，号沤罗，官至兵部左侍郎。工诗书画，著有《八旗画录》《沤罗庵诗稿》。兄弟五人中四人有著述，不可谓文化不耀眼。

3. 满洲庆霖家族。庆霖祖父那彦成（1763—1833），大学士阿桂孙，乾隆五十四年（1790）进士，官至陕甘、两广、直隶总督，卒谥"文毅"。那彦成幼年丧父，砥砺攻读，后中进士。不仅官至高位，而且善书工诗，著有《那文毅公奏议》八十卷。庆霖（生卒年不详），字伯苍，道光甲午（1834）举人，以荫官刑部员外郎，著有《松冈阁诗钞》。其弟庆廉（生卒年不详），字俭泉，道光乙未（1835）举人，丙辰（1836）进士。因被查出残疾，革去功名。著有《白云红树山房诗存》。庆廉子鄂礼（生卒年不详），字立庭，袭三等子，由工部主事历官至内阁侍讲学士、驻藏大臣。其长处在于金石收藏方面，著有《惜分阴斋币泉拓存》。庆霖子鄂素（生卒年不详），字子位，亦能诗。

---

① 徐世昌：《晚晴簃诗话》，华东师范大学出版社 2009 年版，第 890 页，

4.满洲麟庆家族。麟庆先世属书香门第,其先祖为阿什坦,阿什坦子鄂素、和素,孙白衣保,均兼通满汉语,为清初著名的翻译家,先后主持内廷译书三四十年,为发展满族文化兢兢业业,做出了不可磨灭的贡献。白衣保下传四世至麟庆。麟庆生母恽珠(1771—1833)是有名的女诗人,出生于江苏阳湖书香门第,是典型的大家闺秀,嫁于完颜廷璐,著有《国朝闺秀正始集》《闺秀正始续集》。生三子,长子麟庆,次子麟昌、三子麟书。恽珠教子有方,训勉弥笃,使兄弟三人从小就受到了良好的家庭教育。她本人著作甚丰,著有《红香馆集》二卷,纂有《兰闺实录》六卷、《清朝闺秀正始集》二十卷、《续集》十卷。麟庆(1791—1846),字伯余,一字振祥,号见亭,嘉庆己巳(1809)进士,由兵部主事授中允,累官至江南河道总督、库伦办事大臣。著有《皇朝纪盛录》《鸿雪因缘图记》《河工器具图说》《词苑编联》等,学识广博。他还将日常生活中的赠言编成集子,汇集成《蓉湖草堂赠言录》。程孟梅,汉军人,麟庆继室,有《国朝闺秀正始续集补遗》。长子崇实(1820—1876),字子华,号朴山,道光癸卯(1843)举人,庚戌(1850)进士,散馆授编修,累官至刑部尚书,署盛京将军,卒谥"文勤"。著有《适斋奏议》《适斋文稿》《适斋诗集》《小琅玕馆诗存》等多部。次子崇厚(1826—1893),字子谦,又字地山,道光己酉(1849)举人,由甘肃阶州知州累官至左都御史、吏部左侍郎、盛京将军。著有《历代名臣传节录》。崇厚室蒋重申,字鹤友,汉军人,著有《环翠堂诗草》。妙莲保,字锦香,麟庆长女,蒙古来秀室,著有《红香馆挽词》。佛芸保,字锦香,麟庆次女,宗室翰林延煦室,著有《清韵轩诗草》。崇实子嵩申(1841—1891),字伯屏,号犊山,同治七年(1868)进士,选翰林院庶吉士。累官至工部、刑部尚书,追赠太子太保衔。谥文恪。崇厚子衡平,字如庵,号阶生。光绪乙亥(1875)举人,官礼部员外郎、江南候补道。著有《酒堂遗集》。麟庆家族是典型的文化世家,自其母开始,直到其孙辈,家族成员除嵩申外,都有文集。这在满族文化史乃至八旗文化史上都占有非常重要的地位。

5.满洲廷桂家族。廷桂祖父为延隆,字淇园,官金陵织造、粤海关监督,有《谦益堂诗存》。廷桂(1813—?),字芳宇,满洲正白旗人,辉发那拉氏，道光己亥（1839）举人，官湖南永州府知府，著有《仿玉局黄楼诗集》。弟廷樾（生卒年不详），字雅南，官福建建阳县，有《报好音斋文稿》。其从兄为麒庆（？—1870），字宝臣，号玉符，道光辛丑（1841）进士，由工部主事升授右庶子，累官至热河都统，谥"庄敏"，有《奉使喀尔沁行记》与《奉使鄂尔多斯行记》。麒庆子续廉，字耻庵，又字小泉，光绪癸巳（1893）举人，历官内务府员外郎，有《羞园诗草》传世。

6. 宗室盛昱家族。盛昱（1850—1899），字伯希，又字伯熙、伯兮，清朝远支宗室，满洲镶白旗人，肃武亲王豪格七世孙。祖父敬徵（1785—1851），官至协办大学士；其堂祖父敬效（生卒年不详），字象之，袭封公。爱好诗词文赋，著有《象之上公诗稿》五卷。父恒恩（1821—1866），道光二十三年（1843）举人，官至左副都御史。母博尔济吉特·那逊兰保，有诗名，有《芸香馆遗诗》二卷。盛昱自幼聪颖好学，博览群书，又受到母亲的影响，也娴熟声律，十岁开始作诗。同治九年（1870）中顺天乡试第一名举人，光绪二年（1876）中丙子恩科会元，光绪三年（1877）中进士。累官至国子监祭酒。盛昱知识广博，在各领域都有探究，经学、史学及中外舆地之学都专精过人，尤其熟稔国家典章制度、文化沿革和人物事迹，时人都佩服其学问精湛。

7. 满洲志润家族。志润（1837—1894），字伯时，又字白石，号雨苍，他他拉氏，满洲镶红旗人，官四川绥定府知府、广西庆远府知府，近代著名诗人。志润少时喜好吟咏，老而弥笃。一生淡泊名利，唯寄怀山水，肆志风雅。编《日下联吟诗词集》八卷，著有《寄影轩诗钞》《暗香疏影斋词钞》等。叔父长善（1829—1889），字乐初，官广州将军、杭州将军，陕西总督裕泰子。著有《驻粤八旗志》《壶天鸣盛集》，诗集有《芝隐室诗存》。志润弟志觐（生卒年不详），字季卿，号秋宸，官浙江湖州、衢州府知府，著有《自怡悦斋诗草》。志润堂弟志锐（1852—1912），父亲长叙，官侍郎，为光绪帝瑾妃、珍妃兄长。光绪六年（1880）进士，散馆授编修，光绪十八年由詹事擢礼部侍郎。后任乌里雅苏台参赞大臣，宣统二年（1910）迁杭州将军，次年调伊犁将军。武昌起义后为新疆起义军所杀，谥文贞，有《廓轩诗集》《姜斋诗存》《张家口至乌里雅苏台竹枝词》《穷塞微吟词》一卷。志锐弟志钧（1854—1900），光绪九年（1883）进士，改庶吉士，授翰林院编修，官至正黄旗满洲副都统。叶恭绰《全清词抄》载志钧词一首。

8. 宗室宝廷家族。宝廷（1840—1890），爱新觉罗氏，字竹坡，号偶斋，别号奇奇子。满洲镶蓝旗人，系郑献亲王济尔哈朗八世孙。同治七年（1868）进士，官侍读学士、内阁学士，后被罢官。其诗篇数量大，模山范水，不作苦语，和平冲澹，自写天机。长子寿富（1865—1900），字伯弗，少时受业于父亲好友张佩纶、张之洞。光绪十四年（1888）进士，选庶吉士，后死于庚子事变，赠侍讲学士。寿富受家庭影响，自幼泛览群书，学识渊博，尤谙熟《周官》《礼》《史记》，此外外国历史、算数也颇为精通，著有《四元玉鉴补释》，工古文诗词。品性刻苦孤傲，有乃父之风，喜好欣赏山水泉石，静默而不见喜怒，每当谈及忠孝之事则凛然动色。遗著有《读经札记》《菊客文集》《日本风土志》《搏虎集》《伯弗诗存》等。次子寿蕃（生卒年不详），官右翼宗室副管。庚子事变中，与其兄寿富和其妹寿隽、寿淑一起投缳而死，追赠太仆寺卿衔。寿淑有《篓秋遗稿》。

9. 瓜尔佳氏凤瑞家族。凤瑞（1824—1906），字桐山，晚号如如老人，七岁能诗，在与太平天国的斗争中，转战江、浙，因军功累保副都统，赏花翎。江南平定后，隐居不仕，享年八十二岁。著有《老子解》《浙江八旗殉难录》及诗集《如如老人灰余诗草》。长子杏梁（生卒年不详），曾任格林炮营营总、洋枪队中营营总，后升任协领。爱好文艺，工琴善书，有《榴荫阁诗剩》。四子金梁（1878—1962），字息侯、希侯，号东华旧史、小肃、东庐、瓜圃，晚号不息老人。光绪二十八年（1902）举人、三十年（1904）进士。历官京师大学堂提调、内阁中书、奉天新民知府等，加赠少保衔。辛亥革命后任奉天省洮尹道道尹、政务厅厅长、农商部秘书。晚岁任办理《清史稿》校刻。一生著述甚富，有《清宫史略》《满洲老档秘录》《四朝佚闻》《近世人物志》《辛亥殉难记》《黑龙江通志纲要》《光宣小记》《清帝外纪》等。画梁（生卒年不详），凤瑞女，骑都尉兼云骑尉仁兴室，工书善画，有《超范室画范》。三多（1871—?），原姓钟木依，改汉姓张，号六桥，蒙古族，凤瑞孙女婿。曾任民政部参议,光绪三十四年(1908)任归化副都统,宣统元年(1909)以副都统署理库伦掌印办事大臣。著有《可园诗抄》《可园文抄》《可园杂纂》《粉云庵词》《归化奏议》《柳营谣》《柳营诗传》等。

陈寅恪曾经说过:"学术文化与大族盛门常不可分离。"[1] 指出了文化家族的一般特征,这就是世宦、科举、文化三要素具备,这也是明清时期所涌现出的汉族文化家族的基本特征。无学,不能致仕;无仕,不能养学,盛门大族也就成为虚言。因为在追求功名利禄的时代,入仕几乎是所有人学习的直接和最终目的。清代(包括近代)满族士人濡染汉民族文化尚浅,还缺乏像汉民族那样积数代之力而形成家学渊源,因而其学术水平普遍较汉族低得多。如史学家萧一山在其所著《清代通史》[2] 中罗列的"清代学者著述表"六百余名学者中,满族只有徐元梦、英和、盛昱、端方四人榜上有名。尽管如此,清代满族在短短的不足三百年的历程中所取得的文化成就仍然值得我们珍视。

---

① 陈寅恪:《金明馆丛稿初编》,上海古籍出版社 1980 年版,第 329 页。
② 萧一山:《清代通史》(五),华东师范大学出版社 2006 年版。

第二章　近代满族诗人群体的阶层构成

　　徐珂认为清代文学之盛，能轶明超元，上驾宋唐，追踪两汉。之所以如此，有六大原因："一，由于开国之初，创制满洲文字，译述汉人典籍，而满人之文化开。二，由于信任汉人，用范文程之议，特选士于盛京，而汉人之文教行。三，由于入关以后，一时文学大家，不特改仕新朝者多明之遗老，即世祖、圣祖两朝正科所取士，及康熙丙午年博学宏词科诸人，其人以理学、经学、史学、诗词、骈散文名家者，亦率为明代所遗，而孙奇逢、顾炎武诸儒隐匿山林，又复勤于撰著，模范后学。四，由于列祖列宗之稽古右文，而圣祖尤聪明天亶，著述宏富，足以丕振儒林。五，由于诏天下设立书院，作育人才。六，由于秘府广储书籍，并建七阁分贮，嘉惠士林。有此六原因，是以前古所有之文学，至是而遂极其盛也。"① 纵观这六大原因，无不与清廷的政策和帝王的倡导示范有着密切的关系，而将满人开化列为第一，寓意深刻。入关之后的满人，正是在他们开化之后，认识到汉人文化的先进而孜孜以求之，发挥本民族的坚强特性，才创作出了辉煌的文化，成为清代文化和文学的重要一翼，舍满族文学而妄言清代文学是无知的，至少是不全面的。本章在分析近代满族诗人群体创作的基础上，重在揭示近代满族诗人群体的各阶层构成以及创作风貌和成就。

---

① 　徐珂：《清稗类钞》，第 3860 页。

第一节　近代满族诗人群体概述

要想历数近代满族诗人群体的数量，是一件很不容易的事情。满族人口经过二百来年的繁衍，到近代数量已经变得十分庞大。别的不说，皇族宗室人口自努尔哈赤起到其第十三辈，就有二十万之众。① 由于满族对教育的重视与其特殊的政治地位和优裕的经济状况，文人数量之多是可以想见的。这方面的研究有赖于清中叶以来八旗文人如铁保、盛昱、杨钟羲等的搜集整理而得以保存，特别是近代蒙古旗人恩华经过多方钩稽搜罗编成的《八旗艺文编目》，更是让我们了解到了有清一代八旗著述的基本风貌。当然，由于他精力所限，有些驻防地如密云、太原、绥远、成都、西安等著述不可得，有些文人也有所遗漏，但这已经难能可贵了。近代满族诗人群体成员的统计，就是建立在《编目》基础之上的，只不过我们截取了主要生活或创作于中国近代的诗人群体。在阶层分类上，也按照《编目》四集类中的分别，只不过将别集一（王公宗室）加上了道、咸、同、光四位皇帝，以期更为全面地展示爱新觉罗家族的诗人阵容。

之所以按照阶层而非地域分类，是因为我们在研究中发现，满族的文人多是官员，不仅数量大，而且流动性很强。很多人的为官地点通常是变化的，有的多到三四个甚至七八个职位和地域，如曾铄（生卒年不详），他塔拉氏，满洲正白旗人。初由工部郎中补授河南道御史，光绪九年（1883）为陕西督粮道，十三年（1887）迁陕西按察使，十七年（1891）任甘肃布政使，二十四年（1898）调直隶，后擢湖北巡抚。任职地点有京师、陕西、甘肃、直隶、湖北五地。觉罗崇恩最为典型，崇恩（1803—约1870），满洲正红旗人，廪贡生。道光十七年（1837）至二十年（1840）官泰安知州，二十年（1840）至二十一年（1841）任济南知府，二十一年（1841）至二十二年（1842）先后任广东惠潮嘉道、江苏按察使，二十二年（1842）至咸丰九年（1859）先后任山东按察使、山东布政使、山东巡抚，道光二十三年（1843）

---

① 赖惠敏：《清皇族的阶层结构与经济生活》绪言，辽宁民族出版社2011年版，第4页。

任江苏布政使，二十八年（1848）至二十九年（1849）任驻藏帮办大臣。咸丰三年（1853）任哈密办事大臣、浙江杭嘉湖道、奉天府尹（署），九年（1859）被招进京，任内阁学士等职。同治元年（1873）任阿克苏办事大臣。上述所列举为官地点包含了山东、江苏、西藏、新疆、广东、浙江、辽宁、北京等八地，所任职位有二十二个之多，其升迁不可谓不频繁，有时一年要变换二到三个职位。因而若以地域分类显然不适当。再者，近代满族诗人中真正驻防各地的不仅为数较少（大致不会超过二十名）[①]，而且集中于杭州、荆州等少数重要地区，而尤以杭州驻防最多，约占八成。大概由于满族在八旗中居于最优越的地位，所谓"首崇满洲"，因而驻防杭州这样的富庶地区。杭州是清代最早设立八旗驻防之地，"自顺治二年初设杭州梅勒章京，是为杭州驻防之初。十七年，设杭州总管一员。康熙二十年改为杭州将军，十三年裁汉军都统，设满洲副都统二员"[②]。驻防初期，有兵额四千五百余名，后屡有变化，汉军大部移驻福建等地，这样杭州驻防就以满洲兵员为主，常驻兵额及将领官员始终维持在五千名左右。在太平天国斗争中，虽两度被攻陷，遭到毁灭性打击，但清廷很快从外地拨调补充兵员，到光绪初官兵户丁仍达到七千多口之众。而且这里素有诗书传统，《辑雅堂诗话》云："杭州，自顺治五年创立驻防以来，其将帅类皆敦诗说礼，故著籍者代有达人。近年若瑞文端之相业，浙人士至引以为重。若宣劳疆场，则就园之壬寅防海、乍浦甲寅之奏捷，西宁战功尤著然，且治军之暇，手不释卷。逮于引年，林倦压装，惟有图书，古昔儒将风流，仿佛遇是可慕也。"[③]满族驻防诗人主要分布在这一地区就顺理成章了。

就数量而言，近代满族诗人在整个清代满族诗人中所占比重是较大的。根据《八旗艺文编目》统计，有清一代王公宗室诗人共八十三名，其中近代三十四名（皇帝不在内），占百分之四十一；觉罗诗人十五人，其中近代六名，占百分之四十；满洲诗人二百九十二人，其中近代一百二十人，占百分

[①] 仅据恩华《八旗艺文编目》统计。

[②] （清）张大昌：《杭州八旗驻防营志略》序，浙江书局光绪十六年刊本，第1页。

[③] （清）潘衍桐：《辑雅堂诗话》卷上，广文书局光绪十七年刻本。

之四十四。近代满族诗人占整个清代满洲诗人的百分之四十一，近代满族诗人群体阵容之强大可见一斑。之所以如此，乃是王公宗室和其他满洲成员从康熙朝开始于教育文化上的巨大优势在近代的自然延伸，这与他们受到的良好教育是密切相关的。从这个群体的职务构成来看，除闺媛外，为官食禄者占绝大多数，最低职务是知县，如文焯，官议叙知县；锡元，光绪三年（1877）进士，散馆改山东汶上知县。只有极少数为平民，如穆清、怡钦等人。穆清（生卒年不详）大半生做幕客，怡钦（生卒年不详）则沉湎诗酒，似无任何职务，从他的诗文集名《梦石瘦人集》能窥见一二。庆廉（生卒年不详）的生平颇为特殊，他曾中道光乙未科（1835）举人、道光十六年（1836）进士，但因身体残废，遂蒙混入场，后被查出，被宣宗革去功名。

另外，纯粹行伍出身的满族诗人也有若干，如双成，历官佐领、西安副都统、署宁夏将军。特依顺，历任协领、副都统、总兵、将军等职，道光二十六年（1846）调任乌里雅苏台将军，后驻防福建，工诗，有《余暇集》二卷，其诗多涉及鸦片战争前后人物及军事。钟奇，由福州驻防拨防杭州，累官右翼协领。他身为军官而力赞教育，在他支持下创立了杭州梅青书院。魁玉，出身行伍世家，祖辈驻防荆州，出生于荆州，少时操练武功，兼习诗书。稍长，以二品荫生参军，后由镶红旗协领升凉州副都统。太平天国事起，率部同太平军在江汉、天京一带作战，屡获战功，先后升任江宁副都统、江宁将军。同治十年（1871）任成都将军，镇压西南少数民族起义。光绪三年（1877）病卒，诂授建威将军。行伍而能诗，是满族诗坛的一大独特景观，从另一角度反映了近代满族艺文传统的发达。

第二节　近代帝王诗歌创作概述

时至道光朝，衰世已显，"宣宗，恭俭仁厚之主，略无逸豫，而其时计政积弛，民生凋瘵"①。庆霖《述闻》诗云："艰难益愁思，肃杀悲清商。座有

---

① 郭则沄：《十朝诗乘》，福建人民出版社 2000 年版，第 592 页。

四方客，各各言故乡。事异而词壹，人不饱秕糠。有叟起长叹，子也毋感伤。老夫少年日，民富风俗良。忽忽八十年，盛衰遂难详。昔者物力盛，海内歌丰穰。力厚势亦大，功业成非常。武德震千古，雄略开遐荒。西拓三万里，永作我边疆。尧舜所不臣，周汉所不王。莫不重译来，稽首朝明堂。赏赐累千万，道路遥相望。雄关启百粤，南海波茫茫。至今风涛地，珍异犹梯航。老夫山野性，荣利久相忘。为慕都邑大，北来亦观光。九门辟白日，列肆何洋洋。车马若飞龙，喧阗大道旁。帝阍郁佳气，万户绕建章。离宫在西北，楼阁相辉煌。湖山擅幽胜，创造瞻乔皇。虞书述典训，巡狩察万邦。圣代重道统，阙里登信箱。车驾遂南幸，龙舟望连樯。会稽访禹穴，瞻拜集冠裳。时平庶政理，财阜民物康。奈何陵谷变，时势不可量。南都久大水，繁盛今苍凉。北土苦旱疠，千里无盖藏。达官贵斗粟，商贾羞空囊。四民日趋末，本业荒耕桑。老夫幸白首，余生须壶浆。愿足虑亦短，望子忧其长。寸心久怀旧，感激动中肠。自效会有日，忧思殊无方。秋风从天至，矫首思穹苍。"诗以一老叟口吻，述尽往昔的繁盛与今日的凋敝，说明衰世已不可避免。《十朝诗乘》卷十五又援引一事："咸丰戊申，兵事方亟，某王督禁旅，行文各署，集资修巷栅。贾琴岩比部至质衣得二十千以应之。作《栅栏行》，诗云：'微官本自捐输来，即今避债空有台。区区敢惹长官怒，典衣搜箧空徘徊。难者自难易者易，官票盛行私票弃。仓卒搜罗足万缗，司寇居然为计吏。'巷栅之细，而出之捐募；廿千之微，而穷于典货。京师如此，国事可知矣。"① 咸、同、光三朝，国势日敝，内忧外患，迭踵而至。兵荒马乱，世事堪忧，直面临三千年来未有之大变局。梁启超惊呼："今日之中国，殆哉岌岌乎！政府梦督于上，列强束胁于外，国民怨讟于下，如半空之木，复被之霜雪，如久病之夫，益中以沴疠，举国相视，咸儳然若不可终日。志行薄弱者，袖手待尽，脑识单简者，铤而走险，自余一二热诚沈毅之士，亦彷徨歧路，莫审所适。问中国当由何道而可以必免于亡，遍国中几罔知所以为对也。"②

---

① 郭则沄：《十朝诗乘》，福建人民出版社 2000 年版，第 592—593 页。

② 梁启超：《政闻社宣言书》，《饮冰室合集》第 3 册，中华书局 1988 年版，第 19 页。

文学是社会的风向标，也最能反映这个时代的国情民事。一般说来，身处末世的封建帝王，大都能力不济，不能挽救颓势。他们不仅不能重振国威，甚至连自己的权位都受到钳制威逼，中国近代的帝王也是如此。作为有着优良文学传统的近代帝王，这一点，在他们的文学创作中也有着鲜明的体现。除近代前期的道光帝外，其他三位帝王不仅诗歌数量锐减，而且也没有了治国平天下的内容和勇气。下列表格罗列了他们的创作情况：

序号	庙号	年号	生卒年	著作
1	宣宗（旻宁）	道光（30）	1782—1850	《养正书屋全集》定本 40 卷，《御制诗初集》24 卷、余集 12 卷，《御制文初集》10 卷、余集 6 卷，《巡幸盛京诗》
2	文宗（奕詝）	咸丰（11）	1831—1861	《御制诗集》8 卷
3	穆宗（载淳）	同治（13）	1856—1875	《御制诗集》6 卷
4	德宗（载湉）	光绪（34）	1871—1908	《御制诗》1 卷

再对比清代前中期帝王的创作情况：

序号	庙号	年号	生卒年	著作
1	世祖（福临）	顺治（18）	1368—1661	《万寿诗》① 卷 1
2	圣祖（玄烨）	康熙（61）	1654—1722	《御制诗集》28 卷
3	世宗（胤禛）	雍正（13）	1678—1735	《世宗宪皇帝御制文集三十卷》（诗 10 卷）
4	高宗（弘历）	乾隆（60）	1711—1799	《御制诗》初集、二集、三集、四集、五集、余集，共 454 卷②

---

① 徐世昌说顺治帝"诗不多作，未编御集"（见《晚晴簃诗话》第 1 页）。此诗集名称据《清代诗文集汇编》。

② 有关乾隆帝的诗歌数量，徐世昌《晚晴簃诗话》统计较为详尽，其云："高宗《御制诗》五集，都四百三十四卷，四万一千八百首，登极前为《乐善堂集》，归政后入余集。又《全韵诗》《圆明园诗》，集外别行，皆不在此数。"上述统计根据《清代诗文集汇编》。《汇编》中显示余集有 20 卷，若除去余集中的数量，则与《诗话》中的统计相吻合。根据《诗话》的说法，乾隆帝的诗歌数量多于 454 卷，4 万多首。但也有其他说法，如徐珂《清稗类钞》"文学类"中有"高宗御制诗十万余首"云。邓伟主编的《满族文学史》（辽宁大学出版社 2012 年版）第 3 卷第 4 章有较为确切的统计数字——共 43580 余首。

续表

序号	庙号	年号	生卒年	著作
5	仁宗（颙琰）	嘉庆（25）	1760—1820	《余味书室全集》12 卷，《御制诗》初集、二集、三集，《嗣统述圣诗》2 卷，《全史诗》

从上述两个表格对比可以看出，清代前中期帝王除顺治帝外，都创作了大量的诗文作品，甚至有的数量惊人。乾隆帝共有诗作四百五十四卷，四万多首，达到前无古人、后无来者之程度；嘉庆帝次之，多达到一万五千七百余首①；康熙帝诗作也写了一千一百余首，近代帝王只有道光帝创作数量可以与他们媲美，达到七十六卷，四千余首。就数量来讲，与康熙、雍正两帝相比不仅毫不逊色，甚至还远远超过他们，在所有清帝中位居第三。而他也正是王朝由盛转衰的关键人物，清代帝王的诗歌创作在一定程度上也反映了这一趋势。

一、道光帝诗歌创作概述

爱新觉罗·旻宁（1782—1850），原名绵宁，庙号宣宗，清仁宗次子，入关后第六位皇帝，生母为孝淑睿皇后喜塔拉氏，在位三十年，享年六十九岁。在位期间正值清朝衰落，他为挽救清朝颓势做了一些努力，如整顿吏治，整厘盐政，通海运，平定张格尔叛乱，严禁鸦片，起到了一定积极作用。他本人厉行节俭，勤于政务，但作为一个帝王他才能平庸，秉承守成态度，缺乏割除积弊的雄心和振兴王朝的举措。身处近世，依旧执行闭关自守政策，没有积极学习西方的先进经验，致使在鸦片战争中失败，签订丧权辱国的《南京条约》。《清史稿》评价他："宣宗恭俭之德，宽仁之量，守成之令辟也。远人贸易，构衅兴戎。其视前代戎狄之患，盖不侔矣。当事大臣先之以操切，继之以畏葸，遂遗宵旰之忧。所谓有君而无臣，能将顺而不能匡救。国步之濒，肇端于此。"②

---

① 邓伟：《满族文学史》（第 3 卷），辽宁大学出版社 2012 年版，第 117 页。
② 《清史稿》，第 709 页。

道光帝诗歌分为两部分，继位以前所作诗为《养正书屋全集》四十卷，继位之后所作诗收在《御制诗初集》和余集中，两者共计三十六卷。《初集》由曹振镛等刊刻，收道光元年至八年所作，九年之后所作收在《余集》里，两者共计两千零六首。道光帝自序云：“朕在藩邸，学为诗古文词，著有《养正书屋全集》。自临御以来，孜孜图治，原不宜效文人学士，掞藻摘华，擅长艺苑。然于几暇拈毫，寄情吟咏，率皆由莅朝将事之典，承欢侍膳之仪，以及较晴量雨、望捷勤民、治河转漕之事而发者居多，其他留连景物之作，十不逮一。”① 该序言着重交代了自己诗作的主要题材和内容，也反映了一个封建帝王日常施政、仪礼以及关切之物。曹振镛等跋认为这些方面“皆建极敷言，因文载道”，“至若怡情山水，会意鸢鱼，虽涉笔以成吟，总对时而育物。欲以化成天下，丕冒海隅，俾夔轩鼓舞之伦，识敦厚温柔之教，则信乎帝王之学与儒生异，声音之道与政事通也。”② 虽是媚语，也大致指出了封建帝王诗歌的一个重要特色——诗关教化，温柔敦厚，欲广被臣民，为天下率。这样的诗难免有浓厚的八股气和郊庙气。但也不尽然，有的“怡情山水”之诗也属性情之作，只不过与一般文士言志抒情之作不同罢了，不能全部看作教化之作。

道光帝诗作数量多，内容也很丰富，其中处理政务之感、郊庙祭祀之事占据很大比重，关心农事、表达政见也成为他诗歌的重要部分，此外还有一部分是记录平叛、缅怀先辈的功业以及怡情山水园林之作。

首先，道光帝的诗首先是表达了他的施政思想，要敬天尊祖，勤政爱民，简朴节用，杜绝淫逸。

嘉庆帝去世后，道光帝克承大统，在护送灵柩自避暑山庄回京途中写了《晚晴有感》：“初看玉宇晚云收，无阻归程一写忧。草际夕阳增别思，林端宿霭育新愁。常留遗泽民安业，普荷丰年稼满畴。泣奉灵舆非扈跸，龙颜莫睹涕交流。”诗歌除写自己的悲痛外，还表明了继承先祖遗愿，使普天之

---

① 爱新觉罗·旻宁：《御制诗初集》序言，《清代诗文集汇编》第 359 册，第 1 页。
② 曹振镛等跋《御制诗初集》，《清代诗文集汇编》第 539 册，第 289 页。

下五谷丰登、万民安居乐业的愿望。《八月二十七日御太和殿感恩敬纪》云：
"上塞承恩命，兢兢小子予。正朝惭德薄，洪业惧才疏。敕政遵彝训，临民
凛帝居。昊慈祈永佑，考泽亿龄余。"这是道光帝初次临朝的感受和感想。
既为自己的德薄才疏感到惭愧，又告诫自己要勤政廉洁，恪守祖训，泽被万
民。作为皇帝，道光帝勤政爱民，杜绝骄奢淫逸，这在其《赋得政贵有恒》
一诗中表露无遗，诗云："敷政何堪贵？孜孜夙夜勤。有恒思作则，无逸凛
为君。巽动循常道，乾行焕大文。万几终始慎，一念圣狂分。不已臻悠久，
旁求广见闻。象时徵递嬗，懋德法氤氲。日进功毋懈，身修力欲勤。化成康
庶事，图治寸心殷。"另外，其《题养正图诗》也值得重视。该组诗共六十
首，既是他的施政思想，也是他的行为准则。特别是《戒君节饮》《嘉奖勤
学》《崇师问道》《上书减膳》《散遣宫人》《遵守旧章》《克己任贤》《习射殿廷》
《观图自警》《奖劝循良》等诗，不啻是一位封建帝王的施政宣言。如《观图
自警》云："《无逸》书垂训，唐贤手写传。谟猷三代启，法则一时宣。省览
心常凛，防闲善日迁。如何山水易，致策蜀西鞭。"将《无逸》之训、三代
之则牢记在心，并经常省察自己，要勤政爱仁，防止闲散淫逸。《奖劝循良》
云："勤民求众牧，莅政每孜孜。遣郡诗昭宠，登楼宴示慈。分巡难遽信，
借誉总由私。寇泚无阿比，嘉称赐一卮。"告诫官员始终将政事放在第一位，
要亲民爱民。道光帝的节俭是出了名的，《晚晴簃诗话》云："道光朝内忧外
患，方始萌芽，宣庙驭之以恭俭。福建荔枝、扬州玉器，旧皆上供，悉命停
罢，各省例贡方物亦予裁损。忧勤惕厉，三十年如一日。"① 在《春宵宴坐述
怀》中，表明了"守身寡欲"的人生态度，《历代帝王庙礼成恭述》中他赞
颂古代帝王的恭俭，都是这种思想的体现。再如《御崇政殿敬述》云："留
都御殿感殊恩，一脉丕承八代孙。景仰功成德乃大，永绵木本水斯源。巍峨
殿阁延千祀，巩固城闉启八门。愿我后人勿忘俭，钦瞻满目旧风存。"他告
诫子孙永记教诲，勿忘俭朴。在《赫图阿拉》中，他通过回忆太祖创业的艰
难，告诫自己"成乎勤更俭，怆矣慕仍追。小子铭心志，骄奢戒在兹"。在

---

① 徐世昌著，傅卜棠编校：《晚晴簃诗话》，华东师范大学出版社 2009 年版，第 6 页。

《赐吉林将军瑚松额》中告诫云："发祥长白始，根本启皇清。弓马须精敏，风情务朴诚。常怀勤与俭，永戒色同声。"凡此种种，都体现了道光帝的施政思想。

其次，农业是农耕社会的主要产业，也是封建帝王统治的基础，事关国计民生。因此，道光帝十分重视农事，关心天气征候，并祈求上天保佑天下百姓五谷丰登、庄稼稔穰。

据《中国历史地理学》分析，明清时期，中国气候十分寒冷，被称为"明清小冰期"。光绪元年（1875）昆明下雪，家中盂结冰如纸，光绪六年（1880）四川绵阳沸水顷刻成冰。① 随着气候寒冷，干旱半干旱尤为严重，黄河流域干旱灾害普遍多于水灾，旱情一直蔓延到长江以北地区。自然灾害的频发影响到农业生产，民生日苦，同时也直接加剧了社会矛盾，影响了社会稳定。另据《清史稿·灾异志》，整个清代各地灾异不断，寒冷、大雪、水灾、地震、大旱记载连篇累牍，特别是寒冷、大旱更为显著，对农业生产造成的损失也更为巨大。②《清史稿·灾异四》几乎全篇都在记录各地的旱情，有的地方四个月乃至半年不下雨。道光年间，不仅北方多地干旱，江南多地也是如此。如道光十五年（1835），浙江黄岩县自五月至七月不雨，缙云县自五月至八月不雨。通常年份，江南一带春夏多雨，每年六月中旬到七月上旬前后为梅雨季节、七月中旬到八月中旬为伏旱季节，而一连三个月不下雨，实属罕见，③ 可以想见对当地的农业生产造成多么大的危害。祈谷成为封建帝王每年不可取代的活动，甚至天降雨雪被称为"天恩"，因而道、咸、同、光四帝诗集中的喜雨、喜雪、喜晴、祈雨等诗篇随处可见。道光帝《喜雪八韵》云："三冬未咏雪，岁晚喜飞霙。向夕檐端舞，凌晨砌畔盈。滋深宜二麦，润洽遂群生。匼匝浓云布，弥漫密霰萦。龙墀无限景，鳌禁有余情。表瑞刚残腊，征祥迓首正。松髯添粉缬，石角积琼英。敬感天恩溥，优霈沐泽宏。"此诗作于道光元年（1821）十二月二十六日，大概是该

① 蓝勇：《中国历史地理学》，高等教育出版社 2002 年版，第 60—61 页。
② 《清史稿》，第 1487—1656 页。
③ 《清史稿》，第 1595—1608 页。

年度最后一场雪，从对雪花详尽的描写和意义的感怀，我们不难发现作者的喜悦之情。第二天，作者意犹未尽，又写了《喜晴》一诗"敬感天恩""天慈"及天"德无涯"，云："时晴时雪总天慈，岁暮斋居倍敬寅。皎洁西峰图画展，沾濡北塞奏章驰。松根陪护添寒翠，竹外横斜傲晚姿。欲识阳和回翰早，曈昽暖旭德无涯。"这是一件令封建帝王多么欣喜的事情！另一首《喜雪》云："昨朝集霰望缤纷，入夜敷施更达晨。盈尺早欣书上瑞，协时恰值应芳春。铺平陇亩千层玉，积厚阶墀一色银。敬感天慈深惕厉，滋培百谷利烝民。"此诗作于道光二年（1822）正月二十八日，时值雨水节气。一场春雪应时而降，让作者欣喜不已，不惜用生动的词语来形容，因为它能"滋培百谷利烝民"。此外，道光帝还非常重视农时节令，如在谷日写了《谷日作》诗，诗云："稼穑国之宝，农功勤寸衷。时和钦昊眷，日丽验年丰。种稑期登获，仓箱祝牣允。西畴待举趾，乐到万方同。"民俗传说正月初八是谷子的生日，这天天气晴朗，则主这一年稻谷丰收，天阴则年歉。"谷日"的习俗是对写有谷物名称的牌位进行膜拜，并不吃煮熟的谷物，这种习俗蕴涵着重视农业、珍惜粮食的思想。因而该诗中才有"日丽验年丰"的表述。该诗开宗明义，点明农业生产在国家中的重要地位，也反映出在道光帝心中的分量。

第三，继承骑射的国策，缅怀颂扬先祖的业绩，表达了自己的景仰之情。《紫光阁忆旧有感》："家法由来先骑射，昔年曾此屡承恩。抚今暗痛音容远，继志弥钦教化敦。深戒晏安垂前训，永怀肄武凛前言。风光触目增凄怆，金埒依然傍禁垣。"此诗表达了要承恩祖制，继续发扬满洲骑射的"家法"。他本人也遵从家规，努力习武，身手不凡。史传他为皇子时，在上书房读书，忽有天理教徒攻入紫禁城，他用枪击毙二徒，受到嘉庆帝的奖赏，被封为"智勇亲王"，其御枪也被赐名曰"威烈"。他作诗《恭纪赐枪》云："不敷当时突火枪，熙朝武备制尤良。发机连毙逾垣寇，飞弹双歼能语狼。威烈嘉名恩肇赐，斗星妙用习毋忘。戢兵肄武俱家法，合以皋比珍重藏。"道光帝于道光己丑（1829）八月东巡盛京，在整个过程中共写下了一百二十四首，纪游、感怀、发抒己见无不有之，从努尔哈赤宣布"七大恨"、用十三副甲胄起兵反明开始，到萨尔浒大捷等重大战役都有歌颂，因而咏怀古战场的诗颇为引人注目。如《三关》云："豹踞雕盘天设险，峰峦层叠据雄关。兴京门户兴王业，亲统貔貅数往还。"诗写萨尔浒之战，太祖率兵出奇制胜，一举歼灭明二十万军队，遂开清朝鸿业。而《恭瞻太祖高皇帝甲胄恭依皇考元韵》更是直接颂扬清太祖的英雄事迹："躬统十三甲，临戎兆帝基。威扬诸部服，勇摄万邦随。贯胄还摧敌，扪创更督师。遗痕何忍视，险阻溯堪悲。"努尔哈赤用武力统一满族诸部，奠定了满洲的基业。诗中还表达了自己的敬仰之情。

第四，平息叛乱、怡情山水之作。道光朝处于清代由盛转衰的关键时期，他在位的三十年中，内忧外患加剧。内有鸦片泛滥，吏治腐败，武备不兴，灾患频仍，张格尔在新疆煽动叛乱；外有英国发动鸦片战争，丧权失地，签订卖国条约。但这些方面并没有在诗歌中得到反映，倒是有关平息张格尔叛乱的过程在诗中有所体现。道光六年（1826）六月，乾隆年间处死的大和卓波罗尼敦的孙子张格尔利用南疆维吾尔族人民对清朝参赞大臣静斌残暴压迫的不满情绪及其宗教影响，纠集安集延、布鲁特兵五百多人在英国的支持下侵入新疆，煽动叛乱，纠集起数万人攻占了喀什噶尔（今喀什）、英吉沙尔、叶尔羌（今莎车）、和阗四城，企图复辟和卓家族统治。经过一年多的努力，清廷终于平定他们的叛乱。道光帝的《戊子六月初七日扬威将军大学士威勇公长龄至京亲缴印信御勤政殿行抱见礼诗志欣庆》记录了长龄得胜还朝时的情形："乍欣元老功归日，已庆丹楼俘献年。握手开言欢复感，摅诚抱见礼尤虔。亲脐虎钮威西极，特宠龙章赐四圆。长此经邦弼予治，安边勋业汗青传。"此诗乃记长龄入疆平叛张格尔部，新疆安定，道光帝极为欣喜，特在勤政殿接见，并行抱见礼，甚为少见。郭则沄《十朝诗乘》对此有专门记述："道光朝以恭俭临民，缵述武烈者唯平定回疆一役。是役以逆回张格尔入卡滋扰，陷喀、英、叶、和四城。有诏以长龄为扬威将军，杨遇春、武隆阿为参赞，率诸军讨之。时提督达凌阿已败逆回于托什罕河。张格尔复据柯儿坪，阻大兵进剿。长公率弁分路进，悉歼其众。次年，复有浑水河之捷，进剿阿瓦巴特，痛歼之，遂移师复四城。其冬，侦知张格尔奔喀尔铁盖山，遣杨芳星夜追剿。张穷蹙，将自刎，马甲舒兴阿兵丁田大武奋力生擒之，尽殄余寇。又逾年，公献俘京师，既赐封威勇公，复晋太保，赐双眼翎。逾日，入觐勤政殿，躬缴印信，行抱见礼。以御用珊瑚朝珠、四团龙补服赐之，命即服用。恩赍稠渥，允昭勋庸。"①

道光帝的诗，正如他所说的，怡情山水之作并不多。这些诗是他处理政务之余的休闲应景之作，但却写得优美动人，毫无矫柔之姿。如《新晴泛舟至蓬岛瑶台作》："阴雨连朝滴础声，凌晨碧汉喜开晴。新曦乍耀天光朗，宿润全滋树影清。送爽微波看浩渺，宜阳多稼卜丰盈。瑶台静坐澄怀抱，上下空明惬咏情。"《蓬岛瑶台晴望》："雨过风微好泛舟，瑶台飒爽夏同秋。山光湛碧云如写，林影余青润未收。万顷新波连远岸，一窗翠竹映危楼。更欣暄煦宜多稼，菽粟高低绿满畴。"蓬岛瑶台乃圆明园四十景之一，建于雍正三年（1725）前后，时称蓬莱洲，乾隆初年定名蓬岛瑶台。在福海中央作方丈、蓬莱、瀛洲大小三岛，岛上建筑为仙山楼阁之状。两诗描写了雨后蓬岛瑶台的秀丽景象，对仗工稳，清新自然，境界开阔，意境优美。

道光帝的诗质劲工稳而又清新典雅，无论叙事或议论，都老成持重，优游不迫，情感真挚沉郁。如《恭谒昌陵礼成泣述》云："违侍音容六载余，承欢膝下叹成虚。珠邱叩谒思慈德，宝训昭垂凛帝居。抚序暗增悲触矣，瞻天不禁涕涟如。恩深考妣何堪报，勤政修身慎厥初。"此诗祭奠生母孝淑睿皇后喜塔腊氏，质朴典雅，感情真挚沉痛。再如《至圣庙古柏歌》云："夫子堂前柏树古，苍龙天矫丹凤舞。我来展拜仲春时，灵根翠黛心摩抚。千年益寿异天封，四时嘉荫超新甫。乔柯偃覆春复秋，霜皮磊落风还雨。晻霭烟云衬鼎彝，逾历星霜侪石鼓。青青不改有神功，滋荣得所谢斤斧。分行屹屹树丰碑，景仰宜圣鸿文垂。万世师表祖题额，孝弟忠信人伦基。昔年释奠曾奉命，今则讲学礼攸宜。为人臣暨为人子，曲衷不遂空怆之。凛承大位日兢惕，一勤莅政心孜孜。羡尔栋梁之材堪予辅，圣贞秀拔起遐思。"关于此诗主旨，诗自注云："朕在藩邸时，屡奉皇考命行释奠礼，今则躬亲视学。睹

---

① 郭则沄：《十朝诗乘》，第585页。

清荫而如新，念风光而忽异，唯有勤政任贤，仰承彝训，抚兹栋梁之质，益增堂构之思矣。"此诗乃诗中个例，可谓洋洋洒洒，集描写、抒情、议论融为一体，但也醇厚劲峭，典雅工丽。大多数的景物诗则清新典雅，如《雪中策马口占》："密雪乍弥空，纷敷庆始冬。策骢缓征辔，隐约见盘峰。山山玉作屏，林木红兼白。预卜兆绥丰，滋培深下尺。拂面散霰花，征蹄没雪沙。峰峦如画里，漠漠密云遮。"清新质朴，典雅自然。再如《晚霁》云："连朝瑞雪欣优渥，向夕云消眼界清。返照东林含宿润，平开西岭放新晴。蕃滋百谷良农庆，溥邑三春品物亨。长此天恩调肃乂，万方孚佑永丰盈。"对仗工稳，清新典雅，不失为一首好诗。

二、咸同光三帝诗歌创作概述

咸、同、光三代之世，政治社会危机愈加深重，中外冲突、国内矛盾更加尖锐，虽有短暂的"同治中兴"，也未能挽救腐朽颓败的局面。作为末代帝王，此种情形在诗中有所反映，但由于同治、光绪二帝均幼年即位，长期沦为慈禧的傀儡，少有主政治国的经历，对各种危机鲜有了解，因此在他们的诗歌中缺少反映时事之诗。表现政事或臧否历史人物以表达政见、关心农事、发扬满族骑射传统仍是他们诗歌的重要内容，而写景咏物则是主体。现将他们的诗歌创作分述如下：

1. 爱新觉罗·奕詝（1831—1861），庙号文宗，年号咸丰，道光帝第四子，入关后第七代皇帝，生母孝全成皇后钮钴禄氏。道光三十年（1850）即位，时年二十岁，在位十一年。即位后便勤于政事，广开言路、明诏求贤，先后将有损国家利益的穆彰阿和耆英革职，对朝政颇有改革。但在此期间，内外交困，太平天国起义如火如荼，又遭遇英法联军侵略中国，他依靠湘军，抑制住了太平天国起义进一步的扩张，却难以对付英法联军，以签订丧权辱国的《北京条约》告终。咸丰帝在治国、军事上缺乏胆识韬略，且迷于酒色，荒废朝政，致使清朝危机加重。《清史稿》评云："文宗遭阳九之运，躬明夷之会。外强要盟，内孽竞作，奄忽一纪，遂无一日之安。而能任贤擢材，洞观肆应。赋民首杜烦苛，治军慎持驭索。辅弼充位，悉出庙算。乡使假年御宇，安有后来之伏患哉？"①

咸丰帝有《御制诗》八卷，三百七十三首。他的诗与道光帝诗相比，数量大为减少，诗歌主题也发生了变化，以伤时感世、关心稼穑、表达勤政为主，另有部分记录倡导骑射、即景咏物之作。

首先，感时忧事成为他诗歌的重要内容。咸丰帝生当中国近代动荡不安的时代，统治力不从心，从他即位起太平天国就在南方起义，一直蔓延半个中国，贯穿他统治的始终，一直到去世也未能看到胜利的曙光，这不能不成为他的心中之患。对外族的入侵又踌躇乏术，更加增添了忧患之情。这种心境，在他诗中有着充分的表现。即位之初，还只是太平军的起义，西方列强的干预暂时平静，所谓"盼捷南望忧思深，威宣指日熄群阴。狼贪犬狮真堪恨，犹幸邻疆尚未侵"（《斋宫即事恭依皇考诗韵》），但这次起义持续时间之长、影响之大，给朝廷和国家造成了巨大的冲击，使咸丰帝寝食难安，忧心忡忡。《示军机大臣恭亲王等》云："又临开笔月嘉平，小丑稽诛未廓清。章奏虽繁鲜济实，将心难合枉多兵。只惭感奋激无术，唯吁仁恩冀有成。夙夜所筹枢务重，励勤有赖是诸卿。"在天下未靖的情况下，他深感将心难合、平策无术，唯有倚仗自己的仁恩与众臣的同心合力了。《示志》云："代天司牧者，唯愿寰区安。一夫弗获所，饥溺切恫瘝。矧兹兵未戢，竭力旋乾坤。筹戎罔敢怠，立志拯民艰。昕夕时渴望，渴望在得人。方伯与卿尹，布政同忧患。勉励尚虞惕，优游诚厚颜。不惑脚跟定，毋忘训谆谆。"面对时局的艰难，他不敢有丝毫懈怠，竭力拯救民众于危艰。并要求众臣与君王一道，共赴国难。他感叹自己"本是忧劳第一人"（《自题画二首》其二），甚至在除夕也"依然盼捷书"。《诣斋宫作》云："春泽幸霈邪未靖，旰宵警惕抚疮痍。尽微忧庶邀天眷，殄丑安民莫再迟。兵疲贼纵已三年，德薄深惭负上天。三捷虽闻敢言慰，师和剿戮皖江连。诣坛斋宿愧尤增，考愿难符惧弗胜，宥密思愆加慎勉。骈恩普赐万方承，阅报忽传破贼营。感深陨涕愧交萦，大军或可获全捷，默祷皇穹惠下氓。"兵火已三年，兵疲民困，百姓不

---

① 《清史稿》，第767页。

能安居乐业，使帝王夜深难寐，"旰宵警惕"。而一旦听到可获全捷的消息，就欣喜不已，认为可以抚慰万民了。

其次，身处维艰，他常常对自己未能治理好国家感到惭愧，诗中充满悲怆之气。即位初期，所作《斋宫即事》其四云："居中驭外寰区广，澄澈一心意莫纷。海缴南望惭复惧，斯民颠沛愧为君。"为海内未靖、百姓过着颠沛流离的生活感到愧疚。其六则感叹自己年轻才疏，难以承担重任："任巨才疏空难荷，兼之年甫弱龄初。"后来多次表达了这种情感，如《盼信二首》其二云："罹劫吾民堪浩叹，冥顽梗化最难宽。因除巨憝武非黩，回思庸臣心可寒。默吁苍天事机顺，速望黔庶室家完。未能继志空挥泪，七字增惭敢慰安？"作者为未能尽早消除起义忧患，使百姓家庭团聚、国家安定而深感不安和惭愧。也因为如此，他诗中往往充满惆怅悲怆之气。如《至寿康宫感述》云："殿阁仍依旧，人生叹不同。原期长爱日，遽料起悲风。命也身无倚，伤哉泪莫穷。深恩十五载，往事已成空。"《斋居述志》之二云："虽获时霖二寸余，关心稼穑倍忧予。丰工难复贼难灭，继志安民愿未舒。"

第三，表达了努力执政、励精图治的愿望。如《斋宫即事》其五云："颓风力挽戒因循，去佞勿疑斥二臣。厉尔群工益加勉，摅诚事事切开陈。"诗写他罢免穆彰阿、琦善等人，锐意改革，鼓励群臣共同努力，并广开言路、听取群臣意见的施政思想。再如《御门听政述志示在廷诸臣》云："大廷循典觐公卿，考训亲承戒满盈。慎厥修身四时懔，审于出治一心明。屏私图己兼援友，尽敬爱君必泽氓。宵旰励精期共勉，闭邪陈善竭丹诚。"铭记先祖彝训，用慎厥身修、克自抑畏、审于出治，以正朝廷。希望诸臣知为臣不易，屏图己援友之私，爱君泽氓，力戒因循，陈善闭邪，励精图治，宵衣旰食。

第四，关心农事，表达对民众的关怀。他的诗中也有部分以喜雪、望晴为诗题的诗，这些诗以表达关心农桑、民众生活为主。如《喜雪》云："静夜无风好，空庭积素多。只知修己过，敢诩沐天和。仅念筹农候，余情入咏哦。试登高阁望，西岭玉嵯峨。"《七夕立秋》云："碧宇云消希朗霁，飘萧一叶下高梧。不因景物供清赏，唯念农桑切本图。"《喜雪》云："新岁尺余雪罕逢，消蝗培麦庆皆同。"《望晴》："秋霖祈快霁，稽首叩苍穹。霍霶看犹合，滂沱听未穷。西成愁稼亩，南望切塘工。深感复深惧，保民懔寸衷。"喜雪、望晴都是因为它们能给农业生产带来收益，从而使百姓衣食无忧。

此外，还有少许的即兴写景之作和咏物诗。如《静明园即景》云："山馆暂停骖，虚明足静耽。几村烟树里幕，万象水天涵。上界真标胜，灵源待布甘。林泉岂幽契，筹旅忆江南。"咏物诗如《玉兰初放》云："春雨轩前玉一丛，不寒不暖醉东风。生憎桃杏容邻冶，琼蕊偏宜淡月笼。"写的字句工整，清丽可爱。

咸丰帝的诗是他面临近世窘境的反映，充满了忧思之情、沉痛之感。《感述》云："匆匆廿七月，含泪又西行。驭世惭无术，南荒贼未平。欲询万民苦，敢懈一心诚。受命恩难述，恫瘝系我情。"治世无力，御敌乏术，经营惨淡，使他感到有愧先帝的嘱托，内心痛苦不已。

《茗香室晚坐述悲恭依皇祖诗韵》云："行馆依然批奏章，谒陵无本异寻常。哀余忍思明朝礼，几暇犹虞片刻荒。望隔云山增孺慕，心依烟树度残阳。愁肠千结千重恨，沦茗浑忘挹静香。"心头千结愁肠，万般遗恨，竟然忘记了手把余香，整首诗充满了哀痛之气。《斋宫即事恭依皇考诗韵》："躬亲巨典洁诚斋，旭影迟迟下玉阶。稼穑唯祈普绥屡，大清昊贶沐无涯。盼捷南望忧思深，威宣指日熄群阴。狼贪犬狝真堪恨，犹幸邻疆尚未侵。"诗歌所表达的忧思之深，不言而喻。

爱新觉罗·载淳（1856—1875），庙号穆宗，清朝第十位皇帝，也是清军入关以来第八位皇帝，生母叶赫那拉氏慈禧太后。五岁即位，由八大臣辅政，后慈禧太后发动政变，垂帘听政。在位十三年，亲政不到两年，享年十九岁。同治帝即位之初，清政府利用湘军并借列强之师助剿太平军，同治三年（1864）将太平天国运动镇压了下去。接着李鸿章率淮军于同治七年（1868）将捻军也镇压了下去。从19世纪60年代开始，曾国藩、李鸿章、左宗棠等办起了洋务，以建立新式军备为中心，并创办了一些为它服务的民用工业、交通运输业，迎来了和平建设的黄金时代，号称"同治中兴"，不过这一切几乎与同治帝没有关系。《清史稿》评曰："穆宗冲龄即阼，母后垂帘。国运中兴，十年之间，盗贼划平，中外乂安。非夫宫府一体，将相协和，何以臻兹？洎帝亲裁大政，不自暇逸。遇变修省，至勤也。闻灾蠲恤，至仁也。不言符瑞，至明也。藉使薪至中寿，日新而光大之，庸讵不与前古媲隆。顾乃奄弃臣民，未竟所施，惜哉！"① 同治帝有《御制诗》六卷，三百一十二首。绝大多数诗是课诗，是在帝师翁同龢指导下写出来的，从一卷到六卷，明显的有一个从简到繁的过程，大致不出风云雨露的范围，没有任何时事的反映。只有写于甲戌年（1874），即他去世的前一年记录阅兵的《南苑阅武》，才见出一位帝王处理政事的影子。诗云："风劲霜高万马骧，特临南苑饬戎行。八方无事边烽靖，七萃如云士气扬。岂是劳军来细柳，敢云纵猎效长杨。防秋略寓蒐刘意，家法钦承戒怠荒。"点明阅兵的目的是继承满洲骑射的"家法"，以防止八旗军队在承平之时松弛懈怠。此诗虽然尚有明显的不足，如押韵不规范，但雄奇奔放，气势不凡，《晚晴簃诗话》誉之为"光明俊伟，气象峥嵘"②。

3. 爱新觉罗·载湉（1871—1908），其父奕譞是道光帝旻宁的第七子，其生母叶赫那拉氏是慈禧太后的胞妹。光绪帝在同治帝病故之后被指定继承皇位，成为清朝入主中原后的第九代皇帝。他四岁即位，十七岁亲政，在位三十四年。在位期间始终受到慈禧太后的钳制，难有作为，这决定了他的诗作与近代晚期的时事政治毫无关涉。六岁上学，由翁同龢教他读书写诗，因而他的诗风受翁氏影响很大。《御制诗》一卷，凡四百零四首。多为写景咏物诗，还有部分读书咏史诗，这两者构成他诗歌的主要内容，对于修文肆武、弓矢骑射的"家法"也给予重视。尽管他在位时既经历了甲午战败的遗恨，也有变法图强的倡导和实践，但在诗中都没有得到反映。

光绪帝一生，除跟随慈禧外逃西安外，基本没有越出京城一步，因而他的写景咏物之作也都是有关皇室宫苑四季的景致和花草名物。这些诗写的清新秀发，婉丽可喜。如《春晚绿野秀》云："一苇泛湖滨，时光正晚春。

---

① 《清史稿》，第848—849页。

② 徐世昌：《晚晴簃诗话》，第7页。

野平多秀色，雨足有耕人。草木精神发，烟云罨画新。赋诗高旷意，何事踏青频。"《花压栏杆》云："万树花光里，东风倚画栏。香初来砌畔，高可压檐端。万字交加处，千丛欲画难。海棠开正好，不向玉楼看。"

　　他还写了一些读书咏史诗。这些诗都属读书所感，从中可见他对史籍和历史人物的评价，如《读〈无逸〉》《读〈豳风〉》《读〈尧典〉》《读〈禹贡〉》等。《读〈无逸〉》云："远陈殷哲严恭意，近举周王抑畏哀。能使久长绵国祚，总录勤苦念田功。莫教耽乐宽今日，唯恐诪张贵眇恭。千古帝王须识此，敬心余欲写屏风。"能发掘出《无逸》蕴藏的内涵，对后世帝王有启发意义。咏史诗主要是对一些封建帝王的评论，特别是汉代的帝王，几乎评价殆尽。如评《汉文帝》云："德厚侔天地，西京仰汉文。不嫌黄老学，慈俭即贤君。"给予高度评价。《汉武帝》云："富庶承文景，雄才奋武皇。右文兴学校，威远服氐羌。可惜居明盛，无能戒怠荒。仙踪虚海上，战骨暴沙场。安喜江充用，忠难汲黯匡。穷奢财用匮，虽悔亦何偿。"评述汉武帝功过是非，客观公正，实事求是。汉朝之外，对宋神宗、唐玄宗等，也都有褒有贬，如《咏唐明皇》云："明皇天子神武姿，肃清宫禁起临淄。即位励精勤政事，姚宋夹辅民熙熙。天宝以后溺声色，国忠秉政弛纲维。鼙鼓东来潼关陷，六龙西去忍流离。前何英武后何愈？政成于勤荒于嬉。乃知保泰诚不易，居安慎勿忘其危。"对唐玄宗前期励精图治给予称赞，而对他后期荒淫误国也给予了批评，并表示要从玄宗身上汲取经验教训，居安思危。

　　《晚晴簃诗话》"谨案"中谓光绪帝云："崇陵冲年践阼，典学精勤。岁乙酉，上方十五龄，毓庆宫日课诗文，近有流出人间者，书作经生体，工整端严，谨录诗十八章以徵圣学。后三年，岁戊子，顺天乡试以'杨柳读书堂'命题，上有拟作云：'绕屋皆杨柳，中藏万卷书。阴宜围四匝，读岂待三余。绿意侵缃帙，凉痕透绮疏。卷帘丝䍐处，扑砚絮飞初。金石声常出，楼台画不如。恍移陶令宅，来傍郏鄏居。芸馆香恒满，蕉窗影共虚。长春乔木古，念典重葍菑。'一时传诵士林，录存巾箱中。"① 光绪帝的诗受到追捧，

---

① 《晚晴簃诗话》，第7—8页。

盖由于他的诗的确很有文人的文艺色彩而少帝王之气。翻检其诗，题目就蛮有文艺范，如《涉江采芙蓉》《坐看云起时》《采菊东篱下》《赏桂延秋月》《白云深处有人家》《江涵秋影雁初飞》《淡云微雨养花天》等，都以古代诗句为题。再看他的诗，《王子猷看竹》云："篮舆何处去？有竹即敲门。此地多幽趣，相逢竟不言。凉云通屐响，冷翠染衣痕。兴尽飘然返，空余酒一樽。"《自锄明月种梅花》云："试问幽人趣，山中自种梅。锄云香馥郁，带月影徘徊。呼鹤来相助，移松且作陪。待看深雪里，先报一枝开。"《荷珠》云："荷叶正田田，承来露气鲜。光明如汞泻，错落似珠圆。散彩江亭畔，招凉水榭边。一船风月好，买得不论钱。"这些诗绝少八股气和郊庙气，写物抒情，情景交融，纯属性情之作，毫无做作之气。这一点早为人所察，文韶尝言："德宗文词斐然可观，好用成句，操觚弄翰，颇似翰苑中人，盖得于翁叔平相国之教为多。"① 可谓一语中的。

第三节　近代皇族宗室成员创作概述

近代皇族宗室成员中许多人精通艺文，擅书画能诗文。就人口与文士的比例来讲，这一群体占据高位，到清末，其成员约有两万九千人②，这是其全部成员的统计数字，单就男性成员来说，到光绪三十二年（1906），"宗支子弟……蕃衍殆八千余人"③，竟出现了近三十位有诗集的诗人，占比千分之三点八，不得不说是一个奇迹。这当然与康熙朝以来的文化传统密切相关。从康熙朝开始，皇室宗室子弟普遍接受汉族经史子集、文学艺术，他们凭借自己政治上的特权和优厚的经济条件，结交并聘请汉族中的优秀知识分子，习于经，游于艺，乐此不疲，风雅渐盛。而其内在原因，又与朝廷的各

① 徐珂：《清稗类钞》，第 3893 页。
② ［美］路康乐：《满与汉：清末民初的族群关系与政治权力》，王琴等译，中国人民大学出版社 2010 年版，第 21 页。
③ 世铎等：《宗人府则例》卷 15，第 47 页上，转引自刘小萌《爱新觉罗家族史》，中国社会科学出版社 2015 年版，第 234 页。

种限制有关。赖惠敏《清皇族的阶层结构与经济生活》云："虽然宗室王公地位在一品官之上，却位高权轻，以侍卫大臣身份随扈保驾，毫无施展身手、表现政绩的机会。清朝又规定：在京城的王公不准结交官吏，由科举出身的宗室不能外放州县官。当了朝廷差事，却往往因屑小之事被罚俸、革职。这样严格的统治，导致皇族惶惶不可终日，少数的王公寄情于园艺山水、书画诗文，但多数的王公则吃喝嫖赌、无所不为。"①

关于王公宗室风雅炽盛的记载和评说很多。徐珂在《清稗类钞·文学类》中云："宗潢颇多嗜文学者，自红兰主人岳端首倡风雅，而问亭将军博尔都、紫幢居士文昭、晓亭侍郎塞尔赫、瞿仙将军永忠、樗仙将军书诚、嵩山将军永奎，遂相继而起。紫幢从王文简公士禛游，辞爵读书，为士林所重。查编修慎行序其集，称之曰'宗室高人'。"②袁枚在给弘旿《蒙瑶华主人寄赠二律恭答四章》的诗中，就有"九霄咳唾落烟霞，气涌祥云笔吐花。宗子久钦龙凤质，仙才多出帝王家"③的诗句。文昭《自题辰蓂集后五首》其一云："青莲昌谷两仙人，解爱东坡有德麟。不是天潢风雅盛，由来四始咏振振。"清代帝王不仅自己浸淫翰墨，挥毫创作，也对王公宗室之艺文活动多有倡导，《啸亭杂录》有"宗室宴"条专门谈论此事，其云："乾隆甲子，上宴王公及近支宗室百余人于丰泽园，更其殿名惇叙殿，以示行苇燕毛之意。乾隆壬寅，普宴宗室于乾清宫，凡三千余人，极为一时之盛。嘉庆甲子，今上遵循旧制，复宴近支宗室百余人于惇叙殿，赐酒赋诗。其联句诗成王所拟书，抒写一时盛典如绘，非他词臣所拟者之可及也。"④至近代，由于内忧外患，帝王尽管不再有精力举办这种文艺性宴会，他们也大都承袭了列祖列宗爱好文艺之习，进行诗文创作，其他王公宗室风雅之致依然高涨。因而，近代皇族宗室成员吟风弄月之气并没有消退。

目前学界一般的看法是，满族文学到康熙朝开始进入兴盛期，我们就

---

① 赖惠敏：《清皇族的阶层结构与经济生活》，辽宁民族出版社2011年版，第260页。
② 徐珂：《清稗类钞》，第3861页。
③ 袁枚：《小仓山房诗文集》卷35，上海古籍出版社1988年版，第982页。
④ 昭梿：《啸亭杂录》，第273页。

从康熙朝进行统计。康熙帝有子三十五人，其中十一人幼殇，未加封爵，实际有皇子二十四人。雍正帝有皇子十人，其中早殇二人，实际有子八人；乾隆帝有皇子十七人；嘉庆帝有皇子五人；道光帝有皇子九人，其中三人俱早殇，实际有六人；包括同治帝、光绪帝在内的"载"字辈共五人①。另据《八旗艺文编目》统计，康熙帝皇子有诗文集者五人，雍正帝皇子三人，乾隆帝皇子六人，而嘉庆帝皇子二人，道光帝皇子（包括光绪帝载湉）五人。再统计一下所占比例，在前中期（康雍乾）皇子共有四十九人，有诗文集者十四人，占百分之二十八点六；近代（道光朝以下）有皇子十六人，有诗文集者七人，近占百分之四十四。因而，如果仅从有诗文集者所占比例来说，近代皇子的创作多于前中期。当然，由于前中期的皇子数量多，其诗文集的绝对数量要比近代多一倍，这是毋庸置疑的。

再将其他皇族宗室进行统计比较。前中期有诗人四十三名，近代有名二十八名。②

下表是近代皇族宗室的诗人成员以及他们的创作统计：

序号	族群	姓名	生卒年	著作
1	王公	爱新觉罗·奕绘	1799—1838	《妙莲集》《明善堂集》《写春精舍词》
2	王公	爱新觉罗·奕誌	1827—1850	《乐善理斋诗稿》8 卷、《古欢堂诗集》2 卷、诗余
3	王公	爱新觉罗·奕諒	1831—1889	《东园诗集》《藏修斋诗稿》4 卷
4	王公	爱新觉罗·奕訢	1833—1898	《乐道堂全集》《萃锦吟》
5	王公	爱新觉罗·奕譞	1840—1891	《九思堂诗稿》7 卷、续编 13 卷，《航海吟草》《退潜别墅存稿》
6	王公	爱新觉罗·奕詥	1844—1868	《四知堂遗稿》
7	王公	爱新觉罗·奕詢	1849—1871	《偞月轩诗集》15 卷
8	王公	爱新觉罗·载澄	1858—1885	《世泽堂诗文遗稿》

---

① 此据萧一山《清代通史》之《清帝爱新觉罗氏世系表》统计。

② 此据《八旗艺文编目》之"别集一（王公宗室）"统计。

续表

序号	族群	姓名	生卒年	著作
9	王公	爱新觉罗·载滢	1861—1909	《云林书屋诗集》8 卷、《一山房集陶诗》
10	王公	爱新觉罗·毓朗	1864—1922	《余痴生诗集》4 卷
11	王公	爱新觉罗·禧恩	1784—1852	《粤行草》
12	宗室	爱新觉罗·德诚	1801—1850	《听香读画山房诗》4 卷
13	宗室	爱新觉罗·毓本	1792—?	《选梦楼诗钞》8 卷
14	宗室	爱新觉罗·恩华	1809—1854	《求真是斋诗草》2 卷
15	宗室	爱新觉罗·霍穆欢	1829—1892	《四求吟草》
16	宗室	爱新觉罗·宝廷	1840—1890	《偶斋诗草》36 卷，《偶斋词》
17	宗室	爱新觉罗·盛昱	1850—1899	《郁华阁遗集》3 卷，词 1 卷
18	宗室	爱新觉罗·溥岏	生卒年不详	《早闲堂诗》4 卷
19	宗室	爱新觉罗·溥昂	生卒年不详	《画禅诗草》4 集
20	宗室	爱新觉罗·载本	生卒年不详	《桐香馆诗钞》
21	宗室	爱新觉罗·佑善	生卒年不详	《漪园诗词集》
22	宗室	爱新觉罗·德准	生卒年不详	《蛮吟草》《探骊吟草》《桎樗山馆词钞》
23	宗室	爱新觉罗·师善	生卒年不详	《茧庵待删草》附诗余
24	宗室	爱新觉罗·寿富	1865—1900	《寿伯茀太史遗集》
25	宗室	爱新觉罗·寿蕃	?—1900	《漱秋阁诗存》
26	宗室	爱新觉罗·宝铭	生卒年不详	《春薇堂诗草》
27	宗室	爱新觉罗·敬效	生卒年不详	《象之上公诗稿》5 卷
28	宗室	爱新觉罗·德隽	生卒年不详	《潜庵诗钞》

在中国文学理论史上，韩愈提出了"不平则鸣"说。他认为优秀的文学作品乃穷苦之士仕途不得志，或者遭遇"不平"的产物。他们虽有雄心壮志，又满腹经纶，却不得施展，只得假借文学作品抒发自己的一腔热血和思想追求，且倾尽时间和精力投入文章的写作；而王公贵人权高势大，生活优裕，既没有什么"不平"，也没有济世安民的理想抱负，也就"鸣"不出来，更不会以坚毅的精神进行创作，因而写不出好诗。对此，赖其瑛通过总结宗

室诗人的创作，得出了完全不同的结论。其序奕誌《乐循理斋诗集》云：

> 往尝从友人处读西园主人题画诗数纸，窃叹其风流文采，在近时富贵人未可多得……昔韩昌黎序《荆潭唱和诗》，谓"欢愉之辞难工，穷苦之言易好"。推其意宜若工诗者必在韦布间巷、憔悴专一之士，而王公贵人则难言之矣。予观古诗兴于汉魏之际，陈思王植为之冠，非富贵人耶？其诗后世莫能及者，汉河间献王尝献雅乐，惜其传不广。若夫雅颂作于周公，亦富贵人诗也，乃千古无及者矣。夫其所处既高，得天必厚，气体所养，闻见所及，非韦布间巷之士所能同。又无世俗卑琐浅狭之事足累其心，如是而思之专，为之勤，固未有不工者也。然则昌黎所谓指，夫性所不好与夫多事而不暇笃者耳，非可以概论富贵人诗也。夫诗言情者也，喜怒哀乐，情之感于遇而动者也，慈祥恻恻、敦厚和平，情之正也。圣贤者，足于性而全于学，随所遇而皆得其情之正，其言不求工而自无不工，《三百篇》之诗是也。情不能无偏，其学有至有不至，则其言亦称是，而出彼工于穷苦不工于欢娱者，盖其情之偏而不得其正已，其诗虽工，岂足为诗之至耶？[1]

他反对韩愈的"欢愉之辞难工，穷苦之言易好"的观点及后来欧阳修提出的"穷而后工"的论断，分析了富贵之人的优势，并通过列举历史上的事例来说明富贵之人也能工诗。应该说，他揭示了文学史上存在的另一种现象，是有一定说服力的，也比较符合清代王公宗室诗人的创作实际。清代的天潢贵胄由于出身豪门，普遍受到极好的教育和严格的训练，他们的诗歌写作也大都细致工巧，技艺娴熟，只不过由于生活范围小，缺乏深广的现实内容。由于他们成分复杂，职位、爵位以及生活状况相差很大，诗歌内容和特色也有很大的差异，兹按照与皇室的亲疏远近分为两类来研究：皇子和宗室近支成员的诗歌创作、其他宗室成员的诗歌创作。

---

[1] 赖其瑛：《乐循理斋诗集》序，《清代诗文集汇编》第703册，第369—370页。

一、近代皇子和宗室近支的诗歌创作概述

近代皇子和宗室近支诗人群体主要由"奕"字辈和"载"字辈所构成，共九人。生年最早的是奕绘（1799 年生），最末的是载滢（1861 年），大部分出生于十九世纪中叶前后，且享年不永，不足三十岁去世的就有四人——奕誌、奕詥、奕詢、奕澄，其他五人也大都五十岁左右离世，只有奕訢较为长寿——六十五岁。因为寿命长短在很大程度上影响到他们的创作数量乃至质量。除奕譞和奕绘外，其他人创作数量有限，主要是由于寿命的原因。例如奕詢的诗作主要在十四岁到二十二岁的八年间，奕誌保留的诗作从十六岁开始到 1849 年的二十二岁为止，艺术生命也不过七年，很多人都为他惋惜，认为若天假其年，前途将不可限量。奕詢也是如此，他的诗作收自癸亥年（1863）到辛未年（1871），也是八年间的作品，人们同样替他惋惜。他们大都生活在中国近代社会的前中期，经历了动荡不安的年代，但由于种种原因，诗中没有得以反映出来，只是在自己的题咏风物的艺术世界里讨生活。

就仕途来讲，奕訢和奕譞堪称政权的重臣、政权的支柱。奕訢是道光帝皇六子，被封为恭亲王，在近代所有的王公中，地位最为显赫，身居数要职，是内政外交的实权人物。又多才多艺，"勤学多能文"，诗文书法样样精通。奕譞是道光帝七子、咸丰帝之弟、光绪帝之父，又是慈禧皇太后的妹婿，被封为醇亲王，屡任要职。其他人因袭祖上的爵位，在政治上难有作为。有的屡遭贬职，降爵位，如奕誴；还有的因罪被割除爵位，如载滢。但由于生在中国的宗法制社会里，他们又是皇族的成员，还经常受到奖赏，难免会对皇恩加以歌颂，感恩戴德，这在他们的诗歌中都有充分体现。

皇子和宗室近支，是清廷赖以支撑国家政权的支柱和辅佐，同时也是政权的既得利益者。他们大多身居高位，承袭王爵，以诗歌为这个日落西山的政权歌功颂德，藻饰太平。奕誴《藏修斋诗稿》自序云："每览唐人诗赋，或寄情于艺林文囿，或得意于月夕花朝，及生平所遇，奥感之怀，莫不形诸咏歌以鸣，一时之兴致信可乐也。我国家世德，作求明良，久庆矞得联辉于棣萼，若木分香，况绵奕世于桐圭。天潢共派，际兹清晏，宜颂雍

熙。乃于诗书经传研究之外，政务暇时，爱于明窗净几之前，喜联诗句。"①
其以诗歌粉饰清晏之世、颂扬熙朝之意甚明。孙家鼐跋奕詝诗集，指出《偓
月轩诗集》的创作意旨是"主人且将黼黻升平，和声以鸣国家之盛"②。奕䜣
《乐道堂古近体诗》自序秉承诗言志的古训，并云："我朝龙兴东土，肇造丕
基，以弧矢威天下，圣圣相承，谆谆训谕以国语骑射为根本，毋尚浮华，务
崇质朴，须臾何敢忽诸？然歌咏升平，亦必有和鸣盛世者。故钦定《熙朝雅
颂》，编列天潢为首集，崇文教也。"③皇族诗歌创作固然应当"务崇质朴"，
但"歌咏升平，亦必有和鸣盛世者"，也就是说，赞颂盛世也是皇族诗歌创
作的一种重要职责和使命。他们的诗歌主张不约而同地表示了在衰世中要以
诗歌挺立皇权、宣扬盛世的观点。

　　在他们的诗歌中，也得到了鲜明的体现。奕䜣无论是在咸丰朝还是在
同治、光绪两朝，都备受重用，历官议政王、军机大臣。其《赓献集》是赓
和咸丰帝诗之作，此乃仰承文宗"推恩同气，命和韵以进"的产物。如《恭
和御制壬子春帖子词元韵》云："木德传佳节，条风应律初。上林春色早，
御柳绿将舒。仰瞻辰极正，当阳富庶生。民迪吉康圣，德迈超千古。世旰宵
图治，敕官方欣承。德泽惠如春，寰海嵩呼圣。世民彩燕土牛呈，岁稔赓
扬载笔荷恩新。"通篇充满了颂圣恩德之词。他作《豳风咏》也意在颂扬圣
德，自序云："我朝爱民敦俗，首重农桑，耕织有图，棉花有图。列圣奎藻
昭垂，炳焕万古。皇上修四推之礼，轸一夫之饥，贵粟劝农。所其无逸，绥
万邦而屡丰年，猗欤盛矣！"④道光丙申（1836），宣宗为奕䜣题"正谊书屋"
匾额，他遂将窗课所得试帖诗二卷命名为《正谊书屋试帖诗存》，"以志赐额
训迪之深恩，敬铭心版，永矢弗谖，冀可稍酬高厚于万一"⑤。至于诗篇中同
类题材的诗更多，如《乐道堂古近体诗》中《嘉平十六日赐福寿字敬纪再韵

---

① 奕詝：《藏修斋诗稿》自序，《清代诗文集汇编》第 718 册，第 369 页。
② 孙家鼐跋：《偓月轩诗集》，《清代诗文集汇编》第 771 册，第 110 页。
③ 奕䜣：《乐道堂古近体诗》自序，《清代诗文集汇编》第 725 册，第 179 页。
④ 奕䜣：《豳风咏》自序，《清代诗文集汇编》第 725 册，第 136 页。
⑤ 奕䜣：《正谊书屋试帖诗存》自序，《清代诗文集汇编》第 725 册，第 148 页。

乙卯丙辰诗韵》云："翥凤翔鸾瞻宝墨，春祺普赐近春旬。殊恩先逮天潢胄，闿泽同沾月宪垠，范演福畴辰翰丽，祥开寿域物华新。九如共献升恒颂，喜听讴歌盛世民。"就连常被写成悯农诗的《刈麦》，主题也不是农民的辛劳，而是歌颂升平，诗云："一路田歌答，村村打麦声。腰镰晨日映，肩担午风轻。铚艾时方届，来牟颂载赓。双歧呈上瑞，寰海庆升平。"奕譞同样如此，因参与北京事变，受到慈禧的信任和重用，历官都统、御前大臣、领侍卫内大臣，管理神机营事务，特命会同商办军机处紧要事件，总理海军衙门。其《余十六岁蒙先皇亲授刀法，今奉派管理营务，每见技艺步伐不如内学，回思当日深恩，慨然有作》《九月初二日上初御弓矢射布靶，三矢中二，敬成一律以志欢忭》等均是如此。后者云："洞城神技祖猷钦，安不忘危训诫深。幸侍殿廷瞻圣武，敬将词藻志微忱。纶音谦适符经义，脉理材须审木心。欢动儒臣争献颂，殷殷正己仰辰襟。"歌颂了咸丰帝精湛的弓矢技艺及居安思危的帝王情怀。《除夕日随驾保和殿筵宴外藩王公文武大臣恭纪》云："宫阙朝开动日华，盈廷佩玉灿卫牙。溯从历代皆殊俗，直到皇清始一家。仙乐两阶歌雅颂，陪臣万里贡荒遐。庆隆喜起陈遗烈，巩固金瓯讵有涯。"诗除纪录盛典外，还歌颂了皇清怀柔万邦的辉煌。奕詢为嘉庆帝孙，封镇国公，赏戴三眼花翎，内廷行走管理中正殿事务，惜享年不永，二十三岁病逝。其《对雨作歌》记夏季一场大雨，结尾写道："快哉时雨沛膏泽，野田沾足宜深耕。更吁天公洗甲兵，妖氛尽扫天地清，永为皇家歌升平。"《立春日拟春帖子词》云："宇宙韶光转，埏垓淑景新。皇恩同浩荡，普被霭如春。九域天威普，千年帝泽长。熙台歌戴德，击壤乐陶唐。纸鸢飞碧汉，爆竹响春城。民物欣繁富，欢声乐帝京。"均不难看出歌颂熙朝之意。载滢为奕訢次子，锺端郡王奕詥嗣子，封镇国公，后加郡王衔。其《十二月二十三日皇太后赐福字恭纪》云："睿藻光山泽，推恩眷遇新。中兴三代治，四海一家春。更赐优间福，重沾雨露仁。余生惭覆载，感泣仰枫辰。"歌咏都城春节"盛世"景象，作十首以纪之，序言云："都中新年烟火络绎不断，辉耀春城，和鸣盛世。其名色亦极富丽新颖。爰取其最可观者，效小游仙体，各赋一诗，用志点缀承平，怡神乐事。"其用意非常鲜明。其他诸人诗中也都有这样的诗作。由以上诗歌可以看出这些王公大臣拥护皇家的旨意。

展谒述哀诗，也即祭拜皇陵诗。这类诗仅皇子王公所作，帝王拜谒先帝陵寝称"敬述"，与之略有不同，因而具有浓厚的皇族特色及其感情倾向。《清史稿》卷八十六"谒陵"条记载，自康熙年间开始，每逢清明、中元、冬至、岁暮为四大祭，届时皇帝率皇子、皇孙及王公前往祭拜，非常隆重。有的也在父皇忌辰之日前去拜谒。① 因而在近代奕訢有《岵屺怀音》、奕譞有展谒述哀诗一卷纪其事，其他人诗中也有记述，如奕詝在辛未年奉命致祭慕陵。关于谒陵之意义，无非是帝王教诲其子孙门牢记先祖英烈，发奋图强，开创万世之业。乾隆帝在乾隆四十三年（1778）秋先后谒永陵、福陵后谕曰："瞻怀辽沈旧疆，再三周历，心仪旧绪，蕲永勿谖。夫奕禩升平景运，皆昔日艰难开创所贻。后世子孙，当览原巘而兴思，拜松楸而感悟。默念天眷何以久膺，先泽何以善继。知守成之难，兢业无坠。庶熙洽之盛，亿万斯年。不然，轻故都，惮远涉。或偶诣祖陵，漠不动心，视同览古，是忘本也。"② 奕訢《岵屺怀音》自序云："余于道光庚戌、咸丰乙卯两遭大故，抱痛终身，欲报深恩，何其有极。年来岁时祭享，屡膺简命，桥山叩谒庙室。申诚瞻拜之余，弥增怵慕。每于致祭行礼，追忆音容，趋承难再，哀鸣成什，不能自己。至若易水燕云，邮程旅况，叹露霜之凄凄，悲风木之萧条。转瞬流光，对青灯而述感；关心农事，咏白雪以占丰。触目萦怀，都成吟境。抒性摅情，语句工拙，殊不计及，爰综行役之作，并为一编，敢云能诗？借以志孺慕云尔。"③ 也表达了上述的意旨。这种诗一般是以述哀或泣述为名，因而名为"展谒述哀诗"，内容无非是表达悲痛之情。如奕訢《四月十一日释服礼成扈跸自慕陵回程述哀》云："春仲曾来谒几筵，痛逢今日宝城前。衔哀返辔悲难述，回首西瞻涕泗涟。长途漠漠景凄凄，扈跸行临易水西。岩嵷云山增怵慕，烟峦一路碧峰齐。"《奉命冬至致祭慕陵泣述》云："旅馆孤灯对短床，一年冬至夜偏长。哀哀奉使频挥泪，郁郁思亲枉断肠。抱痛

---

① 《清史稿》，第 2588—2593 页。

② 《清史稿》，第 2591 页。

③ 奕訢：《岵屺怀音》自序，《清代诗文集汇编》第 725 册，第 112 页。

终身悲怵慕，空余四序荐馨香。无何返辔西回首，万叠云山认茫茫。"奕譞《丁卯二月十五日百日礼成述哀》云："那堪再拜易缌衣，残月凄风泪痛挥。罔极深慈空切慕，平生夙愿已多违。九天恩礼开丹诏，百日哀情恋素帷。布奠言旋心似捣，西山回首赋何依。"

　　恭和恭记诗，在此指的是地位显赫的王公大臣与帝王的唱和诗与对先帝事迹的纪事诗。奕譞有恭和恭记诗二卷，分别是咸丰间恭和恭记诸作一卷和同治间恭和恭纪诸作一卷；奕訢有《赓献集》。可见在近代朝堂之上他们与帝王的关系非同一般，同时也彰显出皇族对皇权的向心力。他们对与皇帝的恭和恭记诗的确呕心沥血。奕訢《赓献集》自序云："余自幼年渥，荷宣宗成皇帝恩谕，入学读书，时时亲承指教，治经读史之外，粗习声律。洎庚戌以后，文宗显皇帝推恩同气，训迪有加，御制诗成，辄蒙特旨宣示，或命和韵以进。余自维简陋，何能仰窥天藻于万一？然每得圣制，伏读深思，窃见寓意高深，意蕴宏博，虽偶然即景之作，而勤政爱民之心，时流露于意言之表，所谓言之有物，吐辞为经，洵足以世为天下法，岂止辞章之末已哉？夫珠玉在前，尚惭形秽；矧摹拟日月，岂易形容于此？而欲勉为赓载，诚戛戛乎其难之。故当抽毫进牍之时，兢兢焉，惴惴焉，不敢稍涉肤廓之辞，亦不敢徒作颂扬之语。吾才既竭，欲罢不能，必靳合乎风人之旨，而不敢于圣人之意义稍词谬焉。诗既进呈，间蒙嘉许，而余心则不敢自信也。副稿敬藏箧笥，暇时检阅，尚存若干首，录而次之，非徒志余祇肃拜献之忱，实借以阐扬圣学。想见当年乾惕之心，俾历久而钦佩不忘云。一二别纸，类附于后，题曰《赓献集》，纪其实也。"① 从这段叙述中可见看出，当初赓和帝作令作者多么为难，又是多么小心谨慎乃至畏惧，因而也更显珍贵。奕訢的经历代表了清代乃至近代皇族王公的内心焦灼与诗作历练。更为重要的是，这些恭和恭记诗所体现出的对帝王的尊崇与歌功颂德之情成为主旨，如奕訢《恭和御制孟冬十有七日雪元韵》云："大地新堆雪，皇心旧爱民。欣看风舞絮，不羡月如银。来复阳春早，绥丰乐事真。祥霙符圣念，寰海荷陶

---

① 奕訢：《赓献集》自序，《清代诗文集汇编》第 725 册，第 92 页。

钧。"此诗赞美了帝王仁心爱民、关心稼穑的"圣心"。《恭和御制诣斋宫作元韵》云:"旰宵轸念民依切,时雨虔祈圣谕宣。甘膏正当雩祈日,皇仁立极治乘乾。敬展皇穹念棐忱,求言省过圣人心。廉纤嘉澍前期沛,感格天恩夙夜钦。明禋达孝克钦承,雩祭斋庄肃豆祭。时若休征先有兆,万方多福一人膺。"对皇帝的恩泽进行了吹捧。即使是应制诗也是如此,如《恭题御笔山水应制》云:"几暇挥辰翰,烟岚入画图。峰腰云气合,城角夏阴敷。野渡茅亭僻,山家竹径纤。麦秋欣有兆,丽景满皇都。"皇帝一幅普通的山水画作,也被生发出"政治"寓意,可谓深得"圣心"。奕𧭢《恭和御制春雨轩喜雨元韵》云:"禁籞华轩启,真缘志喜名。雨添山黛重,春飐柳丝轻。已润催花节,还宜荷笠耕。洗来新景象,茂对惬皇情。"降雨带来的新景象,在作者看来,也是"皇情"的恩赐。《随扈圣驾幸清漪园恭记》云:"恩许班联翰墨林,晓随云罕向高岑。暖融蒲藻知鱼乐,韵叶笙簧听鸟音。卉木春晖盈上苑,湖山烟景畅辰襟。圣心自是勤农事,游豫弥思泽沛霖。"记述咸丰帝到龙王庙上香祈雨一事,歌颂他心怀天下,关心农事之德操。由此可见,王公的这些恭和恭记诗,实际上也是"颂上"题材的一种。

由于他们地位尊贵,过着锦衣玉食的生活,又身处王宫苑囿,在政事之暇,往往面山临水,吟诗作文,赏花玩月。他们接近皇权,除非皇帝特许,都严禁干涉朝政,更不能私自议论朝政国故,存一己之念,还被严禁与政府官员来往。因此,诗歌主题基本上是抒发闲适之趣,凡涉朝政事务无一入诗。他们充分发挥了文学的怡情作用,通过诗歌寄兴消闲,寓怀超脱。"文学是显现在话语含蕴中的审美意识形态"[1],举凡山川之佳胜,草木之贲华,秋蟀春鹂,悉供诗料。这些诗料,完全是用来娱目清心、怡情遣兴的。奕誴《藏修斋诗稿》自序云:"每览唐人诗赋,或寄情于艺林文囿,或得意于月夕花朝,及生平所遇,奥感之怀,莫不形诸咏歌以鸣,一时之兴致信可乐也……数载以来,在上书房所作诗稿,以及府中即景闲吟,共得二百余首。其间五七绝、五七律均按古今体制所咏。大抵农桑月令、景物风

---

[1]　童庆炳:《文学理论教程》,高等教育出版社1992年版,第96页。

华者居多……非欲与学士文人争长，特用以消长夏，且志光阴之当惜耳。"①
其《藏修斋诗稿》四卷，即是这些题材的产物。景物诗清新怡人，如《雨中
观荷》云："看雨来池岸，亭亭对绿荷。珠翻随侧叶，粉渍坠清波。"《春
云》云："春气日氤氲，春朝试望云。待看时雨润，恰值麦苗分。"农桑诗则
欢快喜庆，《观稼》《麦浪》《冬日田家》等都是例证。他是以天潢贵胄的身
份去审视农村，满眼都是农家乐，无一关乎稼穑之艰的话语。如《冬日田
家》云："田家秋获仓箱足，乐事从今在一冬。数斗新醅招野客，几间老屋
息村农。蒸梨炊黍儿童戏，击鼓鸣琴蜡腊逢。处处丰收皆有庆，更占尺雪
瑞重重。"他描写的是一幅处处丰收的景象、充满幸福欢乐的农家图画，丝
毫没有苦难和艰辛影子。很显然，诗歌在他看来就是用来消遣的。奕訢的诗
作十有八九是为了悦性的，其《乐道堂古近体诗》自序云："（这些诗）或敷
言黼扆以效赓飏怵舞之忱，或展敬桥山以志岁月露霜之感，励志寸分扩衍四
时之乐，关心稼穑讴歌七月之篇。他如芸窗辈几唱和联吟，不取骋妍斗巧之
奇，只为悦性怡情之作，则又有宜乎存者。"② 他写诗的目的很明确，就是为
了"悦性怡情"。四季变迁、身边景致，甚至触目所及都能引起他们的好奇，
从而摄入笔端，作为遣兴的工具。他们可以将诗歌的这种功能无限制地扩
大，把自己的潜质充分发挥出来。奕訢以《诗经》中的《七月》诗中的每一
句作为诗题加以发挥，写成八十五首，名为《豳风咏》。他的《乐道堂古近
体诗》共有两卷，其中咏物组诗就有《消夏八咏》《文房四咏》《端阳六咏》，
甚至出现了大型组诗如《重阳十咏》《春咏三十首用蝉联体》《秋咏三十首依
上下平韵》。奕詥十岁学诗，在他短短的二十三年的生命历程中，也写了不
少的咏物组诗，如《消夏六咏》《消夏杂诗八首》《四时竹枝词二十首》《梅
花三十首》，甚至还有像《咏五味》《咏八方》这种题材极为琐细的组诗。奕
譓有《四季竹枝词二十首》，吟咏四季各五首；《春泽园十二首》，吟咏该园
中的十二个景点；《书斋八乐》，则记录了他的八种风雅生活——观书、读

---

① 奕誴：《藏修斋诗稿》自序，《清代诗文集汇编》第718册，第369—370页。
② 奕訢：《乐道堂古近体诗》自序，《清代诗文集汇编》第725册，第180页。

画、吟诗、静坐、焚香、煮茗、看松、种竹。载滢一点也不亚于他们,《云林书屋诗集》中的《赏花词用随园春日杂咏韵》,单就赏花即写了十二首,《年景八咏》分别歌咏了春节的八种习俗,即迎神、贺岁、门神、春联、爆竹、挂灯、供花、柏叶。还分别以各种秋景为题驰骋文思和笔墨一口气写了十九首。这其中,节令征候无疑是他们关注的焦点。倒不是他们对四时极为敏感,而是出于他们在闲适生活中宣畅性情、发挥议论的需要。他们的"审美"范畴可谓无限广阔而又事无巨细,虽然时有"夸张"的嫌疑,但并不带有"游戏"的色彩。

另外,题咏赠答也是他们涵濡性情、寄兴消遣的方式。这类诗尽管不是他们的专利,一般文士对此也都乐此不疲,但相对而言,他们写的多且格外注重。他们身为王公,官职清要,身边自然少不了亲朋故旧,迎来送往,题咏酬唱。自幼又普遍受到良好的汉族传统文化濡染,书法绘画,诗文弹唱,样样在行。因而,题咏赠答是他们重要的生活方式,也是闲适之趣的表现方式。这些方式包括题画诗、赠答唱和诗等。绘画本来就充满浓厚的文人意趣,他们的观赏题咏,则是他们寄兴消闲、遣怀怡情的极佳方式。他们收藏了大量的古今著名美术作品,供他们在闲暇时欣赏玩味。如奕訢的诗集中就有《题李营邱烟峦春晓图》《题唐六如寒江钓雪图》《题沈石田风雨归舟图》《题王石谷夏山欲雨题》等十余篇题画诗。奕譞有《题赵伯驹海天旭日图》《题剑门图》《题画马》《题画扇》等近二十首。奕誴也在他数量不多的诗集中有《题暮岭归樵图》《题风雨归舟图》《耕织图》等数首。奕詥也有《咏消寒图》《题花港观鱼画册》《题画墨竹八帧》《题画花卉四幅》等十余首。这些画尽管题材多样,但大都景物萧疏,意兴盎然。他们的题诗,虽然水平高下不一,但通过沉潜其中,涵思吟咏,都能获得极大的艺术享受。如奕譞的《题画》云:"木落秋山黄叶飞,茅亭幽涧竹成围。谁能仿得云林子?一曲长歌忆《采薇》。""空谷凭谁点翠螺,赤松应向此间过。香炉瀑布三千尺,尺幅收来不觉多。"奕誴的《题画》云:"不觉浮云暗,晴开远树齐。板桥斜拂水,碧岭俯通溪。屋小依山静,船轻著岸低。定添诗景好,染翰句新题。"正因为画面优美,赏心悦目,作者们不禁题诗咏诵,消闲寄情。

　　赠答唱和诗也是他们消闲愉悦的一种重要形式。尽管其中不乏言志抒情的成分，但不可否认的是，作为一种亲朋好友间交往的方式，赠答唱和也具有了文人间彼此寄兴感怀悠闲之气。奕誌有《余以墨画数幅赠春圃，春圃以诗见答，因依韵酬之》《赠别崧甫夫子视学浙江》《送诵孙夫子视学黔中》《和潘相国师傅腊尽赏花之作》等。奕詝有《归途诗再和七兄韵》《和九弟郊行即景二首》《归途诗再和七兄韵》《和七兄月夜登山元韵》等。载滢有《鹤皋致函和韵旋蒙过访翌日叠韵奉答》《鹤皋和余咏春诗有寄语高卧人无事且酣睡之句作此奉答》《鹤皋寿辰寄诗奉贺》《徐花农太史嘱题韩亭继咏册子勉步元韵奉答四首》《花农太史因题彭庵移竹图赋诗致谢依韵奉答》等。再如载滢《鹤皋和余咏春诗有寄语高卧人无事且酣睡之句作此奉答》云："君作寄诗来，劝我且酣睡。此是大安闲，圣贤性所嗜。黄帝游华胥，希夷得奥秘。夏侯称睡仙，庄生托寓意。梦好暂快心，梦奇聊志异。故人可重逢，旧境忽自至。分明渐衰老，恍惚成童稚。游仙度虚灵，幻想无避忌。入梦亦解闷，借梦当游戏。梦里纷扰多，觉来转无事。茫茫尘世间，那有真闲地。高卧息形神，或可忘名利。大梦谁能悟？独醒谈何易。伊余饱睡人，为作睡乡记。"诗歌以戏谑的笔调，写自己酣畅高卧以忘怀名利的心态。可谓是自我安慰、排除烦恼的极佳方式。

　　他们的诗清新典雅，富于文采，是温柔敦厚诗教的典范。他们自幼修习诗歌，笃好风雅，诗艺娴熟。奕訢《乐道堂古近体诗》自序秉承诗言志的古训，并云："自古骚人逸士，借以发挥其才智，涵濡其性情，或蒿目民生，或系怀君国，或俯察仰观以写其胸臆，或赏心乐事以鼓其性灵，荡涤污秽，振刷精神，俾端趋向而识指归，此古人言诗之义也。"[1] 马福载序奕誌《乐循理斋诗集》云："今得《乐循理斋集》而读之，志和音雅，情韵深长，尤妙在纯任自然，天机活泼。"[2] 赖其瑛序《乐循理斋诗集》云："西园之诗，虽写景览物之作，而至性之感，发师友之风谊，慈祥悱恻、敦厚和平之意，往往流

---

① 　奕訢：《乐道堂古近体诗》自序，《清代诗文集汇编》第 725 册，第 179 页。
② 　马福载：《乐循理斋诗集》序，《清代诗文集汇编》第 703 册，第 368 页。

露于纸墨之间，所谓所处既高，得天又厚，性之所好，而不至多事。"① 这些序言道出了他们诗歌的共性——清新典丽，志和音雅，有温柔敦厚之致，鲜有激楚乖戾之音。他们的诗十有八九是写景咏物诗，这些诗读后令人有清新爽朗之感。如奕訢《香界寺题壁》云："风风雨雨近清明，柳暗花稀春意生。云甓千峰开画本，松鸣万壑憾涛声。攀藤踏草临流憩，峭壁危峦策杖行。石佛有灵应笑我，恣游香界寄诗情。"奕誴的《春水绿波》云："春意连朝暖，江河泛绿波。影涵青柳密，叶长翠萍多。掠羽萦轻燕，随流蘸碧螺。疏林荫外渡，雀舫唱新歌。"奕詥的《野望》云："纵目望无极，迢迢客路长。遥山迎日秀，大野接天苍。指点看村路，扶疏隔树行。寒驼来不断，铃响听琅琅。"奕譞《秋云》云："雨后秋云薄似罗，曳将匹练傍银河。卷舒漫试风姨翦，来去应随织女梭。落日红侵千片锦，残霞翠映几层波。酿成霖雨占丰岁，五色应赓纠缦歌。"载滢《对菊》云："梅兰与连菊，花品之极致。梅兰气候殊，莲开难移置。唯菊趣最长，四时培养备。珍重晚节香，要以韵致贵。渊明喻性灵，嗜取有真意。"清明景和，情韵悠长；载道修身，敦厚和平。一如春兰秋菊，毫无世俗之气。当然，这与他们多年涵养积理之气密不可分的，如承晖堂序奕譞《乐循理斋诗集》就这样评价云："（奕譞）天资聪颖，而性尤近于诗。自束发就傅时，即耽吟咏，每阅所作，颇有佳句。盖纯乎天籁焉。迨学与年长，业亦日精，诵习于古大家之作，领受于名学士之传，疏瀹既深，灵源愈出。其作也，几于出口成章矣。日前出其今年所作诗三卷以示余，余披阅之，见其律诗，则多清词丽句，古作尤饶逸趣横姿，盖天籁之自然，固由性出，而其音律之入细，机局之浑成，则尤征数年学养之功焉。"②

二、近代宗室诗歌创作概述

清代宗室俗称"黄带子"，属于皇室一族，是天潢贵胄，居于清代社会上层中的核心地位。不过到了近代，由于族支的繁衍，渐渐远离统治阶层和

---

① 赖其瑛：《乐循理斋诗集》序，《清代诗文集汇编》第 703 册，第 370 页。
② 承晖堂：《乐循理斋诗集》序，《清代诗文集汇编》第 703 册，第 372 页。

权力核心，成为附属阶层和食利阶层，大多人无所作为，甚至有些沦为社会的下层。魏元旷《蕉庵诗话》卷三云："宗室例皆四品系黄带，不学无识而长于酬对。京师为之语曰：'胸中乌黑口明白，腰下鹅黄顶暗蓝。'不独属对之工，实无一字不切。尝有太息为予言者曰：'吾满洲王气，前人发泄已尽。今八旗之人，但一着衣冠，则神志沮丧，不久当胥为隶役，质性已近之矣。'"①尽管如此，还是涌现出了一大批擅长艺术、能诗善画的人物，备受推崇的宝廷、盛昱等人就是其中的代表。这两人不仅受到满族文人的喜爱和尊敬，而且广泛受到汉族文人的拥戴，他们的生平事迹和诗作屡屡出现汉族人所作的诗话中，相较其他满族诗人鲜被提及的状况，更显得凤毛麟角、难能可贵。

　　近代宗室诗人共二十人，约占整个清代宗室诗人四十二中的近一半，是近代满族诗人中极为重要的组成部分。这主要体现在宝廷和盛昱身上，且好评如潮。如陈衍评宝廷云："公诗天才豪宕，以曲达为主。五言近体，时近右丞、嘉州，余则香山、《击壤》、放翁、诚斋，近人则初白、随园、北江、船山。"②评盛昱云："清宗室诗人，竹坡先生外，盛伯羲祭酒昱……后在武昌，梁节庵亟称其诗。"③在很大程度上，宝廷代表了近代满族诗人的最高成就。对此，该著有专节加以论述，在此不再赘言。其他诸人水平高低不一，但大都数量不多。同时，也出现了一门四诗人的文学家族，这就是宝廷和他的三个子女：儿子寿富、寿蕃和女儿寿淑。

　　作为清廷的忠实护卫者，他们忠君爱国，以天下为己任，有甘愿牺牲报酬君恩的豪情壮志。宝廷早年有《塞下曲》，其一云："丈夫不虚生，誓当酬主恩。灭贼卫邦家，生死何足论。所恨无事权，奔走徒苦辛。安边岂无策，何由达君门？"中年面对朝野的种种弊端，直言敢谏，无所畏惧。直到晚年，人在江湖，依然怀有忧国之思，《深忧二首和子美韵》之一云："醉后朱颜在，春来白发稠。气销埋狱剑，风阻济川舟。恩重身难隐，时艰官幸

①　魏元旷：《蕉庵诗话》，《民国诗话丛编》（二），上海书店出版社2002年版，第16页。
②　陈衍：《石遗室诗话》，《陈衍诗论合集》，第24页。
③　陈衍：《石遗室诗话》，《陈衍诗论合集》，第102页。

休。升平谁可答，空费杞人忧。"这主要是"恩重身难隐"。盛昱也有同样的品格，《十朝诗乘》"盛伯希敢言为朝贵忌"条云："伯希以敢言为朝贵所忌。尝有某学士承要人风旨，摭其太夫人集中诗语，谓为忘本，请旨削版，意将以倾伯希也。疏上留中。伯希感恩畏谤，不能忘情……后见时事日非，遂引退不出。所居城东意园，擅树石之胜。杨雪桥《呈意园》诗云：'五十之年君始满，万方多故竟如斯。沙堤求旧风都邈，中垒传经事可知。卧病肯忘经世计，横流何似抗言时。空余南阁称名士，载酒相从许问奇。'伯希和作，有'但知名姓都非隐，欲保身家莫厌贫'之句。盖晚年深悔徇名之非，扫轨息交，自甘孤遁。"[1]蒯光典序《郁华阁遗集》亦云："(盛昱)上轸皇舆，下恫世变，忠肝轮囷，义胆磅礴，栖楚叩墀而争，阳城坏麻而谏，侃侃自将，悃悃不惧。乃灵修浩荡，众芳无秽。"[2]再如宝廷《失题》其一云："欲遣天骄识汉官，词臣仗节亦登坛，颇闻塞上收千落，已信军中有一韩。从古河源归部下，同时人望惜朝端。圣明恩德遐方被，莫便氏羌一例看。"同样有感恩朝廷，愿为朝廷建功立业之雄心。其二云："近日秋声不可闻，岐亭难制泪纷纷。中朝谁决澶渊策，诸将仍屯灞上军。一障何时能界我，九边今日或须君。玉河衰柳休攀折，留著长条绾夕曛。"诗写于1885年，该年秋天发生的中法战争的结果使人难以置信，在取胜的情况下却以求和告终，作者用"澶渊之盟""屯军灞上"等典故来讽刺畏敌如虎的统治者。尾联表达了对国家前途的深沉忧虑。《和凤孙韵兼呈云门同年并寄鉴堂督部》云："长安尘土马如飞，兀坐敲诗我辈稀。幸有文章通性命，不缘离乱得因依。排除党论粗闻道，报答君恩祇有归。间架未兴人税缓，糁盆松火乐柴扉。"面对时局的惨淡，壮志难酬之志溢于言表。魏元旷《蕉庵诗话》卷三云："侍郎宝廷典闽试回……侍郎负才，在宗室中与祭酒盛昱齐名。侍郎尤慷慨言事，尝上疏痛陈时局之艰，云：'元亡犹可北归，国家若亡，并不得如元！'后竟以佯狂死。祭酒初无子，不以为意，曰：'吾即有子，亦终于灭亡人手。'数十年间，宗

---

① 郭则沄：《十朝诗乘》，第889—890页。

② 蒯光典：《郁华阁遗集》序，《清代诗文集汇编》第772册，第230页。

室之具有远识者，独此两人。皆长于文学，故道德之次，文学为足贵也。"①

正因如此，他们对社会上种种弊端进行揭露和鞭挞。盛昱《捉御史》即是著名的一篇，诗云："车如鸡栖马如狗，绣衣使者蹒跚走。车如流水马如龙，四姓小侯行斗风。黄尘薄日长安路，玉勒珊鞭竞驰骛。驺唱之仪不听前，纷纷旗校影缨怒。乱箠挝马马横触，进退仓皇真击毂。旋抽左右又参差，我未断鞦君脱辐。大珰喊怒全来前，一僮一仆絷送官。触忤纷侯罪当死，又向车中捉御史。御史觥觥立殿中，南台况复称端公。翁主犹须避赤棒，贵游孰敢干青骢。千步清道九华盖，王公皆当顿轭待。奈何翻欲截角来，凭藉张皇毋乃太。圣明四海方照临，强宗乃尔相凌侵。朝廷不惜赫赫法，御史偏有休休心。挥鼠辈窜等闲耳，细事何须告天子。旁观父老亦咨嗟，还是大臣知大体。峨冠怒马犹断断，暂从亭长赦宪臣。亭长叩头还告语，今朝姑纵御史去。"据说此诗写的是备受慈禧宠爱的荣寿公主之事，锡御史某行路时躲避不及，冲撞了荣寿"大公主"的车队，被捉去责罚，教他懂规矩，并跪着向"大公主"赔罪，这才获释放行。即此一端，便可窥见京城权贵飞扬跋扈之慨！《卢沟桥以南大道成河感赋》通过谴责负责工程的司空不负责任，致使卢沟桥以南的大道被河水漫延，抨击了当地官府的腐败，置国计民生为儿戏。寿富，宝廷之子，光绪十四年（1888）进士，愤恨国势颓废，八旗人才日衰，作《劝八旗官士文》，创立"知耻会"，以唤醒八旗子弟，激励自强。后被派往日本考察政治，归国后痛陈积弊，主张变革，遭受诽谤。其绝命诗其一云："衮衮诸王胆气粗，竟轻一掷丧鸿图。请看国破家亡后，到底书生是丈夫。"其二云："薰犹相难恨东林，党祸牵连竟陆沉。今日海枯看石烂，两年重谤不伤心。"其三云："曾蒙殊宠对承明，报国无能负此生。唯有忠魂凝不散，九原夜夜祝中兴。"对"诸王"痛加指责，对清廷极为失望。京城陷落后，书云："国破家亡，万无生理。乞赴行在，力为表明。侍已死于此地，虽讲西学，未尝降敌。"②与其弟寿蕃投缳而死，唱出了

① 魏元旷：《蕉庵诗话》，《民国诗话丛编》（二），第16页。
② 《清史稿》，第12780页。

一首挽国无力的哀歌。

作为宗室，清亡后仍然怀念故国，存故国之思，表达无尽的思念之情。宝铭《春薇堂诗草》（稿本）伤时感世，其中有诸多这样的诗作。《宣统七年人日感怀》："文物声华付劫尘，萧然斗室着闲身。露垂橘柚千头重，雪拥梅花一树春。寒忆尧年独惆怅，酒逢汉腊转酸辛。茫茫百感浑难却，晨梦无端入紫宸。"后注："是早忽梦入禁门，恍如当年带引情景，怅触尔日。"该诗感伤故国，情不能已。《己卯嘉平月十九日有感》云："连朝风雪暗长天，生计愁边忽酒边。落拓牢骚仍故我，不堪回首十年前。"宝铭系豫通亲王九世孙，其父奎润官至镶白旗满洲都统，赐紫禁城骑马，犹叠掌文衡，是清廷信任的大臣。宝铭清末官吏部郎中，升左丞，后改官内阁铨叙局局长。可见他是深受清廷的恩遇的。在他去世不久前还写了《入山》一诗，云："世事如沧桑，举国如饮狂。独有苦心人，中怀多悲伤。风雨北门暮，此夕谁与度？黄叶下萧萧，正好入山去。"诗中自称"苦心人"，其幽深的悲怆情怀可见一斑。《恭谒崇陵行永安礼敬成》其一云："瑟瑟灵风享殿开，五云深处拥崇垓。鸿图易代悲青史，龙脉千秋郁紫台。星月荒寒翁仲语，松楸摇落子规哀。遗臣瞻拜空挥泣，无限伤心付劫灰。"其二："东来王气黯然收，郁郁山陵镇紫邱。鼙鼓边陲沉白日，星霜西内病深秋。独留遗憾传宫禁，未竟丰功震亚欧。凄怆群臣寒殿外，空挥老泪哭神州。"崇陵乃清德宗光绪帝的陵寝，诗歌表达了作为清朝遗老对已逝帝王的无限悲伤之情。另外，他的诗集中以"记梦""寒夜"为意象的诗很多，也足以看出他失去故国的悲痛之情。

由于清廷对宗室有严格的规定，宗室一般不能出任地方官，尤其不能任道以下官，这主要由于一般闲散宗室也有四品官的身份，而道以下官低于四品，宗室若出任六七品知州、知县等官，与其上司、同僚之礼仪不便，于行政也会有影响。个别宗室有任四品以上官的，如出任督抚、布政使、按察使，均由皇帝特旨简放，不在此列。[1]因此，他们的诗集中大多京外山水诗

---

① 杜家骥：《八旗与清朝政治论稿》，人民出版社2008年版，第421页。

不多，不得不说是一个遗憾。

近代宗室群体的诗歌创作成就斐然，除宝廷外，其他诗人也广受好评。如潘飞声评寿富诗云："伯福太史，维新初派，胄介清才……而诗才亦正佳妙。《送任父之申江》云：'飞絮乱晴烟，飞花扑绮筵。春风一回送，漂泊去南天。夫子青云器，高吟《白马篇》。空劳贾生哭，不荐祢衡贤。长揖辞京国，扬舲指媚川。海云愁望阙，岭树引归船。宝剑终腾匣，明珠暂伏渊。江湖闲岁月，好自惜华年。'《和君遂》云：'故人天末问平安，拈笔临风意万端。浩劫华彝同苦毒，危时仕隐两艰难。白云芳草应无恙，玉宇琼楼日愈寒。别后情怀验双袖，至今热血不曾干。'"① 再如《平等阁诗话》卷一评盛昱云："盛伯希祭酒，宗室名贤，简贵清谧，崇尚风雅，尤喜奖成后进。一介不遗，颇似法梧门之为人。和而介，与人无町畦。韬光潜宝，物亦莫能窥也。晚岁盱衡朝局，怒焉伤之，由是寄情山水，游屐所经，动淹旬朔，不复关预人事。于己亥冬暮病卒。录其《题徐兵尚所藏》云……妙语解人颐，少陵东坡之变格也。又游小五台五古数首，《自南滩至王安镇》云……《四十里峪同徐梧生作》云……《小五台诗》云……奇伟警拔，雅似姜白石纪游诗，沉郁处亦时复近杜。近体如《和柯凤苏韵》云……《题刘星岑侍读梅抱》云……断句如'可怜日暮轻阴际，况是秋深落木天。''欹枕夜滩疑作雨，绕垣寒菜未经霜'。浏亮隽逸，偶然不群，惊飚折柯，哲人云萎，可慨也哉！"② 胡澄序毓本《选梦楼诗钞》云："茶村先生夙通经史，以其余事及于诗，宜乎！其诗之超绝时彦，以魏晋之音律，参唐宋之风格，故其味隽而淳，其力沉而达，是非意造古人，孰能臻斯境欤？"嘉定王鹭客序《选梦楼诗钞》云："吹律胸臆，括囊性情，无锻年炼月之劳，有斫卉削葩之巧，情深语婉，如见其人。"宗室诗人的创作引人注目看来不是没有道理的。

---

① 潘飞声：《在山泉诗话》，见张寅彭选辑《清诗话三编》，上海古籍出版社版，第 6933 页。
② 狄宝贤：《平等阁诗话》，见张寅彭选辑《清诗话三编》，第 7022 页。

第四节　近代普通满族诗人群体创作概述

入关之后，满族人口不断增长，到近代，八旗总人口约在五百万至六百万之间，约占当时整个中国人口的百分之一。如果按三分之一来计算满族人口，人数应在一百五十万至二百万之间①，按照《八旗艺文编目》的统计，整个清代满族诗人总数（皇帝、王公宗室、觉罗、闺秀之外）一百六十人，诗人占比约为万分之一。

近代普通满族诗人群体是一个庞大的群体，共有一百二十二人，占整个近代满族诗人的大多数——百分之七十一，也占整个清代满族诗人总数（皇帝、王公宗室、觉罗、闺秀之外）一百六十人中的百分之七十五（详见下表）。人员众多，成分复杂。有的官至大学士，位极人臣。如穆彰阿（1782—1856），字子朴，号鹤舫，郭佳氏，满洲镶蓝旗人。出身于满洲官僚家庭，嘉庆十年（1805）进士，历任内务府大臣、兵部尚书、吏部尚书、大学士、军机大臣等要职，权倾内外。文祥（1818—1876），字博川，号文山，瓜尔佳氏，满洲正红旗人，道光二十五年（1845）进士，历官工部尚书、吏部尚书、大学士等职位。"辛酉政变"后受到重用，担任军机大臣和总理衙门大臣等，深受奕訢赏识，是朝中洋务派的最重要成员和洋务运动的重要推动者。官文（1798—1871），字秀峰，王佳氏，满洲正白旗人。于咸丰十一年（1861）被授予文渊阁大学士，同治元年（1862）改任文华阁大学士，平定太平天国后，封一等果毅伯。全庆（？—1882），字小汀，满洲正白旗人，累官六部尚书、八旗都统，两任协办大学士。同治六年（1867），拜体仁阁大学士，卒谥"文恪"。麟魁（1791—1862），字梅谷，又字星臣，索绰罗氏，满洲镶白旗人，累官至军机大臣、兵部尚书协办大学士、陕甘总督，晋大学士，卒谥"文端"。个别的无功名，如荣照（生卒年不详），有《撖遗草》。大部分是普通官僚，小则县令、侍读学士，官职卑微，如著名诗

---

① 其中也包括清宗室和觉罗两个族支，但总人口约有 5 万人，可以忽略不计。

人宗韶（1844—1899），曾官内阁中书这样的七品京官，后有提升，任兵部员外郎，从五品，甚为清闲。大则二三品的督抚、将军，如贵恒（1838—1904），字显堂，号午桥，辉发氏，满洲镶白旗包衣，历官刑部尚书、乌里雅苏台将军。他们出身、经历、地位的各不相同，也表示着他们的创作成就各有千秋，甚至有着霄壤之别。

序号	族群	姓氏	名	生卒年	著作
1	满洲	赫舍里	赫特赫纳	1799—1861	《白华馆诗存》
2	满洲	完颜氏	麟庆	1791—1846	《凝香室诗文偶存》
3	满洲	郭佳氏	穆彰阿	1782—1856	《澄怀书屋诗钞》4卷
4	满洲	佟佳	双成	生卒年不详	《听雨轩集》2卷、《归田草》
5	满洲	姓氏不详	吉明	？—1849	《学愈愚斋诗集》
6	满洲	索绰罗	麟魁	1791—1862	《梦花书屋诗钞》
7	满洲	伊尔根觉罗	鄂恒	生卒年不详	《求是山房诗集》3卷
8	满洲	叶赫那拉	全庆	？—1882	《东使堂稿》《津沽稿》
9	满洲	姓氏不详	明忠	生卒年不详	《深柳读书堂集》
10	满洲	乌尔达	善能	生卒年不详	《自芳斋吟草》3卷
11	满洲	章佳氏	庆霖	？—1844	《松闇阁诗钞》2卷
12	满洲	章佳氏	庆廉	生卒年不详	《白云红树山房诗存》
13	满洲	裕瑚鲁	承龄	？—1865	《大小雅堂集》4集、《冰蚕词》1卷
14	满洲	瓜尔佳	斌良	1771—1847	《抱冲斋诗集》71卷、《眠琴仙馆词》
15	满洲	瓜尔佳	法良	1800—？	《沤罗庵诗稿》9卷
16	满洲	瓜尔佳	岳良	生卒年不详	《关外纪程百吟草》《潼关倡和诗草》
17	满洲	索绰罗	宝鋆	1807—1891	《文靖公遗集》12卷、《佩蘅诗钞》
18	满洲	姓氏不详	麟光	生卒年不详	《书春堂诗集》2卷、续集1卷
19	满洲	赫舍里	如山	1811—？	《写秋轩诗存》
20	满洲	辉发那拉	延隆	生卒年不详	《谦益堂诗存》1卷

序号	族群	姓氏	名	生卒年	著作
21	满洲	辉发那拉	廷桂	1813—?	《仿玉局黄楼诗集》5 卷
22	满洲	辉发那拉	麒庆	1811—1869	《麒庄敏诗》1 卷、词 1 卷
23	满洲	辉发那拉	续廉	生卒年不详	《羞园诗录词草》
24	满洲	辉发那拉	廷樾	生卒年不详	《报好音斋文稿》
25	满洲	瓜勒佳	文秀	生卒年不详	《亦芳草堂诗集》8 卷、《吟香集》4 卷
26	满洲	马佳	宝琳	1792—?	《知足知不足斋诗存》《梦香草堂诗集》
27	满洲	马佳	宝珣	1815—?	《味经书屋诗存》
28	满洲	姓氏不详	永福	生卒年不详	《蕴山诗集》
29	满洲	王佳	官文	1798—1871	《敦教堂诗钞》6 卷、续诗钞 2 卷
30	满洲	姓氏不详	蕴秀	生卒年不详	《静一斋诗存》2 卷
31	满洲	姓氏不详	文焯	生卒年不详	《艳雪山馆稿》
32	满洲	苏完瓜尔佳	恩霖	1812—?	《坦室诗草》
33	满洲	瓜尔佳	文祥	1818—1876	《期不负斋集》
34	满洲	瓜尔佳	皂保	?—1882	《天然如意斋诗存》
35	满洲	完颜	崇实	1820—1876	《适斋诗集》4 卷、《小琅玕馆诗存》
36	满洲	姓氏不详	寿昌	1816—1853	《惜阴轩誊稿》
37	满洲	苏完瓜尔佳	恩锡	1818—1877	《承恩堂诗集》9 卷、《蕴兰吟馆诗余》3 卷，辑有《曼陀罗馆消寒集》《吴中倡和集》
38	满洲	哈达瓜尔佳	恩龄	?—1876	《述园诗存》
39	满洲	赫舍里	文瑞	?—1862	《树庐诗草》
40	满洲	海拉苏	富乐贺	生卒年不详	《闽游草》
41	满洲	戴佳	裕英	生卒年不详	《纯斋诗录》
42	满洲	索绰罗	麟桂	生卒年不详	《退省轩诗集》6 卷
43	满洲	姓氏不详	常清	生卒年不详	《笔耕集》6 卷

序号	族群	姓氏	名	生卒年	著作
44	满洲	瓜尔佳	长秀	生卒年不详	《可青轩诗集》1 卷、词 1 卷
45	满洲	瓜尔佳	文铬	1837—?	《玉林诗草》《可青诗余》《鉴初集》
46	满洲	赫舍里	玉昌	生卒年不详	《瓶花馆诗誊》
47	满洲	乌尔达	廷玉	生卒年不详	《苍雪斋诗稿》
48	满洲	颜札	景廉	1824—1885	《古今体诗存》2 卷
49	满洲	叶河	海钟	生卒年不详	《履绥堂集》2 卷
50	满洲	舒穆鲁	多隆阿	1817—1864	《慧珠阁诗钞》18 卷
51	满洲	姓氏不详	恒林	生卒年不详	《退步轩诗草》《涤砚集诗草》
52	满洲	姓氏不详	玉符	生卒年不详	《定舫旅行誊稿》
53	满洲	舒舒觉罗	庆康	1834—?	《墨花香馆诗存》8 卷
54	满洲	博尔济吉特	锡缜	1822—1884	《退复轩诗》4 卷
55	满洲	辉发纳喇	文冲	生卒年不详	《一飞诗钞》
56	满洲	钮祜禄	书绅	生卒年不详	《醉墨画禅诗草》
57	满洲	叶赫那拉	铭安	?—1911	《止足斋诗存》3 卷
58	满洲	胡尔嘎拉	荣照	生卒年不详	《摭遗草》
59	满洲	辉发	贵恒	1838—1904	《使闽吟草》
60	满洲	苏完瓜尔佳	铁龄	1851—1891	《柬园诗存》
61	满洲	周佳	寿颐	生卒年不详	《伴梅诗草》
62	满洲	按楚拉库瓜尔佳	嵩峋	生卒年不详	《有不为斋集》1 卷
63	满洲	完颜氏	衡平	生卒年不详	《酒堂遗集》
64	满洲	姓氏不详	鹤林	生卒年不详	《耕香书屋诗草》
65	满洲	姓氏不详	继振	生卒年不详	《五湖烟艇词》
66	满洲	富察	魁玉	1797—1877	《翠筠馆诗》上下卷
67	满洲	姓氏不详	锡元	1852—?	《棣华堂文集》
68	满洲	颜札	毓俊	1848—?	《友松吟馆诗钞》15 卷
69	满洲	姓氏不详	桂山	生卒年不详	《默斋诗存》2 卷

序号	族群	姓氏	名	生卒年	著作
70	满洲	博尔济吉特	果勒敏	生卒年不详	《洗俗斋诗稿》
71	满洲	姓氏不详	穆清	生卒年不详	《卧云山房集》
72	满洲	他塔喇	长善	生卒年不详	《芝隐室诗存》7 卷
73	满洲	富察	瑞蟠	1806—?	《一镜堂诗钞》2 卷、续钞 2 卷
74	满洲	舒穆禄	连诚	生卒年不详	《喜闻过斋诗稿》
75	满洲	哲尔德	宗韶	1844—1899	《四松草堂诗钞》4 卷、《斜月杏花屋词稿》
76	满洲	他塔拉	志润	1837—1894	《寄影轩诗钞》4 卷、《暗香疏影斋词钞》1 卷
77	满洲	他塔拉	志觐	生卒年不详	《自怡悦斋诗草》
78	满洲	索佳	文海	生卒年不详	《镜寰诗草》
79	满洲	孙佳	启明	生卒年不详	《写意集》
80	满洲	苏完瓜尔佳	文悌	?—约 1900	《绿杉野屋诗词钞》《读宋史感怀身世一百韵》
81	满洲	费莫	廷彦	生卒年不详	《饮芳斋诗草》
82	满洲	兆佳	英瑞	1845—?	《未味斋诗集》5 卷附诗余
83	满洲	钮祜禄	希文	生卒年不详	《味白山房诗》
84	满洲	他塔拉	特依顺	?—1849	《余暇集》
85	满洲	姓氏不详	恩孚	?—1864	《敝帚集》
86	满洲	瓜尔佳氏	凤瑞	1824—1906	《如如老人灰余诗草》8 卷、《梦花馆诗存》
87	满洲	辉发那拉	钟珊	生卒年不详	《石村诗稿》
88	满洲	萨克达	庆恕	1840—1919	《养正山房诗文集》
89	满洲	赫舍里	延祉	1848—1924	《留余步斋略存诗稿》
90	满洲	萨克达	成昌	1875—1908	《湟生诗稿》
91	满洲	姓氏不详	怡钦	生卒年不详	《梦石瘦人集》
92	满洲	颜札	定信	生卒年不详	《幕巢馆诗钞》1 卷、《曼珠沙室诗誊》《兰雪吟》《茫茫吟》
93	满洲	姓氏不详	景星	?—1910	《榕寿轩诗集》

序号	族群	姓氏	名	生卒年	著作
94	满洲	他塔拉	曾鉌	生卒年不详	《题画诗钞》
95	满洲	他塔拉	志锐	1852—1912	《廓轩诗集》《姜庵诗存》
96	满洲	姓氏不详	文焕	1857—？	《叙州集诗文》
97	满洲	王佳	玉贵	生卒年不详	《憩庐诗草》
98	满洲	托活洛	端方	1861—1911	《宝华庵遗诗》
99	满洲	瓜尔佳	震钧	1857—1920	《涉江诗稿》《涉江遗稿》《涉江词》
100	满洲	瓜尔佳	崇谦	1865—1936	《退庵诗稿》《唾余吟草集句》
101	满洲	博尔济吉特	端洵	生卒年不详	《犬羊集》1 卷续编 1 卷
102	满洲	他塔拉	阔普通武	1851—？	《华鬘室诗词》《万生园百咏》《南皮纪游草》
103	满洲	辉发那拉	续廉	生卒年不详	《羞园诗录词草》
104	满洲	兀札剌	景瑗	生卒年不详	《北征集诗草》
105	满洲	富察	敦崇	1855—1922	《紫藤馆诗草》《南行诗草》1 卷、《都门纪事》30 首
106	满洲	姓氏不详	吉尔湛泰	生卒年不详	《蜗吟集》
107	满洲	瓜尔佳氏	杏梁	生卒年不详	《榴阴阁诗剩》
108	满洲	瓜尔佳氏	毓寿	生卒年不详	《静山诗草》1 卷
109	满洲	姓氏不详	朴兴文	生卒年不详	《养拙山馆诗集》
110	满洲	裕瑚鲁	奭良	1851—1930	《野棠轩全集》
111	满洲	葛吉勒	钟奇	生卒年不详	《随遇轩诗草》
112	满洲	伊尔根觉罗	耆龄	？—约 1928	《居易堂诗稿》
113	满洲	佟佳	常忠	生卒年不详	《倦飞吟草》
114	满洲	高佳	英浩	生卒年不详	《恬知轩诗集》
115	满洲	祥佳	润芳	生卒年不详	《蓉镜轩诗草》
116	满洲	颜札	毓廉	生卒年不详	《清溪草稿诗集》
117	满洲	姓氏不详	英华	1867—1926	《也是集》及续编
118	满洲	姓氏不详	宝彝	生卒年不详	《寄园诗集》8 卷
119	满洲	舒舒觉罗	延鸿	1881—1930	《渐斋诗存》5 卷

续表

序号	族群	姓氏	名	生卒年	著作
120	满洲	完颜	守典	约 1867—1893	《逸园集》《燕支草》
121	满洲	瓜尔佳氏	魁龄	1815—1878	《东使纪事诗略》
122	满洲	苏完瓜尔佳	音德纳	1815—?	《锄月山房吟草》

就创作数量而言，也多寡不均，有的数量甚丰，如斌良、法良兄弟均数量不菲，法良《沤罗庵诗稿》有九卷之多，而斌良《抱冲斋诗集》凡七十一卷，分为三十六集，共有诗作近五千六百首，是满洲诗人中的佼佼者，另外尚有《眠琴仙馆词》一卷。宝鋆诗歌数量也颇为可观，其《文靖公遗集》共十二卷、补遗一卷，另有《文靖公诗钞》共十二卷①，包括《典试浙江纪程草》一卷、《浙江还辕纪游草》二卷、《奉使三音诺彦纪程草》一卷、《塞上吟》二卷，《吟梅阁试帖诗存》三卷、《自怡悦斋试帖诗》三卷。恩锡有《承恩堂诗集》十卷②，另有《蕴兰吟馆诗余》三卷。此外，文秀有《亦芳草堂诗集》八卷、《吟香集》四卷；宝棻有《寄园诗集》八卷，庆康有《墨花香馆诗存》八卷，也是著作丰赡者。其他人多为二至四卷，有的不分卷。

需要说明的是，很多人由于平时疏于保存，很多诗篇都散佚了，如盛昱之诗就是如此。其挚友柯劭忞序《郁华阁遗集》云："劭与先生交最久，先生有诗，劭忞必索而观之。先生诗不自收拾，多散佚。故劭忞所见有出于集本之外者，然无从检觅矣。"其表弟杨钟羲在其死后将其诗词辑为诗三卷、词一卷，名为《郁华阁遗集》，但可知这绝不是其诗歌的全部，杨氏在《雪桥诗话》卷十二中亦云："其诗词家刻本中有率意酬应之作，余手写本未录，九原有知，亦当为印可。"③多隆阿有《慧珠阁诗钞》十八卷，但目前所

---

① 该诗钞在光绪戊申年重雕于羊城的版本命名为《文靖公诗钞》。邓伟等主编《满族文学史》（第 4 卷）将其称为《佩薇诗草》，凡 8 卷 4 册，见辽宁大学出版社 2012 年版，第 90 页。

② 诗集总目中仅列九卷，诗集后增列卷 10，见同治甲戌《承恩堂诗集》刊本。

③ 杨钟羲：《雪桥诗话全编》，第 708 页。

看到的由辽海书社印行的同名本子不分卷，只有一百七十余首，显然不是诗作的全部，而且绝大部分诗已经散佚，这个本子保留的诗作仅是其中一小部分。① 此外，这样的例子还有很多，如耆龄（1870—1931），字寿民，号蠖斋，伊尔根觉罗氏，隶满洲正红旗。由内阁学士授农商部侍郎。辛亥后，任内务府大臣，其诗稿名为《居易堂诗稿》，由宗室恩华手抄，存诗仅为己酉（1909）以后诗稿。铁龄（1851—1892），字希梅，号铁庵，又号西媚，苏完瓜尔佳氏，隶满洲正黄旗，同治癸酉举人，官户部员外郎，袭轻车都尉，豫山子。其《柬园诗存》二卷，由北新书局排印。成昌序云："（其）喜为诗，而不存稿，往往散失。仅三十二首，乃乙酉（1885）丙戌（1886）之间，他省亲历下时所作。后又搜罗了几十首，共计诗五十四首，词一首。"② 毓寿（生卒年不详），字静山，一作静函，瓜尔佳氏。其作有《静山诗草》一卷。自序云："余自幼读书颇钝，唯性情爱诗，计数十年来，吟诗不下二千余首，矢口而道，自亦不解工拙。然所作往往夹书中，久而遗失不复记忆矣。自宦游岭南署中公余，无事始订集而录存之，从未尝以示人。自愧武夫，腹内空疏，岂敢忘挹文翰自鸣哉！及读《随园诗话》，善乎仲小海曰：人生数十年，光阴留得几句。荒言谬语，被后世人指摘，便大有福分，不然草亡木卒，谁则知之。袁子才先生闻之，嘉叹深得圣人。"③ 可见，满族诗人的诗作散佚情况较为普遍，特别是因为官职小不被人瞩目而又不善于保存者，极为可惜！其原因盖如震钧所言："满族旧俗，读书人不肯涉标榜之习，皆以致用为本。故立德、立功者极众，而文章一道，致力者鲜。间有所作，亦不肯出以示人，人亦无称之者，以其为末务也，然佳作因此而不传者多矣。"④

近代普通满族诗人群涌现出了诸多家族文学团体，如斌良、法良、岳良三兄弟，如再加上他们的父亲玉德，则是一门四诗人，堪称诗歌门第；再

① 详见马清福主编《满族文学史》第3卷，第425页。
② 成昌：《柬园诗存》序，北新书局排印本。
③ 毓寿：《静山诗草》自序，清刻本。
④ 震钧：《天咫偶闻》，第209页。

如升寅与其二子宝琳、宝珣组成的家族文学团体，他们的诗集被编为《马佳氏诗存》；觉罗崇恩与其二子廷奭、廷雍组成的家庭文学团体；志润、志觐兄弟与其叔父长善、堂弟志锐、志钧（志钧为志锐之弟）构成了较为庞大的家族文学团体。廷桂、廷樾是兄弟，而麒庆又是廷桂的从弟，他们的祖父延隆也是诗人。至于父子、兄弟（或从兄弟）二人的就更多了，如崇厚、衡平父子，豫山、铁龄父子，吉年、海钟父子，英瑞、宝彝父子，宝銎与麟桂是从兄弟，景霖与恩霖是从兄弟等。这些家族文学团体的构成，极大地丰富了近代满族诗群，使得近代满族诗歌形成了蓬勃发展的态势。

另外，他们还与宗室宝廷、盛昱等人组成文学团体"探骊诗社"，主要成员均由满族诗人构成：宗韶、文海、志润、志觐、宝昌、延秀、钟祺、戬谷、德准、桂霖、果勒敏、文辂、寿英、英瑞、如格、遐龄、启名、恒裕、音德纳等，成为近代满族最主要的文学社团。

此外，还有很多人驻防各地，其中驻防杭州者最多，计有赫特赫纳、双成、明忠、善能、文秀、文瑞、玉昌、果勒敏、连成、钟奇、杏梁等，特依顺曾驻防福建，果勒敏驻防广州，魁玉驻防荆州，常清、继振驻防乍浦。另外，有很多显宦也在不少地方担任驻防首领，如官文（1798—1871），字秀峰，满洲正白旗人，曾官荆州将军。贵恒（生卒年不详），字显堂，号午桥，辉发氏，满洲镶白旗人，曾任乌里雅苏台将军。这使他们的诗歌带有鲜明的地域色彩。

与其他阶层诗人相比，普通满洲人的诗歌闲适性明显减少了，纪事抒情之作成为诗歌的重要内容；同时，纪程诗显著增多，成为他们诗歌的重要组成部分。

普通满族诗人相较于宗室诗人，是一个在上层社会中处于下风的群体，他们较少受到最高统治阶层的青睐，所享有的特权和礼遇也与他们不可同日而语。也不像宗室诗人那样受到严格的控制，不允许私自出京，行为和生活被限定在某种范围之内。他们是一群"有所作为"的行政官员，很少像皇族成员那样过着轻松优游的生活，享受着优厚的俸禄。他们主要任职外地，肩负着全国各地的基层行政工作以及守备任务，工作繁重艰巨，是这个偌大帝国的中流砥柱。因而除了少数诗人外，闲适诗明显减少，具有很强现实性的纪事抒情之作大量增加。同时，由于他们常年在外地任职或者出差外地，京外优美的自然风光极大地开阔了他们的眼界，各地的奇异山水联翩不断地进入他们的诗作，著上了各地美妙的风采。

首先，身处近代纷繁复杂而又多难的社会，他们用自己的诗笔记录了中国近代的历史事件以及发展进程。由于很多事件就发生在他们身边或者是亲身经历，因而不仅颇为真实可信，而且现实感很强。鸦片战争是中国近代史与近代文学的开端，关于满族诗人的现实主义诗歌特色也当从是时开始叙述。

鸦片烟对于中国各个阶层的毒害，各种史书中皆有文字记载，文学作品中也不乏其例。满族诗人们也给予反映，庆康《鸦片烟行》当是较为典型的一篇。诗云："鸦片烟，何来种？误尽苍生谁作俑？一经堕落少回头，丧败死亡不旋踵。或云此物来西洋，罂粟花中产异浆。其性最毒其味苦，促人年寿断人肠。吸食之人戒不得，奈何不吸之人犹争尝？瓷瓶湘管长盈尺，火热兰膏一灯碧。诗人借彼遣牢骚，好友因之数晨夕。老弱谓可助精神，少壮从兹褫魂魄。富贵之家转瞬贫，贫贱之人亦效颦。骨立形销如槁木，芙蓉人面不生春。可怜一炬阿房火，烧尽康衢安乐民。微物戈戈能几许，厥害无穷难枚举。病人直使入膏肓，不医之症诚痛楚。富贵嗜之已堪哀，百务废弛心如灰。悦无子息尤悲痛，月冷珠寒蚌不胎。贫贱嗜之愈疾首，饥寒逼迫谁之咎？或则盗贼伏萑苻，或则奸淫为利诱。烟之为祸可胜言，其害甚于色与酒。大千世界起腥风，爝火蛮烟处处同。受病不分男与女，朝朝酣卧毒云中。西洋用此毒中华，中华好奇实堪嗟。奈之何，百万金钱换泥沙。火烹水煮斗豪奢，丧败死亡已如麻。今犹学种罂粟花，吁嗟乎，堪嗟呀！"诗篇抒写鸦片烟对国人危害的范围之广、程度之深，读后令人痛心疾首！又特别指出它是西洋用来毒害中华民族的手段，可谓一针见血！因而，禁烟销烟成为全国人民的迫切要求，中英矛盾和冲突变得不可避免，爆发战争。特依顺（？—1849），他塔拉氏，满洲正蓝旗人。1841年10月英国进犯广东、侵扰浙江时，以都统衔受命为参赞大臣，随皇族靖逆将军奕山驰赴广东帮办军务。1842 年驻军浙江杭州，为署理杭州将军。4 月率部在定曲焚烧英船。5 月在乍浦战役中，率部英勇抗击敌军。后乍浦失陷，被革职留任。英军退出镇海后，奏请朝廷召集流散官兵，安抚居民，修筑城墙，部署炮台，加强杭州一带防务。《南京条约》签订后，在浙江筹办善后事宜。因而，对于这次战争的基本过程他颇为熟知，他的诗歌尽管没有给予正面反映，仅仅从一个侧面加以展示，也可有管中窥豹之效。如其《辛丑奉命赴粤途次偶成》云："忝握军符靖海涯，征途戴月景堪夸。村田绿树皆如画，驿馆青灯似在家。谋拙惭知眠不寐，机宜追忆手频义。仰天望遂安邦愿，万载升平乐永嘉。"辛丑年即公元 1841 年。该诗记录了自己奉命赴粤应对战事途中的见闻、行为和愿望，颈联显示了因军情之急、使命之大而夜不成寐，这种责任和压力在《九月四日江上晚泊不寐》一诗中也有揭示："余怀难解劳心虑，剪烛犹然看战书。"英军见羊城攻占不下，就改变了进攻策略，改为经东南沿海一路北上，沿途各重要港口均遭到攻陷。《自粤之浙途次感成二首》其一云："才夸东南粤海征，又从西北领雄兵。倾心训练连环炮，誓扫妖氛定太平。"《乍浦归舟次香陵原韵》云："乍川鼓枻返行舟，令下三军气象悠。风雨频催诗急就，云烟偏助兴夷犹。"浙江一带也是鸦片战争的重要战场，两诗分别写于两地途中，突显了战事的紧张以及作者试图战胜敌军的愿望。

中英《南京条约》签订后，中英矛盾并没有得到缓和，冲突依然不断。官文曾于道光二十一年（1841）出任广州汉军副都统，二十七年（1847）调任荆州右翼副都统。其《丁未粤垣纪事》《丁未春英夷突入省河》分别记叙了丁未年，即道光二十七年（1847）发生于广州的武装冲突。前者云："邮传警报满街喧，突谓夷酋渡虎门。一路敌台同日袭，四郊烽堠骇风翻。七轮船泊横江浒，木栅严扃护省垣。无厌犬羊心叵测，多方抚驭志仍悖。河南地岂能轻割，新豆栏焉许并吞。民庶奋歌零雨什，官军征调阵云屯。戈矛练勇农皆旅，肝胆旗兵子率孙。飞扬旌旆连云扎，丑黠蛮夷彻夜奔。节资撤伍归戎马，弭衅安边赖重藩。纵敌群疑伏后患，约和原议践前言。舆情谁谓衷难惬，城守徒劳令枉烦。苗格定然在干羽，孙吴善战总休论。"该诗反映广东军民齐心协力反对英国侵略者的故事。后者记叙了发生在该年三月十八日的英军的一次偷袭事件："英逆肆猖狂，无端到五羊。划船藏炮火，腰囊匿刀枪。暗渡虎门寨，潜通狮子洋。岂无人守御，惯见舶寻常。谁料窥虚实，翻来较短长。入城先托语，故意事夸张。抚驭恩非薄，纵横意不良。黎民心共愤，壮勇武唯扬。环甲旗兵锐，筹边武将强。同仇思敌忾，矢志灭强梁。剑戟威声烈，弓刀夜气凉。城垣多整肃，鸡犬未惊慌。诡计安能逞，妖氛渐敛狂。帆归香港外，械护敌楼傍。露布争驰报，风烟乐小康。约和盟已践，集议计偕臧。讹语仍难禁，人情幸若常。甲兵歼恶獍，夷狄总贪狼。未可轻而视，犹须善以防。金汤期巩固，皇极庆无疆。"诗歌歌颂了广州军民团结一致，同仇敌忾，粉碎和打击英军偷袭活动。

近代中国，内忧外患。国内阶级矛盾激烈，导致金田起义。太平军一路高歌猛进，横扫长江流域。其时凤瑞正在乍浦驻防，亲历了战场的残酷和战后的凄楚景象。《辛酉歌》一诗作于咸丰十一年（1861）三月，记录太平军攻陷乍浦时的惨烈景象。诗云："太岁辛酉之三月，月之九日乍城没。十万狂贼来仓猝，西门一战尸如积。勇者之力力已竭，忠者之战战场殁。死事妇女冰霜洁，骂贼义士猛火烈。难得满城俱豪杰，此是心头一点血。至今芳草血凝碧，潮来犹带声哀咽。未几天兵来讨伐，东南之贼一朝灭。圣人之恩及白骨，准立专祠招精魄。准袭其子恩推格，准将其事书于帛。只道高下被天泽，谁知又有曾云隔。近闻家事多妇策，堂堂国政皆吏画。如此天心谁敢逆，大部书史索尺璧。劫火之余荒地僻，那得湖州笔三百。男儿为士当赴役，有功不必输丹册。深闺犹自梦征客，可怜沙场骨已白。有儿不知尚持戟，惹得闺中哭不绝。死若得所死何惜，此情此景不忍说。欲假侠客绕指铁，尽将部吏一齐磔，并非愤欲一时雪。其奈地下之忠卒，我有热肠热更热，天下热肠应不释。"战斗的惨烈与满营被洗劫后的惨状令人发指。其后凤瑞被调往江浙一带协同淮军征战，又作《兵燹后杭城余屋无几荒草野花一望无际感而作此》一诗写杭州城被攻占，杭州满营万余人城破殉难，劫余后的惨状凄凉萧条："玉石模糊了，天心匀狗同。八旗忠节著，一火战场空。荒草无穷碧，野花任意红。斜阳横故道，十里劫灰丛。"官军经过十多年的浴血奋战，终于扑灭了太平天国运动。而最后一战则是湘军围攻江宁城（太平天国谓之天京），获得大捷。毓寿以杜工部《闻官军收河南河北》口吻加以志喜。《闻曾帅督军光复江宁捷信喜赋》云："忽传捷信复江南，岭海同声举额欢。廿载干戈愁不了，万家锋镝惨难堪。艰危上相纡筹策，慷慨湘军血战酣。曾记平吴羊祜语，更劳圣虑广恩覃。威风想见领貔貅，鼓角喧天震石头。此辈渠魁终授首，大江战血叹横流。重开建业山川秀，复听秦淮远近讴。从此烟尘清四海，凯歌归唱口太平。秋公起三湘，首办团保全，荆楚免遭残。倾家助饷群情悦，为国怜才一片丹。画栋欲桡扶岂易，围棋已败胜良难。天心默启中兴运，特降元勋佐治安。"诗作不仅赞颂了湘军的勇武、曾国藩的才智，还回顾了湘军的发展历程，更以胜利者的姿态预示中兴局面的到来。

19世纪80年代，中法之战又起，法国侵略者先是强迫中国的藩属国越南独立，遭到中方拒绝，竟悍然挑衅。庆康《海疆纪事二十韵》记录了战事过程，诗云："去冬今春天色红，朝东暮西光熊熊。或云此象主边衅，天道元远谁能穷。唯时法兰逞强暴，吞我属国兴兵戎。越南势弱战不利，幸有刘团能仗义。翊戴天朝驰檄文，挫折凶锋歼渠师。传闻此君足智勇，骄虏不敢窥墨帜。既受创惩尚贪饕，敢仇大邦兴怨对。请地索壤逞跋扈，蠢尔夷人殊放恣。吾皇赫怒奋神武，布置海防联营伍。南山劚石起炮台，北海取鼍作战鼓。人心抑郁数十年，挞伐一朝欣可睹。讵意滇粤两中丞，才短竟不能御侮。沦陷北宁弃山西（越南的两个地方），兵勇一溃纷如雨。上千天谴立拿问，退缩将领膏质斧。庙谟振作简贤良，会办洋务筹海疆。诸君固有济时策，嗟余多虑心彷徨。噫嘻时势戒脂韦，溪壑求盈乌能偿？甚矣天威不可屈，一误再误羞难当。通商各国尽观望，惩一儆百邦家光。惟愿好谋临事惧，老成持重毋张皇。"诗歌抨击了滇粤两个中丞的庸碌无才，致使越南北部北宁、山西两省沦于敌手。同时也高度赞扬了以刘永福黑旗军的英勇善战。但因李鸿章的徘徊犹豫，以致贻误战机，误国误事，尽管最终法国溃败，主动与清朝议和，在这样的大好形势下，以李鸿章为代表的清政府却丧失时机，与法国签订条约，致使法国不胜而胜、中国不败而败。对此，庆康《闻与法人约合》云："闻道成和议，遥天掩彗星。圣明诚广大，宇宙合膻腥。献可资良相，匡时集岳灵。暂销兵气矣，雨露胜雷霆。"给予强烈的不满和讽刺。此外，中日甲午战争、戊戌变法等历史时事，满族诗人在诗中都有反映。

其次，他们以诗忧时悯乱，寄托家国情怀，抒发情谊，内容充实感人。作为国家的上层阶级，满族诗人有很强的家国感和使命感，悯天忧人，时时处处为民族利益着想。鸦片战争一役，清军大溃，八旗兵和绿营兵不堪一击，朝中能吏屈指可数，整个国家机器运转慵懒迟缓，缺乏效率，臃肿腐败已经深入骨髓，各种弊端显现无遗。当时很多有识之士特别是汉族士大夫如陶澍、贺长龄、龚自珍等呼吁变革，倡导时政，唤醒不了身居统治地位的满族王公大臣。倒是满族中的很多中下级官员认识到了种种现象。桂山有《壬寅感事四首》感喟时事，其一云："几欲吞声强笑啼，仰天搔首独栖栖。徒闻海上縻珠玉，不见军中息鼓鼙。大帅旌旗虚岁月，万人膏血饱鲸鲵。那堪按剑论成败，世事葫芦总莫提。"其二云："已切同仇恨莫伸，抚时感事益伤神。为除痼习思培本，乃启要荒敢不臣。短哭长歌消此日，献书决策更何人？漫矜攘狄尊王室，干羽犹能舞七旬。"其三云："势同滋蔓便难除，连岁频频急羽书。圣主至仁深乃尔，将军硕画竟何如？六朝金粉烽烟黯，千古河山战伐余。休息民生劳轸念，可能信义格豚鱼。"其四云："天心宽大计恢宏，底事迂儒有不平。率土岂能容梗化，勤王终仗出奇兵。欲将皮币彰无厌，漫信绥柔许乞盟。转眼东南生聚遂，请君重看受降城。"桂山官职低廉，仅做过内阁中书、直隶知县这样的小官，却能感慨时事，针砭时务。第一首和第三首诗抨击军中已无能将干领，致使无数士兵白白地洒血疆场。第二首更深刻地指出应当培植根本，改革军队弊病。第三首诗尾联则指出要与民生息，体察民情，提倡诚信，才能增强国力，团结御侮。第四首反对割地赔款的绥靖政策。四首诗情感痛彻、感慨深沉，表达了"迂儒"们的磊落不平之气。毓寿《闻陕甘回匪勾结倡乱蔓延新疆感赋》其二云："时局忧来泪欲潸，堪怜一片好河山。谁将国事当家事，乱到函关出玉关。万里风尘空怅望，廿年戎马未歌还。安边徒有班生志，搔首天南变壮颜。"忧怀时局，愤怒谴责当权者，壮志凌云，气苍格炼。朴兴文（1844—1917），字翰臣，满洲正黄旗人，历任贵州安平、安阳、贵筑知县。恩丰《朴公家传》云："弱冠，由太学生应京兆试，寄籍大兴，屡不第，乃纳官主事，执法西曹，为时引重。每录囚，未尝不恻怛于怀，其天性然也。既而改官县令之黔南，历宰安平、绥阳、贵筑诸剧邑。所至有声。黔省多幕僚用事，公悉谢绝。宰绥阳时，迭出巨案七起，公措理裕如，无留牍焉。及莅贵筑，适值水灾，公督造簿籍为民请命，遭大吏驳斥，扼腕者久之。会言官揭参，大吏以下镌秩有差，公独免吏议，黔人爱之。公年五十，见时事日非，遽解组归建宗祠，辑家乘，睦宗，恤贫苦，优游林下者二十余年。"可见兴文是一正直官吏。其《病中有感》四首其二云："谁使国维四不张，昔年执政愧贤良。揽权纳贿同元载，固宠希荣半孔光。藩镇拥兵唐世乱，党人酿祸汉家亡。后车前鉴前车覆，一辙相循自古伤。"其三云："一朝荆棘困铜驼，入耳心伤麦秀歌。风变欲开新世界，月明犹照旧山河。天因造劫丰年少，人为争权恶感多。漫道杞忧从此释，未逢霖雨洗干戈。"他深感国势不振，怒批时政，将矛头对准统治阶级，抨击他们擅权弄国，纳贿固宠，结党营私，争权夺利。毓朗（1864—1922），爱新觉罗氏，字月华，号余痴生，满洲正蓝旗人，清光绪十二年（1886）封三等镇国将军，历任鸿胪寺少卿、内阁学士、刑警部与民政部侍郎、步军统领、军机大臣，清光绪三十三年（1907）袭多罗贝勒，官至军谘大臣。卒谥"敏达"。其《余痴生诗集》卷一《薄暮登东山》云："四方正多事，壮年不复来。回头望落日，天心安在哉？秋风动林谷，暝色上楼台。自古渔阳戍，烟云向暮开。"诗人面对四方多难、危机重重的民族，不禁有日落西山、行将就木的感慨和痛楚。《密云晓望》云："纷纷黄叶堕枝头，飒飒西风天地秋。国难未闻收剑戟，人心徒欲效歌讴。尽多俗子嗤谈虎，那有庖丁惯解牛？拄杖村前无语立，夕阳不尽水西流。"在深秋之时，作者登临望远，感慨良多。国家危难，人心麻木，偌大中国竟无一真正能救国救民之人，岂不悲哉！可以说，这样的诗与其说是深沉的感愤，不如说是一首挽歌。

除忧国悯乱外，抒情达意，寄托怀抱，忧生念乱，宦游寄怀，无不入诗。庆康自序其《墨花香馆诗存》云："特是需次赋闲，颇得把酒构思，看花拈题之乐。文人墨士共与盘桓，弈友书家依为性命。间或借公游览山川，尽入奚囊。时而当事书怀，记载妄追史笔；时阳时雨，悉议论于襟怀；一喜一忧，毕陈词于楮墨；心花怒发，吟草弥增。"将诗集中的题材囊括其中。徐郙《大小雅堂诗集》序承龄之生平与其创作关系时云："君沉浮郎署十余年，乃出官黔中。黔中故瘠贫，又盗贼蜂起，筹防、守策、军兴，日不暇给。君间关夷险，垂不获济。艰阻之余，乃慨然一发之于诗。故综全集观之，其意缠绵，其词芬芳。及其忧生念乱，又不禁悯天人之穷，而深悉夫治乱兴衰之故。盖始乎风，卒乎雅，深寻乎汉魏乐府之意。而其品适在石田、青阳两集之间。方君之没于任也，年甫五十有二。穆宗谕旨，深悯惜之……哲嗣……刊成遗集曰《大小雅堂诗》四卷，《冰蚕词》一卷。诗又分子目曰《南谯集》《燕市集》者，其侍宦滁州还至京师之作也，出骚入雅，浸以大成。曰《礼部集》曰《黔南集》者，其久淹郎署、出守岩疆之作也。鸿丽博赡而睠怀家国，有少陵忠厚之遗焉。"可以说，由于丰富的经历和波折，使他们无暇在诗中流连风月，抒发属于一己的闲情逸致。

当然，面对颓势，他们还是力图挽救狂澜，建功立业，为国尽自己的一分力量。庆康《感怀》是一组边塞诗，表达了自己不甘平庸，为国杀敌的豪情。其一云："不向穷边作马牛，男儿岂必觅封侯？从今须咏刀环句，莫恋乌桓学壮游。"其二云："臣不敢望酒泉郡，但求早入玉门关。故乡庐墓须修省，云逐秋风倦鸟还。"其三云："数年萍梗走金辽，折尽渊明几寸腰。衡宇无存松菊槁，一枝暂借学鹪鹩。"其四云："且转京华作壮图，故人见我笑葫芦。笑吾两鬓如霜白，塞上归来雪满颅。"尽管诗歌笼罩着一股慷慨悲凉之气，亦可见处于国势颓唐之中满族士人的社会责任感。崇实的同类诗作也表达了在乱世中有所作为的志向，其《喜地山弟归自甘肃》云："既出阴平道，还从塞上来。相看杂悲喜，握手转疑猜。大地秋风起，边城画角哀。干戈方满目，努力济时才。"在满目疮痍的时代努力济时，拯救国民，乃是他们的强烈愿望。

其次是纪游诗或曰山水诗在他们的诗中占有很大比重。这与他们任职外地或出使国外有莫大关系。在此主要讨论他们在国内的纪游诗或山水诗。

中国各地的自然风光和风土人情差异万千，迥然有别。离京外出，外地尤其是江南的美景对他们来说既动人又奇异，这无疑会引发他们的好奇心，产生种种审美情感，进而缘笔写进诗篇，留下了各地风情万种的山水诗，尽管旅途中难免劳顿。诚如官文所云："忆余自少读书，及长从政，要皆羁栖家巷，株守都门不脱十丈之尘，未经三里之路。洎乎辛丑岁暮，恭膺简命出镇粤东，绾此新符，飘然远宦。无如车尘马迹，悲古道之苍凉；潮信风番，惊长江之白浪。方经两鲁，又历三吴。水陆交驰，艰劳备至……虽曰云山目饱，块垒胸消，斯亦宦海中之风流孽障也。顾迢迢驿路，仆仆风尘，绝无意外之欢，偏得苦中之趣。或旁推画理，或广拾诗材，其中古刹名山、人文物美、流风善政、土俗民情，凡可搜罗，都归默识。"① 其门生魁文总结道："秀峰（官文之字）先生自辛丑冬恭膺简命，出镇粤东，由卢沟桥起，游览名胜。凡耳闻目见，无不作诗以寄兴，真所谓拈花欲笑，意到笔随也。越丁未夏陆，任荆州左都护，由粤至荆，水陆经过名山大川，又复不少佳作搜罗之下。除已集前编二百九十首外，又得白五十首，以为后编。其间因景得题，因题达情，其气浩瀚，其象纵横，其抒发性情也。"② 由此例可以看出山水美景对于山水诗创作的巨大作用。

试看以下几位诗人的山水诗创作情况。敦崇（1855—1922），字礼臣，号铁石，晚号赘叟，别号铁狮道人，富察氏，满洲镶黄旗人。历官兵部笔帖式、广东思恩知府。其诗中纪游诗甚丰。自序其诗云："诗虽雕虫小技，然感怀纪事写景言情，虽劳人思妇之辞，圣人存而不废，此《三百篇》之所由作也。宣统二年春，奉大府檄前往直隶、江宁等处调查军政，并自请恭观一切。正月十一日由奉回京，二十日前往察哈尔，调查旗营兵制，并考验铁路情形，二十四日回京，恭观大学堂、宗室觉罗八旗高等学堂、中初两等工业学堂、首善第一工厂、自来水公司。二月十八日由京至保定，调查陆军第二镇，并恭观马医学堂、陆军军械经理学堂、陆军速成学堂。二十六日至顺

---

① 官文：《敦教堂诗钞》自叙，《清代诗文集汇编》第599册，第1页。
② 魁文：《敦教堂诗钞》跋，《清代诗文集汇编》第599册，第73页。

德，恭观中学堂、小学堂、树艺局。三月初四日至武昌，调查陆军第八镇，并恭观劝业厂、手工善技厂、纺纱厂、制麻厂、实习工艺官厂、制皮官厂、造纸厂、汉阳铁厂、模范监狱、法政学堂、官书局。十六日至江宁，恭观金陵机器局、江南水师学堂、劝业厂。二十日至苏州，调查陆军第二十三混成协飞划营水师。二十九日至杭州，调查陆军第八十一标。四月初七日再至上海，调查吴淞口炮台。初十日至镇江，调查宝盖山防军营垒。公务之余，遍览山水，所到之处，各拈小诗纪之，以志鸿爪。"他仅仅详细地列举了自己在宣统二年（1910）春天一到四月来往各地的路途经历，且都以诗纪之，足见其对游历过程的重视。

　　毓俊七岁时其父任职广东和平县令，举家迁行广东，此后十九年间，其父先后为广东遂溪、和平等多地的县令，中间曾侨居广州数年。其间，毓俊一直随父居住岭南。直到他二十六岁时，父亲辞官北归京师，这十九年间，毓俊踪迹半天下，所谓"遍历东南之区，历览山水之胜"。此后数十年，又先后到山东、河北等地[1]，其诗中山水诗之多是可想而知的。高楷序其《友松吟馆诗钞》亦云："君少从先德元甫年伯官岭南，时惟咸丰之初，贼讧于内，夷跋于外，南北道多梗，所至城郭破碎，尸骸暴原野，血渍馆舍犹湿，金戈铁马之声日聒于耳，何其苦也！既而海宇清平，侍任岭南者十九年，而后归，登粤秀，探罗浮，越大庾，缘鄱湖，蹑广信，踔常玉二山，晌匡庐，泛钱塘，出扬子江，晒金焦，涉瓜步维扬，而归于都。千古名胜，无不览焉，又何乐也！"翻检其诗集，十之七八是山水诗，是其得江山之助的明证。阔普通武有《南皮纪游草》专记其河北南皮之行，"甲寅三月，南皮张兰浦世兄约往珂里为其兼祧母陈太夫人成主，即文达师之胞弟夫人也。谊系师门，不敢告劳，且凤闻魏文帝眷念南皮之游，载笔遄征，往来旅次，间得诗二十三首，偶志飞鸿，特质大雅。"宝彝《寄园诗集》八卷，里面主要是纪游诗，卷一为《出塞吟》，卷二为《关中集》，卷三为《扈归吟草》，卷四为《平陵集》，卷五为《重游历下集》，卷七为《三湘诗录》。长

---

[1]　参见邓伟《毓俊诗歌思想性初论》，《辽宁大学学报》1986 年第 5 期。

善（1829—1889），他塔喇氏，字乐初，满洲镶红旗人。陕西总督裕泰子。由侍卫出任云南参将，授副都统，调任广州将军、杭州将军，有《芝隐室诗存》等。其《诗存》里也主要由纪程诗组成。如卷一为《楚游集》，共古今体诗五十七首，卷三为《秦蜀纪行草》，共古今体诗十五首，卷六为《榆关边宦草》，共古今体诗七十六首，卷七为《越游草》，共古今体诗四十一首。其他诸卷中也有为数不少的山水诗。

除了上述所列诗人之外，尚有很多诗人以诗纪游，集中诸多山水诗。比如延隆《谦益堂诗存》中诗多写苏州一带的风景山水；皂保曾出使外蒙古，其《天然如意斋诗存》中很多诗是纪游从京师到蒙古一路行程所见所闻。志锐（1853—1912），字公颖，自号穷塞主，他塔拉氏，满洲正红旗人。甲午战争时，由于上疏主战，被慈禧降职乌里雅苏台参赞大臣，写了《廓轩竹枝词》，又名《张家口至乌里雅苏台竹枝词》，记述塞外的山川形胜与军营风俗见闻，得诗百首。自序云："古人行程，必纪其山川道里险要形胜者，考古证今，以示博富。锐不才，在滦阳营次奉待罪乌里雅苏台之命，未许回京，迤道出口行篋，无书未能援证，仅就军台各名各旗风俗与夫目之所见，得竹枝词百首，于山川形势，鲜有所关，聊为一己纪程，非敢云诗也。"竹枝词，唐宋诗中皆有，但清诗中所见不多。志锐的《廓轩竹枝词》，用民间竹枝词的比兴手法，描绘了北地边塞的风土人情，是纪游诗中绝特的奇葩。

他们还写了身处近代社会所遭受的贫困。不仅一般百姓时时面临着贫困的滋扰，这些满族士人中的中下层官吏也常常面对贫困，以诗抒发。清朝皇族按宗支远近分为宗室、觉罗，皆受到朝廷的优待，一般满族人则享受不到这种优待。道光朝以后，随着八旗人口增加、国家财政危机、贪腐严重、旗制束缚、不知节俭等原因，满族人的生计问题更加突出。其中原因，首先在于八旗禁锢政策，禁止旗人自谋生计，封禁旗人活动地域，结果，"徒使之不士、不农、不工、不商、不民，而环聚于京师数百里之内，于是其生计日蹙，而无可为计"①。他们除了典卖房产之外别无生路，处境极为艰难。有

---

① 沈起元：《拟时务策》，贺长龄：《皇朝经世文编》卷35，文海出版社1966年版，第10页。

的满人因走投无路，只得冒充民人，从事各种营生，赚取蝇头小利度日。寡妇孤女，因为得不到官府的任何救济，到了山穷水尽的地步，全家处于绝望的境地。此外，有的贵族官宦之家尽管表面还摆着富贵的架子，但也已经入不敷出，度日如年。即使是在职的中下级官员，待遇也是日落西山，十分贫寒，因此，生活得不到保障。桂山，咸丰三年（1853）由中书改官县令，咸丰七年（1857）春补官庆邑，长期沉积下僚。其诗首篇就感慨贫困生活，如《岁暮感怀三首》其一云："忧来驱我欲何之，尘海茫茫怅所思。官冷愧谈家国事，身贫常受米盐欺。偶窥镜影惊寒瘦，默验人情笑险巇。如此劳劳真自惜，恐教双鬓易成丝。"其二云："一笑浮云且放歌，壮怀从古惜蹉跎。立锥无地乾坤隘，磨剑穷年感慨多。人事难凭真雪爪，风尘易扰况干戈。酒醋而热愁如许，小拨么弦唤奈何。"不仅常常受到饥饿的困扰，也没有一间属于自己的房屋。这样的生活直到后半生尚且如此，《咏怀》云："三十无闻老大身，依然奔走困风尘。半生岁月欢时少，万事烟云变态新。阮籍猖狂空洒泪，嵇康疏懒耻因人。最怜风雨连朝苦，茅屋苍苔一怆神。"由于羁绊官场，半生贫困，生活凄怆，茅屋破旧，甚至无法阻挡风雨。大概人之贫困首先体现在房屋的简陋不堪上。他们也同样如此，这样的例子还很多。如宗韶，亦属于寒士之列。其《雨夕》云："雨多屋瓦重，陋室颇可危。西风逗晴意，檐滴仍未晞。衾敝拥败絮，挑灯尽余杯。妻孥顾我问，君子有好怀。雨脚悬遥空，明日无晨炊。举头但一笑，不醉将何为？"夜雨连绵，陋室岌岌可危，房屋被浇透，明天肯定无法做早饭了。诗人对此无可奈何，只能借酒浇愁，自我宽慰。裕英，年轻时屡试不中，后以积资为詹事府主簿，一出为仓监，旋谢病去。晚岁设馆盛昱家课其妹潘猗读书，一生在贫困线上挣扎。其《夜雨》云："老屋八九椽，侨居四十载。室陋德未馨，齿长贫不改。夜雨卷南溟，天风吹北海。阶空滴有声，辟暗灯无彩。忽觉衾裯凉，旋惊枕簟浼。漏点今番尘，漏痕前日在。深恐危墙颓，只得披襟待。忧来口语心，惫甚手支颏。荣瘁阅万物，恍惚窥真宰。不敢怨皇天，天未俾冻馁。不敢怨斯人，人未贻危殆。广厦庇寒士，杜陵无爽垲。淳熬活饥人，阿衡不调鼏。自当婴穷阨，何须堆磊块。我才生既庸，我遇酬已倍。长歌夜雨诗，嗟来死不悔。"破屋陋室，唯惧风雨。又自怨自艾，甘自认命，慨叹命运不济，对杜甫的心胸充满由衷的敬佩。没有这种遭遇的人是不可能写出这样令人心楚的诗篇的。

由于贫困，只能借债，借债又还不起，只好躲债，成为他们中好多人的家常便饭。志润三十六岁时写了《避债》云："平生百不宜，唯贫不我弃。除夕本良辰，乃为贫所累。索债日盈门，苦无筑台地。幸有贺岁行，得作逋逃计。终日走黄尘，归时日西坠。窥门无人声，解衣聊适意。灯下试屠苏，昏昏谋一醉。身世已如斯，抚衷生感愧。"因为还不起债，年底讨债的人纷纷上门索要，志润在大年三十借口出逃，晚上借着夜幕才能回家安息。到晚年，仍然不能摆脱贫困的袭扰。他五十岁还写了《送穷》一诗云："谋生知己稀，唯穷独我契。荏苒五十年，唯穷不我弃。蓬转劳寻踪，枯坐仍把臂。我欲劝之行，一樽聊致意。海上有穷奇，名同应同气。两穷益招邀，三壶共游戏。穷神向我言，彼我非族类。机心胜水火，贪饕剧恣肆。避之恐不速，谁肯相依倚。忆昔从君游，如游葛天世。不识复不知，无诈亦无伪。君纵不我留，我忍委君逝。乍可成小别，转瞬将复至。为君姑进觞，君休索别思。"诗歌以诙谐语气，将"穷"称之为"君"，希望"君"将我抛弃，千万不要跟我纠缠不休。宗韶的贫困似乎一点也不比志润轻松。光绪甲申年（1884）所写的《行路难》其二云："出门愁苦辛，入门困穷饿。封狼窥篱狐在庭，待毙谁能更安坐？呜呼！行路难，出门勿畏苦辛，一夫瞋目千人奔。与其困饿死，何惜千金身？"饥饿穷困，难以摆脱，已经危及他们的生命安全了。

近代满族诗人群体诗歌显著的题材还有不少，比如揭露社会弊端等，与其他阶层有相近的感情。在此不再一一论述了。

关于这个群体的诗歌成就，尽管各个成员间相差甚远，但成就高者不在少数，如宗韶、庆康、宝鋆、恩锡、文悌、穆彰阿、斌良、志锐、毓俊等。我们先看有关评论。端方序志润《寄影轩诗钞》云："所与往还如竹坡侍郎、子美兵部皆一时胜流……其诗味淡而趣深，气清而采壮，凌高眺迥朋酒燕笑声，比字属操，笔札立就，天地时物，悲愉荣落之境，有触于中，皆发诗见之。尤喜为长短句，虽篇帙不多，妙得五季北宋人三昧，文学政事可谓兼美。"海纳川《冷禅室诗话》论毓俊云："毓赞臣观察俊，幼岁能诗，吟成辄投一瓮中，目之曰'诗瓮'，亦韵事也。著《友松吟馆诗钞》。尝游西山，有句云：'绝顶古寺磬声寂，夕阳在山僧未归。'时人呼之曰'毓夕阳'。予喜其《万柳堂和洪右臣给谏良品》云：'万里晴空忽晦冥，莲塘花屿已飘零。当年修禊风流歇，惟有山光依旧青。'"① 梅宝璐跋庆康诗作云："五光十色，炳蔚琳琅，独辟清空，能透真宰。乃叹蕴蓄于巫间，混同山水间者至深且厚。故能脱手弹丸，转华而不为华转也。文字本通性命，契合可证因缘，唯其有物我无间之真，斯能造磊落不群之诣，抒忠爱、历艰虞、重阐扬。公好恶一派性灵，由真性情达出者。"承龄诗歌成就斐然，杨钟羲云："《大小雅堂诗集》，绝句亦多佳作。《贫甚》云：'门外空余长者车，书残乞米向谁家。陆郎本自难衣食，趿脚西窗看晚霞。'《闻笛》云：'旧游闻此不胜情，忆泊珠江月正明。画舫绸帘三十里，如今遍换暮笳声。'《柬松亭水部》云：'岁晚沧江百事疏，茂陵风雨忆相如。文章海内流传遍，谁问当年谏猎书。'《黔西道中》云：'奢香墓前山鸟啼，鸟须镇畔霜枫凄。潇潇一夜西溪雨，破晓看云向水西。'"② 尽管其中有溢美成分，但不可否认的是，他们的成就广受好评，有些还受到近代大家的赞赏。如梅曾亮序法良之诗云："吾友可庵观察于诗，盖深学东坡，而不规规于一人一境，且旁及于大历诸子，以下逮张水部、王陕州诸人，以游其思，以博其趣。故其所作得东坡清旷之气，而运以唐贤优游平夷之情，亦时有所感激，或往复自道而离合，微至不大，声色标然，若秋云之游空，遇日成彩，若可执而不停也……而可庵之于东坡，其学有不专于东坡者也。惟其不专乎一人之学，乃合乎东坡之所以学梦得而同为善学古人者欤。"亦可见满族诗人深厚的功底。

---

①　海纳川：《冷禅室诗话》，张寅彭主编《民国诗话丛编》（二），第 684 页。

②　杨钟羲：《雪桥诗话全编》，第 651 页。

第五节　近代觉罗和满族闺秀诗人群体创作概述

近代觉罗诗人群体和满族女性诗人群体人数都较少，在此放在一起加以论述。

一、近代觉罗诗人群体创作概述

清代皇族包括两大族系：一部分是皇族宗室"爱新觉罗"，他们的祖先是努尔哈赤的父亲塔克世；另一部分是努尔哈赤的叔伯和兄弟的后代，被称为"觉罗"。这两支皇族的后代人口繁衍增长很快，到清末，觉罗人口约有两万人。[①]。其中，男性为一万一千四百三十人。[②] 从人数来讲，是一个不大的族群，但却涌现出了一批诗人，占比很高，可见这一群体文化水平之不凡。下表列举了近代觉罗诗人的情况：

序号	族群	名	生卒年	著作
1	觉罗	崇恩	1803—约 1870	《香南居士集》23 卷
2	觉罗	廷奭	生卒年不详	《未弱冠集》8 卷
3	觉罗	廷雍	？—1900	《读不尽斋且存稿》
4	觉罗	三照	生卒年不详	《痴梦轩诗草》
5	觉罗	豫丰	生卒年不详	《燕香草堂诗卷》
6	觉罗	增龄	生卒年不详	《蜂吟小筑文集》

从统计数字可以看出，清代觉罗诗人群体相对于整个满族诗群是一个较小的群落，《八旗艺文编目》一共罗列了十五人，比例略小于直系皇族。其中属于近代的只有六人，占三分之一强。这六人中，三照、豫丰、增龄三人的诗集难以找到，因而，分析近代觉罗诗歌的特色只能以崇恩父子为实

---

① ［美］路康乐：《满与汉：清末民初的族群关系与政治权力》，王琴等译，中国人民大学出版社 2010 年版，第 21 页。

② 世铎等：《宗人府则例》卷 15，第 47 页上，转引自刘小萌《爱新觉罗家族史》，中国社会科学出版社 2015 年版，第 235 页。

例了。

　　崇恩家族是官僚文化世家，也是一个诗歌世家，其父舒敏能诗，有《适斋居士集》；其妻钮钴禄氏也能诗。崇恩兄弟六人，他是长子，二弟崇禧、三弟崇封皆能诗，可惜俱早亡。其中崇封年甫二十殇，很有才气，崇恩在《哭舍弟崇封》说他"余事弄笔墨，亦复中规矩。学诗抚中唐，隽句耐含咀。填词步南宋，匠心妙织组。短剑每击节，长笛时按谱。多艺又如此，流辈讵足数。"崇恩有六子，多夭折，其中四子廷奭、六子廷雍皆能诗。廷奭，字紫然，号紫然居士，又字棠门，又号饭石道人，很有才气。其集曰《未弱冠集》八卷，是他十九岁以前的诗歌结集，可惜他也未成年而卒。廷雍，字邵民，别号溪山野客，由户部简放热河巡道、直隶霸昌道，升直隶布政使。庚子拳乱，为联军所戕。有《读不尽斋且存稿》。

　　崇恩父子皆精通诗书画，多才多艺。崇恩《悲况三十韵》云："我生有数癖，不顾旁人嗤。公余喜读书，客至留园棋。鸦涂百番纸，蛩吟千首诗。四者皆未工，聊泻胸中奇。困踬忧患际，册年无改移。"可见他爱好极为广泛，读书、下棋、绘画、作诗无所不能。廷奭和廷雍深受家庭影响，也乐此不疲。廷雍《余作北山风雪话别图饯之并系以诗即用其韵》表达了自己的志趣："我画意造本无师，心醉云林与大痴。生平嗜古好搜奇，读山读画两神驰。"沉醉于书画之中。他们诗中题画诗很多，足见对书画是很内行的。如廷雍《题木兰道署并图》云："水绕山环此一衙，公堂真似野人家。解袍脱帽如高士，香鼎瓶花坐品茶。"以诗写出画意，对此画的鉴赏涵咏入木三分。

　　在诗歌方面，他们论诗首标真性情，崇恩《论诗示廷奭》云："真诗出性天，古艳溯卿烟。味永豳风什，声高正始年。江山助才思，珪璧就方圆。左右逢源后，骊珠摘项边。"《侍郎和作甚佳惟称许过情转增吾愧次韵奉答》之三云："我诗本无法，所任惟天真。未敢求便己，亦不依傍人。涵咏固宜深，陶铸仍便勤。冥搜极沧海，行歌动高雯。叙事微诸实，拟人必其伦。所苦质庸下，出语时披纷。愿君惠金丹，为我一镕钧。西山五百寺，暇日思周巡。从此富锦囊，一一搜余春。"他认为诗歌是诗人真实情感的产物，不必依傍古人，只要有诗料，有性情，就能作出优秀的诗篇。廷奭则是"性灵论"的忠实信奉者，其《未弱冠集》自序云："诗，发乎性灵，天籁也。是以有慧根者，任天儿动，抒写性灵，不必规仿古之某人而异曲同工，不难拔载自成一队，岂独其学力使然欤？实则天性之所具有以自沦其灵源耳。否则，骛远好尚，勉强学步，犹之乎三五岁小儿欲作老人语，匪惟不肖，亦可嗤之甚也。"

其次是性情和学问并行不悖。崇恩家有万卷藏书，尊崇学识，饱读诗书，因而论诗作诗也不废根柢学问。如其晚年所作《论诗柬李侍郎仍次前韵》云："藻采休夸百宝堆，底须博物诩张雷。神奇要有根源在，酝酿都从学问来。风振疏松晴雪落，水流空间野花开。真情实景交融处，意得欣然赏一杯。"该诗用具体形象强调学问的重要性，但并不像清代的汉族学人如翁方纲那样过分，他认为学问的作用在于诗歌的"酝酿"之时，而不是将学问表现在诗中。故杨钟羲云："觉罗雨舲中丞诗：'性灵兼学问，即此是南车。秋水清无滓，春山秀不如。敲残坡老韵，读尽杜陵书。从此求神味，陈言或扫除。'盖服膺此论者。自言：'行箧每以王元老、曾吉甫诗自随，意取清峭。然《香南居士集》意味殊浅，更无论神韵矣。'"①

从诗学路径来说，他们取径很广，唐宋兼取，特别是中晚唐诗和宋诗。崇恩《论语示儿辈》其二云："范经植其本，汉魏溯来源。所学徵诗外，斯文藉笔宣。传衣守唐宋，碎锦撷金元，任尔才如海，欺人念莫存。"是他学诗的夫子自道。海纳川《冷禅室诗话》就指出："崇仰之中丞恩，书法坡公，诗宗中晚。著《香南居士集》《金石契》等书。有《题壁》云：'草色碧无际，夕阳红半城。'为人传诵。"②在中晚唐诗人中，又以李商隐、李长吉和杜牧最为推崇。崇恩诗中有仿玉溪生之作，其《追和玉溪生无题诗十六首次韵》表示愿与玉溪结为旷代知音，可见他对李商隐的尊崇；又有《读李长吉诗集》一诗，也是赞许有加。廷爽和廷雍尽管没有明言取径中晚唐诗，但廷爽少年所写诗之华艳，受到杜牧之和李溪生之影响是显而易见的。青年时期所

---

① 杨钟羲：《雪桥诗话全编》，第 2027 页。
② 海纳川：《冷禅室诗话》，《民国诗话丛编》（二），第 694 页。

作又老成持重，则又与宋诗相近。其《论诗叠前韵》云："但能绝俗味俱仙，笔底花开舌上莲。古锦囊中搜句急，老龙潭下抱珠眠。痴情赢得耽吟癖，诗境别开小洞天。底事不知惜心血，更怜心血向谁传？"显然具有宋诗意味。廷雍也是如此，他的诗歌直抒胸臆，不加雕饰，真朴自然，而有韵味。如《辛卯清和赴热河巡道任留别亲友》其一云："自兹一举手，萦回无限愁。数年云小别，一日胜三秋。壮胆横边塞，闲情逐水流。光阴似弹指，尊酒莫相留。"其二云："不劳尊酒送，我有青山迎。一路花争发，沿堤草乱生。暮云低古堞，远树接长城。翱翔双燕子，来往太多情。"也有浓厚的中晚唐诗风。

在宋代诗人中，崇恩最喜爱的苏轼，他的诗歌和书法都深受其影响。《论语示儿辈》其一云："绮岁亲风雅，耽吟老未忘。波澜推杜陆，游戏涉苏黄。理熟言言妙，情真字字香。时贤高自许，甘苦可深尝。"他极为推许苏、黄诗中蕴含的妙理和真情。除此之外，他还赞赏苏轼的忠节，如《苏公祠感赋》云："苦节孤忠志早殚，半生功业属艰难。谁知庙食千秋后，酒佛诗仙一例看。"

身处衰世，乱象丛生，他们身为皇族近支，忧国忧民，志在苍生。崇恩《三月朔日枕上听雨喜作》云："去年三冬少瑞雪，颇闻近郊起蝻孽……犹恐春阴酿雨难……昔在病中日望雨，今宵听雨快如许。披衣起坐呼灯至，走笔作歌笔花吐。我今作诗非娱情，小儒志亦在苍生。明当策杖西郊外，凌晨绿野看新耕。"一场久违的甘霖普降大地，使崇恩欣喜若狂，作诗志喜，他之所以如此并非"娱情"，而是感念黎民百姓的收成。《首春四日》之八云："旧政殷勤告，新恩次第颁。应无五日见，早恤万民艰。指顾金章锡，声名玉笋班。是邦对惠绩，长此抱恫瘝。"此诗作于为官江宁期间，表达了关心百姓疾苦、体恤百姓艰辛的治世情怀。廷雍一生主要在地方任职，先由户部简放热河巡道、直隶霸昌道，后升直隶布政使，勤于政事："每见高人笑我忙，谁知时局费商量。由来公事如家事，归去诗囊即宦囊。"（《答明春诸友》）又《题画》云："耻作寻常禄米官，故教忧患思潺潺。莫言枉费三年力，惟愿重开旧日颜。林壑有情思小住，公家多事不容闲。瓜期细数将归去，补记滦阳未画山。"可见他一直想有所作为，为政事尽职尽责，耻为庸碌之辈。这些诗作都反映了他们为国事政事奋发有为，泽被苍生的仁人志向。

当然，在这样一个充满危机、千疮百孔时代，他们同样遭遇了世事的艰难和社会的不公，诗歌中抒发了自己的磊落不平之气。面对社会的险恶，年轻的崇恩写了《看剑》，借咏剑表达了除尽人间不平事的愿望。廷雍的《读不尽斋且存稿》，分为《木兰吟稿》和《上谷吟》两部分，《木兰吟稿》中部分写自己任职热河三年的观感。在这些诗中，他抒发了自己的感念、愁思、愤懑等复杂感情，特别是对仕途、官场的不满，以及自己想有作为而不能、回归田园而羁绊于公事的矛盾心情。《东盟怀古》云："塞上久承平，边臣多滥厕。将军不知武，有司半酷吏。大吏精服食，群僚工诌媚。营谋朋比奸，上下交征利。王法如弁髦，人命为儿戏。民风日见浇，盗风时更炽。尝见盗与凶，入洋即可避。偶有持平官，持平反干议。由此凶顽巨盗成，洋民无告愚人习。教异处处已疮痍，有司无措置。伏患三五年，一朝忽作祟，东北起烽烟。军戎初过地（辛卯十月初六，提督叶志超阅边路，经朝建十一日即有是变），画角尚闻声妖魔。竖旗帜小丑偶乌合，谁云有奇术，或曰复私仇，或曰杀酷吏，蜂起更蝉联。不害商民事，天兵动地来？可怜戎无帅，贼民岂不分。兵勇无顾忌，烽火尽灾黎。获者非其至，未闻首者谁。所擒皆称伪，忽然奏凯歌。仅图私心逐，夺锦更封侯。居然天所赐，笑唱倒戈还，空余万里累。"诗中所揭露的政风、世风乱象令人生畏，有国将不国、大厦将倾之势。政风和官风如何，不仅关系到国家、民族的兴衰，同时也是整个社会风气的表现，《闻有怨我不受请托不足惧之语因占》云："莫笑山衙如古寺，一官久似入魔僧。从无指佛催香火，岂怪人说庙不灵。"《嘲某佐杂》云："只记头衔不记书，人情事理也糊涂。看来直似八行信，除却恭维一字无。"衙门如寺、官员如僧，政事废弃；官员为官不学无术，只知奴颜婢膝，一味向上爬，这是一幅多么可怕的官场现形图！时世浇漓，他不禁发出诸多感慨，《题画》其一云："时事太艰难，须将吏作禅。此身经百炼，岂独不名钱？"其二云："看罢残棋已烂柯，山中岁月几如何？依稀犹记神仙住，不似人间变幻多。"其三云："收拾残局制胜难，先机已尽只余关。要知劫后须求补，化险为夷即早还。"面对"残棋""残局",无能为力,只好将做官当作禅道修炼,因而,他更加向往避世的生活。《赠文牧于戍》一诗更是一针见血地指出宦海的险恶和英雄的末路:"宦海风波何处无?谪名几见掩通儒。明知不事王侯贵,多少英雄误此途。"为此他渴望回归本真,过清淡生活,如《题画寄怀绍先尚书》就表达了这种志向,诗云:"臣心似水爱清流,镇日端居夏亦幽。辟谷有方辞禄米,闲真是福更何求?"

他这种既不想做官又不得不做,既不想碌碌无为又无法摆脱现实的矛盾心理,在诗中得到了充分展示。

他们的诗中有大量的山水诗,盖因为他们任职各地,记录了不同地域的景色风情,给他们的诗著上了祖国江山形胜的印记,其中尤以崇恩最有代表性。他先后多地任职,初官泰安知州,鸦片战争中任江苏布政使,奉职无状,远使卫藏,道光二十九年(1849)归。咸丰间官山东巡抚,九年(1859)招京,降内阁学士。《鲍系集》系崇恩官济南时所为诗,"辛丑春正驰赴海丰、沾化、利津各邑,履勘海防,雨雪载途,艰危备历,旋由滨州折辕南乡为诸城、日照之行而五莲游,四月复由东昌至临清。"可以说,在此期间他转遍了山东各地,因而此较为集中地记载了山东各地的景物诗,如《明湖泛舟》《平原道中绝句》《禹城道中作》《三月十一日偕赵生钟儒游龙洞山作歌》等是济南及其附近的纪游诗。《海埂杂诗十首》专咏密州(今诸城);《五莲山纪游十二首》《由诸城赴日照途中作》则记录山东东南沿海一带之风物。《枫江集》是记录江苏一带的诗,序云:"辛丑嘉平十七日奉命陈皋江苏,以壬寅二月履任。会海氛正炽,五月初即带兵出省防堵,始驻王江泾、长虹桥。未及旬月,旋以港汊纷歧,防不胜防,相机制宜,先其所急,往来于泖湖、松江、昆山、常熟之间,又月余,所至席不遑煖也。既而镇江失守,金、锡戒严,又移驻常州之奔牛以防北路。"《孤蓬集》记录西北一带的山川景物,他"由燕而晋而秦而蜀中间瞻太华,揽骊山,叩秦关,泛清渭,周秦汉唐遗迹历历目前。名山大川尤奇不穷,触景拈毫,深得其助,所作遂多。"因而此集中多写这些地方景色。《归闲集》中则大量出现记载四川一带的景物诗,纪游四川,特别是剑门关、大渡河等名胜古迹。另有《纪程绝句四十首》说自己"一路古迹名胜可入咏者甚多，意兴所到，掇入奚囊。"《拾得集》中还有数首忆北京西山的景物诗。在《汉嘉别友》中，他说自己"廿载飘零似转蓬"，可谓总结性地道出了自己的大半生经历。

廷雍在外地任职不多，主要是直隶、热河等地。他在热河时写了《化俗曲有图》云："山腰山麓数人家，也种田园也种瓜。童牧牛羊翁采药，务教懒妇学桑麻。"写出了当地的农牧生活和醇厚民情。《题木兰道署并图》云："水绕山环此一衙，公堂真似野人家。解袍脱帽如高士，香鼎瓶花坐品茶。"官府衙门也不那么威严，如同民居一样；官员更如高士一样生活优雅、举止洒脱。这里的生活和京城大不相同，对于一贯厌恶陈陈相因的官场习气的廷雍来说，这具有莫大的吸引力，字里行间也流露出了他对此由衷的热爱。廷襄不足二十岁即去世，无从政经历，除了吟咏身边的花草树木外，他诗中景物诗不多，主要是从小跟随父亲在济南时写的几篇，《珍珠泉》《曲水亭》《玉带河》等诗写了最具济南特色的景物，如他写的《曲水亭》云："黄茅亭子曲水曲，择来僻地避尘俗。几株杨柳绕栏杆，水影上摇窗户绿。主人泉石小生涯，不卖村醪卖野茶。烟吐鑪心香泛，冰壶雪乳类山家。焉用泥墙画陆羽？竹篱断破疏花补。夜邀豪客两三人，煮茗灯窗话风雨。雨声萧瑟助泉声，鼎吟茶沸相杂鸣。一笑火前春十片，真教两腋清风生。莫把旗枪斗翠紫，品茶专以静为美。风流淡雅小茶坊，足抗兰陵傲曲水。"诗先写曲水亭的景色，后聚焦于曲水亭的茶社，颇具清代济南特色。

崇恩父子的诗较少满族诗人闲适之气，也较少吟风弄月，而是以诗反映现实，表达识见，抒发情志，情真朴质。关于这一点，前人早已窥见端倪，袁行云就说崇恩的诗"洗脱八旗诗人闲适之习，较为质直"①。他的诗分《听雨集》《养拙集》《司勋集》《鲍系集》《枫江集》《瞻园集》《枫江后集》《孤蓬集》《归闲集》《拾得集》《淡园集》《寒竽集》《蒯缑集》等，每个不同时期和不同地方都有专集，尽管诗篇或多或少，但都是不同时期和地域所遇所感的记录。由于担任地方官职责任重大，且有志于政绩民生，由不得半点马

---

① 袁行云：《清人诗集叙录》，第 2369 页。

虎，极少闲情逸致、吟咏花月之作。廷雍也是如此。至于廷奭，少有志向，不谐于俗，且性格多愁善感，惯于从生活中体察某些生活事理，不屑写些吟风弄月的东西。如他的《从知忠厚存心，岂是诗书负我》云："非慕高明非妒俗，平生不解重黄金。可怜老杜长镵哭，尚有诗名冠古今。"即是明证。再如《书窗秋夜偶成》云："惆怅秋风秋雨天，黄昏枕手抱书眠。空怜儿女英雄梦，一点青灯十二年。"这是他十九岁时回忆自己的生活历程，表明他一生的大半时间用心读书作诗。

他们的诗歌一个突出的特点是风格质直，情深意切，不尚华美而有韵味。符葆森《国朝正雅集·寄心庵诗话》云："雨舲中丞盛播诗名，辀轩所至，均有题咏。其论诗以神韵意味为主，此有窥于诗之本，故作真朴宏深，上入古人堂奥。尤笃于伦常，如《别儿女》《忆弟》诸作，语语从性情流出。至写景之工，如'风香动新荷，露凉惊暗竹'，较孟山人、白太傅殆有过之。"除此之外，赠别诗也是如此，如《赠别穆别驾兴阿判柳州》其一云："哽咽不成语，踌躇难措词。屡将珍重意，嘱向别离时。口戒宜同凛，身谋善自持。若膺繁剧任，为守要兼之。"其二云："挥手自兹别，伤心数见难。主人南道远，客子北风寒。梦醒人千里，天空日一丸。雨情相忆处，愁听雁声酸。"真朴自然而又情真意切。廷雍诗直抒胸臆，不加雕饰，真朴自然而韵味悠长。如其《月夜不寐》云："久客何堪还久病，危机历尽又频年。多情幸有关山月，尝伴愁人夜不眠。"《冬夜即事与长子元徵联句并图》其一云："重帘炉火坐深堂，父子挑灯话正长。评画敲诗高兴甚，令人不寐月升堂。"其二云："图书点缀半山堂，剪烛谈诗冬夜长。最是月明人静后，几枝梅影上虚廊。"廷奭诗的主导风格则是清新凝练，但由于受到其父影响，风格近于其父。

他们有的诗俊逸豪放，《雪桥诗话》卷一一摘引崇恩的诗句："大云沉夜壑，微雪点秋衣。残烧远无焰，断冰行有声。"认为此诗"写景非大河以南所有"[1]。他的七古诗纵横捭阖，大气磅礴，如《澎湖岛珊瑚树歌》："海风

---

① 杨钟羲撰：《雪桥诗话全编》，第 616 页。

剪水吹成碧，海月烘霞浪花出。海底老龙涎吐香，晴夜瞰鲛人宅。扫空百宝争离奇，秀茁珊瑚千万枝。怪尔非花亦非叶，玲珑红树生秋姿。交柯伟干多葱蒨，十丈能摇千丈焰。人世豪华那足夸，崇羞恺涩嗟寒俭。赤嵌城边凝宝光，鸡笼山下孕星芒。何当铁网勤收取，贡与天家作栋梁。"诗写台湾澎湖列岛的珊瑚树之美之奇，气势雄浑，语言瑰丽，想象奇特。廷奭也有不少此风之作，其咏物诗如《秋鹰歌》云："男儿浩气凌秋云，遑言独鹤超鸡群。别指灵物真堪匹，独推无敌鹰将军。将军默处养神武，燕舞莺歌何足数。一朝快遇人中雄，千金重聘鸟中虎。寒郊猎较报知音，声向万军头上吐。惊闻叱咤不平鸣，健毛矫矫追鹏程。直上斜飞奋晔爪，霜禽冻兽失纵横。一点苍烟破青杳。昂首耸身天地小，男儿遇时鹰逢秋，方见奇人与奇鸟！"诗歌一气呵成，纵横驰骋，气势雄健，将秋鹰之形之神突显出来。即使发抒志向之作也有此风，如《赋呈缪曹两先生九叠前韵》云："诗仙诗史古今闻，我似萤光借月曛。长啸一声如帛裂，狂歌九叠肖瓜分。奔腾峭响崩山骨，变化奇观凑海云。树帜吟场皆劲敌，奋将余勇战诸君。"此为写给其两师缪绣田与曹奎垣之诗，激情奔放，豪气冲天，表达了自己的志向和挑战诗坛宿敌的勇气。

有的诗则清绮婉约，有风人之遗。这主要是指他们的诗歌清新流利，较少学究之气，如崇恩《幽兴》云："策马渡春水，溪横已断桥。浅波才没径，新麦未齐腰。雨足农情慰，林深鸟语娇。暮归幽情惬，村舍酒旗招。"《晚过什刹海》云："一雨晴无暑，深林纳晚凉。沾衣苔藓色，扑扇芰荷香。月吐峰间白，烟生树外苍。宵来有佳句，乘兴过菱塘。"清新明快，即兴闲情，饶有趣味而含蕴绵远。廷奭《早春》云："晓色淡无际，晴空日乍升。嫩风才遍野，香草渐铺塍。老树挂残雪，小溪流断冰。诗心归浩荡，春兴陪佳浓。"《西山晚眺》云："散步空山里，飘然曳杖游。乱峰攒夕照，古洞咽寒流。叶落栖鸦瘦，钟疏老衲幽。兴来闲琢句，书破薜崖秋。"虽然一写早春之景，一写晚秋之色，但都清新流丽，意味悠远，有风人之旨。

他们父子都颇具才华，《清朝野史大观》评崇恩云："并不以科目起家，而有满洲才子之誉。曩在齐河旅店中见其题诗云……造句极似晚唐，夫亦难能可贵矣。"廷燊则是少年才子，年纪轻轻就有诗集问世，且在骚坛上有凌云之志①，惜年寿不永，令人叹息。诗歌研究界应该寄予他们以足够的重视。

二、近代满族闺秀诗人群体创作概述

首先了解一下近代满族闺秀诗人群体的成员构成，见下表：

序号	族群	姓名	生卒年	著作
1	满洲	西林觉罗·太清	1799—1877	《天游阁诗》5 卷、《东海渔歌》4 卷
2	满洲	布库鲁·成坤	生卒年不详	《雪香吟馆诗草》
3	满洲	库雅勒·龄文	生卒年不详	《絮香吟馆小草》
4	满洲	喜塔腊·多敏	生卒年不详	《逸倩阁遗诗》
5	满洲	伊尔根觉罗·巴延珠	生卒年不详	《习静吟》
6	满洲	他塔拉·浣云	生卒年不详	《韵琴书屋诗草》
7	满洲	文筤（姓氏不详）	生卒年不详	《佩兰轩绣余草》1 卷
8	满洲	扈斯哈里氏	1847—？	《绣余小草》6 卷
9	满洲	萨克达·百保	？—1861	《冷红轩诗集》4 卷、附词 4 卷
10	满洲	颜札·毓灵	生卒年不详	《蕴兰妆阁遗稿》
11	宗室	爱新觉罗·寿淑	？—1900	《箨秋遗稿》
12	满洲	西林觉罗·霞仙	生卒年不详	《延青草阁诗草》

闺秀诗歌，自《三百篇》《十九首》而后，代有作者，而以清代为尤盛。近代著名学者梁乙真在其《中国妇女文学史纲》中云："妇学而至清代可谓极盛，才媛淑女，骈蕚连珠，自古妇女作家之众，无有逾于此时者矣！"② 在清代闺秀诗人中，满族女性诗人是不可或缺的重要组成部分。如果仅据《八旗艺文编目》中所罗列的满族闺秀诗人，就有三十人之多，当然，这个统计并不全面，例如施淑仪在《清代闺阁诗人征略》补遗中所列的宗室兰轩、桓若、觉罗学诚、郭洛罗氏、萨克达氏等均缺席。如若加上这五人，总数则达

---

① 具体见郭前孔《论近代觉罗少年天才诗人廷燊的诗歌创作》，《济南大学学报》2013 年第 1 期。

② 梁乙真：《中国妇女文学史纲》，上海书店出版社 1990 年版，第 374 页。

三十四人。而上述所列近代满族女性诗人人数，差不多占据整个清代满族女性诗人的三分之一。

这十二位满族女性诗人，大多出生于官宦之家、书香门第，从小受到良好的教育，喜爱吟咏。太清春是清初著名大学士鄂尔泰之侄甘肃巡抚鄂昌的孙女，鄂昌在派系斗争中受牵连被赐死，从此家道中衰。太清之父鄂实峰以游幕为生，生一男二女，太清是长女。由于太清父辈有很高的学术造诣，因而自幼受家庭影响，秀外慧中。其妹名旭，字霞仙，亦能诗，著有《延青草阁诗草》。成坤，广西浔州知府固鲁铿女。多敏，漕运总督松椿室。百保友兰，顺天府兴某女，桂文端公子延祚室。毓灵，都统托云女，系出将门，"亡妹慧姑性恬静寡言，词针黹女红俱精妙。幼具聪颖，授以《毛诗》、三唐诸作，辄通其义，楷法抚长洲，颇能得其形似，而尤喜吟咏。每当鸟啼花落之时，茶熟香温之候，辄复钩心斗角，选韵拈题，盖其赋质既优而韵语又足以抒写性灵，故乐此不倦也。"① 百保，为原任奉天府府尹满洲兴公女，与诸昆弟读，敏慧特异。十龄能为韵语。及笄，通诸经，适瓜尔佳氏延祚，为故相国桂文端子妇。即使早卒的寿淑，也是著名诗人宝廷之女。可以说，正是满洲浓厚的家庭文化氛围，孕育了这么多的闺阁诗人。

她们的命运又大多坎坷不幸，或为婚后丧夫，历经磨难；或为健康不佳，过早陨落。太清春因为是"罪人之后"，家庭贫困，十多岁之后流落江南。二十六岁与奕绘结婚，在共同经过了十四年的美好生活之后，奕绘病逝。之后，太清被赶出家门，带着年幼的儿女过着贫困无依的生活，陷入了多灾多难、凄切悲凉的孤寡生涯。百保友兰，婚后不到一年，丈夫殁，"抚遗腹子壮介公麟趾，含冰茹蘖，不复颦笑。骨肉中又多不谐调，护幼子，侍奉高堂，较之贫家妇更苦十倍。中间随文端任所数年，文端疾，夫人刲臂以疗，文端获愈。会文端调任他省，乃置夫人于家，伶仃独立，不复能与族众居，赁舍陋巷，为屋数椽，亲操井臼，衣食或不继，如此者垂二十年。"② 龄

<hr>

① 阿克占：《蕴兰妆阁遗稿》序，同治壬申刻本。

② 那逊兰保：《冷红轩诗集》序，光绪壬午刻本。

文的命运同样不幸，"归御前侍卫忠善亭，未一载而寡。家徒四壁立，立夫兄苕斋公之子吉顺荣帆为夫后。时尚黄口，抚育教养，为两营婚娶，费不赀，半借针黹以给，艰瘁备尝。"① 她们在人生的大好年华惨遭不幸，给她们的诗歌著上了愁苦的印记。毓灵，染上疾病，因被庸医所误，第二年四月病逝，芳龄仅十七岁。寿淑，著名诗人宝廷之女，早卒。苕溪生云："余尝谓世有绮年玉貌、锦心绣口之佳人，使之鹿车共挽，举案齐眉，宁非人间无双慧福？乃花残月缺，丰兹啬彼，天必铸之使错，此有情人所以长为太息也。"② 无奈天不开眼，竟使她们命运蹇塞，令人长叹！

尽管如此，她们还是留下了数量不菲的诗篇，太清有《天游阁诗》五卷、《东海渔歌》四卷；扈斯哈里氏有《绣余小草》六卷，《江右随宦纪事》上下卷；百保友兰《冷红轩诗集》四卷、附词四卷；龄文也有相当可观的诗作。可以说，她们没有辜负自己的一生，而是用咏絮之才，吐出芳馥之文字，写下了自己生命中最值得珍藏的东西。

一般来讲，女性的诗歌题材不出风云月露、伤春悲秋。大自然的四序更迭最容易引起她们的多愁善感。多敏《春闺杂咏》就有四首，又有《春愁》云："紫燕衔花入小楼，东风镇日逗帘钩。柳眉未展丝千缕，不系春光只系愁。"毓灵《咏春六首》分咏春寒、春暖、春晴、春阴、春晓、春夜，举凡春天的三对范畴悉数歌咏，如《春晓》云："晓起浑无事，开椷检旧诗。朗吟窗下坐，晴日透玻璃。"写了一位妇女春日晨起无事，翻检旧诗吟诵的情景，表达了诗人的无聊和闲情。龄文诗关乎春花秋月者甚多，其中有《春闺四首》《夏闺四首》《秋闺四首》《冬闺四首》。如《春闺四首》其一："花朝才过又清明，忙煞垂丝柳外莺。满树海棠春烂漫，鬓边红亚一枝轻。"其二云："窗外日上晓妆时，碧玉条簪绾鬓丝。楼外杏花红一朵，隔帘唤与侍儿知。"诗人对春天脚步的变化以及花事的盛衰极为敏感。《夏闺四首》其二云："乘凉晓起步花间，理罢乌云意自闲。一朵石榴红艳甚，带

---

① 彭玉麟：《絮香吟馆小草》序，光绪丙戌刻本。
② 苕溪生：《闺秀诗话》卷二，见王英志主编《清代闺秀诗话丛刊》，凤凰出版社 2010 年版，第 1654 页。

来绿叶压云鬟。"《秋闺四首》其一云："淡月轻云佐晚凉，桂花香好卸残妆。芭蕉枕上听微雨，晓起阶前放海棠。"夏天艳红的石榴花、秋天凋敝的海棠花都能激起她们的关注，这是四季变化带给她们的另一种表现。除此之外，吟咏身边的春花秋月、鸟语花香也是常见的诗题。扈斯哈里氏，归惠氏堂观察，有《绣余小草》六卷。陈芸《小黛轩论诗诗》中有歌咏八旗女诗人诗，云："绿芸蝉歇水声轻，随宦江南喜听莺。清韵纵题极乐寺，涴香谁记北归程。"① 其中"随宦江南喜听莺"一句即是歌咏她，盖因其诗有"流莺啼破绿杨烟"及"柳底调簧听巧莺"之句。多敏《寻诗》云："一抹斜阳驻碧墀，平阑斜倚立多时。梨花庭院春如雪，会得襄阳五字诗。"满院如雪的梨花让她驻足多时，观赏不已。毓灵《即景》云："闲出闺中步，寻春敞绣帷。嫩寒风翦翦，晴日画迟迟。红绽花初萼，黄匀柳未丝。缓归妆阁里，清课写峨眉。"初春时节，作者步出寻春，但见花刚初蕾，柳丝嫩黄，游兴不尽。

另外，书写闺中的情思也是这类诗歌的一个方面。多敏《春闺杂咏》其二云："春到亭林景物霏，如烟小雨点苔衣。幽禽向晚归来急，却傍垂垂花树飞。"其三云："三分水竹二分居，碧玉苔纹晕绮疏。一瓣拈花参佛谛，天龙八部读禅书。"其四云："燕子风前趁午赊，海棠低映茜窗纱。蜘蛛也解留春住，一角晴丝买落花。"《听蝉》云："又听新韵到中庭，竹绿花红最有情。果是画长吟罢后，夕阳林外早蝉鸣。"毓灵《听蝉》云："又听新韵到中庭，竹绿花红最有情。果是画长吟罢后，夕阳林外早蝉鸣。"《秋虫》云："四壁吟虫报早秋，金风阵阵发清幽。惊寒似助诗人兴，促织应添懒妇愁。一点银釭依净几，三更明月照妆楼。凄切凉永夜天将曙，菊径花开韵未收。"百保《早春》云："小苑春回草色新，楼头垂柳绿初匀。无边淑景添诗料，领略韶光有几人？"余庆序毓灵诗云："当夫刺绣余闲，春秋佳日，炉香嫣处，碗茗温时，往往扫石上之绿苔，咏兰前之红药，花生笔底，挥毫而珠玉盈篇。草起灯前，随手而琳琅满纸。宜其思如抽乙，无语不工，句拟受辛，有

---

① 王英志主编：《清代闺秀诗话丛刊》，第 1628 页。

辞皆妙也。果使天许假年，岁无扼，闰对紫抽红之制，吟咏必多。"①

　　由于她们深待闺中，寂寞无聊，因而闲愁之情多有表达。多敏《春闺杂咏》其一云："玻璃屏敞掩罘罳，嫩雨轻寒二月时。最是闲愁磨慧骨，一枝香雪一床诗。"《冬日即事》："寒色逼虚幌，深闺暮掩门。坠来凉月影，写出晚愁痕。永夜灯疑雪，微烟夕敛昏。不须嗟缟袂，金鸭手重温。"《春雨》："晓来霏细雨，苔藓晕寒青。凉意围罗幕，幽人愁未醒。"百保《月夜偶成》云："飒飒金风木叶飞，银河皎洁漏声微。一窗凉月明如水，乡梦因何不肯归。"

　　茗溪生云："人情，畅聚时无乎不宜，虽冷雨凄风，亦有乐境；孤寂时无一而可，即良辰美景，只益愁怀。池州陈氏女《喜夫归》云：'云鬟重整照楼鸾，入眼闲花尽改观。昨日秋风今日雨，一般天气有悲欢。'"②这盖由女性特殊的情绪为之也。

　　正如上述所云，她们中的很多人婚姻不幸，长期过着孤寡生活，贫困无依；有的远离家乡，思念亲人，给她们的诗歌平添一份怨幽，变得富有生活化和立体感，不再只是一味地伤春悲秋。太清在丈夫奕绘去世后家庭变故骤起，被婆婆荣恪郡王妃赶出荣亲王府，携尚处幼年的二儿二女在外漂泊，不得已卖掉自己的金凤钗买了一处简陋的住所艰难生存，孤苦无依。《自先夫子薨逝后意不为诗冬窗检点遗稿卷中诗多唱和触目感怀结习难忘遂赋数字非敢有所怨聊记与予生之不幸也兼示钊初两儿》云："昏昏天欲雪，阁炉坐南荣。开卷读遗篇，痛极不成声。况此衰病身，泪多眼不明。仙人自登仙，飘然归玉京。有儿性痴顽，有女年尚婴。斗粟与尺布，有所不能行。陋巷数椽屋，何异空谷情。呜呜女儿啼，哀哀摇心旌。几欲殒泉下，此身不敢轻。贱妾岂自惜，为君教儿成。"境况异常悲惨，生活非常困难，连斗米尺布的起码生活都不能维持。如果不是为丈夫抚养儿女，恐怕早就撒手人寰了。次年又有《己亥清明率载钊恭谒先夫子园寝痛成一律》云："入谷唯闻春草馨，

---

①　余庆：《蕴兰妆阁遗稿》序，光绪刻本。
②　茗溪生：《闺秀诗话》卷3，王英志主编《清代闺秀诗话丛刊》，第1676页。

苍苍松桧护佳城。林泉已遂高人志，俎豆难阵寡妇情。近日忧劳成疾病，经年魂梦却分明。伤心怕对闲花柳，泪洒东风不欲生。"艰难的生活使她忧劳成疾，以至于达到痛不欲生的程度，呜呼哀哉！龄文出生于官宦之家，少夙慧，有诗才，受到传统文化忠孝节义的影响。但命运多舛，婚后生活不到一年丈夫即卒，使她尝到生离死别的滋味，《孀闺二十首》其一云："生离死别最堪伤，瞬息团圆梦一场。造化小儿缘底事，弄人真个太癫狂。"其二云："旧时欢笑已成陈，万事心灰剩此身。井臼操持谁是伴，晚来唯有一灯亲。"诗歌写出了丈夫去世后的孤苦伶仃。《除夕感赋》一诗则道尽了生活的辛酸："光阴荏苒又新春，爆竹终宵倍惨神。撒手独悲君作古，居心不愧我为人。潸然暗感流年换，到底难将苦状陈。唯盼浮生残梦醒，夜台相与话酸辛。"生活的磨难使她感到生命的无奈，只好将希望寄托在儿子身上，《典衣有感示吉儿二首》其二云："典去新裘又故裘，漫吟短句破深愁。书中自有千钟粟，儿但埋头仔细求。"坚信书中自有黄金屋与千钟粟，家庭生活一定会好起来。这些兰质蕙心的女子的不幸遭际令人扼腕叹息！

多敏和百保则是另一种情景。多敏的具体生平不详，但从她的《行路难》可以看出其生活并不顺利，诗云："雕轮马足秋霜深，天荆地棘惊羁心。羁心幽回向谁诉？南辕北辙多沉吟。西风一夜歌归去，桑柘依依钓游处。"羁留在外很不随心，梦里千回想到故乡。百保性格坚强，在丈夫去世后，抚养遗腹子长大成人，并侍奉高堂，含辛茹苦。后其子壮介任金衢严道署藩司，正当太平军攻打杭州，在杭州城垂陷之际，百保以酒为儿壮行，她本人则怀抱浙江布政使印，赴署后园池跳水而死，忠贞节烈。她心胸乐观豁达，虽没有苦楚的诗语表达，但从她的诗句中仍能看出她生活的困顿，《憎病戏题》云："床头药里几时抛，竟把参苓作故交。半解医书半因善，瓦铛桑火细推敲。"疾病缠身，只能与药物为伴。《闻雁》云："夜分征雁声凄楚，似怨长途念俦侣。我亦天涯羁绊身，半窗残月愁千绪。"《咏愁》云："累人疏懒费人思，易积心头易上眉。绮陌花飞春去后，空阶雨滴梦回时。一灯寂寞虫吟砌，三径荒凉月入帷。欲学无情情不死，空嗟千古鬓成丝。"失掉伴侣，孤独无依，只有挥之不去的愁闷。

值得注意的是，满族闺秀们还写了不少的游览诗。我们知道，居于皇城的满族子弟是不能无故出城的，女子就更不用说了。她们之所以能越出京师，光顾江南、西南等地，游览那么多的奇异山水，完全依赖于父辈或丈夫的外地为宦。祖国的大好河山给她们很强的视觉冲击力，让她们深感惊奇，使她们不吝诗才写进诗中。龄文、扈斯哈里氏、百保、多敏等人都有不少这样的纪游诗。

道光十五至十六年间（1835—1836），年幼的龄文随父亲嵩中锋游宦于湖北、湖南、安徽等地。嵩中锋在任衡州副将时，延请当时著名学者诗人彭玉麟宫保主持家塾，龄文及门数载，问字学诗。后来父亲在衡阳去世，她将父亲的灵柩从衡阳移到北京，沿途经过湘阴、洞庭湖、岳阳、武昌、九江、小孤山、采石矶、金陵、扬州、清江浦、王家营登车北行这一行程。诗集中从《自衡州扶父亲奉母携弟回旗舟中感赋》开始，对途中的名胜古迹都有歌咏。如《舟次湖北武昌望黄鹤楼》云："杰阁层楼八面开，仙人许我望中来。白云千载悠悠在，黄鹤缘何去不回？"《琵琶亭怀古》云："满天遗恨是江州，一曲琵琶万古愁。送客当年曾下马，怀人今日暂停舟。歌残白纻弦初冷，话到青衫泪欲流。怅触风骚白司马，荻花枫叶不胜愁。"《舟中望翠螺山李太白酒楼戏作》云："十万长松拥翠螺，酒楼高耸出山阿。江心捉月真狂甚，一醉无人可奈何。"《金陵舟次》云："莫愁湖畔住行舟，两岸垂杨更惹愁。缘得凄迷人不识，六朝金粉剩闲鸥。"《清江舟次》云："远水三千里，轻帆一片云。无情两岸柳，烟雨送行人。"

多敏丈夫松椿，曾官江宁，后迁太原、保定、清河等地，终为漕运总督。她跟随丈夫转辗各地，纪游颇多。曾至江南，一路诗情。如《过永定河》云："晓日风尘暗，披襟乍觉寒。关山诗句瘦，风水客行难。"此诗乃宦游江南的初始诗。在经过扬州高邮的露筋祠时，作《露筋祠》一首云："椒兰玉座拜神仪，水驿孤船夜泊时。三十六陂秋水夜，流萤青闪小姑祠。"

露筋祠，自南宋以来成为妇女节烈的象征，历来文人雅士吟咏不断，最著名的当属王士禛的《过露筋祠》。不过，相较于王诗，该诗并不逊色多少。多敏诗多散佚，纪行诗也必有不少丢失，甚为可惜。除了抒情性的纪游诗，她还有描写刻画型的，这在女性诗人里面非常可贵。如《从灵光寺至秘魔崖》云："笋舆作蛇行，人来山腰里。一峰复一峰，青青伏还起。宽处若掌平，仄处仅容趾。忽然来云中，忽然行涧底。路绕秘魔崖，石磴更齿齿。势欲苍冥齐，群峰未可拟。俯视下城郭，罗列如屏几。酌酒对山灵，我行殊未已。"此乃记载自己游览京西一带之诗，诗作采用写实手法，记叙了从灵光寺到秘魔崖一路上山谷陡峭、峰回路转的景象，读来如在目前。

百保在丈夫去世后，侍奉高堂桂文端公（桂良）。桂良曾任云贵总督、福州将军，她曾在文端任所随侍数年，后其子麟趾成人后为官金衢严道署藩司（布政使），百保与之居杭州，因而她游踪很广。如其《感怀》其一云："素衣到处染征尘，漂泊天涯剧苦辛。为问故乡诸弟妹，可曾有梦到征人？"其诗中吟咏南方之诗颇多，特别是江浙一带，更是留下了十数首诗，《西湖》《苏堤》《孤山探梅》《候潮》《富春江即事》即是代表作。再如《小住吴门寄舍弟》云："潇潇风雨隔苏州，羁旅他乡莫上楼。买得吴笺三百幅，好将细字写离愁。"诗虽然是寄赠诗，但写出了姑苏细雨迷蒙的江南美景。巴东至万县一带是三峡景色最为瑰丽的地方，向以奇瑰见称，《舟次巴东见山居者》《万县晓起》两诗就给予了抒写，前者云："谁家岩畔结蜗庐，门对江流画不如。茅屋数椽丛树绕，芋田人背夕阳锄。"后者云："惊回晓梦不成眠，起看江行欲曙天。水气岚光分不出，鸟声啼破万峰烟。"诗写出了巴东山高路窄、地势陡峭、云雾缭绕、鸟语花香的优美风景以及居民劳作肩挑背扛的风俗。另外，重庆、福建、湖南等地的风景名胜也有所描写，如写重庆永川的老鹰崖，其一云："翠色朦胧欲接天，一山高耸万山连。回眸下视尘寰路，一气空苍走海埏。"其二云："崖壑清幽意爽然，个中风景倩诗传。凌霄谁见飞升客，多历名山便是仙。"（《老鹰崖》）福建浦城的西阳岭："清晓事长征，山容仔细评。云从足下起，人在画中行。石磴连番渡，烟岚到处横。松杉夹舆长，萝薜挂崖生。心惊昂首九霄回，凝眸四望清佳哉！斯岭秀宜雨更宜晴。"（《西阳岭即景》）湖南衡阳："一叶风帆莫计程，遥天唯见雁南征。枫丹芦白秋如许，人在衡山画里行。"（《舟中即景》）各地颇具代表性的风景都跃然纸上。

扈斯哈里氏丈夫惠式堂于光绪十九年（1893）出任江西袁州太守，她随丈夫一路辗转南下，将沿途所记汇为《江右随宦纪事》上下卷，有诗一百三十八首。诗中除记叙由沈阳出发至大连乘船到烟台再到上海、溯江而上到九江、南昌继而达袁州沿途所见各地景致外，还将亲朋之别情、旅途之感怀镶嵌其中，不啻是一曲风光如画而又情感动人的水上旅程。特别是 1893 年的上海，给作者留下的印象最为深刻，令她惊叹不已！关于上海之崛起，《清稗类钞》之"上海之昔日"云："上海一埠，始仅一黄浦江滨之渔村耳。咸、同粤寇之役，东南绅宦及各埠洋商避难居此者日多，税源日富。华尔、戈登常胜军之编制，亦起于是时，李文忠公鸿章因以奏平吴之大业。而当时如龚橙、王韬、容闳之徒，亦多起于上海，时献奇计于粤寇也。"① 后太平天国失败，洋务运动兴起，外国资本进入，租界形成，在短短二十多年时间里，成为远东一大商埠。扈斯哈里氏《上洋即景》一诗云："五方杂聚旅人稠，海上繁花纪胜游。入夜张灯开戏馆，排空耀眼是洋楼。高悬电烛光无际，随处笙歌闹不休。最好路平车马快，往来莫见起尘头。"诗篇总写上海作为商埠之繁华景象。其后又写《上海竹枝词》六首详细记之，也是着重突出其繁华特征：入夜之上海，整个城市变成不夜城，电气灯光闪耀，妇女沿街游荡；青楼舞馆，琵琶箫声彻夜不休；马路上车声沸腾，游人如织，一派歌舞升平景象。这自然与传统文化伦理和农耕生活方式迥然不同，令作者顿起忧虑之感："古今胜景几多年？月满仍亏理自然。莫道繁华为可羡，须知朴厚始能绵。"（其六）"繁华太甚应难久，海月江云无限愁。"（其五）认为繁华太甚，恐难以长久。她看到都市妇女晚上出游，也认为有失风雅，谴责她们"只知欢乐不知愁"（其二）。可以说，文化观念和生活方式的巨大差异，使她对近代文明从内心产生了抵触情绪。

更令人瞩目的是，扈斯哈里氏的《江右随宦纪事》卷下还出现了反映中日甲午战争的诗。由于自幼生长于陪都盛京（今沈阳），辽东战火四起，延及家乡，她的诗歌也涉及该方面的时事。这类诗共有十四首，可分为两

---

①　徐珂：《清稗类钞》，第 87 页。

种：一是反映战况，揭露将帅官兵无能之诗。如《闻奉天南数城失守因之有感》其二云："九连城接凤凰城，猾虏披猖一扫平。大帅寡谋空耗币，众官丧胆惧前征。惊闻鸭绿江边炮，退扎摩天岭上营。无限干戈无限恨，彼苍何不悯群生？"其三云："诸营训练不精详，每到交绥辄败亡。鸭绿江边排战艇，凤凰城内作征场。势如破竹情堪惨，贼是乘风锐莫当。大帅仅能知退守，更无一策报君王。"诗歌通过亲属的信函告知，反映了清军丧师失地的境况，将日军的猖狂、清军的闻风丧胆，特别是"大帅"们的空无谋略作了揭露和抨击。二是表达对家乡亲人安危的担忧，对战火中苍生的怜悯。这类诗情感细腻，用语和缓，这恰恰是女性诗人特有的情感表达。《闻奉天南数城失守因之有感》其二尾联对苍生的怜悯之情有所表达，再如《闷坐偶成》其二云："无端平地起风波，乡问难通可奈何？每到覆书情更切，墨痕不及泪痕多。"其四云："悠悠此恨几时捐，魂梦难安乡思缠。中阻干戈家信少，痴心日日卜金钱。"对家乡的忧虑，对亲人的挂念跃然纸上，情真语挚。而这又反过来加深了对日本的憎恨，其六云："谁知海外有东洋，徐甲当年诱帝王。偏是苍天留此国，求仙今古恨秦皇。"将可恶的日本历史上溯数千年，直至徐福与始皇，其女性特有的怨天尤人之怀不期而出，令人感愤。

近代满族闺秀诗歌大都写身边的景身边的人，题材不出风花雪月、四季征候，按照"诗可以兴"的原则，即兴抒写。她们不仅抒发了自己的兴致和愁思，也游兴大发，大江南北的壮丽山水在笔下得到了展示。她们在吟咏中不必拟古，不会分唐界宋，也不会刻意讲求学问对仗，而是一任性情。如多敏《与素芳女弟子论诗》云："何必论唐宋，诗原写性灵。遣怀明似月，落管灿于星。语夺千山绿，思澄一水青。只今谁作者，空缅旧仪型。"诗歌的本质是吟咏性情，无关乎唐、宋还是元、明，关键是要明白晓畅地表达自己的思想感情，生动形象地描绘客观外物。因而，她们的诗歌清新明快，空灵机警，而又含蓄蕴藉。如龄文的《春日晚霁》云："一天云暗雨如麻，蝶病蜂愁春意赊。忽地雨收云气散，夕阳红上海棠花。"傍晚时一阵风吹，驱赶了一天的云雨，夕阳映红了海棠，大地变得煞是可爱！诗笔轻快活泼又空灵蕴藉。再如其《春闺四首》其三云："阶前小草正芳菲，为避春寒下翠帷。

斜倚薰笼停绣线，看他双燕绕梁飞。"其四云："荼蘼架上见花开，闲步阶前踏绿苔。春事阑珊帘不卷，防他飞絮入窗来。"春天闺秀习见的行为和心理，经作者信手写来，诗意无穷。再如多敏的《春雨》云："晓来霏细雨，苔藓晕寒青。凉意围罗幕，幽人愁未醒。"简单的话语，婉丽可喜而又诗情绵远。

近代满族闺秀诗大多是近体，古体很少，这也是女性诗歌的一个共同特征，其原因盖如苕溪生所云："闺秀诗工七古者殊少，盖以其腕力逊也。"① 但也有例外，如多敏的《钩弋夫人小印歌》与《龙幺妹歌》。前者写秦夫人因被汉武帝猜忌赐死一事，哀叹其不幸命运，同情其不幸遭遇。后者属长篇叙事诗，叙述幺妹的美丽勇敢，富有韬略，最终战胜敌人建立奇功的事迹。诗歌采用浪漫主义手法，语言瑰丽，气象雄浑。四句一转韵，灵活多变，技艺娴熟，体现了多敏卓越的诗才和深厚的功底。

应该指出，与男性诗人相比，闺阁女性的诗歌视野要狭隘得多，在这一点上满族女性诗人表现得特别突出。清代汉族部分女性诗人尚有男性诗人的指导教诲，如袁枚、陈文述等人都在一定程度上通过笔会、书信等方式给予社会上汉族女性以指导。对于满族贵族女性诗人来说，这一点是很难做到的。由于社会阶层与社会观念的影响，满族女性诗艺交流往往只限于父兄及同性之间，难以冲破种种阻力。据《天咫偶闻》援引《花间堂载笔》所云："长白淡如女史，工诗。每誉蕊仙，天资颖异。流览经史，寓目不忘。著有《绚春堂吟草》，不以示人。常云：闺阁能诗固属美事，但止可承教父兄，赓歌姊妹。若从师结友，岂女子事耶。"② 蕊仙就是乌云珠，大学士伊桑阿室。可以说，乌云珠的例子具有一定代表性。她若能在一定程度上克服自己的观念，得到著名诗人的指导，取得更大成就是必然的。

---

① 苕溪生：《闺秀诗话》卷 1，王英志主编《清代闺秀诗话丛刊》，第 1645 页。
② 震钧：《天咫偶闻》，第 99 页。

第三章　近代满族诗人群体面面观

作为一个规模庞大的创作群体，近代满族诗人群体可表之处甚多，在作者看来，首先应该探讨的是如下几个方面：一，满汉诗人的交往及对其诗歌创作的影响；二，他们的诗学观念是怎样的；三，他们在近代诗坛上的集会结社情况；四，皇族宗室创作中的闲情逸致特征。这四个方面构成考察该群体的四个重要维度，也是研究该群体所绕不开的应有之义。透过这几个方面，我们才能更加真切地认识和了解该群体的重要特征。

第一节　满汉诗人交往及对其诗歌创作的影响

一、"华夷之分"与对新朝的认同

明清易代，对汉族士大夫来说无异于"天崩地解"。面对清军入关，有着浓厚民族主义思想倾向的汉族士大夫大都抱有强烈的"华夷之分"与"夷夏之辨"，始终保持民族气节，不与统治阶级合作。他们在王朝认同方面坚持本民族主义立场，坚决反对非汉族对华夏的统治。以黄宗羲、顾炎武、王夫之、傅山、方以智、屈大均等人为代表的明代遗民，或怀有反清复明之志，或隐居山林著书立说，反思明亡之故。他们一方面怀念故国、表达反清思想，对明朝覆亡充满愤激，并质疑清政权的合理性。如黄宗羲之《留书》，认为"自三代以后，乱天下者无如夷狄矣"，进而将"中国"与"夷狄"加以区别，犹人之不可"杂之于兽"，指斥清廷为"伪朝"。对抗清义士极力表彰，将张煌言比作宋末民族英雄文天祥。另一方面又在"忠孝节义"的观念指导下，以不做"逆子贰臣"为道义，将气节和忠义视作"天地之元气"，民族精神之正气。黄宗羲云："忠义者，天地之元气，当无事之日，则蹈为道术，发为事功，默然不可见。及事变之来，则郁勃迫隘，流动而四出。贤士大夫敫起收之，甚之为碧血穷燐，次之为士牢牛车，皆此气之所凭依也。"①"忠义"二字不再是对一家一姓之君主而言，而是指一种在民族生死存亡之际特有的不屈精神，所谓"我之出而仕也，为天下，非为君也；为万民，非为一姓也"②。更值得注意的是，该时期许多士人的气节观，不再是舍生取义、杀身成仁，以死报国，而重在把遗民精神转化为传承文化的力量。因此，为了"民族大义"，中华文脉的流传不衰，有些人将余生的全部精力付之于文化学术的整理研究，如王夫之、傅山等人无不如此。这成为明末清初汉族士人的普遍共识。

　　基于华夏文明的先进性，在他们心目中，满人是野蛮之族类，未开化之部族；而中原民族是文明的代表，文明岂可同蛮夷混为一同？除了统治民族之不同外，文明之差异恐怕是最令汉族士人忌惮的了。面对此种情势，新朝统治者采取了一系列措施，如顺治三年（1646）及时开科取士，针对明朝遗民耆旧举行的博学鸿词科，发展教育，标榜程朱理学作为国家的正统思想，博取了部分汉族士人的好感。康熙三年（1664）圣祖命荐举宏博举子，是科共取中五十人，俱授翰林院官，其中大多数人为当时名士，如理学家汤斌，文学家施闰章、陈维崧、汪琬、尤侗、毛奇龄等人。"或谓是时臣民尚有不忘明代者，圣祖特开制科，冀以嘉惠士林，消弭反侧，征以'以天下为一家'之诗题，其或然欤"③，此举反响很大，故相魏裔介曾云："吾不羡东阁辅臣，而羡公车征士。"④ 到康熙十八年（1679）的己未科宏博考试之后，遗民的心态出现了松动，虽然顾炎武、李颙等人在口头上或行为上并未真正承

① 黄宗羲：《黄宗羲全集》（第 10 册），浙江古籍出版社 1993 年版，第 505—506 页。
② 黄宗羲：《黄宗羲全集》（第 1 册），第 4 页。
③ 徐珂：《清稗类钞》（第 2 册），第 707 页。
④ 徐珂：《清稗类钞》（第 2 册），第 709 页。

认清朝的统治，但对弟子入仕持宽容态度，与当局关系变得更加密切，来往也更为频繁。这些行为表明，他们已经默认了新朝的统治。在该次考试中，也有考试不入格者而被录用授官，如傅山。"博学鸿儒科的诏举解决了遗民与朝廷的'离心'问题，加深了汉族士人对朝廷的认同感，促使士人与政权体系走向'合'的一面"①，至于成长于新朝的年轻士子们对旧朝的流连就日渐淡薄了，故国之思也随着时间的推移和现实功利目的烟消云散了，"夷夏之辨"的观念成为历史的烟云。"这个时候，人们的空间认同与种族认同，已经由汉族文明为中心的'大明帝国'扩展到了满、蒙、汉共同体的'大清帝国'，所谓'中国'已经成了一种文明的意味而不再是种族的意味"②。著名学者姚大力在总结历代华夏文明与周边游牧文明的文化认同时云：

　　华夏或者后来的汉民族很早就认为，华夏文化是一种普世适应的文化。华夏与周边民族间的文化差异，不是不同种类的文化之间的差异，而是一种普世文明的不同发展阶段之间的差异，也就是文明与半文明乃至非文明之间的差异。这样，在前近代的中国人看来，所谓"夷夏之辨"表面上是族类或种族的差异，实际上主要是一种文化的差异。蛮夷如果提高了文明程度就可以变成华夏；相反，华夏的文明如果堕落，他们也会变成蛮夷。"文化至上主义"的解释认为，由于这样的立场出发，华夏民族的文化归属感超越了它的政治的或族类的归属感。也就是说，中国文化至上主义的传统把汉文化、而不是国家或族类（即种族）作为忠诚的对象。只要能够坚持"用夏变夷"的文化策略，那么从政治上接受蛮夷的统治也是可以的。③

　　由于汉族士人产生了对新朝文化上的认同，继而也就认同了清政权的

---

①　高莲莲：《康熙己未博学鸿儒科与明遗民心态的变迁》，《青岛大学师范学院学报》2010 年第 4 期。
②　葛兆光：《中国思想史》，复旦大学出版社 2009 年版，第 388 页。
③　姚大力：《中国历史上的民族关系与国家认同》，《中国学术》2002 年第 4 期。

正当性和合理性，与满族的文化交往和融合就水到渠成了。

二、清初至中叶满汉诗人的交往

清代是满族建立的政权，"首崇满洲"既是清代的国策也是它的政治原则，满族是这个国家的主导力量，占据了政权统治的高位，但同时也是清代整个统治的根基。满族人所享有的政治特权和经济特权在整个国家无与伦比。他们通过强化民族认同进一步加深了满族民族的向心力和凝聚力，成为国家的一个特权阶层。正如有人所总结的那样，"满人是少数的特权阶层，隔离于并凌驾于汉人之上，满汉在行政管理和居住区域方面都是分开的，满汉不通婚，满人有朝廷提供的固定俸禄，只能当兵、做官，在一些地方还可以务农。满人是一个世袭的军事特权阶层，分布于全国各地的驻防要塞中。满人还享有很多优待政策，在法律上更宽松，在官场中有更多的入仕升迁机会"①。

为了维护满族利益，从入关伊始就实行民族隔离政策，实行满汉分治。首先是居住地的隔离。明代的北京旧城供入关后的八旗人居住，而将汉人赶到南城，居住在宣武门以南地区。汉人可以出入内城，但不得夜宿，直到道光中叶之后才渐见松弛。在全国各地的八旗驻防地，又圈住或构筑满城，人为地将汉人和满人割裂开来，造成了事实上的空间隔阂，旗民之间不能自由来往。其次是行政体制的分离。旗人和汉人被区别为不同的类别，实行旗民分治，旗人有单独的一套管理体制，汉族地方官员无权管理旗人，旗人官员也无权管理汉民，彼此壁垒森严，互不干涉。再次，在婚姻制度上不允许满汉通婚，在教育上也自成一统。这些措施的实行，也是为了保持满人的"纯粹"。八旗成为"国中之国"——满族人彼此交往多，汉人之间彼此交往多。这不仅是为了防止满人的汉化，也是为了保障满人的特权和地位。

然而，这些政策的实施并不可能将满汉完全隔离开来，人类学家莱塞

---

① ［美］路康乐：《满与汉：清末民初的族群关系与政治权力》，王琴等译，中国人民大学出版社 2010 年版，第 64 页。

认为："人类的接触与影响是普遍的；人类社会都不是封闭的系统，而是开放的系统；它们都不可避免地与其他或远或近的群体发生复杂的关系，共处在蛛网和网结般的联系之中。"①隔离只能是一时一地，不可能长久如此；人的交往也不可能由于某些政策就得以改变，更何况满族人生活在汉民族的汪洋大海之中。还有一点也是不能人为将满汉隔离的，那就是满族统治阶级的文化政策。

　　入关后，满族统治阶级就面临着一个巨大的挑战，马上得天下不能马上治天下。面对高度成熟的汉民族文化，何去何从，成为一个棘手的问题。这个勇于挑战的民族，经过慎重考虑，毅然选择了学习和接受先进于自己数倍的文明，开启了学习汉族文化的热潮。当然，今天，我们要坚持一分为二的态度，实事求是看待汉化问题。一方面要承认汉民族文化对满族的重大影响；另一方面，也不能过分夸大这种影响的程度，想当然地认为满族已经将自己的民族完全汉化，自己的民族文化丢失殆尽，尤其是到近代时期。清朝毕竟是满族人建立起来的一个王朝，无论其如何汉化，也无论它怎样大力尊崇、推行儒家文化，这一王朝归根结底是要带有强烈的满族特色的。因此，"对整个帝国来说，接受汉文化，重建儒家思想的意识形态，以彰显清朝统治的合法性，获得汉族士人的认同和效忠，仍然是清帝国政治中心的核心问题。"也就是说，满族人学习汉族文化的根本目的，绝不只是为了学习本身，而是为了得到广大汉族士大夫的文化认同，从而证明他们统治的合理性。这一点，从最初他们征召启用汉族士大夫的入朝为官可以得到很好的证明。再者，如果满人耽于汉文化的学习而荒废了清文骑射的"家法"和国策，也是不允许的。如雍正二年（1724），赵殿最奏请于乌拉建造文庙、设立学校，令该地满汉旗人子弟读书考试，就受到雍正帝的斥责，并云："在京满洲人等，与盛京、乌喇等处之满洲不同，文武二艺，俱为不得不学之事，如果二者兼优之人，朕必重用。"②从中可以看出满族统治者对于学习汉族文化的态

---

① ［美］沃尔夫：《欧洲与没有历史的人民》，赵丙祥等译，上海世纪出版公司2006年版，第27页。
② 参阅杜家骥《八旗与清朝政治论稿》，第410—411页。

度和底线。正如有人指出的那样，"尽管两个民族在二百多年中一直生活在一起，但人们依循的文化传统还是泾渭分明"①。

朝廷鼓励八旗子弟学习汉族文化，"只是统治者推行的教育思想，其目的是希望八旗子弟成为文武兼备的人才，而非让他们弃武学文，成为文学家。但随着民族文化的融合，皇帝的初衷也就难以控制了。八旗子弟的读书风气已经形成，而且特别喜欢汉书，主要是汉文小说。统治者考虑到小说是属于市井之言的俗文学，会对满人产生不良影响，因此顺治曾下旨不准八旗在学的学生读汉书，康熙也下旨不许再翻译小说了。而对于雅文学的诗文，还是采取积极的接受态度。统治者的态度对八旗子弟产生了直接影响，喜爱汉族文化并善为诗文，成为八旗子弟的一大特长。"②

在满族人接受汉族诗文的过程中，汉族的士大夫起到了巨大的作用。起先满族人的教育尤其是汉族文化教育是由汉人知识分子承担的，无论是各级学校还是满族贵族家庭延揽的教师几乎全部是汉人。满族以优越的政治地位和优厚的经济条件吸纳汉族中优秀文士加入他们的教育大军，优秀文士则以自己卓越的学识和文才培养了满族人的文化启蒙乃至成长后的诗文创作，为满族的民族文化发展乃至诗文繁荣作出了不可磨灭的贡献。

文人是一个相对活跃的文化承载者的群体，满族贵族具有强烈的学习汉族文化的诉求。首先，在满族贵族及大臣的私家教育中，他们的延师主要是汉人，特别是为了科举考试，所聘之师，几乎全是汉族的秀才、举人乃至进士，所学内容，与汉人举业者相同。在授业者和学习者之间，久而久之，会结下较为深厚的情谊。

延揽汉人为师练习诗歌或者与汉族诗人交游唱和从清初就开始了。有关的各种记载散见于各类笔记和诗话中。各类学校中的汉文教师涉及甚少，记载最多的是满族私家教育的例子。那些经济条件优越的满族贵族、高官显宦延师课子，清初就有众所周知的大学士明珠、安亲王岳乐。他们聘请多

---

① ［美］路康乐：《满与汉：清末民初的族群关系与政治权力》，王琴等译，第58页。
② 蒋亚：《满汉融合与清初宗室诗歌》，湖南师范大学硕士学位论文，2007年，第10—11页。

名汉族文士到府邸教育子女。俞陛云《吟边小识》卷三云："纳兰容若，雅负才名，其弟揆文端公凯功，亦能诗，尝受业于查初白，故其《益戒诗集》，多瓣香于敬业堂。有《鹰坊歌和他山》云：'鹰坊海青最神俊，竦立毛骨森昂藏。金眸玉爪气无敌，下视猛兽如驯羊。四顾河山苦局蹐，扶摇一举凌穹苍。忆昔辽代最珍贵，女真贡献交相望。搜求无厌召戎祸，两国转眼悲兴亡。至今黑水留异种，雕笼郑重来遐方。'篇长，节录其惊动者，想见竦身侧目之雄姿，俯视凡鸟也。"① 性德与其二弟揆叙、三弟揆方皆能诗善词，性德受到汉族文人教诲固不必说，揆叙也受业于清初著名文士查慎行。查慎行（1650—1727），字悔余，号他山，赐号烟波钓徒，著有《敬业堂诗集》等。揆叙诗歌多瓣香于查氏，其中所举诗歌也是与查慎行的唱和之作。揆叙有如其兄，少时即有才华，颇受查氏喜爱。查氏《敬业堂诗集》卷十七有《闻恺功有塞外之行，邀余重宿郊园，赋此志别》诗云："忆子从我游，翩翩富词章。十三露头角，已在成人行。"不用说，揆叙的诗才与查氏的教诲点拨有莫大关系。安亲王岳乐家庭是又一例子。昭梿《啸亭杂录》卷六"安王好文学"条云："安节郡王讳玛尔浑，安亲王岳乐子也。少封世子即好学，毛西河、尤西堂诸前辈皆游宴其邸中。著有《敦和堂集》，又尝选诸宗室王公诗，为《宸萼集》行世……盖王曾受业于阎百诗。"② 阎百诗即阎若璩。阎若璩（1638—1704），字百诗，号潜丘，山西太原人，清初著名学者，清代汉学发轫之初最重要的代表人物之一。很显然，玛尔浑深受阎若璩的影响。其二弟一姐皆能诗会画，大弟为红兰主人岳端，他的启蒙老师是陶之典，在皇室中以"首倡风雅"著称，诗画、音乐、戏曲均有很高的造诣，王渔洋、孔尚任、洪昇等汉人名士对他颇多推崇，邓之诚《清诗纪事初编》评价岳端云："是固一代宗潢之秀，后来无及之者。即较之江南耆宿，亦足自树一帜也。"③ 二弟吴尔占，号雪斋，也能诗善画；其姊六郡主，也是一位诗画兼工

---

① 俞陛云：《吟边小识》，见王培军、庄际虹校辑《校辑近代诗话九种》，上海古籍出版社2013年版，第405页。
② 昭梿：《啸亭杂录续录》，第128页。
③ 邓之诚：《清诗纪事初编》，上海古籍出版社2013年版，第634页。

的才女，远嫁蒙古，三十岁即抑郁而终，甚为可惜。这一门风雅之盛是与其家庭重视文化教育分不开的，昭梿《啸亭杂录》卷六记载了此事："崇德癸未（1643）时，饶余王曾率兵伐明，南略地至海州而返，其邸中多文学之士，盖即当时所延致者。安王因以命教其诸子弟，故康熙间宗室文风以安邸为最盛。"① 其他满族著名文人如文昭、铁保、英和，以及其他皇子和宗室诗人也莫不得益于汉族文人的教授。康发祥云："长白铁梅庵保宫与蒙古法时帆式善学士，礼贤下士，如饥渴之得饮食，鸿才硕学，得其提挈者实多。"② 此风一直延绵到近代尚且如此。清末山东人陈恒庆曾在京做官，对京城的官场和社会非常熟悉，他在《谏书稀庵笔记》中谈及京城风俗时云："满洲大家，车马衣服之外，有必备者六项。京谚云：'天棚、鱼缸、石榴树，先生、肥狗、大丫头'……先生乃教读者也，训子弟读书之外，兼可代写信函。"③ 可见汉人的教育对满族诗人能诗善画有着怎样的作用。

满汉交往最令人称道的就是诗人之间的往来唱和了。双方并没有因为统治者的民族政策而产生较大的民族隔阂或民族偏见。相反，作为有着共同爱好的友人，他们之间的关系是真挚的，这主要基于双方对彼此诗艺的欣赏以及由此发展而来的情谊。纳兰性德结交的几乎全是汉族文人，著名的有朱彝尊、陈维崧、姜宸英、顾贞观、严绳孙、韩菼、梁佩兰、徐釚等数十人，在当时形成了一个松散的文学团体。陈康祺在《郎潜纪闻》中记载了清初的一次满汉集体诗画创作活动："康熙戊寅夏，辇下诸名人合写《芝仙书屋图》，画者三十人。"其中就有被康熙赐为"画状元"的满洲参领唐岱。另外，在"诗者六十人"中，满人有宏㷖阿、文昭、博尔都、雪斋、占拙斋、珠兼、山端等。④ 活动规模十分庞大，人员以汉人居多，也有不少满族诗话艺术高水平者参加，在当时应该是一场有影响的盛事，否则不会被载

① 昭梿：《啸亭杂录续录》，第129页。
② 康发祥：《伯山诗话后集》，《清诗话三编》，第5270页。
③ 陈恒庆：《谏书稀庵笔记》"六项"条，沈云龙主编《近代中国史料丛刊》第41辑，文海出版社1966年版。
④ 陈康祺：《郎潜纪闻》3笔卷2，第674页。

入笔记中。《四笔》卷六还记载了岳端为汉族才女朱柔则画卷题诗之事，"红兰主人题才媛朱柔则画卷诗"条云："安和亲王蕴端，号红兰主人，博通群籍，爱士工诗。康熙中，杭州诗人沈用济入长安，为主人上客。用济妇朱柔则，才媛也，尝以画卷寄用济，主人题其上云：'柳下柴门傍水隈，夭桃树树又花开。应怜夫婿无归信，翻画家山远寄来。'用济即日束装归，一时传为美谈。"① 夫妻间之事之所以成为美谈，与岳端的题诗是有很大关系的，原因是他将隐晦的画意用诗歌语言明白地表达出来了，当然这也可以被视作一则满汉诗人间密切交往的趣事。文献关于岳端与汉族文士交往的故事甚多，可视为满汉交往的一面镜子。再看查为仁《莲坡诗话》中的一则记载："吴江顾尔立卓、无锡朱赞皇襄从红兰主人游最久。主人有集曰《玉池生稿》，因附锓顾诗曰《云笋集》，朱诗曰《织字轩集》，主人自为之序。顾画花鸟名于时。主人自塞外归，途中寄赞皇诗云：'大漠归来至半途，闻君先我入京都。此宵我有逢君梦，梦里君曾见我无？'时赞皇亦自江南重至都门也。"② 通过岳端的诗，我们可以看出他与两位汉族文人已经不仅仅是诗友之谊，其感情之真挚，情谊之深厚，已经达到亲密无间的程度。又，岳端想认识庞垲，就派遣朱赞皇前去邀请，对他说："子行即吾行也。"也说明了两人关系之密切。为此庞垲有诗记云："士前王未肯，将命托谦词。代造余何敢，贤劳子至斯。贫居怜僻远，老态愧支离。此义焉能负，承颜预作期。"③ 另有《雪桥诗话》卷九载，"洪北江以上书三府，遣戍伊犁，出狱将行，无所得资。载果亭尚书成格，时官户部主事，贫甚，又雅未识江北，闻其无资用，以屋券质银三百两馈之，乃就道。"④ 事情本身超出了满汉文人的诗友之谊，具有彼此人格的相互信任和欣赏，更能说明民族融合的紧密程度。

随着满族士人一步步"文化"，满族清语骑射的家风一点点丧失，民族

---

① 陈康琪：《郎潜纪闻》4 笔卷 6，第 99 页。
② 查为仁：《莲坡诗话》，《清诗话》，上海古籍出版社 1999 年，第 502 页。
③ 杨钟羲：《雪桥诗话》，第 894 页。
④ 杨钟羲：《雪桥诗话》，第 482 页。

性格趋于柔化，满汉畛域逐步缩小。震均说："昔我太宗创业之初，谆谆以旧俗为重，及高宗复重申之。然自我生之初，所见旧俗，闻之庭训，已谓其去古渐远。及今而日习日忘，虽大端尚在，而八旗之习，去汉人无几矣。国语骑射，自郐无讥。服饰饮食，亦非故俗。所习于汉人者，多得其流弊而非其精华。所存旧俗，又多失其精华而存其流弊，此殆交失也。"① 这自然引起了最高统治者的高度警惕，为此乾隆帝在乾隆二十年（1755）五月曾签发朱谕，严禁满人和汉人以文学唱和。但从清初开始的满汉诗人交往与唱和并没有因此而中断，反而朝着更为广泛的方向发展。清中后叶潘清撰曾举满族英和相国与汉族著名诗人唱和的事例，说他与查为仁、符曾、厉鹗、吴朴庭诸名士相唱和，创作的诗句如"不饮惯能留客醉，爱闲偏有和诗忙""河声怒欲驱舟转，夜气严能禁酒温"，如置之吴梅村集中，几无以辨。② 作为相国的英和罔顾地位之尊和民族之异与汉族诗人唱和，不能不意味着"满族至上主义"意识的淡化与民族关系融合的空前，至少在文学界是如此。因此，有学者指出："民族文学作为人民共和的历史产物，是一种'文学共和'，它是价值的共存、情感的共在、文化的共生、文类的共荣、认同的共有、价值的共享，正可以弥补和丰富政治共和的单向度生发出来的理念可以扩展与推衍为被政治多汲取的精神资源。"③

三、近代满汉诗人的交往及对其诗歌创作的影响

时空维度进入近代，满汉之间的交往变得更为频繁。由于西方列强的入侵，八旗军事实力的衰退，重用汉族官吏及其武装力量成为事实上的可能。以曾国藩、李鸿章、左宗棠为代表的汉族封疆大吏登上历史舞台，发起洋务运动，成为"同治中兴"的中坚和清廷必须依靠的股肱。大学士文庆曾谏道："欲办天下事，当重用汉人。彼皆从田间来，知民疾苦，熟谙情伪。

---

① 　震均：《天咫偶闻》，第 208 页。
② 　潘清撰：《抱翠楼诗话提要》，《清诗话三编》，第 5962 页。
③ 　刘大先：《文学共和：作为社会主义文学的少数民族文学》，《民族文学研究》2014 年第 1 期。

岂若吾辈未出国门一步，懵然于大计者乎?"① 汉人的政治地位得到进一步的提升，"化去满汉"畛域逐渐成为社会各阶层特别是汉人的一种诉求。很多士人表达了这种观念，最为突出的是盛昱的《题廉惠卿（泉）补万柳堂图》。诗云：

> 北人入中土，始自黄炎战。营卫无常处，行国俗未变。淳维王故地，不同不窋窜。长城绝来往，哑哑南北雁。耕牧风俗殊，壤地咫尺判。李唐一代贤，代北殷士裸。辽金干戈兴，岛索主奴怨。真人铁木真，一怒九州奠。畏吾廉孟子，秀出中州彦。烟波万柳堂，裙屐新荷宴。《诗》《书》泽最长，胡越形无间。色目多贤才，耦俱散州县。中州《石田集》，淮上《廷心传》。终怜右榜人，不敌怯薛健。台阁无仁贤，天下遂畔乱。沙顿亦名家，凄凉归旧院。文正孔子戒，哲人有先见。至今食旧德，士族江南冠。孝廉尤绝特，翩翩富文翰。薄宦住京师，故国乔木恋。堂移柳尚存，憔悴草桥畔。当年歌骤雨，今日车飞电。绘图属我题，使我生健羡。捉笔意酸辛，铺卷泪凝霰。我朝起东方，出震日方旦。较似却特家，文治尤纠缦。岂当有彼我？柯叶九州遍。小哉洪南安，强兮满蒙汉。阛阓生齿繁，农猎本业断。计臣折扣余，一兵钱一串。饮泣持还家，当差赎弓箭。乞食不宿饱，弊衣那蔽骭？壮夫犹可说，市门娇女叹。奴才恣挥霍，一筵金大万。津门德国兵，镶辉八两半。从龙百战余，幽蓺同此难。异学既公言，邪会真隐患。兴凯入彼界，铁轨松花岸。北归与南渡，故事皆虚愿。圣人方在御，草茅谁大谏？起我黄帝胄，驱彼白种贱。大破旗汉界，谋生皆任便。能使手中宽，转可头目捍。易世不可言，当时亦清晏。越萧坟上松，百亩垂条干。万柳补成阴，春城绿一片。载酒诗人游，嘉树两家擅。

清末民初，面对危如累卵的局势，知识分子发起改良乃至革命运动。

---

① 薛福成：《薛福成选集》，上海人民出版社1987年版，第250页。

以强烈的民族意识相号召，以亡国灭种的危机意识相砥砺，发出排满革命的
阵阵呼声。在这追求民族民主自由解放、反对外侮的斗争中，汉民族族群的
历史记忆和伟大神话被激活，因为这样往往更能激起我们民族的共同记忆，
从而成为一面旗帜。中华民族的始祖——黄帝，便成为民族认同的文化符
号。一时间各种报刊鼓噪宣扬，掀起一股"黄帝热"。满族少数知识分子也
跻身其中，企图从黄帝身上，找到属于满族的族源记忆，以消除满汉之别。
盛昱就是其中一位。此诗将北方游牧民族的历史，一直溯源炎黄时期，试图
泯灭满汉畛域，"大破旗汉界"，以驱除西方列强相期许，或许多少能反映出
此时的民族观念。台湾沈松侨先生解读此诗，也认为是"假黄帝之符号，启
动'结构性失忆'之机制，试图创造一套新的满族祖源记忆，其目的当然
都是在融合满汉，以铸造一个超越满汉族群界限的更大的认同对象……中国
国族认同"①。尽管还有不同的声音②。事实上，"去满汉畛域"始终是一个悬而
未决的问题，满族的民族认同经过了二百多年的发展，到近代早已深入骨髓。
满汉关系一直是讳莫如深的事，汉人是不能提及的，直到戊戌变法以后，汉
族高官湖广总督张之洞和山东巡抚周馥才有如此动议。1903 年，张之洞再
次劝说慈禧太后"化去满汉畛域"，主要是两个方面：八旗中的管理职位不
应再限于满人，应该向汉人开放；旗人和汉人在司法处置上应一视同仁。慈
禧采取了一些改革措施来缩小满汉之间的差异，包括允许满汉通婚，在八旗
系统内任命了几名汉人官员。③后又被满汉官员多次提出，但具体落实却要
困难得多。完全打破要到辛亥革命推翻封建帝制，把满族皇室从龙榻上赶
走，满族人作鸟兽散之后。但对于有着强烈的功名需求的满族子弟以及具有
相同趣味的满汉诗人来说，彼此的来往和交流似乎比清中叶要广泛得多。

---

① 沈松侨：《我以我血荐轩辕——黄帝神话与晚清的国族建构》，1997 年 6 月 20 日台湾地区
近代史研究所文化思想史组主办之"发明过去 / 想像未来：晚清的'国族'建构，1895—
1912"小型学术研讨会论文。
② 如生活在该时期的诗学家陈衍对此诗就有不同的理解。详见陈衍《石遗室诗话》卷 7，
《陈衍诗论合集》，第 103 页。
③ [美] 路康乐：《满与汉：清末民初的族群关系与政治权力》，王琴等译，第 95—96 页。

　　近代满汉诗人交往主要表现在以下两个方面：

　　一是满族贵族及王公大臣延揽汉族文士于其府邸或幕府，成为其幕僚或者课其子弟，情谊在师友之间。近代以来的皇子们延请的汉族文士暂且不表，王公大臣们的子弟能诗会画者也莫不与汉族文士有关。汉族文士对满族子弟的诗文写作起了很大的启蒙作用。这些汉文教师不仅教授儿童启蒙课程以及经史之学，也兼及诗词格律，学子们往往十岁左右开始作文，练习诗词对句，即所谓"课诗"，不少满人的诗集里还将"课诗"收录其中。这一方面在满族诗人的回忆中有很多的陈述。铁保季子瑞元自束发即跟从会稽人顾廷纶研读经稽，余事学为诗，历经十载寒暑。由于受到顾氏影响，诗不苟作，作必有所寄托。随侍铁保任所时，公务之暇，幕僚们吟诗作画，对他影响甚大，"大江南北一时名宿如笪绳斋、顾郑乡、钱斗槎皆从其游。故诗得正法眼藏"[1]。其早年名句如《双阳夜月》云："人到北山北，月生东海东。"《重九宿沙河》云："诗情浓似旧，花事淡于人。"《出威远堡边门》云："虎豹声消威远堡，烟云气拥大孤山。"逸情胜概，几欲凌驾古人。在他成名之后，与汉族文人也来往不绝。他不仅成为著名诗论家吴仰贤的恩师，还发展汉族居住区的教育，重开浙江嘉善鸳湖书院，兼课汉族学生以诗赋，培养了很多人才。尤其称道的是，他"尤与吾邑张叔未解元相契，后在塞外，犹时以诗筒往还"[2]。据崇实自定《惕庵年谱》记载，崇实七岁从程白莲夫子读唐诗，八岁改从李伯温习，十一岁从赵苏生读书，开始学习吟两韵诗。十二岁始作破承题，得到赵苏生的嘉许。该年冬祀灶日，崇实口占一五绝诗云："祀灶由来古，黄羊礼最嘉。问心苟无愧，何必粘神牙。"得到祖母恽珠的好评[3]。觉罗少年天才诗人廷奭的文学才能固然与自己的诗才有关，但也与汉人学士的教导是分不开的。廷奭出生于山东济南，其时其父崇恩任山东巡抚，他先是受学于山阴嵇春原，后又向缪绣田诗，其中缪绣田诗风对他影响更大，和缪氏之情谊也处于师友之间，两人经常吟诗酬唱，送往迎还，袒露

---

①　瑞恩：《少梅诗钞》序，《清代诗文集汇编》第 585 册，第 4 页。

②　吴仰贤：《小匏庵诗话》，《清诗话三编》，第 6585—6586 页。

③　崇实：《惕庵年谱》，《清代诗文集汇编》第 678 册，第 736—737 页。

心迹。廷瓛对缪氏诗歌的慷慨适性之风大为钦佩，其《题缪绣田夫子鸣春诗集》云："诗源本自灵源出，上天下地一枝笔。安见今人亚古人，似难区区分甲乙。奈何今人恁太痴？拾古剩唾争吞之。丑于嗜痂而有癖。可笑可恨又可悲，河海虽然同一水，要亦不可等论耳。岂知吾师缪绣田，深会宣尼无邪旨。豪情足可傲前贤，兴来诗胆大于天。别开生面惊神鬼，满胸灵气如涌泉。不喜雕琢喜潇洒，比如草圣不学楷。奋向古人夺骊珠，真在可解不可解。"廷瓛作诗本于性情主要是受到缪氏诗观的启迪。而缪氏也极为欣赏廷瓛的诗歌，缪绣田为其诗题词云："慧业三生具，新诗一卷藏。遨游东鲁国，风雅小奚囊。品立期横锦，家传足瓣香。殷勤犹有赠，放胆作文章。"两人可谓惺惺相惜。玉德官闽浙总督时，一时名士皆聚幕府，故斌良早年跟随父亲生活在杭州。因他未弱冠就嗜吟咏，与幕中名流相酬唱，后将此时的诗编为《南行北归集》，诗风华丽典赡，雅近竹垞、樊榭，显然是受到当地诗风的影响。铭安（1828—1911），字新甫、鼎臣，号独醒居士，内务府满洲镶黄旗人。咸丰六年（1856）进士，官至吉林将军，卒谥"文肃"，有《止足斋诗存》。他七岁入学，十二三岁学诗文。其父时宰奉天承德县，延请王雪庵为铭安之师。王雪庵，顺天大兴人，屡应乡试不售，入赀为奉天吏目。其时王氏年未三十，博学强记，下笔千言，尤工古今体诗，自唐宋至清代人诗无所不读，著有《阅莒草堂诗稿》，并将本朝王渔洋、袁子才、蒋心余、赵瓯北四家诗汇为一集研读。与奉省官绅之能诗者如吉年、李莼等人投赠往来，诗名藉甚。铭安后官盛京刑部侍郎时，王氏已下世，他竭力搜罗其遗稿，但多半散佚，将存者付梓印行，名曰《阅莒草堂集》，并分赠知交，以慰先师在天之灵，也备后人辀轩之采。他牢记先师遗言，五十岁归田后吟咏不断，汇为《止足斋诗存》。还有一门两代同向汉人学诗的例子，《雪桥诗话余集》卷八："惠端亲王绵愉，从程春海读书，学为诗古文，治《左氏春秋》，雏凤楼收藏甚富。书法亦工，有《爱日斋集》。长子镇国公奕询，号蟫斋，幼从孙琴西太仆授读，七岁通四声。同治初，尝侍学宏德殿，娴骑射书画，别号惜阴主人。诗曰《傒月轩稿》……弟惠郡王奕详曰乐寿轩主人，贝子奕谟曰虚受斋主人，均工吟咏，善书法。"① 可以说，这样的例子不胜枚举，几乎每个满族诗人的启蒙业师均是汉族文人。

汉族文士除教诲满族子弟外，也经常是满族贵族或达官显宦的座上客。一方面，他们受到满族官僚的优待；另一方面，他们又与官僚们相互酬唱，切磋诗艺，极大地提高了满族士人的诗歌水平。慈溪张菱舟记载与恩锡的交游说："先生家世显贵，二十登郎署，三十守外郡，莅列柏台，两任专阃，以饷绌痛哭上书，卒以是忤权贵，罢官去。当其时，直声满天下。今皇御极之二载，复原官，任转运使。世之慕山斗望龙门者何可胜数。而余海隅一下士耳，非有奇材异能可以歆动左右，乃引之戟门，待以上宾。更相酬唱。遇有一字之未安者，余无不可谓先生言，先生亦莫不嘉许，不耻下问。古人所难谦尊，而光先生有焉。"② 长善（1829—1889），他他喇氏，字乐初，满洲镶红旗人，陕西总督裕泰子。由侍卫出任云南参将，授副都统，调任广州将军、杭州将军。有《芝隐室诗存》《壶天鸣盛集》等。其在广州任职时，政事之余，尝修葺官府废圃名为"壶园"，召集宾客赋诗填词，其诗益工。

部分满族贵族和官僚爱才嗜学，彼此结交，以至情谊甚笃，在满汉交往中传为佳话。宗室盛昱，性格直爽不羁，无贵族气息，喜欢游玩山水。平生崇尚风雅，所交多一时豪杰，又喜奖掖后进，张謇、杨锐贡太学时皆出其门，与王懿荣交最密，同时精鉴赏名于时，又与缪荃孙、沈增植谈掌故，时号"谈故三友"。戊戌变法失败后，杨锐遭处死，盛昱非常悲愤，作《杜鹃行》一首，哀悼杨锐。潘祖荫曾经评论其为道光、咸丰以来罕有其匹的宗室学者，诗风仿宋代苏轼，无疑是受到同光体诸人宗尚的影响。近代著名宗室诗人宝廷与汉族诗人的交往更为人屡屡道及。宝廷曾于同治十二年（1873）充浙江乡试副考官，光绪八年（1882）五月任福建乡试正考官，得门下士很多，如在后者就有郑孝胥、陈衍等若干人。陈诗说宝门多当代豪俊，闽人有郑孝胥、陈衍、林纾、康咏、卓孝复、高凤歧、方家澍，浙人有

---

① 杨钟羲：《雪桥诗话全集》，第 2762 页。
② 张菱舟：《承恩堂诗集》序，《清代诗文集汇编》第 671 册，第 246 页。

夏震武，皖人有吴保初。康咏，福建汀州人，为人和雅静穆，为诗恪守偶斋矩矱，盖侨寄京师，亲炙竹坡先生最久，故其诗多神肖焉。① 这些人对宝廷极为尊敬，以师视之，在诗话等著作中对他的诗歌评价很高，彼此感情也很真挚。在其长子寿富去世后，林纾时客居杭州，获知噩耗便为寿富在位于孤山林社立牌而哭之，知县方家澍、知府高凤岐赠金协助治丧。义和团被平定之后，林纾上京，且行且哭前往寿富邸。东屋门口就是寿富兄弟死节之处，林纾拜奠后谒见崔夫人，得知寿薰家的恶奴正在图谋侵吞遗产。林纾于是向顺天府尹陈夔龙告发，杖责叛奴，遗产才得以保全。随后大学士宗室昆冈请旨旌表宗室为国而死者，朝廷赠寿富光禄寺卿。宗人府又发文谕知会寿富之子橘涂，命其具陈寿富兄弟的殉节日期，宣付史馆。林纾以宝廷门生、寿富挚交的身份，撰写行状，呈请编入国史《忠义传》。这种感情十分动人，远远超越了民族界限。长善在担任将军镇守粤东时，"爱才若渴"，诗人程云俶、沈泽衡均在其幕中。与他经常唱和的都护果尔敏，也"虚怀下士"②。这些"下士"，当然指的是汉族文人。另据《在山泉诗话》记载，诗论家潘飞声与吏部官员承厚相晤柏林，过从甚密，尝评骘宝廷、盛昱的人品之高。③ 试想，如果不是来往密切，相知相得，是不会随便议论他人的。与潘飞声关系最好的是桂林，他们"于役海外三年，日则对食，夜则联床，忧患相关，视同手足。三载后又得同舟东归，虽约逾年在都相见，余以居忧衍期。然丙申竹君（即桂林）来羊城，留宿村居，儿女家人，均出相见，实为吾两人惬心之事"④。桂林去世后，潘氏将其诗作录入诗话以保全。

　　二是平等交往，相互欣赏，结下深厚情谊。此类是成年满汉诗人之间的往来。他们大都是由政治思想相近或者有共同的诗学情趣而延伸至诗歌方面的。宗室宝廷曾与多名汉族官员结成"清流党"，上书言事，讥弹时政。陈声聪《兼于阁诗话》卷一云："所谓清流党，并不似今世之党派，有一定

① 陈诗：《江介隽谈录》，《校辑近代诗话九种》，第53页。
② 李文泰：《海山诗屋诗话》卷1，《清诗话三编》，第6238页。
③ 潘飞声：《在山泉诗话》卷2，《清诗话三编》，第6903页。
④ 盘飞声：《在山泉诗话》卷2，《清诗话三编》，第6923页。

之组织，唯翰林学士侍讲左右及其他少数人意气投合者，纠合在一起耳。大率是以李鸿藻为中心，恭亲王为背影，二张、宝、陈为骨干，黄漱兰（体芳）、吴清卿（大澂）、邓铁香（承修）、张安圃（人骏）、王可庄（仁堪）、旭庄（仁东）兄弟为羽翼，而以张孝达资望最高为中心。阅张幼樵之《涧于日记》，戊寅、己卯两年中所载，此数人几于数日必一见，有封事，每先商榷，是为最活动之时期。后张孝达外放抚晋，恭王不久亦出译署，李鸿藻罢相，此种组合亦星散矣。"① 而且其骨干分子张之洞、张佩纶、宝廷、陈宝琛等四人，皆有清一代诗人，其他人也大都喜文弄墨，有诗集。除政事上的交往外，也经常诗歌酬唱，他们的诗集中有很多唱和诗，彼此结下的感情友爱而深挚。甚至多年阴阳两界以后，仍然情感如昨，深怀不已。赵炳麟《柏岩感旧诗话》卷一记载："竹坡侍郎尝游焦山，仿东坡留玉带。竹坡死后，张南皮相国游焦山见之，感赋云：'玉局开先继石淙，竹坡游戏作雷同。大廷今日求忠谏，魏笏终当纳禁中。''同姓怀忠楚屈原，湘潭摇落冷兰荪。诗魂长忆江南路，老卧修门是主恩。''故人宿草已三秋，江汉孤臣亦白头。我有倾河注海泪，顽山无语枕寒流。'此时南皮督两湖迄，内召迁大学士，替襄机密，孝钦显皇后倚任之。"② 另外，宝竹坡和其他汉族士人也有很深的交谊，丁宝桢去世后他写了《挽丁稚璜宝桢》，长歌当哭，感情悲催；《上李宫保鸿章》一诗歌颂李鸿章在镇压太平天国及捻军的功绩，将李鸿章与曾国藩比作唐代平叛名将李光弼和郭子仪。除近代满族著名诗人之外，其他诗人也与汉族诗人有着不俗的交往，如奭良诗集中有与多位汉族著名诗人唱和诗，如《和陈伯严》《和梁节庵》《和易石甫诗》等。其中与易顺鼎和诗有十首，《和易石甫诗》前言云："石甫或自为诗，或为人诗，每以相示，辄依韵和之，而以哭挽终焉，可哀也哉！"于此可见他与易顺鼎情感之深。

　　不仅满汉男性诗人多有交集，部分女性诗人也是如此。顾太清以一代才媛而著称于世，她与沈善宝、屏山、云林、伯芳等汉族女性缔结"秋红

---

① 陈声聪：《兼于阁诗话》，上海古籍出版社 1985 年版，第 10—11 页。

② 赵炳麟：《柏岩感旧诗话》，《民国诗话丛刊》（二），第 530—531 页。

吟社"。诗社成立于道光十九年（1839）秋天，前后延续了四年时间，满汉诗人彼此有良好的往来，也结下了深厚的情谊。沈善宝记云："余寓春明已十二载，最相契者太清、孟缇，不减同气之谊。闻余南归有日，极尽绸缪，以诗宠行，情见乎词。太清七律云：'十载交情如手足，一朝别我去匆匆。莫因迢递无书寄，惟愿相思有梦通。乡井久违成过客，雪泥重印认归鸿。江南姊妹烦君语，细述衰颜更不同。'……皆极缠绵，令人心感。"① 可见，她们并不局限于诗艺层面的切磋交流，还情同手足。一旦别离，情牵梦绕，读之十分感人。

如若满汉诗人们因某些事物聚在一起，还会一起你唱我和，形诸吟咏。这也是在中国近代国势日蹙局面下少有的诗坛佳话。《雪桥诗话》就记载了这样一件事：光绪丁丑（1877）十月，修《穆宗实录》，馆事方暇，同馆诸人以诗唱和，刘恩溥编次成帙，文靖公宝鋆为诗集取名《清选和声集》。集中收有锡缜、嵩申、毓汶、钟骏声、孙钦昂、洪钧、童槐、曹秉哲、廖寿恒、颜宗仪、叶大焯、张端卿、王先谦等满汉几十人诗作。锡缜诗云："云篆纱笼定命尊，达夫晚达总天恩。黄杨遇闰区分寸，翠柏经冬炼节根。朱蔡至交呼老友，崔卢旧谊齿诸昆。巡檐且共梅花笑，诗满奚囊酒满樽。"宝鋆佳句如："退转将毋参妙果，小乘原不是初根。翻教鹢尾中郎将，强对峨眉供奉班。"皆七律，凡三换韵。颜宗仪又以长歌投宝鋆，锡缜次韵和之。毓汶、胡义质皆次韵相答，锡缜再叠韵酬之，有云："今年灾欠闻祈攻，晋人欲麦难煮虋。宋卫陈郑积贮空，迅驶岁阴无乃穷。""时山西方大旱也。"② 看来诗人们在一派雍容和缓气氛中并没有完全忘怀国计民生，仍旧保持着民胞物与之情怀。

应该指出，上述所叙只是一些有代表性的交往，绝不会是全部。当然，主要是碍于史料的短缺，但从中可以看到甚至可以想见满汉诗人交往已经变得较为频繁，在一定程度上，特别是在私人感情上很多人彼此真挚深沉，民

① 沈善宝：《名媛诗话续集》中，见王英志《清代闺秀诗话丛刊》，凤凰出版社 2010 年版，第 585—586 页。

② 杨钟羲：《雪桥诗话全编》，第 664 页。

族之界、阶层之别等官方意识变得远不重要。例如《挹翠楼诗话》卷二记载诗话作者潘清撰与铭岳父子的交往，就因琴成为莫逆之交，彼此"赋诗命酒，暇即过从"①。我们还常常看到，满人诗集中的序跋作者总是离不开汉人的影子，而且绝大部分是汉族文人题写的，他们有的是同僚，有的是门人，还有的是知音或从未谋面的神交，仅仅因为爱慕其人其诗而欣然序跋或题词。当然，也不乏人情方面的应酬而阿谀其词，特别是由于利益攸关对身居高位者的题咏。但不可否认，广大满族诗歌越来越被汉族文士所认可。这是问题的一方面。另一方面，真正被汉族文士认可特别是著名诗家认可的毕竟是少数，除了满族著名诗人如宝廷和盛昱广受汉族诗家好评外，其他鲜有涉及，这一点只要翻阅汉族诗家所撰写的诗话著作就能一目了然。从相互影响来看，恐怕也是有限的。近代绝大多数满族诗人的诗观是言志抒情，尚停留在古典诗学初期②，诗歌接受和崇尚还是以唐诗为主，这与他们少年时期所受教育有关；而同期汉族诗人以宗宋或者唐宋兼宗为主，宗宋阵营成为主潮，真正宗唐祧宗宋者很少，只要探寻一下他们的诗学路径就能知晓。③因而，除个别人以外，其影响是有限度的，主要是在他们的启蒙阶段。个中原因，除了满人诗歌成就略逊一筹，诗风诗观各有差异外，恐怕也与大多数人的种族问题有很大关系。正如美国人路康乐在《满与汉：清末民初的族群关系与政治权力》所指出的那样，八旗对外还是一个统一的整体，直到19世纪末，满汉依然是在很多方面都相互隔离的两个族群。④如果我们稍加留意，就会发现，近代的诗歌派别具有极大的族群性。以宝廷、宗韶为代表的"探骊诗社"主要成员无一例外是八旗诗人，该诗社完全可以定义为"八旗诗社"⑤；汉族诗人结成的"宋诗派""同光体""汉魏六朝诗派""中晚唐诗

---

①　潘清撰：《挹翠楼诗话》，《清诗话三编》，第 5979 页。

②　参照《近代满族诗人的诗学观》一节。

③　参看郭前孔《中国近代唐宋诗之争研究》，齐鲁书社 2010 年版。

④　参见［美］路康乐《满与汉：清末民初的族群关系与政治权力》，王琴等译，人民大学出版社 2010 年版，第 63—64 页。

⑤　李扬：《八旗诗歌史》，浙江大学 2014 年博士学位论文，第 301 页。

派"中毫无八旗诗人的影子，彼此营垒分明。这绝不是偶然现象，而是民族关系在文学领域的反映。再者，汉族著名诗人如陈三立、陈衍、陈宝琛、樊增祥、易顺鼎等很少与满族诗人来往唱和，属于维新派人士的黄遵宪、梁启超来往就更少了。著名满族文学研究专家张佳生先生曾云："清初的八旗文学家主要是与汉族文人交往，这主要是因为清初的八旗文学还不够成熟，总体上还处于学习模仿的阶段。如清初八旗著名的几位文学家纳兰性德、曹寅、岳端、允禧等人，他们与之交往最为密切频繁的，都是一些汉族名士，八旗人为数甚少。而乾隆以来，与汉族文人交往的情况虽然依然存在，但八旗文人之间相互主动的交往却形成了一种风气……这固然是由于他们生活经历和思想意识相近的缘故，却也表现出他们文学的独立性在逐渐增强。"① 因此，总体来讲，满汉之间的交往远不如满人之间或者汉人之间的交往频繁而又紧密。

第二节　近代满族诗人的诗学观

有清一代，满族诗学资源并不发达，诗话作品与论诗之语也不多见，至于理论性强的著述更是少之又少，只有为数不多的诗语散见于诗歌别集及各种序跋中。尽管不丰富，却也能从中发见满族人的诗观。从总体上讲，在清代以至近代，满族人的诗学观几乎是一个相对独立的存在，一个相对封闭的系统，与汉族人的诗观有很大的不同。中国诗学发展到清代，进入了一个总结期，清代汉人以卓越的学识融汇中国诗学遗产，他们编辑诗话，发表专论，谈诗论艺，蔚为大观。郭绍虞先生说清代文学批评可以称为批评史上集大成的时代。② 单是诗话著作数量就多达1500种③，可谓空前绝后，为历代所无。至于散见于各种著作的单论、序跋，更是数不胜数，难以计数。一方面，梳理总结历代诗学成果；另一方面，各抒己见，各种论争特别是唐宋诗

---

① 张佳生：《八旗十论》，辽宁民族出版社2008年版，第269页。
② 郭绍虞：《中国文学批评史》，上海古籍出版社1979年版，第7页。
③ 详见蒋寅《清诗话考》自序，中华书局2005年版，第5页。

之争愈演愈烈，诗家纷纷阐述立场，表明观点，举凡神韵说、肌理说、格调说、性灵说登台亮相，在总结的基础上发展了历代的诗观。它以复古为创新，以总结为先导，根据清代社会、政治和学术，在此背景基础上，一定程度上发展了诗学，如肌理说，就是根植于清代乾嘉学派重学问、重考据的学术背景产生的。满族诗学自清初到近代一直秉承着言志抒情的古老传统而鲜有变化，究其原因，乃是民族性格使然。这个在马背上产生的民族，性格豪放，崇尚勇武，尽管他们勇于接受汉民族文化，但在情志方面，很少像汉民族那样长于著书立说，思维理性；表情达意，穷尽幽微，而是将文学特别是诗学作为怡情养志、娱兴遣怀的工具，他们的思维往往是感性的。如奕䜣所言其写诗"非欲与学士文人争长，特用以消长夏且志光阴之当惜耳"①。再如铭安自序其诗云："偶然吟咏，以陶性适情，不求甚解，聊以自娱，为遣日养年之一助也。又何必孤灯危坐，几欲呕出心肝，结社联吟，自夸压倒元白也？"② 又因为他们是统治阶级，担负着教化人民的职责和重任，在清初就接受了孔门诗教的传统而一以贯之，这成为他们诗论的显著特点。

与汉人诗学相比，满族诗学呈现出零星、正统、平静的特点。所谓零星，是指满族诗人很少有系统表达和阐发自己诗学观念的著作，他们的诗观主要散见于各种序跋、文集中，且大部分是点评式、感悟式的，较少长篇大论，很少系统地加以表述或不重视理论的阐发，理论性不强。单篇论述性的很少，像康熙帝的《诗说》、纳兰性德的《原诗》这种专门论诗的单篇是很少的，《渌水亭杂识》四中有很大篇幅专门论诗，具有诗话性质，显得特别珍贵；恒仁的《月山诗话》是以诗话命名的专门诗话著作，惜只有一卷，且立说性不强，未脱满人论诗习气，因此蒋寅先生说它"杂论古人诗，多驳议前人之说，盖读书心得之札记也"③。近代还出现了另一部诗话作品，即多隆

---

① 奕䜣：《藏修斋诗稿》自序，《清代诗文集汇编》第718册，第370页。持类似观点者尚有不少。

② 铭安：《止足斋诗存》自序，《清代诗文集汇编》第705册，第781—782页。

③ 蒋寅：《清诗话考》，第395页。

阿《慧珠阁诗话》四卷。① 可惜未刊行，迄今只字不存，无从查考。所谓正统，是指满族人的诗观主要还是遵循我国古代的言志抒情方面，由于他们处于统治阶级，为统治思想起见，孔门诗教、诗道性情等古老的说教成为他们诗论的原则和方针。所谓平静，是指他们很少展开诗学论争，彼此阐发观点，不仅内部无有，也基本不参与汉人的诗学论争，大多只是表露自己的诗观而已。例如康熙帝在对唐宋诗的取舍上采取了宗唐抑宋的观点，也只是体现在选本与日常语言的表达上；纳兰性德在争唐论宋的态度上持明显的反对态度，不主张拟古复古，认为诗歌应当吟咏性情，具有独特个性。这种受到当时诗坛影响而主动参与诗坛论争恐怕是一个例外。

首先，近代满族诗学仍然尊奉清初以来的诗教传统。清初，以清代帝王为中心的满族统治集团提倡程朱理学，并以之为治国之策。在大力提倡儒家经典的同时，儒家诗教遂成为文教的核心。康熙帝《诗说》云："诗者心之声也，原于性而发于情，触于境而宣于言。凡山川之流峙，天地之显晦，风物之变迁，以至君臣、父子、夫妇、兄弟、朋友之间，古今治乱兴亡之迹，无不可见之于诗。而读其诗者，虽代邈人湮，而因声识心，其为常为变，皆得于诗遇之。故曰感天地而动鬼神，莫善乎诗。然诗道升降，与世递迁。《三百篇》之经孔子删定者，可观、可兴、可群、可怨，极缠绵悱恻之思，皆忠厚和平之意，性情之正也，复乎其莫可已。"② 此篇可视作整个清代满族诗学的论诗纲领。在此文中，儒家诗教观念如影随形，显而易见，可谓是诗教的阐发和引申。诗为心声，人之心声由客观外物而引发，而客观外物既包括自然环境和社会生活，也包括历史演变规律。诗歌既是社会现实的反映，也是政治教化的工具，所谓"经夫妇，成孝敬，厚人伦，美教化，移风俗"，之所以如此，乃是因为诗具有"正得失，动天地，感鬼神"的巨大魅力。至于《论语》中所言诵《诗》之作用——兴观群怨、温柔敦厚，更是千百年来诗教的中心意旨。这一诗学观点，成为清初统治阶级意识形态的反

---

① 此多隆阿非著名将军多隆阿，见曹丽《〈清人诗文集总目提要〉作者再考》，《图书馆理论与实践》2010 年第 2 期。

② 爱新觉罗·玄烨：《御制文集》，《清代诗文集汇编》第 191 册，第 292 页。

映，而为后世士大夫和满族贵族所遵从。如康熙帝之子允禧《花间堂诗钞》自序云："《虞书》曰：'诗言志，歌永言，声依永，律和声。'尼父论诗，始自兴、观、群、怨，而极于事父事君。故三百而蔽之以一言，曰思无邪。此百代诗家准的也。"① 这不仅是后世士大夫的论诗"准的"，更被满族诗人视为不二法门。到清中叶，有的满族诗人则进一步认为诗人之性格也应该温厚和平，只有这样才能写出好诗。如永奎就认为"士抱磊落不羁之才，为之豪杰；蕴温厚和平之旨者，为之诗人"。具有磊落不羁之才者，充其量不过是豪杰，不是诗人；只有具备温柔敦厚之个性，才能成为诗人。因而，要想写出好诗，"必有温厚和平以济之，才能不失古人风雅之遗音"。这就要求诗人"涵养醇粹"，不能有"胸中浩浩落落之气"，不平之鸣是不能写出好诗的。

近代以来，儒家诗教观也一直被看作诗歌的中心"教义"。这一点，突出表现在满族上层统治阶级的倡导上。奕訢《乐道堂古近体诗》自序云：

> 诗者，志之所之也，在心为志，发言为诗，情动于中而形之于言，言之不足，故嗟叹之，嗟叹之不足，故咏歌之。自古骚人逸士，藉以发挥其才智，涵濡其性情，或蒿目民生，或系怀君国，或俯察仰观以写其胸臆，或赏心乐事以鼓其性灵，荡涤污秽，振刷精神，俾端趋向而识指归，此古人言诗之义也。②

其诗观简直是儒家诗教的翻版。前半部分一字不差地引录了《毛诗序》中对诗的看法，后半部分加以生发，将诗歌的功能指向广阔的社会人生，强调诗歌的社会作用和人生作用，发挥诗歌的表现功能，将诗看作是家国情怀的展现。他又在《正谊书屋试帖诗存》自序云："先儒有言曰：'正其谊不谋其利，明其道不计其功，蒙养之初，正谊为要。'夫子云：'诗，一言以蔽而指

---

① 爱新觉罗·允禧：《花间堂诗钞》自序，马甫生等标校：《八旗文经》，辽沈书社 1988 年影印本，第 150 页。
② 奕訢：《乐道堂古近体诗》自序，《清代诗文集汇编》第 725 册，第 179 页。

趣必归于正而已矣。'为诗者，亦必先正其谊而已矣。"① 他以孔子"诗无邪"的论断为依据，进一步将诗歌作为正人心、树风气的工具，体现了满族统治阶层重视诗歌功能的诗教观。除此之外，奕訢时刻心系家国民族，即使政务再忙，也不忘以诗歌发挥政教作用。其《赓献集》自序云："顾诗以道性情，虽君歌臣答，要必言之有物而后可兴可观，若第流连光景，粉饰辞华，如昔人所讥月露之形，风云之状，体斯靡矣，义何取焉。"② 诗歌应该担负起反映社会现实的责任，达到可兴可观的目的，反对无病呻吟、流连光景之作，因为这样的作品无补于世道人心。宝廷《拟嵇叔夜幽愤》诗前言干脆说道："诗言志，言不由衷，何为诗？"③ 奭良《云巢诗序》亦云："《记》曰：温柔敦厚，诗之教也，《三百篇》多于役怀人之作，纡余其词，委曲其意，婉而多讽，使人之意也消。圣人之论诗也，乐而不淫，哀而不伤，诗人之诵吉甫也，其风肆好，穆如清风，风人之旨，理如是也。"④ 可以说，为了国家社稷的安定，他们对文学的功利目的和工具作用给予了极大的关注，企图通过发挥诗歌表情达意的功能，达到宣扬教化、匡正人心的目的。

不仅满族诗人有浓厚的儒家诗教观念，其他身份的人也同样如此。志和，字蔼云，号春圃，生卒年不详，满洲正蓝旗人。咸丰二年（1852）进士，官至刑部尚书。工绘事，主要作品为《八旗画录》。其序奕誌《乐循理斋诗集》云："昔在帝舜命夔典乐曰：'教胄子'，而即继以'诗言志，歌永言'数语。说者谓诗通于乐，皆可歌也。圣人将以诗教化天下，而亲疏厚薄之序，必先自其家之子弟始。"⑤ 他引用《尚书·尧典》之语，突出诗乐舞三位一体的形态，旨在说明圣人以诗教化天下之方式，借以突出诗歌的教化功能。麟椿（生卒年不详），满洲镶白旗人。道光十四年（1834）三月由理藩院笔帖式入直，道光年间任军机章京等职。他序奕詢《傒月轩诗集》云：

① 奕訢：《正谊书屋试帖诗存》自序，《清代诗文集汇编》第 725 册，第 148 页。
② 奕訢：《赓献集》自序，《清代诗文集汇编》第 725 册，第 92 页。
③ 宝廷：《偶斋诗草》，第 393 页。
④ 奭良：《野棠轩全集·献酬集》，吉林奭氏仿北宋椠本斠印。
⑤ 奕誌：《乐循理斋诗稿》，《清代诗文集汇编》第 703 册，第 371 页。

"夫雅颂相宣，二南实正其始；宋唐嗣响六代，先发其华；风雨月露之词，总归温厚；草木虫鱼之什，悉协宫商。经史以植根源，乃克增乎奇气；性情发为歌咏，斯益瀹乎灵机。故凡具博大之胸襟，始有名贵之吐属也。"① 他认为诗歌应该根植经史，吟咏性情，而以雍正和平的基调、温柔敦厚的风格为旨归。这正是儒家诗教的命意所在。总之，近代满族诗学以儒家诗教作为论诗的最高准则，大力扬挖雅颂之音，崇尚温柔敦厚，集中体现了统治阶级欲以儒家正统思想和观念教化与改造民众的意志，以适应时代文治的现实需要。

其次，吟咏性情成为近代满族诗人一致信奉的诗学观念。吟咏性情是我国古老的诗学传统，《毛诗序》认为诗歌应当"吟咏情性，以风其上"②，严羽《沧浪诗话·诗辨》这样来定义诗歌的本质："诗者，吟咏情性也。"③也就是说，唐宋以前，诗歌的观念是"吟咏性情"。然而，中国诗歌发展到清代，由于受到学术思想的影响，诗学观点也出现明显的崇尚学问的取向，性情与学问的关系遂成为诗学界的一大问题。多数汉族诗学家强调性情与学问不可偏废。这样，诗歌的功能由单纯的性情至上变成了性情与学问并举，由一元论变成了二元论。如康熙朝大诗人王士禛就这样认为："夫诗之道，有根柢焉，有兴会焉，二者率不可得兼。镜中之象，水中之月，相中之色，羚羊挂角，无迹可求，此兴会也。本之《风》《雅》以导其源，溯之楚《骚》、汉魏乐府以达其流，博之《九经》《三史》、诸子以穷其变，此根柢也。根柢原于学问，兴会发生性情；于斯二者兼之，又斡以风骨，润以丹青，谐以金石，故能衔华佩实，大放厥词，自成一家。"④ 明确具有以学问道济性情的趋向。到清中叶具有宗宋倾向的人士更是主张性情与学问相融合，从朱彝尊、厉鹗到翁方纲，对学问的强调愈益加重，翁方纲甚至倡导"为学必以考证为准，为诗必以肌理为准"⑤。近代时期的宋诗派和同光体，提

---

① 奕詝：《偬月轩诗集》，《清代诗文集汇编》第 771 册，第 2 页。
② 郭绍虞：《中国历代文论选》第 1 册，上海古籍出版社 2001 年版，第 63 页。
③ 何文焕辑：《历代诗话》，中华书局 1981 年版，第 688 页。
④ 王士禛：《带经堂诗话》卷 3，人民文学出版社 1963 年版，第 78 页。
⑤ 翁方纲：《志言集序》，《复初斋文集》卷 4，《清代诗文集汇编》第 382 册，第 53 页。

出了"诗人之诗与学人之诗合"的审美理想，就是强调性情与学问的有机结合，如陈衍云："余平生论诗，以为必具学人之根柢，诗人之性情，而后才力与怀抱相发越。"①"以为诗人学人，二者非肆力兼致，不足以薄《风》《骚》，副雅才。"②其实，在清代特别是近代汉人诗学范围内，除以袁枚为代表的"性灵派"诗人外，不仅宗宋人士如此，其他人士也都耳濡目染，达成一定共识，以学济才，以才使学，以便创作出既具有才情，又博雅多识的诗歌作品。满族诗人却不是这样，他们并不认同诗中有学的成分，只是把诗当作抒情言志的工具。康熙帝之所以赞赏唐诗，主要因为唐诗是吟咏性情的产物，具有一唱三叹之致。③雍正帝《世宗宪皇帝御制文集》卷六《雍邸诗集序》云："朕素不娴声律，每于随从塞北，扈跸江南，偶遇皇考命题属赋，勉强英制，一博天颜欢笑。初不计字句工拙，至于宴赏登临，触物寓感，有会而作，因诗纪事，借以陶写性情而已。"④明确表示作诗不计工拙，不过是触物感怀，吟咏性情而已。纳兰性德认为"诗乃心声，性情中事"⑤，主张创作"无取铺张学海，所期抒写性情而已"⑥。近代的毓俊有论诗诗论及诗歌的特性，其《友松吟馆诗钞》卷六《论诗》其一云："从来忠孝本天成，余力方教理性情。莫把满腔心血掷，一生徒博作诗名。"尽管此处之性情主要指忠孝感情，但从诗意中不难看出，他并不主张作诗倾尽心力甚至是苦心孤诣，而是把诗歌创作作为性情的自然流露。皂保有《即事》诗云："卧病两旬余，得诗四十首。偶尔抒怀抱，何尝计好丑。世有苦吟人，骚坛恒自负。错采与镂金，性真亦何有。生平一片心，每不利众口。倘复祸枣梨，难

---

① 陈衍：《聆风簃诗叙》，《陈衍诗论合集》，第1076页。

② 陈衍：《榕阴谈屑叙》，《陈衍诗论合集》，第1062—1063页。

③ 爱新觉罗·玄烨：《御制文集》卷26"讲筵绪论"之10："唐人诗命意高远，用事清新，吟咏再三，意味不穷。"之28又云："诗以吟咏性灵，如唐太宗诸篇未有不以天下黎民为念者。"他肯定唐诗的吟咏特性，而不是像宋诗那样夸耀学识。

④ 爱新觉罗·胤禛：《世宗宪皇帝御制文集》卷6，《清代诗文集汇编》第240册，第233页。

⑤ 纳兰性德撰，黄曙辉、印晓峰点校：《通志堂集》，华东师范大学出版社2008年版，第336页。

⑥ 纳兰性德撰，黄曙辉、印晓峰点校：《通志堂集》，第260页。

免覆酱瓿。丈夫贵建树，垂名千载后。雕虫小技耳，虽工非不朽。"他也主张诗歌应该抒发性情，有感则发，不计工拙，反对无病呻吟，甚至过分雕琢。庆康与汉人丁幼香感情甚笃，同是爱好诗歌，但追求有所不同，《寄丁幼香》云："君为诗中蠹，我是诗中魔。一魔与一蠹，痴情发讴歌。异苔而同岑，知音良足多。君诗累千百，下笔见风格。我诗随性情，粗豪无节拍。君才何清新，君诗妙入神。借君扛鼎笔，为我祓红尘。攻错重他山，著手自生春。君为诗伯雄，我亦混诗翁。譬犹虫鸟意，各以天籁鸣。疏疏陇头梅，雪里送香风。矫矫岐阳凤，山中栖梧桐。诗蠹与诗魔，臭味将毋同。"①将自己作诗与丁幼香诗对比，表达了自己的诗观——作诗随性情，而不在乎工拙。

再次，贵真求实，提倡自然天成，反对雕饰。这与满族文化崇尚朴实有很大关系，正如奕訢《乐道堂古近体诗》自序所云："我朝龙兴东土，肇造丕基，以弧矢威天下，圣圣相承，谆谆训谕。以国语骑射为根本。毋尚浮华，务崇质朴，须臾何敢忽诸？"②乾隆帝作诗反对华丽词句，轻靡浮艳，自称"不屑为风云月露之词"，他在乾隆四十六年的一篇上谕中表示：诗当以温柔敦厚为教，其词意媟狎，有乖雅正的浮靡之作，当在摈弃之列。③他的诗中并没有流连酒色的痕迹，却常常流露出道学气和说教气，正如他所说的"寻常题咏，亦必因文见道。"裕瑞将自然真实视作诗歌的审美原则，其《古意》诗云："美人不兼容，诗客不兼家。苟具独得长，何难绝世佳。学滥餍饩饤，妆杂无舜华。天姿贵自然，胡为事纷挐。飞燕少丰肌，玉环漫凌霞。老杜谢仙思，太白逊沉嗟。知音各会妙，不知同指瑕。叶公爱画龙，真至惊髯牙。孤琴无人听，满市趋筝琶。所以幽兰谷，荆榛作笼纱。"他认为作诗重在自然，具有"天姿"之趣，每个诗人都应该有其真实的自我和独到的风格，不必"兼容"，以免失去自我。近代的奕詥称其在淘汰自己的诗作时，本着贵真贵简的原则，"字之精，句之丽者概不录之。故十四卷中多冗杂浅

① 庆康：《墨花香馆诗存》，《清代诗文集汇编》第729册，第22页。
② 奕訢：《乐道堂古近体诗》自序，《清代诗文集汇编》第725册，第179页。
③ 《清实录》第23册，中华书局2009年影印本，第23861页。

易之作。盖贵于真不贵于工,贵于简而不贵于富也"①。宁粗毋精,宁朴毋丽,宁真毋工,宁简毋富,这既是他的选诗标准,更是他的美学观点。庆康《题劫余诗草》云:"世人学诗学描绘,咬文嚼字殊无赖。何若芑轩宋君诗,信笔一书皆天籁。璞玉原不借雕镂,秋水几曾避埃堨。"② 反对咬文嚼字,反对讲求奢华雕饰,他以璞玉为例,崇尚天籁之音、天成之趣。可以说,这种诗观不仅是清代前中期满族诗人所尊崇的,也是近代满族诗人所向往的,是他们一贯的倾向和主张。

除了上述所言之外,近代满族诗人也在某些方面受到清中叶以来汉族诗学的影响,诗观有所发展。清中叶袁枚倡导"性灵说",得到了众多诗人的认同,成为一股声势浩大的诗学潮流。他论诗主张抒写性灵,任性而为,灵机闪现,反对雕琢,与满族诗人的内在观念相一致,这无疑会得到满族诗人的赞同。毓寿《静山诗草》自序云:"余自幼读书颇钝,唯性情爱诗,计数十年来,吟诗不下二千余首,矢口而道,自亦不解工拙。然所作往往夹书中,久而遗失不复记忆矣。自宦游岭南署中公余,无事始订集而录存之,从未尝以示人。自愧武夫,腹内空疏,岂敢忘抾文翰自鸣哉!及读《随园诗话》,善乎仲小海曰:人生数十年,光阴留得几句。荒言谬语,被后世指摘,便大有福分,不然草亡木卒,谁则知之。袁子才先生闻之,嘉叹深得圣人。"可见其深受袁枚的影响,诗观自然也会受到启迪。廷燡就是一个突出的例子,他在《未弱冠集》自序中云:"诗,发乎性灵,天籁也。是以有慧根者,任天而动,抒写性灵,不必规仿古之某人而异曲同工,不难拔戟自成一队,岂独其学力使然欤? 实则天性之所具有以自沦其灵源耳。否则,骛远好高,勉强学步,犹之乎三五岁小儿欲作老人语,匪惟不肖,亦可嗤之甚也。"③ 他反对趋时好尚,亦步亦趋,在古人故纸堆里讨生活,主张独抒性灵,不落格套,灵机显露。

袁枚的"性灵说",还反对摹古拟古,更反对尊唐祧宋,他曾说:"夫

① 奕詥:《偠月选诗集》自序,《清代诗文集汇编》第 771 册,第 7 页。
② 庆康:《墨花香馆诗存》,《清代诗文集汇编》第 729 册,第 68 页。
③ 廷燡:《未弱冠集》自序,《清代诗文集汇编》第 757 册,第 640 页。

诗，无所谓唐、宋也。唐、宋者，一代之国号耳，与诗无与也。诗者，各人之性情耳，与唐、宋无与也。若拘拘焉持唐、宋以相敌，是子之胸中有已亡之国号，而无自得之性情，于诗之本旨已失矣。"① 又云："诗分唐、宋，至今人犹恪守。不知诗者，人之性情；唐、宋者，帝王之国号。人之性情，岂因国号而转移哉？"② 袁枚认为评价诗歌应以"诗之本旨"即性情为标准，不应以国号、朝代而论，明确反对分唐界宋。满族诗人极少有盲目跟风、偏唐趋宋者，这点恐怕与袁枚有很好的默契。多敏《与素芳女弟子论诗》云："何必论唐、宋，诗原写性灵。遣怀明似月，落管灿于星。语夺千山绿，思澄一水青。只今谁作者，空缅旧仪型。"在诗旨与论诗话语上与袁枚都是相通的。在此基础上，他们嘲笑并反对今人的摹古拟古，优孟衣冠。锡缜《说诗质蒋霭人农部绍和三首》其一云："古人为文章，下笔便有我。今人模古作，乃与我相左。羽毛假于齐，楚自以为夥。比彼优孟衣，岂谓富人哿。是以贵真意，菽粟如水火。不为害意词，用耻巧笑瑳。出言心有声，请试观颐朵。"他以真实表现自我、抒写性情为理论基础，对今人仿古假意，毫无自我情感的做法，给以讽刺与批评。廷奭也有着同样的观点，其《赠友人姚兰石诗序》云："吾闻诗者，适也。所以寄性灵伸抱负，殆无适而不可者也。自汉、魏、唐、宋以来，无非《三百篇》之遗意。然实具一点，真诠非关半毫假借。而今人指今之名句，谓善法古之某贤，是则诚谬甚矣。试思古之某贤，其又何所师法哉！顾不可将古人压倒今人，亦不可以今人轻视古人。古之所知焉，知非今之所知，古之所能焉知非今之所能。正所谓我行我法，无须袭古，更无须避古也。"③ 本着诗"寄性灵伸抱负"的原则，他也对法古拟古的行为提出批评。音德纳（1815—?），字伯起，号诗圃，满洲苏完瓜尔佳氏，有《锄月山房吟草》四册（稿本）。其《论诗》云："诗体贵求真，首戒袭新声。勿以纤为巧，勿以粗为宏。唐宋诸名家，千古立准绳。造语耐咀

---

① 袁枚：《答施兰垞论诗书》，《小仓山房文集》卷17，《续修四库全书》第1432册，第177页。
② 袁枚：《随园诗话》卷6，凤凰出版社2000年版，第148页。
③ 廷奭：《未弱冠集》，《清代诗文集汇编》第757册，第771页。

嚼，下笔费经营。落落只数言，妙义萃精英。放论成巨篇，气畅任纵横。芝兰生幽谷，宫阙列蓬瀛。自然远俗尘，是为真性情。文采非修饰，品格非自矜。凤立于山巅，岂为悦人鸣。"他高度赞扬唐宋诗，并不优唐劣宋，而是一并予以赞扬。认为他们诗贵求真，追求性情的自然抒发，因而远离俗尘，品格自立。从中可以发现，诗言性情是近代满族诗人心目中根深蒂固的观念。

第三节　近代满族文学社团

文人结社自古有之，但直到明清才变得兴盛起来。明清两代文人结社之普遍亘古未有。但在明末，文人结社增添了政治色彩，即以文学社团的形式倡导政治斗争，入清后引起统治者的警惕，清初不允许集会结社。《清稗类钞》"会党类"条云："顺治庚子（1660）正月，禁士子不得妄立社名，纠众盟会，其投刺往来亦不许用同社、同盟字样，违者治罪。"① 其后在光绪年间又有不许办社的禁令②。但这只是在政治运动复杂时期朝廷的"无奈"之举。关于聚会结社，明代钱塘人方九叙序《西湖八社诗贴》曾这样论道："夫士必有所聚，穷则聚于学，达则聚于朝，及其退也，又聚于社。以托其幽闲之迹，而忘乎阒寂之怀，是盖士之无事而乐焉者也。"③ 根据方氏的说法，文人聚会主要是填补寂寞空虚之怀，消遣打发时光，不无道理。因此，"清代顺治九年（1652）禁止立盟结社之后，诗社的性质又转回到以诗会友的层面上，清代诗文结社的范围、规模都超越了明代，诗酒吟社也在各个文人阶层中再度兴起，成为重要的社交活动。"④ 在承平岁月里，清代的文人结社、诗酒酬唱遍及大江南北，尤以苏州、杭州为代表的江南地区为盛。京师

① 徐珂：《清稗类钞》，第 3626 页。
② 徐珂：《清稗类钞》载："光绪戊申七月庚子，孝钦后谕令查禁政闻社"，第 3626 页。
③ 祝时泰等：《西湖八社诗帖》集部第 315 册，《四库全书存目丛书》本，齐鲁书社 1997 年版，第 597 页。
④ 王晓燕：《清代女性诗学思想研究》，四川大学出版社 2014 年版，第 21 页。

作为人文渊薮，则时常有文人聚集，宣南就是这样一个由汉族文人集会的区域。① 如康熙年间邵长蘅，"己未（1679）客都门，寓保安寺街，与阮亭先生衡字相对，愚山先生相距数十武，路冰修仅隔一墙。偶一相思，率尔造访，都不作宾主礼。其年寓稍远，隔日辄相见，常月夜偕诸君扣阮亭门，坐梧桐树下，茗碗清谈达曙"②，也因此有了"海内八家"的称谓。陈康祺《郎潜纪闻初笔》卷十四"海内八家"条云："西樵、渔洋兄弟，官辇下时，与宋荔裳、施愚山、汪苕文、沈绎堂、曹顾庵、程周量，连日夜为文酒欢，称海内八家。"③ 此外，诸如"金台十子"之类的称谓不绝于耳，这都说明，清代的文人组织十分活跃。

时至近代，由于彻底摆脱了清廷文字狱的束缚，文网松弛，诗人结社现象更为普遍，同光体、湖湘派、中晚唐诗派、诗界革命派等蔚为大观。除了这些文学史上屈指可数的社团流派外，尚有诸多至今还不知名的各种结社，可惜它们如彗星一扫，即匆匆泯灭，不被后人熟知，但有关典籍还是记录下来。诗人袁昶戊戌（1898）重入都门，写《感旧诗》三章，其诗序云："往者城西结社六七公，郁青霞之奇气，寓沈饮以发精，不名一格，相与于无相与。尔时自谓陆湛朝隐，可长相保，不意十年之间，零落将尽。或芝菌奇丽，化为朽壤；或解龟老病，自免归欤。驱车过其故居，则门巷欹斜，屡易新主，曲池小榭，犹蔓寒藤。怆山阳之笛里，日灼灼以西颓；处石火之光中，水滔滔以东逝。人生俯仰，幻于草露。虽金石劲质，阅时易摧。感念存没，结轖无已。爰举平日往还尤数，以没者为限断，作感旧三章，章十一句，以寄吾悲怀。"诗中所怀之人，乃元和王颂蔚、会稽李慈铭、文昌潘泉。④ 此即一例。另外，《石遗室诗话》卷三载有："庚戌（1910）一春，尧生、瘦唐、刚甫、毅夫、叔海、揆东诸同人，创为诗社。"⑤ 其他如消寒社、

---

① 见魏泉《宣南人文环境的形成》，《北京社会科学》2003 年第 4 期。

② 戴璐：《藤阴杂记》卷 9，上海古籍出版社 1983 年版，第 84 页。

③ 陈康祺：《郎潜纪闻初笔》，中华书局 1990 年版，第 294 页。

④ 陈诗：《江介隽谈录》，《近代诗话九种》，第 68 页。

⑤ 陈衍：《石遗室诗话》，《陈衍诗论合集》，第 48 页。

消夏社等具有诗社性质的结社，尚有很多。

满族是一个清代诗文创作日趋蓬勃的群体，清初到中叶尽管出现了诸多的文人家族，但并没有社团出现。直到近代，乃有诗人自觉结成诗社之举，前有女性诗社——秋红吟社，后有男性诗社——探骊诗社。这是文学达到兴盛阶段的产物，同时也说明，满族文学在近代推向了它的高峰。

一、秋红吟社

秋红吟社成立于道光十九年（1839），沈善宝在《名媛诗话》中云："己亥秋日，余与太清、屏山、云林、伯芳结秋红吟社。"[1] 它的成员来自大江南北，满汉皆有。其中提到的最初成立时的五人中，只有顾太清是满人。尽管只有顾太清，但她当时已经蛮有文名。沈善宝后来回忆说："予入都，晤于云林处，蒙其刮目倾心，遂订交焉。"[2] 看来，沈善宝对太清充满了敬佩之意。沈善宝于道光十七年（1837）入都，并认识太清。此时太清已年满三十八岁，如果从丙戌（1826）年算起，她的诗词创作业已有十多年了，而此时沈善宝则刚年满三十岁。仅从年龄上来说，也算是后辈了，所以是"蒙其刮目倾心"。尽管二人同是诗社中的台柱，但不难看出，太清对诗社的影响和贡献无疑是最大的，是诗社的灵魂。

除太清外，先后入社的满族女诗人尚有栋阿珍庄与其妹武庄、太清胞妹霞仙、富察华苓四人。除富察华苓外，她们都与太清有亲戚关系，也可以说是受到太清影响加入进来的。栋阿两姊妹是著名诗人铁保的女儿，而铁保福晋如亭夫人莹川也能诗善词，两女生于诗书之家，从小受到耳濡目染而且教导提携是很自然的事，事实也是如此，沈善宝说她俩"并能诗画"。可惜两人的诗集都没有流传下来。太清与珍庄是儿女亲家（太清五子载钊娶珍庄之女秀塘为妻）。富察华苓于道光二十年（1840）与太清相识，太清有《伏日雨后访富察蕊仙夫人华苓，留饮归来，夜已中矣，赋此致谢》二首，其一

---

① 沈善宝：《名媛诗话》，王英志主编《清代闺秀诗话丛刊》，第493页。
② 沈善宝：《名媛诗话》，王英志主编《清代闺秀诗话丛刊》，第479页。

云："初交仿佛旧相识，林下家风异俗流。"可知二人交往时间在诗社成立之后。《名媛诗话》卷八对富察氏有所记载："满洲富察棣楼华尊人甚风雅，性嗜吟咏。"① 胡文楷《历代妇女著作考》说她有诗集《矢音集》，惜未见。至于西林霞仙，也喜好吟咏，有《延青草阁诗草》。

诗社满族成员间没有血缘关系，但有亲戚关系，她们与汉族女性成员结成诗友，经常在节日或花期相约结伴出游，共题共咏，聚会饮酒，写诗作词。特别是顾太清，以自己的文名以及对文学的热情，聚集社中女性诗人吟诗唱和。《天游阁诗集》中有《社中课题》三则，当是社中较早吟咏之作。庚子（1840）四月八日太清同屏山、云林、湘佩、家霞仙游翠微山，同年伏日雨后访富察蕊仙，冬日季瑛招太清等人饮绿净山房赏菊，还有云林、云姜、湘佩、佩吉诸姊妹在座。壬寅（1842）上巳访栋阿武庄，该年谷雨日邀社中诸友集天游阁看海棠，作者皆有题咏。《名媛诗话》卷八记载，诗社成立之初，社中人同吟牵牛花，用《鹊桥仙》调。云林、湘佩皆有吟咏，太清结句云："枉将名字列天星，任尘世，相思不管。"以上所列太清之重要性不言而喻。

社中满族女诗人皆有佳作传世。由于除太清之外她们的诗集都难以找到，在此我们仅仅根据《名媛诗话》中所保留下来的诗句一探究竟。先看沈善宝眼中的太清："才气横溢，援笔立成。待人诚信，无骄矜习气"，"此后唱和，皆即席挥毫，不待铜钵声终，俱已脱稿。《天游阁诗集》中诸作，全以神行，绝不拘拘绳墨。"② 并援引《题画桃花》《中秋寄仲兄》《题桃园图》《自题梅花》《游山归答六女叔文》《雨后游净业湖》等诗加以印证。此外，还论及太清诗结句，认为最为峭拔，如《寒江》："最忆富春滩上客，一竿无恙老羊裘"；《秋柳》："难禁最是潇潇雨，冷到红兰第几桥。"③ 栋阿珍庄《咏寒砚》云："弄月吟风实未能，耐寒石砚亦为朋。寻题每喜留余墨，落笔犹嫌呵冻冰。窗外几曾烘暖日，案头常自伴青灯。笑余未尽磨穿刀，空负毛锥岁月增。"《寒林》云："响尽秋声景物移，阶前落叶几参差。严霜催

① 沈善宝：《名媛诗话》，王英志主编《清代闺秀诗话丛刊》，第492页。
② 沈善宝：《名媛诗话》，王英志主编《清代闺秀诗话丛刊》，第479页。
③ 沈善宝：《名媛诗话》，王英志主编《清代闺秀诗话丛刊》，第480页。

老林千处，冻雪凝成玉万枝。春信将临梅更觉，东风未到柳先知。空山生意何曾尽？松柏原为绝世姿。"诗风清新中有骨力。富察华萼《中秋感怀》云："山深迟见月，树老早知秋。"《读正始集》云："集裒匡九鼎，织锦具三襄。"七言如《叠韵》云："能消块垒千杯酒，可与周旋满院花。"《东郊访菊》云："花含冷露铺三径，人背斜阳立九秋。"皆清新婉约，丽句可喜。壬寅（1842）上巳后七日，顾太清邀同社中人赏海棠，霞仙是日未到，次日寄四诗至，"颇堪压倒元、白"①。其中二首云："山中风信尚迟迟，三月含苞缀满枝。闻说天游阁下树，业经开过看花时。""新题遥寄暮春天，姹紫嫣红剧可怜。为问社中诸姊妹，阿谁曾作海棠颠。"清新自然，余味无穷。

社中满族女性多是受到家庭影响而走上诗歌创作道路，她们大多属于贵族妇女，主要是宗室妇女，生活条件优越，诗词创作成为她们的风流韵事。她们以之写景抒情，在诗词里嵌进生命的轨迹。女性从闺内吟咏走向闺外结社，这是女性文学创作由个体走向群体活动的重要一步，标志着女性的主体意识觉醒，是中国古代女性创作进入了一个新阶段的注脚。她们通过诗社交游扩大了生活空间，开阔了视野，切磋提高了诗艺，更重要的是作为一个女性群体走出闺阁出现在满族文坛上，具有里程碑性的意义。

二、探骊诗社

"探骊诗社"又名"日下联吟社"，是由宝廷、宗韶、志润发起并为首的一个满族诗社，成立于1864年。关于成立时的背景和影响，志觐在《四松草堂诗略序》中云："当毅皇帝朝，大憝削平，四宇清晏，士大夫多暇日，辟吟社日下，总持风雅。宝竹坡廷、文仲恭悌、王芷亭道士暨先庆远兄迭为宾主，达官、词客、山人之以五七言鸣者，罔不集，集必十数人，人或三五艺，传抄遍京华。故先庆远兄有《日下联吟诗词集》之刻。呜呼哉，百年来鲜兹坛坫也。"②可见诗社当时成员复杂，规模和影响都较大。

---

① 沈善宝：《名媛诗话》，王英志主编《清代闺秀诗话丛刊》，第480页。
② 宗韶：《四松草堂诗略》志觐序，《清代诗文集汇编》第753册，第108页。

　　诗社成立之初成员并不多，但随着影响的逐步扩大，越来越多的人加入进来，数量相当可观。宝廷《和子美韵示芷亭伯时》诗中小注云："甲子，子美补兵部笔政，与伯时三人立'探骊诗社'，同社甚夥。今止余芷亭、镜寰数人。"甲子年，即公元 1864 年。作为诗社的主要当事人，宝廷在此注中既表明了三个主要发起人，也点明了诗社的成员数量，是一则很重要的史料。另外，杨钟羲在《雪桥诗话》卷十二之八〇条就主要成员也做了罗列，计有宗韶、宝廷、宝昌、延秀、钟祺、戬谷、德准、桂霖、果勒敏、文海、文辂、寿英、英瑞、志润、志觐、如格等十六人，并云："凡五十余人，有《日下联吟集》之刻，子美为之序。中有'穷愁衰老湮没无闻者，未尝不藉是集以传'。"① 惜并不全面，还有遐龄、启名、恒裕、音德纳、启名、豫丰、廷彦、荣光、载本、荣祺、文峻、佐善、贵荣、清揆、柏寿、文夔等。除了满族诗人外，尚有少数汉族诗人如荣光、孙广顺等。从成员构成角度来说，这是一个比较纯粹的满族诗社。

　　诗社前后编有两部诗集，初期为宜厚选择而刊刻的《日下联吟集》四卷（其中诗四卷，词一卷），收二十六人的诗作一百四十五首。诗人包括宝廷、志润、俞士彦、宗韶、文海、戬谷、李湘、启名、宝昌、延秀、德准、寿英、豫丰、遐龄、英瑞、文悌、廷彦、荣光、载本、荣祺、文峻、志觐、佑善、贵荣、孙广顺、道士王裕芬。② 后为志润编辑的《日下联吟诗词集》共八卷，刊于光绪五年（1879），收诗作一千余首，惜至今未见。但《续修四库全书总目提要》（稿本）对此做了交代：

　　　　宗韶字子美……尝与同好结诗社，唱酬赠答，历时十年。此《日下联吟集》者，即当日唱酬之集也。据自序谓光绪癸亥岁，与宝竹坡詹事、志白石太守结社联吟，招集名士上自公侯，下而布艺，凡五十余人，一时称盛。厥后白石出守通州，山川远隔；竹坡荐升侍读，补

① 杨钟羲：《雪桥诗话全编》，第 711 页。
② 震钧：《天咫偶闻》，第 56—57 页。

拾关心。予则落拓无俦，抗尘走俗，诗朋云散，雅事消亡。顾念囊时，茫如隔世云云。是则酬唱之始乃在光绪癸亥之岁，而唱酬者皆一时之俊彦也。厥后，昆明简南坪、铁岭冯云甫为选定诗词若干首，析为八卷，名曰《日下联吟集》。

这两本选集具有重要的史料价值，1. 两次编选人员数量确实可信，从中可以看出成员数量的变化，也即诗社在中后期有了很大的发展，由二十六人增加到五十余人，足以显示它的凝聚力。2. 诗社延续了十年之久，在当时的京师诗坛产生了一定影响，且成员分布广泛，各个阶层都有，显示了它的活力和朝气。只是后来诗社成员特别是主要成员如宝廷、志润等因官职升迁身不由己，导致诗社谢幕，烟消云散。需要指出的是，尽管前后成员数量有较大的变化，但是，骨干成员和基本成员没有变化，也就是说，成员的构成成分仍然一如成立之初，主要是由下级官吏和布衣组成，是一个中青年下层文人团体。这一点，可在宜厚编纂序言中找到答案：

> 太上立德、立功，其次立言。吾侪不得志，不能献可替否，致君泽民。不得已发为歌诗，虽不足以当立言之事，然亦未必非立言之一端也。或陶写性情，以抒抑郁；或有所寄托，以备采风。要之不失风人之旨，即可当立言之事。扬雄谓："雕虫小技，壮夫不为"，吾以其言不可信也。友人宗子美，与余为总角交。其人倜傥有奇志，后侍宦入蜀。泊岁癸亥始归京师，复纳资为戎部吏。居恒郁郁，约同志廿余人，率皆当时俊彦，结社联吟。越二年，积成巨帙，请人选定，手录若干卷。余适过其斋，披览竟日，爱不释手。乃携归捐资，矫命以付剞劂。嗟乎！使诸君生于百余年前，得遇阮亭、归愚二尚书者，则此诗久已不胫走矣。又何待余为之刻耶？厚也无才，人贱言轻。必有谓我阿其所好者，亦不暇顾也。刻既成，爰志数语，以为之叙。①

---

① 震钧：《天咫偶闻》，第 57 页。

从序中所云可知，他们多数尚处于"不得志"状态，无功名利禄，更谈不上致君尧舜、民胞物与的抱负，只求抒写性情，有所寄托，所作诗歌要不失风人之旨。据董文成先生统计，结社之初，许多诗人十分年轻，如宝廷二十四岁，宗韶二十岁，两人还都是应举之士。年龄稍大一点的有音德纳（四十岁）、遐龄（三十七岁）。很多人初入仕途，做笔帖式之类的最下级官吏。他们有大致相同的身份、地位和命运，多为怀才不遇的小吏，备受排挤，生活贫困，其心游离于官场、权术之外，找不到新的生活道路，只能沉酣于山水文学之乐。① 也许只有在意气风发的年龄，才有激情豪迈之举；只有在沉积下僚、不得其志之时，才借助于诗歌抒发愤懑、寄托向往。难怪宝廷在其四十五岁丢官归隐之后作《和子美韵示芷亭伯时》一诗，回忆诗社联吟之事情不能自已："当年君始分戎曹，探骊社开联雅交。满城诗酒尽名士，廿载回首嗟寂寥。晨星零落剩我辈，莫叹霜雪添鬓毛。儒道仕隐纵异辙，落花一样随风飘。长生不朽两难望，诗坛树帜姑解嘲。古今传人亦有命，苦吟争胜心先劳。古人代哭聊长歌，其如世事堪哭多。中原人物有几许，大地四面张网罗，不死不醉将奈何？"诗歌将二十年前之雅集和二十年后之寥落两相对比，感慨万千，憧憬往日的辉煌和交游，叹息今日的寂寥与无奈，不胜今昔之感！

　　诗友之间，饮酒联吟，对他们来说是一大快事。他们不拘一格，或三五诗友选胜探幽，联句畅饮，或十余社人相互酬唱，切磋诗艺，不一而足。如 1868 年宗韶招集于陶然亭饯秋，招志润、志觐兄弟、宝廷、文夔、文海、俞士彦、遐龄、戬谷、柏寿、德准、音德纳等人分韵赋诗。1874 年宗韶两次招同人游昆明湖。1880 年 6 月 12 日宗韶同宝廷等人游灵光寺次韵唱和。该日又与宝廷在灵光寺老松树下联句。1880 年以后宗韶同宝廷等人联句开始增多，如 1880 年 4 月 8 日同宝廷饮酒联句。再如《偶斋诗草》中所记录的集会唱和主要有：1867 年上巳前五日宝廷偕音德纳、文海探杏慈寿寺相互题壁作诗。1875 年因送行夏涤庵归富阳宝廷与文海、志润、宗韶

---

① 见董文成《清代满族文学史论》，中国文联出版社 2000 年版，第 215、217 页。

等七人于端阳后一日集昆明湖饮酒酬唱。直到 1883 年宝廷仍与同社诸君子在净业湖酒楼赏荷赋诗。应该说，该诗社的团体活动非常频繁，特别是以宝廷、宗韶为核心的诗人招集活动次数最多，开展了多种多样的社团活动，提高了成员间的诗歌艺术，起到了团结凝聚诗社成员的作用，使之成为一个组织性很强的文学团体。

诗社产生了一大批诗人，不少成员后来闻名满族诗坛甚至近代诗坛，如宝廷、宗韶、志润等。寿富等为宝廷编撰的《先考侍郎公年谱》中评云："诗以公（宝廷——作者注）压卷；词以伯时（志润——作者注）先生压卷，公次之。"① 是时人对于诗社成员诗词成就的一般看法。其实，除了他们之外，其余成员也都各具特色，很多人都有诗集流传后世，如文海有《境寰诗草》，启明有《写意集》，文悌有《绿杉野屋诗词钞》，英瑞有《未味斋诗集》，廷彦有《饮芳斋诗草》，等等。就连编辑者宜厚也"生有隽才，寄怀山水，性复好事。风雅丛中，时出奇致"② 。诗社延续时间长达二十余年，遐龄在其《送别诗》中还记载了 1884 年的一次诗友小集，足见诗社的聚合作用之大。

随着探骊诗社成员的四散消失，宝廷等人于光绪九年（1883）又结消寒社，十年（1884）结消夏社，但都规模不大，且具有随意性。这两个小诗社都是宝廷在罢职之后组织的。宝廷《同白石宿芷亭观中偶成》其一诗云："酒醉喜不眠，挑灯话老屋。今夕同故人，来就故人宿。忆昔我与君，诗酒相徵逐。我少君正壮，豪迈越流俗。君今忽白首，人生老何速。今及俱未死，骚坛幸重续。连床夜说诗，居然成鼎足。莫视事寻常，难得即为福。"诗后小记云："癸亥甲子间，与芷、白诸君结'探骊诗社'，同人廿余。今年复结'消夏诗社'，故人存者不过数人矣。"③ 可知诗社主要成员仍是探骊诗社的几个骨干，如志润、王芷亭等人。诗歌追忆了探骊诗社，充满了岁月悲伤与感慨，也表示成立"消夏诗社"是重整骚坛意愿的接续。寿富等《先考侍郎公年谱》亦记云："公自是岁（1883 年——作者注）罢职，日偕故人及

---

① 宝廷：《偶斋诗草》附录 4，第 992 页。

② 震钧：《天咫偶闻》，第 56 页。

③ 宝廷：《偶斋诗草》，第 324 页。

门生弟子，春秋佳日，携酒临眺。樵夫牧竖，久之皆相识，不知公之曾为卿贰也。自是岁结消寒社，明岁又结消夏社，公为之评定甲乙，指示诗法。"①此外，宝廷有《仲春望后三日消寒九集是日九尽》叙诗社云："消寒结社人无几，始终得人七而已。其人虽少人各殊，酒客诗豪萃于是。孝廉太守又将军，废宦穷儒兼道士。光阴剧速况诗催，转眴梅花红满纸。消寒结局届今朝，九九雅集自兹弭。萧斋分咏书拈题，薄暮诗成饮燕市。莫嗤雅俗太不伦，酒债寻常任人訾。灯前把酒默不欢，勉强酢酬倦且息。人少多达老转痴，老朋友胜少昆弟。愿见故人复怯见，每见悲感杂欢喜。余生聚处知几年，况复远别将万里。探骊旧伴十九散，兹会剩我三人耳。今年消寒纵有会，朔南分吟嗟彼此。后会应订十年期，我年最少六旬抵。神仙延龄应可候，我纵苟活亦饿死。人喜今日佳会终，我道散场今日始。却羡同席年少人，酒入红颜溢丰采。吁嗟乎！人生行乐人须生，乐远死近不相待。九泉滴酒骨不知，鲍家谁见诗吟鬼。及今别期宽数旬，余寒消尽韶华美。治装得暇且频醉，欢会有恨欢增倍。当前有乐莫错过，别后追思空自悔。"从诗中可知，消寒诗社始终保持在七人，成员身份各异，既有官员、将军，也有穷儒道士。他们同样在春朝夏暑之时聚会宴饮，拈题赋诗，及一时之快。

近代的两个满族诗社团结了一批满族诗歌爱好者，开展了丰富多彩的诗歌酬唱、联句活动，扩大了满族诗坛的声望，特别是培育了一批年轻诗人，锻炼了青年诗人的创作才能，为繁荣近代满族诗坛创造了一定基础。

第四节　皇族宗室诗歌的闲情逸致

文学的愉悦功能在学界一向备受轻视，近年来才开始受到关注。其实，文学的审美性恰恰是无功利的，是文人雅趣的表现，其本质则是闲情逸致。关于"闲情逸致"，著名学者李春青给予了剖析："士大夫阶层骨子里是政治

---

① 宝廷：《偶斋诗草》附录4，第1012页。

性的，他们有一种与生俱来的使命感，认为自己对天下苍生、社稷安危负有责任，而'闲情逸致'正是针对这种使命感而产生的一种疏离化的'情感倾向'。具体言之，'闲情逸致'是针对现实社会政治或与之相关的功名利禄而言的。'闲'是指在现实政治或功名利禄之外的余闲，'逸'是指对现实政治或功名利禄之超越。简言之，脱离了现实政治与功名利禄羁绊的兴趣与情致便是'闲情逸致'。"①

淡泊功名、回避政治，不仅是部分满族作家一种人生态度，也是他们文学表达的主题。关于该方面的内容，业内学者早有发现并予以揭示，如张菊玲在《清代满族作家文学概论》第六章"满族文人的人生价值观"中分两部分加以论述②，邓伟先生主编的《满族文学史》中在论及部分诗人诗作的思想倾向时也多处涉及。③ 但是，有关该类主题的具体表现方式还缺乏详细揭示，特别是针对清宗室诗人更是鲜有专论予以关注。上述"近代皇族宗室成员创作概述"部分已见端倪，但远远称不上细致，故在此特设专节对整个清代（包括近代）④皇族宗室诗歌的闲情逸致特征作一详细探讨。

一、皇族宗室诗歌闲情逸致形成的历史背景

清军入关后，作为一个马背上的民族，一个几乎处于文化沙漠中的少数民族，面对着的是一个历经几千年文化积淀的典章制度、文学艺术高度成熟的文化形态。要实现有效的统治，必须以学习者的姿态尽快实现文化转型，提高八旗文化素质。基于此，在满族统治阶级倡导下，尊孔重儒，发展文化教育，由尚武风气向尚文风气转变。在研治经史之余，涵濡教化，陶咏文章，采用汉语文学的形式进行写作。最先引领风气的是宗室成员，所谓

① 李春青：《闲情逸致：古代文人趣味的基本特征及其文化政治意蕴》，《江海学刊》2013 年第 5 期。
② 张菊玲：《清代满族作家文学概论》，中央民族学院出版社 1990 年版，第 71—83 页。
③ 邓伟主编：《满族文学史》，辽宁大学出版社 2012 年版。
④ 该部分撰写因考虑到清代前中期和近代皇族宗室诗歌具有闲情逸致特征的一致性而突破了近代范畴，故将近代和清代前中期皇族宗室诗人诗歌此特征一并加以探讨，以见此特征在整个清代该群体中的完整性。

"国朝自入关后，日尚儒雅，天潢世胄无不操觚从事"①。他们承续汉民族吟诗作画的悠久传统，以诗言志抒怀，奏响了演绎风雅的辉煌乐章。

清宗室作家所取得的文学成就有目共睹，从开国初期的高塞到顺康年间的岳端、博尔都、塞尔赫、文昭，以及康熙诸皇子，到康熙中叶，宗室文学就出现了繁盛的局面，成为满族文学的领军力量，其势头直至清后期长盛不衰。在恩华所辑录的《八旗艺文编目》中共收宗室作家八十九位，作品一百二十五种，这还仅仅是一个大体的数字，因为有的宗室作家的作品无刻本行世，有的则早已失传，"以蔚为大观来形容清代满族宗室文学，可以说毫不过分"②。究其原因，除了优越的政治地位结交汉族高层文士，与他们诗酒酬唱、切磋诗文技艺等文学活动之外，多数宗室成员承袭爵位而没有实职，这使他们有充裕的经济条件和精力从事文学创作。昭梿在《啸亭杂录》中说："国家厚待宗室，岁费数百万，凡宗室婚丧，皆有营恤，故涵养得宜。自王公至闲散宗室，文人代出……近日科目复盛，凡温饱之家，莫不延师接友，则文学固宜其骎骎然盛也。"③

按理说，宗室是清代国家统治的支柱，是皇权的辅佐和最重要的依靠力量，应当充满积极向上、有所作为的进取精神，但从清初到清末，发达的清宗室文学很少体现出建功立业、为国分忧的品格，倒是衍生出一派休闲文学的模样，极少染指对政事的关切、民生的关怀，倒多是园囿庭院的流连、诗文书画的题咏以及个人意趣的吟唱，似乎高高在上，游离于军国大事之外。究其原因，乃是清廷政策所致。

清代作为中国历史上的集权王朝，为了不使皇权旁落，汲取前代治国理政的经验和清皇室斗争的教训，杜绝后戚、宦官以及宗亲干政的局面再次发生，采取了种种防范措施，其中之一就是对宗室势力的抑制，历代帝王将宗室亲贵排斥在政权机构之外。"雍正帝竭力压抑亲贵势力，乾隆继位时，皇权处在更加有利的地位上，亲贵们只能俯首就范，故新皇帝毅然决定

① 昭梿：《啸亭杂录·续录》，第224页。
② 张佳生：《独入佳境：满族宗室文学》，辽宁人民出版社1997年版，第5页。
③ 昭梿：《啸亭杂录·续录》，第25页。

根绝宗室预政之弊……从此形成了亲王宗室不入军机处的制度，相沿一百数十年未变，故清代前期，王公旗主拥有很大权力，引起多次政争，其后王公势力渐衰。至乾隆即位，局面全变，贵族离开中枢政权机构。乾嘉道咸四朝，大权由皇帝独揽，贵族王公不得干政"①。经过历代帝王特别是雍乾两代的强权干预，王公宗室、天潢贵胄受到沉重打击，而严厉的惩戒，使他们"往往不知什么时候祸从天降，怀着惴惴不安的恐惧心理，社会和官场弥漫着紧张气氛和不满情绪"②，轻则革除官职爵位，重则丢掉性命，这使他们小心翼翼，将政治权力视为畏途，不敢越雷池一步。昭梿在《啸亭杂录》中历数被革职甚至被处死的宗室辅臣："本朝定制，宗子无爵者，与八旗世臣同授朝职，然为辅臣殊不利。康熙初，忠懿公塔拜子班穆布尔善尝拜东阁大学士，以鳌拜党诛。觉罗勒德洪拜武英殿大学士，后以事罢斥。觉罗吉庆以粤督有廉名，授参政，以永安州兵事失机褫职，公自吞烟具死。宗室琳宁继之，以失察书吏事，降官致仕。宗室禄康拜东阁大学士，初以失察舆夫博降都统，复以失察曹伦谋逆事，遣置盛京，皆不终其位。盖以天潢骄纵，易以致咎，故卒无继李泝国、赵忠靖之相业者。"③就宗室诗人而言，也屡遭贬斥，多灾多难。岳端，号红兰主人，因遭牵连被黜革贝子爵位，正值盛年抑郁而死。弘旿，乾隆三十九年（1774）晋封贝子，后因过削爵，自署瑶华道人。昭梿，嘉庆十年（1805）袭礼亲王爵，二十年（1815）十一月，以凌辱大臣，滥用非刑，夺爵圈禁。永忠（1735—1793），因祖父允禵是雍正帝继位前的政敌，胤禛登极后对其进行政治打压和人身囚禁，永忠出生后也成为"钦犯"之孙，自幼战战兢兢，在政治上不敢越雷池一步，深恐招来杀身之祸，只得把精力投身于经史子集、琴棋书画之中，与永奎、书诚、敦诚、敦敏等人游山玩水、诗酒往还，以书籍怡情悦志。敦诚、敦敏两兄弟，因受五世祖阿济格犯罪赐死与其父瑚玢被革职的影响，一生沉积下僚，不得其志，以病告退。没有被削爵的宗室也保持一颗淡薄之心，自称"道人""居士"。

---

① 戴逸：《乾隆帝及其时代》，中国人民大学出版社2008年版，第112页。

② 戴逸：《乾隆帝及其时代》，第92页。

③ 昭梿：《啸亭杂录·续录》，第24页。

高塞，太宗六子，年轻时就喜禅慕道，过着超尘出世的生活，性淡泊，一生与世无争，号"敬一道人"。即使仕途较为平顺的康熙皇二十一子慎靖郡王允禧，为避免卷入斗争旋涡罹祸，将自己幽居起来，自号"紫琼道人"。这样的例子颇多。面对险恶的政治环境，为了全身，选择了要么清净无为，明哲保身；要么隐居山林，与鹤为武。他们鲜问功名利禄，将荣辱置之度外，或以养鱼架鸟、耕耘种蔬为务，或沉溺于诗书琴画之中，或乐与僧道野老为伍，在清心寡欲的恬淡生活之中，成为上流社会中的"富贵闲人"。既不参与政事，也不谈论与政治有关的问题，对是非荣辱更是三缄其口。"他们深知官场中风涛难测，往往采取逃避态度，于是将大部分精力消耗在锦衣玉食、游山玩水、诗酒唱和、写字绘画的生活中"①。敦诚曾言："居闲之乐，无逾于友。友集之乐，是在于谈。谈言之乐，各有别也。奇谐雄辩，逸趣横生，经史书文，供我挥霍，是谓谈之上乘。衔杯话旧，击钵分笺，兴致亦豪，雅言间出，是谓谈之中乘。论议政令，臧否人物，是谓谈之下乘。至于叹羡没交涉之荣辱，分诉极无味之是非，斯又最下一乘也。如此不如无谈，且不如无集，并不如无友之为愈也。"②皇子们也都在政事之余以诗萧散、写诗娱乐，把诗歌作为娱心遣兴的工具，这就形成了宗室诗歌中一股以表达淡泊荣辱与闲情逸致的潮流。凡被传统文人看重的时政、治国、民瘼、言志、咏怀等题材，似乎与他们很少结缘，也少入他们的法眼，倒是题赠、唱和、饮酒、即景、咏物、送别甚至消寒、消夏成为他们诗歌的主调。"他们在建功立业或治国平天下之外开辟了另一个可以实现自身价值的精神空间，他们常常驻足其中，享受高层次精神生活的陶冶，孕育出一种在专制社会中极为难能可贵的独立意识与生命体验"③。叶志诜为弘旿《石琴室稿序》云：此作是"品诗题画辨伪存真之著也。登山观海，智乐仁寿之符也；理园渠，聊寄耘锄之侣；接宾朋，亦述壶矢之乐；春光秋月时，即景以抒怀；早叶新花，

① 刘小萌：《爱新觉罗家族史》，第133页。
② 敦诚：《四松堂集》，《清代诗文集汇编》第383册，第67页。
③ 李春青：《闲情逸致：古代文人趣味的基本特征及其文化政治意蕴》，《江海学刊》2013年第5期。

每流连而写状。"① 作诗不是为了功利目的，而是消遣，诚如文昭《自题诗集后》所云："雕虫深愧壮夫为，呕出心肝也不辞。苦欲昌诗甚无谓，为人徒自作容姿。"② 与世无争、悠闲自适的生活，赋予他们颐养情志的心态。如文昭《自咏一首》云："万事吾云足，心安乐圣明。十年咀道味，半世负诗名。业赖遗留厚，身因族姓荣。旁人相信浅，尽道养高情。"《玉生弃官居田作诗美之》亦云："少年能作达，无事肯遗荣。爱酒还终日，吟诗过此生。功名聊染指，稼穑独关情。应被时流笑，多君不与争。"正是这样的心态，形成了他们诗歌的闲情逸致，这既是皇族宗室诗人的主题表达，也是他们的人生表达。

二、皇族宗室诗歌闲情逸致的表现形态

大凡有文学成就的宗室诗人，十之八九都不得其志，在现实生活中遭受打击，甚至被削爵，精神苦闷，迫不得已与志同道合者游山玩水、诗酒酬酢，盘桓于名山古刹之间，探幽寻胜；或是在野田沟壑中长啸；或是与道人和尚相往还，参禅论道；或是隐于闹市，"独抱琴一张，闲饮酒两卮。鸡犬何闲闲，妻孥何熙熙。无虑复无营，即此良自怡"（《夏日园居杂兴》其一）③，过着夫妻和睦、无复虑营、悠然自在的生活。尽管还没有完全泯灭心中的俗念，可面对前景昏暗的人间仕途，早已不再奢求，而是转向隐者的生活方式，以求全其性命、潇洒其志意，在无所欲求中安分余生。诗作多产的诗人中此类诗占有相当比例，少产者也多属此类，如弘晋有《钦训堂文存》二卷，其中存有诗作仅二十首，几乎所有的诗都是闲情诗。可见闲情逸致的主题表达并非个类，而成为一种独特的形态。在清代数量众多的诗人群体中，尽管汉族诗歌与八旗诗歌中也有诸多同类诗作纷呈迭现，但都不足以某一族类之典型视之，唯有宗室诗人此类诗呈现出鲜明的群体性和集约化。仔细梳理皇族宗室诗人该类诗歌，大致表现为如下几方面：

---

① 弘瞻：《石琴室稿》，《清代诗文集汇编》第332册，第1页。
② 文昭：《紫幢轩诗》，《清代诗文集汇编》第246册，第428页。
③ 允禧：《紫琼岩诗抄》，《清代诗文集丛编》第317册，第500—501页。

（一）山水景物诗。除随扈出关或当差外地，清廷对宗室成员要求十分严格，不允许步出京畿，这极大地限制了他们的自由，使他们的活动范围局限于京城，因而山水景物诗主要涉及京城的花池园林和京西诸胜，对此，宗室诗人多有所抱怨，如文昭《古瓶集》自序中云："以余闻古之能诗而工者，盖未有不出于游。李杜韩苏诸公其大较矣。余才不逮古人，而志窃向往。重以典令于宗室，非奉命不得出京邑。故间有所游，不过郊坰而外，乘一艑艓，尽日辄返。夫所谓高山大谷、浦云江树之属，举足助夫流连咏叹者，而顾未尝一寓于目。诗之不工抑又何尤耶？"① 将诗之不工、未能取得重大成就归因于天地的狭小，此言概括了个中因由。尽管存在如此局限，皇族宗室诗人的景物诗仍然写得自然晓畅、笔有灵性，其中也不乏广受揄扬的典范之作，如宗室宝廷的西山诗。但是，宗室诗人仍然在很大程度上将游山玩水作为生活的消遣和赏玩，而不是由衷赞叹自然之美，如允礼《春光明媚，人意清闲，因泛舟游三义口有感》："一塘春溜动微波，正可乘舟叩棹歌。去岁风光依旧在，此身闲逸比前多。锦凫戏水翻新藻，翠鸟翔林识旧柯。落照西山春意老，良辰未许漫蹉跎。"因而，纪晓岚序敦诚《四松堂集》中云："虽平生足迹不出京圻，未能周游海岳……游览未广，而一邱一壑、一觞一咏随在怡然而自得。"②

这类诗往往借助对外物的吟咏来表达自己悠闲自适的心境，自得其乐，或者表达自己的静心澄怀。如恒仁《东便门外观荷二首》其一云："路傍芙蓉池，花似御河裏。君欲觅源头，试问城中水。"其二云："翠盖倚红妆，行客不知赏。颇闻好事人，载酒夜深往。"诗写日常生活中的普通之举和常见之物，富于情思，表达了作者的闲适之趣。即使是旅游，也是游玩。再如《叔父游百花山归，次韵纪游诗三首》其一云："归自山中才五日，飘然又作入山人。随时行乐谁能似，十二年来自在身。"③ 游山不为观景，只为"行乐"，作逍遥之游。其他两首尽管有摹景之态，但从所吟咏的意象来看，无

---

① 文昭：《紫幢轩诗》，《清代诗文集汇编》第 246 册，第 368 页。
② 敦诚：《四松堂集》，《清代诗文集汇编》第 383 册，第 1 页。
③ 敦诚：《四松堂集》，《清代诗文集汇编》第 333 册，第 233 页。

非野村古寺，柳荫蝉噪，风斜花开，浸透着诗人胸臆的萧散、心境的闲舒，如其二其三，风格轻快自然，仿佛作者身已离开，心还盘桓在那里。

有些诗即使记景也不是工笔描绘，而是以闲淡之笔出之。恒仁《玉泉禅院》云："道人种松罢，傍水开禅关。春风吹不到，白云相与闲。偶寻林外约，引我过前山。依仗看奇石，徘徊殊未还。"诗写道人种植松树及徜徉禅院周边林石之景，含蓄淡远，富有禅意。浙江仁和沈廷芳为志其墓，称其诗"清微朴老，克具古人风格。盖由其萧散恬适，故语，多澄澹也"①。正是由于其"萧散恬适"的生活状态，才导致其"澄澹"之诗风。且看他的《我有平生好》古诗二首，自言平生所好无非是山水林泉，希冀远离尘世，摆脱烦恼，清静闲适。永奎也受到并喜爱道家思想，对陶潜也很钦羡，明言"深羡达人陶居士"（《狂歌行》）。他的诗集中有一部分表现避世思想的作品。因而，他的景物诗也平淡闲远，如《赋得夕照空林影》云："万树叶皆脱，斜阳一片明。西风吹旷野，远水映孤城。旅雁悲秋色，归鸦带晚晴。柴门闲伫立，江上暮云横。"诗境虽惨淡悲凉，但诗情淡泊高远。再如书诚《灌读草堂夏夜》云："竹院初过雨，无风气自凉。虫声疑在野，月色忽周堂。境静由神会，心闲与物忘。数杯微醉后，清露洒衣裳。"他年四十即托病去官，将府邸名为"灌读草堂"，在院中余隙之地汲井种菜，又在去京城南郭外十里之地置别业曰"小江南"，终年盘桓在两地，其诗屡屡以两地为题加以吟咏。尝自制竹叶酒，名曰"颐志春"或"潇洒春"，与永奎以菊叶自制的"彭泽春"齐名。此诗即写在"灌读草堂"夏夜纳凉饮酒的情景，凉爽幽静的夏夜"灌读草堂"与外界隔绝，自成一体，远离了尘世的喧嚣。面对此情此景，诗人处于闲静忘坐的精神状态，禁不住小酒数杯，安享这份难得的闲适时光。

（二）题画诗。宗室文人都是自幼就受过良好教育，能诗善画，书画琴棋样样精通，兼具多种艺术才能，具有高超的艺术修养。他们闲暇时游弋文苑，或半生与艺苑为武，徜徉在诗艺生活之中。甚至诞生了不少书画名家，

---

① 铁保辑：《熙朝雅颂集》，第 262 页。

如康熙第二十一子允禧兼善诗、书、画，被王士稹称为"三绝之才"，名扬一时。乾隆六子永瑢是著名的画家，所绘《长江帆影图》为传世之作。十一子永瑆书法名擅一时，其《饴晋斋帖》为翰林所效法，与铁保、翁方刚、刘墉并称为清代四大书法家。王载铨《饴晋斋集序》云："王之书法远追晋唐，名播海内。才兼文武，为国屏翰，尤非后生晚辈敢妄参一语。"① 麟魁说他："每于扈从之余，退居之暇，俊民满席，吮墨掂笺，一时名公巨卿莫不退避三舍。"② 其诗中题画诗也特别多。尽管清代汉族诗人诗作中也有数量不菲的题画诗，但无如宗室诗人的题画诗、咏琴诗涌现的如此之多，这说明他们不仅将该类诗作为文人交往的必要工具，还将它们作为寄志于艺、消遣娱乐的对象。如允礼《静夜思》其一云："静夜秋风爽，披襟意有余。成名岂我事，探觅在琴书。"在琴书的玩味中，将功名置之度外。此外，他们还往往将题画诗有意作成大型组诗，颇有寄情于艺的深长意味。如《玉池生稿》中除了多首题画诗外，尚有一组专题诗，名曰《题画绝句》③，数量庞大，共有诗作八十二首，画作包括菊、牡丹、梅、荷、芭蕉、榴、杏等几十幅，每种画作吟咏也一至八首不等。允礼有《题画十六绝句》《题画绝句二十九首》④，奕誌有《梅花二十六称图册》⑤，允禧有《题周山怡画十二幅》⑥ 等，永瑆《题香松主人画屏八幅》分咏牡丹、萱草、红莲、石榴、葡萄、黄菊、红梅、芭蕉八种花草果品。他们不仅为他人题画，也为自己的画作题咏，如永瑆有《自题画双钩兰》《自题扇上画兰》⑦ 等，裕瑞《草檐即山集》中有《自题画竹册十二景》⑧，后者分别对所画春竹、夏竹、秋竹、冬竹、云竹、烟竹、月竹、

① 永瑆：《饴晋斋集》，《清代诗文集汇编》第 432 册，第 1 页。
② 永瑆：《饴晋斋集》，《清代诗文集汇编》第 432 册，第 2 页。
③ 岳端：《玉池生稿》，天津古籍出版社 1990 年版，第 83—91 页。
④ 允礼：《静远斋诗集》，《清代诗文集汇编》第 283 册，第 713—714 页；《春和堂诗集》，《清代诗文集汇编》第 283 册，第 764—766 页。
⑤ 奕誌：《乐循理斋诗稿》，《清代诗文集汇编》第 703 册，第 455—458 页。
⑥ 允禧：《紫琼岩诗抄》，《清代诗文集汇编》第 317 册，第 520—521 页。
⑦ 永瑆：《益斋诗稿》，《清代诗文集汇编》第 339 册，第 205 页、第 183 页。
⑧ 裕瑞：《草檐即山集》，《清代诗文集汇编》第 500 册，第 396—398 页。

露竹、风竹、雨竹、晴竹、雪竹分别进行了题诗，可谓不厌其烦。这些题画诗所体现出来的是别有一番闲情逸致的风雅。

题画诗就其对象而言，也以山水、花鸟、虫鱼为题写对象，绝少人物、风俗画，因为这些题材一般只能表现作者的闲情逸致，不能臧否人物，因而与个人的政治态度、政治观点也就毫无牵连。"从诗人的主观原因看，儒家一向主张颐养心性……诗人画家往往以赏画来陶养性情。又因题画多是达人退朝闲暇时之所为，疲惫的身心急待放松，于是便借题画、咏画来愉悦心情"①，与汉诗一样，多是梅、兰、竹、菊、荷之类。其次是贵族庭院中常见的木本植物，如牡丹、芭蕉、石榴、桃、杏等，说明其对汉文化的接受已达到很高的水准，具有与汉族文人同样的风雅之趣。有学者指出："文字书写与琴棋书画等艺术形式均有可能成为文人'闲情逸致'的呈现方式"，这些艺术方式是文人"为疏离于政治生活的陶情冶性之方式"。② 当然，也有纯粹玩赏之作，不尽是为了陶冶性情，如恩华《裕斋主人遗蔼亭兄三诗长画无事因和之》一诗，则以夸张戏谑的口吻分咏鸦阵、蜂阵、蚁阵三画，读来不免令人捧腹。

通常的题画诗，一般称颂画者技艺的高超，宗室诗人除此之外，主要体现的是怡情悦性的功能。他们赞美画中之景，看重的是画面本身的审美情趣，能起到赏心悦目的效果。如瑞郡王奕誌《五叔父命题东园客花卉册》分咏玉兰、桃花、牡丹等十二种画作，《玉兰》突出"一枝开木笔，咄咄写琼姿"玉兰花的倩影，《桃花》则显示桃花"带露晓风前，嫣然笑崔护"在早春晨曦中傲然绽放的姿态。这些题诗确实能令人产生意在画外的审美效果。

当然，为了抒发自己的闲情逸致，体现自我的萧散意趣，他们往往轻形重意，因而有些题画诗重在寄意。诗人的闲适之情来自画中景物，在描述画中之景后，往往抒发诗人的主观感受。允禧《题秋林高隐图》在描绘一派深秋隐士生活环境图景之后，诗以"矫矫烟霞表，人间路莫通"作结，这既

---

① 刘继才：《论宋代题画诗词勃兴的原因及其特征》，《沈阳师范大学学报》2008 年第 1 期。
② 李青春：《闲情逸致：古代文人趣味的基本特征及其文化政治意蕴》，《江海学刊》2013 年第 5 期。

是对隐士生活的感悟，也是对自己生活的慨叹。敦诚《题残荷飞鹭图》云：
"贴水披风乱叶纷，也曾红艳照江云。自知干若难胜柱，甘与烟波鸥鹭群。"
借题残荷抒发一己之情怀，慨叹自己不幸的身世。永瑢《题宋人江渚晚秋
图》诗尾同样如此："卧看东山新月上，不知身世两悠悠。"

（三）唱和赠答诗。除了诗人感物而作之外，诗人间的交往方式很多，
其中一种就是以文会友，即酬和赠答。自从中唐元、白开启以诗交往唱和之
风，历朝绵延不绝，特别是对于生活在承平之世的诗人来说，以诗唱和成为
他们联络感情、展示才学的重要形式，彼此间虽有相互答谢、交流成分，同
时也有娱乐游戏的因子，不完全讲究实用，因而也就在现实价值之外具有了
消闲之用，这是文人间特有的一种交流方式。清宗室诗人不乏才情，又衣食
丰裕，无须为生活所迫，在闲逸悠然的生活环境中，三五同好，你来我往，
聚则诗酒唱和，散则次韵赠答，潇洒自如。诗歌既是他们抒情达意的工具，
也是他们精神消费的形式。

宗室诗人特别是皇子和宗室近支都有自己的园邸，这些府邸环境优美，
是文人们啸聚唱和的理想之所。此外，西山诸胜和京师的园林湖水亭台也是
他们消闲游宴的好去处。永瑢于乙未年（1715）写了《奉和四兄七夕前三日
招集怡园，叠蒨作随园落成元韵六首》，声称"悬知昨夜楼头雨，定欲催成
叠韵诗"（其一），甲辰年（1724）作《重九前二日至法源寺看菊，以菊花须
插满头归七字拈韵分体得花字七律二首》。弘晓于乙丑年（1745）六月某日
与十余位好友相聚唱和，并写了《湖上圆灵水镜亭雨中小饮，有忆学庭六姨
丈、药园四兄、崔亭二表兄、青崖法天雪亭三上人、张仲时、范芃野、张
玉平、陈耕烟、王季白诸子，成七古三十韵柬寄索和》，己未年（1739）作
《六月二十八日邀林、沈二师从怡仁堂前登舟游，别一洞天至快志堂看竹，
登平台望西山，复至宜春苑，坐延绿楼，晚上迎秀阁纳凉，赋诗和韵四章》
等。这些诗会构成了诗人生活的一部分，以文字为"游戏"，表现他们生活
中闲情的一面，同时也具有诗意的一面，是社会中居于高雅文化层次的一部
分文人的趣味，与整日无所事事、提笼架鸟、狎妓嫖赌毫无文化趣味的纨绔
子弟形成了完全不同的精神生态。

　　诗人往来的另一种常见方式是在不同的时空里以诗相互唱和赠答，互通情谊，甚至舞文弄墨，做文字切磋。其实，唱和诗并不容易作。施闰章在《蠖斋诗话》中借别人之口说明酬和诗作之难，并云老杜和王维、岑参诗皆逊于原作。① 永瑆诗友很多，《益斋诗稿》中此类诗占有相当比重。他与蔡仲白交厚，诗稿中多有与其唱和、次韵之作，如卷一有《七夕次蔡仲白韵》《次韵仲白病中杂咏》，卷三有《再叠前韵以答仲白》《次韵仲白中秋玩月》，卷四有《得仲白九日见怀之作即次来韵奉答》等。其中《次韵仲白中秋玩月》云："流年过眼比云烟，又到中秋月正圆。皓魄方升沧海底，清光已印画檐前。露浓渐觉银河转，云敛浑如翠幔悬。今岁冰轮尤皎洁，才人应爱夜迟眠。"颔联、颈联对仗之工整，体物用语之精巧，令人敬服。又永瑆与卯君老人是忘年交，他的诗集中有多篇次韵诗，仅卷二就有《卯君诗老以素菊居诗见赠叠前韵谢之》《赠卯君诗老》《卯君诗老近以舍馆未定触绪兴感爰叠前韵以广其意》《迟卯君诗老夜话仍叠客冬唱和韵》。其中《卯君诗老以素菊居诗见赠叠前韵谢之》云："都忘红日影三竿，惯坐南窗过岁寒。偶学陶公吟淡菊，敢希谢傅盼芳兰。一枝伴我眠差稳，斗室愁君寝不安。多荷情深还赠句，新诗读罢有余欢。"再如《卯君诗老近以舍馆未定触绪兴感爰叠前韵以广其意》其一云："老来还怕负光阴，辛苦骚坛鉴别深。自愧哦诗顽似石，问谁守道直如针。频年未遂飞腾志，此日休增迟暮心。闻说词垣夸盛遇，瀛洲亭畔驾亲临。"表达的是一己之私以及彼此间惺惺相惜、宽心劝勉之意，均无关宏旨。弘晓与其四兄秋明主人② 交谊深厚，《明善堂诗集》中多有唱和之作，如卷五有《和敬斋四兄有感原韵》，卷六有《又和秋明主人四兄韵》《四兄秋明主人贻赠折枝梅花赋谢四首》《奉和秋明四兄微寒灯下偶成见寄原韵二首》等。卷七《园中余暇茸治花圃雨霁后更饶幽趣，率赋一律奉呈芝轩四兄并索和》一诗末尾表示"索得新诗眼倍明"，其以诗索和之意甚明。

　　比通常的唱和诗难做的是和韵诗，因为"和韵之法，须用自己意思管

---

① 施闰章：《蠖斋诗话》，王夫之等撰《清诗话》，第 398 页。
② 即弘晈（1713—1764），字镜斋，号东园，自号秋明主人、镜斋主人，和硕怡亲王胤祥之四子。

领，首尾一气，勿带应酬俗套。押韵贵浑成妥确，开合点缀务与本章机扣相通，又要与和人之情暗暗关会。非熟后不能，非由绚烂归于平淡者不知"①。而和韵诗中最难作的要数次韵或曰步韵，对此，清人吴乔曾有详细解释，他在答万季埜诗问时说："和诗之体不一，意如答问而不同韵者，谓之和诗；同其韵而不同其字者，谓之和韵；用其韵而次第不同者，谓之用韵；依其次第者，谓之步韵（亦称次韵）。步韵最困人，如相敺而自縶手足也。盖心思为韵所束，而命意布局，最难照顾。今人不及古人，大半以此。"② 李重华也说："次韵一道……至元、白、皮、陆始因难见巧，虽亦多勉强凑合处……盖次韵随人起倒，其遣词运意，终非一一自然，较平时自出机轴者，工拙正自判然也。"③ 作此诗之所以"今人不及古人"，乃是其难度极大。吴乔同时也说诗论家严羽对它极端排斥，也是因为诗人之性情难以自由抒发，有玩文字游戏之嫌，是供有闲阶层消费的高难度"文字体操"。宗室诗人的诗集中次韵诗均数量不菲，足见其诗情之悠闲、诗思之缜密。如弘晓《冬日园居即事次韵》十首，《雨后园景次韵》四首，永瑢《次韵思敬堂照水梅》，恩华《次朱竹垞闲情八首》等。永瑢与其叔父瑶华道人④ 诗情往来密切，两人同属爵位显赫又不得重用者。《益斋诗稿》中有《瑶华道人以宿盘山千像寺相忆之作见惠敬次原韵奉答》《叔父瑶华道人以诗见惠敬次原韵》等多首次韵诗。此外，豫本《选梦楼诗抄》八卷中共有次韵诗十题，永瑢《益斋诗稿》七卷中有次韵诗四十二题，弘曘《石琴室诗稿》不分卷中有三十九题，恩华《求真是斋诗草》二卷多达四十六题，暂且不论这些诗水准如何，单是就次韵频率而言，就可知宗室诗人多么热衷于此了。

（四）闲适生活诗。宗室诗人自退出政治舞台，变得清心寡欲，过着闲居生活，日与读书、绘画、交游、饮酒为伴。所谓"闲适"，"是指一种精

① 张谦宜：《絸斋诗谈》，郭绍虞编选《清诗话续编》，第 805 页。
② 吴乔：《答万季埜诗问》，王夫之等撰《清诗话》，第 25 页。
③ 李重华：《贞一斋诗说》，王夫之等撰《清诗话》，第 929—930 页。
④ 即弘旿（1743—1811），字卓亭，号恕斋，一号醉迂，别号瑶华道人，又号一如居士，康熙帝孙，爱新觉罗·胤秘第二子。

神、心境的状态，即平和恬静，悠闲自在，任随自然，与世无争。这种心境可使人享受到一种超然物外的情趣、乐趣，此乃闲适之趣。"① 他们的诗集中以园居、闲居为题的吟咏数量非常之多，如奕誌有《园居闲咏》，如松有《山居乐》《冬日闲居五首》，允礼有《赋得山居何所乐》十六首。吟咏对象从春风到白露，从轩窗到茅庐，从听鸟言到观鱼游，各种闲散生活场景——呈现。如松《山居乐》表白自己生活背景之一是："小园依绿水，茅屋对青山。胜事春何处，开笼放白鹇。"而他的生活起居则是"爱日半窗人未起，剧怜余暖在重衾。地炉活火茶初煮，好涤诗肠耐苦吟"(《冬日闲居五首》其一)，生活可谓舒适而从容。从宗室诗人闲适生活的书写来看，主要有饮酒、读书、散步、高卧等闲居之乐。

　　酒历来是文人的最爱之一，皇族宗室诗人也不例外，加之不得志的身世和境遇，饮酒也就成了他们闲适生活的一种常态，既可以打发无聊的时光又能加深彼此的感情。根据饮酒形式不同，可大致分为三种类型：独酌、聚饮、送别饮。因每人集中该类诗均较多，在兹以敦诚《四松堂集》为例加以说明。敦诚，因祖上和其父的缘故，只任过太庙献爵等低级官员，后辞官不仕，一直过着普通人的生活。他极为嗜酒，将酒作为生活的最佳伴侣，既喜欢独饮，也喜欢与友人聚饮。首先是独酌，他在独自心中不快或十分高兴时，常有此举，如《安乐堂晚酌》，面对侄孙，"天伦谈乐事，不觉醉归迟"；《饮碧桃花下喜占》则是家有喜事禁不住"碧桃花下已开樽"等。也有离别怀人式的独饮，如《山月对酒有怀子明先生》即借酒怀人。其次是聚饮。所谓聚饮，即与三五好友啸聚畅饮，如《同诸兄弟饮月下听涛声》写在一个涛声急如百丈湫的夜晚，与兄弟相聚渔舟上小饮，"行歌偕雁侣，来此狎群鸥"，是何等的洒脱豪放！《水南庄同贻谋月下泛舟饮酒》是一次"敢与凉飚敌，狂呼壮酒颜"的饮酒。《宜闲馆落成上巳日同人集饮》《集蕉石庵赏花饮酒次韵》《万柳堂阁上同荇庄饮酒看雨并感怀紫树》等俱属此类。再次是送别饮，是为友朋或亲属外出任职或远行而置办的饯行酒宴，如《九日集饮南

———————

①　王英志：《性灵派研究》，辽宁大学出版社1998年版，第92页。

园送杨明府梦舫之任湖北》《仲夏宜闲馆池上置酒，螺峰、孟参、嵩山、兰庄及子明兄、汝猷、贻谋两弟见过兼送孟参南归》等，《集饮怡齐斋中送筠亭之蓟门》则是一次"尽日飞觞到日斜"的送行畅饮。

受到良好教育的宗室子弟不可无书，书籍是他们闲散生活中的良师益友，因而他们的作品中屡屡涉及读书。如松《高吟》云："绿满窗前草不除，年年月月一床书。迩来会领高吟趣，鸟语虫声总起予。"表白自己的读书之乐。永瑢《秋夜读书》写自己在一个凉爽的秋夜"勤诵读"，"晤对古人亲，诗书媚幽独"，沉溺于读书的愉悦之中。永琪《读书松桂林》云："苍松丹桂两扶疏，恰助幽人读道书"，"深林嘉树双清好，空谷长吟万籁虚"，环境固然清幽，吟诵成为一种精神愉悦。对于他们来说，读书不仅充实自己的内心，使自己的精神境界得到升华，更重要的是与世俗社会隔绝开来，可以忘却世间的烦恼和忧虑。

余暇时经常散步是闲适生活的体现，也因此成为宗室诗人最为喜爱的生活形态之一。如敦诚《月下村外独步》在一个秋天傍晚，凉风习习，诗人"篱下独徘徊，竟夕无人语"，尽情享受着一番独处的妙处。对诗人来说，散步不仅能放松心情，有时还可以激发诗兴，如永璥《闲步》一诗所云就是如此："缓步动诗魔，逍遥意若何？正逢春景丽，况乃赏心多。嘹呖天边雁，蘼芜地上莎。微风醉老杏，迟日暖清波。两两衔泥燕，双双泛水鹅。古榆钱错落，弱柳线婀娜。伫立独吟咏，闲居寡倡和。韶华岂我待，遮莫使轻过。"美景不仅赏心悦目，还可以摇荡性情，感动"诗魔"，以至于"伫立独吟咏"。当然，只有在闲适的心境下才能做到这一点，倘若俗事烦多，心事重重，哪能激发起吟诗兴致？

高卧也是他们时常吟咏的生活方式，对他们来说，高卧必不可少，对于高卧之妙，他们不禁加以赞叹，如如松《初秋午睡》云："蓬蓬栩栩意悠哉，鸟语无端拂枕来。梦觉闲庭秋色好，槐荫几个玉簪开。"《高卧》云："凉风穿枕簟，高卧惬心颜""那必刘伶醉，居然善闭关"。高卧之悠哉与惬意，适于身心，堪与刘伶之醉相颉颃。文昭《立秋》亦云："粥后高眠便枕簟，神安无梦到棺尸。"看来要将高卧进行下去，直到终老。

（五）宅居什物诗。各种各样的器物诗，都传达出一种文人雅趣，是典型的"闲情逸致"的体现。这与宗室贵族文人生活圈子的狭小以及庭院游赏的增多有关。《啸亭杂录》谈到皇子弘晈时有云："京中向无洋菊，篱边所插黄紫数种，皆薄瓣粗叶，毫无风趣。宁恪王弘晈为怡贤王次子（应为四子—作者注），好与士大夫交，因得南中佳种，以蒿接茎，枝叶茂盛，反有胜于本植。分神品、逸品、幽品、雅品诸名目，凡名类数百种，初无重复者。每当秋朕雨后，五色纷披，王或载酒荒畦，与诸名士酬唱，不减靖节东篱趣也。王又自制精扇，体制雅洁，名东园扇，一时士大夫争购之，以为赏鉴云。"① 他们只在游玩赏趣、吟诗作画方面显本领。另外，由于无所事事，宅邸中的各种生活器物也成为他们吟咏的对象。这一点，特别是对于拥有较高文化层次的宗室贵族来说，也就具备了异代共通性。赵红菊在总结南朝及初唐贵族的咏物诗时说："特别是齐梁，除了咏写花草虫鱼等自然物外，当时人还热衷于描摹各种琐细日常用品诸如枕席、幔帐、帘子、灯烛、镜台等。而这些描写也不包含什么深刻的寓意和寄托。此类作品在初唐与晚唐诗坛上相对较多，它的产生与士人诗酒之会、书斋唱和切磋诗歌技艺的生活有着密切联系。"② 清宗室诗人在无聊中也会以此为消遣。蜡烛本是家居常用之物，但在诗人笔下，也就具有了诗情。允礼《咏蜡烛》云："非珠能不夜，炯炯似长庚。常向书帷照，时从舞席明。擎来星几点，笼去月中行。岂是人间物，只疑天上精。"将它与"天上精"长庚星相比照，寓审美于实物之中，若不是闲来无事，何能信手拈来？奕誌诗中此类物品较多，他有《消夏六咏》《消寒闲咏》两组诗，前者吟咏纱柵、筠帘、蒲扇、藤枕、凉棚、冰碗六物，后者闲咏火炉、暖砚等物品。其中纱柵为稀见之物，诗云："却暑宜轩敞，疏窗未可局。惟凭纱作柵，奚藉绮为棪。""纱柵"应指椵木做的纱窗棪，它"月透宵穿白，烟笼晓映青。风来应更爽，吹送好花馨"，为消夏乘凉的好物件。贵族生活条件优厚，夏天有"凉有修篁性"的筠帘、蒲扇、枕

---

① 昭梿：《啸亭杂录·续录》，第189页。
② 赵红菊：《论南朝咏物诗对唐代咏物诗的影响》，《内蒙古大学学报》2008年第2期。

簟，园中有凉棚，还有比"润玉"更美白、能降温的冰碗。此外，还有"罗浮香梦闻，月色满窗明"的纸帐（《纸帐》），由湘江渌裁成的"湘帘"，将筇消炎后做成的"筇几"（《筇几》）。在西风凛冽的隆冬，则有"地设深炉火，能教一室温"的地炉（《地炉》），非普通人家可比。在诸种物品中，扇子是与诗人不可须臾分离的东西，是诗人夏天的最爱，因而歌咏扇子的诗很多，蒲扇、折叠扇、蕉扇、团扇都屡有展现，"展来如吐月，挥处自生风"[1]的折叠扇（《折叠扇》），"一握动生凉"[2]的蕉扇（《蕉扇》），"午后凭消暑""携来宜夜坐，相对月团团"的团扇（《团扇》）。文人讲究风雅，扇子又被他们视为风雅之物，尤其是纸扇和团扇，在很大程度上超越它的实用性，而具有审美消闲的特质，在他们手中，日常生活之物变得休闲化、诗意化。

皇子弘曕《石琴室稿》中有一组诗曰《老具十咏》，包括睡帽、耳帽、巾、上马杌、须镊、靠枕、眼镜、剔牙签、手炉、杖等十种物品。诗以诙谐之语出之，充满趣味，如《剔牙签》云："刺齿少时快，朝朝刺更疏。虎须输尔利，鸡肋塞其余。削柳咸为便，装银似不如。翻惭真鄙相，未肯食园蔬。"不仅写了牙签的锋利和用材的便捷，也将剔牙的经历和感受以及鄙相合盘托出，令人忍俊不禁。近百年后，另一位宗室诗人恩华也对此乐此不疲，与其唱和，连写了《老具十咏步人元韵》《老具十咏再步元韵》[3]两组诗，与弘曕所咏对象除"剔牙杖"外完全一致，语言表达更加机趣横生。现以相同的诗题为例，前者中《剔牙杖》云："出入容君辈，无妨刺日疏。健餐知未艾，拾慧笑何余。锐末当安似，尖头利孰如？不须嘲伴食，风味在山蔬。"诗人在严格次韵基础上，对弘曕诗之内涵进行了"反案"，以拟人笔法，写得饶有风味。

除上述诸例，其他器物尚有许多，如弘旿的《蒲葵扇》《青田壶》等，其中青田壶颇为神奇，诗前小注有云："青田，果名，其核可为壶，注水即成酒，服之延年。"可令人大开眼界。其实，不仅是一些单篇诗作和小型组

---

① 奕誴：《藏修斋诗稿》，《清代诗文集汇编》第 718 册，第 379 页。

② 奕誴：《藏修斋诗稿》，《清代诗文集汇编》第 718 册，第 385 页。

③ 恩华：《求真是斋诗草》，《清代诗文集汇编》第 632 册，第 20—21、52 页。

诗吟咏家具什物，一些大型的咏物组诗中也有不少这样的内容，如永瑆《和李峤咏物诗一百二十首》中，就有琴、瑟、琵琶、筝、钟、箫、笙、珠、玉、金、银、钱、锦、罗、绫、素、布、车、床、席、帷、帘、屏、被、监、扇、烛、酒等，可谓包罗万象。另外，永琪《消寒六咏》分咏毡帘、地炕、熏笼、暖砚、火锅、暖手等物，文昭《小斋咏物六诗》吟诵博山炉、茶灶、剑、杖、古镜、帘，《夏日斋中咏物四首》吟诵凉簟、藤枕、竹奴、蒲扇等。种种器物，不一而足，亦可见文人雅趣之广泛。

（六）时序节令诗。闲暇无事，文人们往往面对时光的流逝、四季的变换抒发诸多感慨。物候之于文人的作用，早在南北朝时期的文论家就有阐述。刘勰在《文心雕龙·物色》中云："春秋代序，阴阳惨舒，物色之动，心亦摇焉。盖阳气萌而玄驹步，阴律凝而丹鸟羞，微虫犹或入感，四时之动物深矣。"从总体上概括了季节与物候变化之于物种的影响，接下来他更加明确地指出物候对诗人的重大影响："是以诗人感物，联类不穷，流连万象之际，沉吟视听之区；写气图貌，既随物以宛转；属采附声，亦与心而徘徊。故灼灼状桃花之鲜，依依尽杨柳之貌，杲杲为出日之容，瀌瀌拟雨雪之状，喈喈逐黄鸟之声，喓喓学草虫之韵。皎日嘒星，一言穷理；参差沃若，两字穷形；并以少总多，情貌无遗矣。"①气候的变化引起物候的变化，物候的变化引起感情的激动，感情的激动形之于言，导致诗歌的产生。这是古往今来诗歌产生的规律，清宗室文人的诗情也深受物候的感染，他们似乎特别关心季节的转换，或者说，他们对时序节候更加敏锐，因为他们诗集里面吟咏四季变迁之物之多以致成为诗歌的重要组成部分，但这绝非一如传统的评价是无病呻吟。恰恰相反，正是因为他们的政治前途被阻塞，政治才能得不到发挥，故以此来排遣内心的孤寂和不满，叹逝生命的有限和人生的无奈。只不过有些感情是压抑的，诗情是玩味的，心境是平和的，诗意是淡然的。类似《冬日杂诗三十首》《夏日杂诗三十首》《中秋玩月》，《消夏十咏》《消寒六咏》是再频繁不过的诗题。如果细分，主要为三类：第一类是对节日的吟

----

① 周振甫：《文心雕龙今译》，中华书局1986年版，第414—415页。

咏，诸如除夕、元旦、上元、清明、端午、中元、七夕、中秋等节日之诗。此类诗一般采用赋法，客观描绘每种节日不同的气象，如允礼《端午》云："熏风随节至，百草倍欣荣。竞渡龙舟捷，流霞彩线明。兰汤浴少病，蒲酒饮长生。鸲鹆枝头啭，绵蛮杂管笙。"弘晓《中元》云："满池灯火散如星，凉月光中景倍清。柳岸近闻蛩语切，芦汀远见乱萤明。听歌把酒升平乐，放艇吟诗闲暇情。直到夜分人未倦，柝声隐隐报深更。"将节日的浓厚氛围烘托出来，寓闲适喜庆于字里行间。永瑢的《端午词八首》，分咏节日里蓄药、悬艾、浴兰、铸镜、系缕、佩符、馈粽、剪茧八种活动，体物入里，充当节日习俗的记录者。也有的诗于描绘之中流露特定情思，如永瑆《中秋玩月》："最爱中秋月，贪看夜未央。昨宵先皎洁，今夕倍辉光。玉镜悬千丈，冰轮照万方。银蟾澄素影，丹桂发馨香。畅咏思庾亮，清吟忆谢庄。巴歌堪自适，何用听霓裳。"由此时的中秋之月浮想联翩，其喜爱闲适之情溢于言表。弘晓的《元旦》则包涵颂圣之意，所谓"满城爆竹乐尧年，万户欢声叶舜弦。正是太平徵有象，玉阶瞻拜绕云烟。"但不论哪一种，都无强烈的个体抒情之意甚或愤激之情，心境平和而余味深长。

　　第二类是对四季的吟咏。这类诗数量多且经常以组诗的形式出现，几乎每个皇族宗室诗人都有一组或多组讴歌季节的诗，最能体现宗室诗人的闲适之趣。此类诗也有多种多样的体现，有的以吟咏季节性风物来寄寓对时节的咏诵或流连之情，如永瑢《冶春十首用杜工部游何将军山林韵》即吟咏春郊、春陌、春城、春帆、春池、春圃、春闺、春寺、春楼、春斋，奕誌的《归燕》《秋蝉》《雁字》则是对秋天风物的书写；《带雨牡丹》《杨花》是对春天景物的讴歌。有的直接题咏四季中的某一季节，如弘昼用六言绝句写的《题春景》《题夏景》《题秋景》《题冬景》各两首，共八首，分别对四季中的每一个季节进行的题咏；永瑆《夏日杂诗三十首》则专对夏季风物症候所作的吟咏，《冬日杂诗三十首》则是对冬季节候和生活的写照。还有的尚嫌单题不足以抒发情致而采用组诗加以申抒，此以将四季作为一个整体来吟咏者居多，如奕誌有《四季竹枝词二十首》，春夏秋冬各五首，描述各个季节的景物特征，如《春》其二云："满园花草醉东风，幽梦扬州路不通。花发沁园春色好，一枝墙外小桃红。"《夏》其一云"锦帐春残到夏天，四园竹树绿笼烟。风中柳蘸池塘影，阵阵香吹隔浦莲。"弘晓作诗十二首，从正月写起，直到十二月份，名为《看册页作十二月诗十二首》等。这类诗通常以咏物的形式出现，用赋法而非比兴加以写作，体现了诗人对季节感受的敏锐与观照的细致，也就是说，在剔除了纷纭时事的羁绊之后，他们将自身解放出来，完全变成了一个自然人，生活于近乎自然的状态中，以悠然之心写自然之趣，而不是如其他诗人那样面对季节转换而变得多愁善感，抒发心中的感念与不快，特别是岁月的流逝、人生的不畅与志趣未酬之间的矛盾与困惑。清宗室诗人的闲情逸致客观上为我们描绘了一幅幅季节更迭的秀美图画。

　　第三类诗对节令的吟咏。我国自古以来就是个农业社会，早在距今四千年前后就进入"新石器时代"，农耕文明自此肇始。在农事活动的基础上，殷人发明历法，制定了完整的纪年法，《尚书·尧典》已出现了"二至"（夏至、冬至）"二分"（春分、秋分）的记载，到西汉时形成了完整的二十四节气。此后历朝历代帝王敬授民时，敬农畏时一直是国家的重要事务。因而清宗室诗人也对节气特别关心，诗集中一再出现此类诗作。以文昭《紫幢轩诗》为例，就有《腊月二十日立春》《岁朝立春》《立春》《谷日》《立夏日即事》《处暑夜偶作》《七月十四日立秋》《立秋》（六月二十日）《立秋日喜晴》《八月三日秋分》《立冬日作》等诗作。在他们笔下，节令不再只是时间的干瘪符号，也具有了诗意。如《八月三日秋分》云："海燕归心切，飞飞故敛群。高梢余数枣，晚稼尚连云。闰岁寒生早，三秋又已分。夕阳时雨足，淡月破霞氛。"诗歌选取具有代表性的物候征象来描绘这一节令特点，诗意盎然。

　　（七）庭院小景诗。庭院是他们生活的主要场所，他们在其中度过了人生的大半光阴。由于清宗室诗人与其远近支脉、贵族官吏少有来往，惧怕因朋党之嫌而罹罪，因而无形中将自身禁锢于府第的狭小圈子里，这便是"枥上不喧马，门外但回车"（允禧《夏日园居杂兴》其二）、"不离城市喧，自得幽居趣"（允禧《对雨》）的生活状况，所以描写自家园囿小景之诗特别多。茶余饭后，浅酌低唱，有花草竹石可观赏，有丝竹之音可流连，生活于其中悠哉乐哉。奕誌云："余园中书室三楹，筑临曲池，左右假山环之，弱柳千章，长松九粒，北牖琅玕半亩许，启西窗山翠如屏。常列几案间，风前月下，独坐啸咏，有飘飘欲仙之想。"①拥有"小园香径独徘徊"的乐趣。弘晓《明善堂诗集自序》云："予幼嗜声韵，性契山林，每从退食余暇，亭馆清幽陶情，散步间有所得，辄发为吟咏，藉以书写性情，流连景物，非敢自矜雕虫小技以夸耀于世也。"②可见面对良辰美景，他们并非无病呻吟，而是"有为而作"。庭院中的一花一草一水一木都成为他们观照的对象、审美的对象，他们以诗书写着一年四季中庭院景致的变化、物态的可爱，并在其中流露出精神上的享受和满足。这是他们优游不迫生活的最好注脚，映射的是与世无争、安于自乐的精神追求。春雨夏云、新晴观鱼、红花绿柳、春山新燕、落叶秋虫、霜叶雪花，翻开奕譞的《藏修斋诗稿》卷一无不如此。先看弘晓诗中庭院不同季节的景物：《园中晓起寄都中诸友人》云："杨柳青陌头，和风吹芳草。列队见游鱼，求友鸣黄鸟。清景繁华似画图，会心不远处处好。"此为仲春时节园中的繁华景象；《暮春园中即景》云："春深花妩媚，景丽气昭融。粉蝶繁枝舞，文鱼曲沼通。"此为晚春时节庭园中的春深丽景；《重阳后一日园中即事》云："景到深秋分外幽，乘闲徐步过芳洲"，看到的是"蓼花滩畔栖鸿雁，枫叶林边系小舟。霜影初飘寒欲动，砧声四起晚来稠。"作者不禁"喜看菊放东篱下，莫让陶潜载酒游。"《冬日园居即事次韵》云："冬日园林又得来，向阳犹见野花开。池塘幽静云光淡，行遍山亭少点埃。"一派幽静光淡的景象。园中一年四季景色变幻多端，以至于面对如此景象，作者发出"达哉万虑渺"（《园中晓起寄都中诸友人》）、"忘机咸自得，流览与何穷"（《暮春园中即景》）的慨叹。正是庭院四时疏况的美景，才使得诗人寄情于此，流连于此。

　　除了从总体上描绘庭院的大好光景外，他们还对具体景物进行吟咏，如弘瞻《园居十咏》就分别对径、圃、松、竹、池、亭、泉、石、山、瀑等

---

① 奕誌：《乐循理斋诗稿》，《清代诗文集汇编》第 703 册，第 464 页。

② 弘晓：《明善堂诗集》，《清代诗文集汇编》第 350 册，第 3 页。

十种景象作了描述，奕誌《春泽园十二首》对园中堂屋、湖桥、亭榭、堤径、花草等分别进行了吟咏。文昭《园中花木草虫二十绝》题咏较为全面，包括梅花、秋兰、秋海棠、金凤花、茉莉、蓼花、几冠、雁来红、木槿、梧桐、竹、芭蕉、淡竹叶、苔、草、蝴蝶、蜜蜂、蝉、萤、促织等物种，不仅吟咏植物和建筑设施，也对飞禽家畜进行了题咏。再如弘瞻《戏题园中八咏》包括《鹤》《鹦鹉》《画眉》《犬》《驴》《相思马》《鹿》《猫》等八首诗，对各种动物的物态描述得惟妙惟肖，入木三分。如对犬的描述："柴门一径碧苔深，小院传来野犬音。吠客惯依重巷曲，带铃偏卧落花阴。豹声入夜防家具，狸德随人识主心。羡杀锦茵眠自稳，漫夸衔兔向平林。""狸德"，语出《庄子·徐无鬼》，指狸猫般的禀性，即贪饱。"锦茵"，锦制的热褥。该诗语带诙谐，将狗的行止与特性刻画传神，观后令人莞尔一笑。再如《猫》："戏号麒麟谅不虚，雪姑却爱伴吾庐。鸡同五德娱新客，鼠啮千声护旧书。短榻夜眠恒有毯，晴窗早饭岂无鱼。牡丹花下日亭午，双眼真成一线如。"与前诗具有相同特色。

　　一些极易受到忽略的东西也被他们搜入诗中，成为他们吟咏的对象，如柿子、促织声、萤火、蟋蟀、杏、石榴，甚至桐花、楸花、葡萄架等。如文昭《桐花》云："屋脚堆浓绿，帘前缀浅黄。细跗疑桂蕊，清味似茶香。破鼻消残睡，簪鬟称晚妆。好风能解愠，吹满北窗凉。"首联交代桐树生长的位置和桐花的颜色，切入正题；颔联写它的香气以及对它美好的感受，突出它外在的气质；颈联称赞它的功用，兼具实用性和审美性。尾联暗示它的内在品性。咏物不沾不滞，桐花的美好形态和习性跃然纸上，这一极其平凡而又少被人青睐的花朵，进入了人们的文学视野。《葡萄架》也是如此，诗云："斜搭平棚接屋山，浓阴罩满小窗间。影悬明月垂璎珞，蔓引清风袅鬒鬟。向晚虫鸣纷入听，纳凉人坐静开颜。秋来摘送城中去，臂挂筠笼手自攀。"诗歌分别从外形、作用等方面描绘了葡萄架，尾联揭示了葡萄的归宿之地，形象生动而又情趣横生。此外，永璥《咏石榴》："来从安石味清甘，恰似臣心丹内含。堪笑画师无远识，只描皮壳祝宜男。"也位居咏物诗的中上乘。可见比起功用性文学，悠闲之情也能产生出好诗品。

　　与此相关，清宗室诗人也通过庭院的劳动之兴来表现自己的闲情和生活的乐趣。弘曕《秋日园居杂咏》就写了十种：洗桐、移竹、摘莲、踏藕、蔷瓜、撷蔬、收梨、打枣、割蜜、酿秫，文昭也有《种树》《种竹》《除庭草》《摘柑》等篇什。严格地说，这些都不能算真正的劳动，只能算是庭院之乐。如《收梨》："快果推含消，圆颗霜前熟。凤卵收盈筐，崐刀试切玉。从兹辟疆园，应号张公谷。"《割蜜》："酿蜜一何勤，收蜜一何逸。物理固有然，蚕茧此其匹。三乘忽会心，味已中边辙。"他们不仅在劳动中获得愉悦之感，还能体味到其中含蕴的妙理，可谓是一项"有意味"的活动。允禧《园中杂咏十首》自序云："玩物所以适情也，园池花木之玩，情之所寄尤雅矣。或者尚华丽而求其备，是则役于物而非以物为玩也。若夫山林之士，志趣孤高，苟物之不近清品者，不蓄斯文，又任己傲物，而非与物为适也。"① 视园中之玩物为雅事，正体现了清宗室诗人共同的审美趣味。

　　客观地说，正是由于皇权的种种限制、打压和迫害，催生了清代发达的皇族宗室休闲文学，造就了清皇族宗室诗人群体的闲情逸致。其表现在历代宗室文学中是相当突出的，由于清皇族宗室教育程度之高、艺术修养之厚、文人雅士之多、遭受迫害之深，历朝罕有其匹，因而清皇族诗坛的闲适度为历代之冠应该是不争的事实。其实，除上述所列几个方面之外，尚有可总结的余地，如在题材方面，题书诗、咏琴诗、对月诗也相当突出。从形式上说，大型咏物组诗之多也足以显示他们闲情的一面。如永瑢《秋咏三十首》广泛吟咏秋季的各种风物，各种拟古、和韵组诗大量出现。② 特别如弘曕《雪窗杂咏》包括雪意、初雪、雨雪、风雪、听雪、踏雪、雪径、雪屋、雪村、雪寺、雪山、雪江、雪溪、雪蓬、雪樵、雪渔、雪松、雪竹、雪梅、雪月、雪鸿、雪鹤、煮雪、啮雪、积雪、晴雪、残雪、扫雪、再雪、赋雪等三十种，名目繁多，闻所未闻，令人咋舌。他们并非没有怨恨和不满，只是由于惧怕罹祸而已，寄无奈于闲情是他们最恰当的生命表达，但牢骚之语偶

---

① 允禧：《紫琼岩诗抄续刻》，《清代诗文集汇编》第 317 册，第 544 页。
② 如永瑢《冶春十首用杜工部游何将军山林韵》《拟古三十首》《拟古三十首》《仿香山体十首》等，《九思堂诗抄》，《清代诗文集汇编》第 408 册，第 24、31—35、37、54 页。

尔也能在诗中发现，如敦诚《对酒自嘲二首》其一云："甚知良冶儿逾懒，已惯长贫妇不愁。知了何年向平志，竟须载酒碧山游。"其二云："学书项籍知名姓，识字扬雄徒苦辛。但检闲函消岁月，任教误读笑金银。"当然，这样的例子毕竟为数不多，因为不能甚至不敢轻易发表议论、抒发感情。即以咏物诗而言，罕用比兴手法，多用赋法，铺张扬厉，这样不仅能保全自身，还能释放内心焦虑，因为"赋体咏物诗适合一部分文人超脱社会政教、寻求轻松单纯审美趣味的愿望"①。无论如何，淡泊名利与闲情逸致作为对现实政治的疏离与排斥，成为清宗室诗人一种自我确认和实现的方式而绽放出的一朵生命之花。

---

① 李定广：《论中国古代咏物诗的演进逻辑》，《中山大学学报》2015 年第 4 期。

第四章　近代满族著名诗人与群体创作举隅

在近代满族诗人群体中，涌现出众多优秀诗人。他们以诗自鸣，抒写性情，反映时事，取得了很高的艺术成就，其中尤以宝廷最为突出。他的诗受到了时人及后人的高度称赞，是理所当然的关注对象。在该群体中，为数不少的诗人堪称少年才俊，很早就展露出文学才能，只是过早因病离世，未能沿着自己的创作道路继续前行成为大家，甚是可惜，如皇室中的奕詥、奕誌、奕譓，觉罗家族中的廷奭等等，在此以廷奭为例探讨其诗学思想和诗歌创作特色及成就。在清代及近代满族诗歌创作中，"纪程诗"创作蔚为大观，颇为引人瞩目。该部分选取个体性和群体性两个写作维度，分别作个案研究和群体性研究，以期达到窥豹目的。

第一节　宝廷及其诗歌创作

宝廷（1840—1890），初名宝贤，字少溪，号竹坡，晚年自号偶斋，满洲镶蓝旗人，清宗室，为郑献亲王济尔哈朗八世孙。少有才名，十三岁时，和杜甫《咏凤凰》诗，长老惊喜，以为大器。同治三年（1864）举于乡，戊辰（1868）应礼部试，名列第一为会元，是岁成为进士，授翰林院庶吉士。历官编修、侍讲、侍读。癸酉（1873）充浙江乡试副考官，光绪元年（1875）大考左迁中允，第二年授国子监司业。累官左右庶子，侍讲侍读学士，詹事府少詹事、詹事，转内阁学士，擢礼部右侍郎。光绪八年（1882），以礼部右侍郎主福建乡试，因途中买江山船人女汪氏为妾，上疏自劾。十七年（1890）卒。有《偶斋诗草》内集八卷、外集八卷、内次集十卷、外次集十卷，《尚书持平》若干卷。

一、悲惨身世与愁苦生活的哀鸣

鸦片战争以后，清政府财政状况不断恶化，难以保障旗人基本的俸饷和生活。八旗社会地位显著下降，旗民群体加速衰落。清初以来，八旗人员向来被视为"国家根本"，成为相对独立的特殊社会群体，尤其是满洲旗人更是拥有特殊的社会地位。他们在政治经济文化上都占据优先权。这种状况，随着近代国内外矛盾的加剧，国家的日趋衰微，旗人的社会地位和经济地位都一落千丈，"恩养"制度的崩溃，使得旗人甚至宗室成员过着朝不保夕的生活。宝廷的身世和生活状况即是旗人的一个缩影。

宝廷一生命运多舛。七岁失去母亲，父亲常禄（莲溪公）在他八岁时罢职，家道自此中落。在他二十一岁时，全家移居海淀柳浪庄僧寺中，其诗云："贫贱无可居，爰以寺为宅。兴至即移家，不分晨与夕。"（《移居用陶韵》）。该年娶妻时，家徒四壁，迎亲之夕，靠好友典衣沽酒才算草草了事。其家境赤贫如此，令人难以相信是皇亲宗室。他在二十四岁时写的《偶题》诗云："养生苦无技，遇事多迁缓。蹉跎年复年，渐不能饱暖。卖书买脱粟，归来日已晚。汲井作薄粥，匆匆进数碗。今日喜已饱，明日谁暇管。衣食不能谋，望君恕吾懒。"过着不能饱暖的生活，往往今天过去了，明天的饭还没有着落。二十五岁时，"家奇窘，室中几案尽售，以砖为座，凭炕而读。积夏苦雨，连日不得食，乃取庭中野菜食之"。在这样艰苦的条件下，宝廷考中举人。因为贫穷，竟然不能具食答谢教书先生。

贫穷、忧愁是他青少年时期生活的真实写照，也充斥于这个时期的诗作中，构成了他独特的精神风貌。《续穷乐府》"并序"自言"所言皆己事，不兼他人，盖自顾不暇矣"[①]。包括《无衣叹》《无食叹》《无火叹》《无糕叹》四首，是自己穷困生活的真实写照。《七夕雨中作》云："但得亲常在，何忧

---

① 宝廷：《偶斋诗草》，第 20 页。

家道难。有身当自苦，不死敢求安？困顿心俱碎，穷愁泪早干。凉宵未成寐，剪烛自盘桓。"《雨夜书怀》云："不死知非福，偷安总自危。一家同冻馁，六合尚疮痍。困顿将谁告，穷愁已莫支。挑灯倚枕卧，窗外雨声迟。"生活在极度的贫困线上，毫无保障可言。在这种情况下，诗人发出宏大的愿言："吁嗟乎！安得天下之物尽为米，使世间人皆饱死。否则天下之字尽化钱，家家寒士饶铜山。钱兮米兮不可得，抛售浩歌无良策。高堂甘旨久难供，贫虽可乐安忍乐。相交岂无富厚齐侯王？相识岂无粳稻堆盈仓？粟红贯朽自得意，昂头谁屑怜诗狂。笑君遭际不如我，芸人舍己良堪伤。诗成掷笔仰空叹，西风卷云斜照乱。"（《赠清阶平》）

母丧亲去，无疑使年少的宝廷陷入生活的悲催之中，所幸父亲承担起了严慈的双重责任。《我生》云："我生大不幸，七龄母已终。随父豢养大，恩与慈母同。既教复兼养，琐碎劳亲衷。时时复事事，置我于胸中。我年日以长，我境日以穷。恨我无寸能，不能养亲躬。我昔未饥寒，日日劳父虑。父今已饥寒，我竟安如故。父虽已饥寒，尚复代我忧。我反若无事，束手无良谋。在我慈父心，原不忍责我。而我扪心问，岂自觉其可？母恩既莫报，又不报父恩。寄语识我者，毋以我为人！"他也非常想报答父亲的恩情，无奈屡次不第，十分苦恼，终于考中了举人，总算是对父母有了告慰，《揭晓日作》两首就是分别对于父母恩情的慰藉。其一云："我父教我读，日夜望我贵。岂料才技卑，四战不得意。今年忽侥幸，得遂高堂志。回首忆前番，难禁泪频坠。从兹当自奋，磨砺成大器。父母望子心，原非止一第。"其二云："七龄即失恃，未知酬母恩。甘旨与痾痒，少未尽辛勤。今年幸登科，稍藉慰严亲。母在重泉下，佳音闻不闻？儿贵纵有日，终难荣母身。追封虽显扬，虚文何足云。"

初战告成，并未给他带来更多的喜悦，也没有让原本贫穷的生活得到改善，这让他不到三十岁就头生白发。悲苦的人生容易使人多愁善感，他既为自己一事无成感到悲哀，所谓"年华弹指将三寻，一事无成徒苦辛。丈夫虚生躯七尺，聪明自愧难如人。"（《秋晓不寐寄皆平》）又想取得功名，摆脱贫穷，但在无法实现时，就借酒浇愁，寻求自我安慰。作于二十八岁的《偶成》云："凄凄何所事，朝夕独悲伤。有恨都成泪，无愁亦断肠。半生悲自误，廿载笑空忙。弹指青年过，升沉拟尽忘。"另一首《偶成》云："回首空留恨，匆匆欲壮时。身名俱幻影，事业剩新诗。已识生无谓，深愁死有知。一杯聊独醉，辛苦复何辞。"即是此时的情感写照。

经过多年的艰辛努力，终于在 1868 年二十九岁时考中进士，《放榜日作》云："喜极反成悲，涕泣双涟洏"，但依然挣扎在饥寒交迫之中："父子迫饥寒，廿载同流离。艰难与险阻，阅历尝无遗。今年更窘迫，已拚是死期。疾病并灾殃，安有求名思。友朋共推挽，勉强同入闱。"比范进中举前更为悲催。《偶成赠芷亭》其一云："上天悯穷人，不使终潦倒。功名不足喜，身家幸得宝。喜极反成悲，怵焉伤怀抱。青春难再来，母死父已老。"在他心目中，考取功名不是为了自己的远大前程，而是为了养家糊口。尽管高中进士，所得俸禄，仍然不能满足生活所需，《书扇》云："读书谋仕进，欲博高堂欢。岂料俸已得，甘旨仍艰难。显扬尽虚语，俯首嗟寒酸。酒肉尚难期，养志何轻言。"《和陶靖节归田园居》序云："余生廿九年矣，性迂缓复惰，所学一无成。本不乐仕进，而家贫亲老，强从事焉。今年夏入翰林，方喜得微稍，藉可养亲，而周赧台高，仍不足以奉甘旨。夫士之学古人入官，非图富贵以自娱也。今官卑秩散，既不能宣力朝廷，复不足以为养，徒藉此玉堂金马以炫耀闾里，不亦可笑乎？"① 这让他非常失望。诗其一云："凤性耽诗酒，无意希缙绅。勉强求微官，藉以养吾亲。荣显亦何乐，奔走劳心神。困身樊笼中，进退同艰辛。谋生乏智巧，报国疏经纶。纵得养亲身，终愁辜主恩。安得百亩田，挂冠归故村。躬耕奉甘旨，永为乡里民。"他其实并不热衷仕进，倒是希望过上丰衣足食的乡民生活，此则其一。其二，他并不崇尚功名富贵，他所向往的是成为一个诗酒风流又名传后世的名士。《言志》其二就表达了这种心迹，诗云："吾生少所志，所志唯诗酒。富贵与功名，未尝介心口。勉强登仕进，出处亦颇苟。虚名乏实用，荣显良堪丑。努力建勋猷，用以传永久。名士兼名臣，千古垂不朽。"因此，仕进之后又免

---

① 宝廷：《偶斋诗草》，第 26 页。

不了后悔："归隐苦无山，勉强为小官。官卑人不喜，白眼横相看。去去不能去，进退同艰难。瓶中酒已空，把盏频长叹。"（《饮酒》其二）这种进退失据的生存状态，不仅是对利禄微小京官的抱怨之词，也是宝廷本人由希望到失望的真实心理反应。究其实，宝廷还是像众多旗人子弟那样，想通过科举考试摆脱贫困生活境地，过上不为衣食奔走的温饱生活。

"穷愁""困顿"是他三十岁以前诗歌中的高频词汇。"三十年前成底事，穷愁疾病两相催"（《题壁》）、"穷愁固结浑难却，病骨崚嶒久不支"（《饮酒》）、"困顿将谁告，穷愁已莫支"（《雨夜书怀》）、"困顿心俱碎，穷愁泪早干"（《七夕雨中作》）。他亦有言："三十前贫甚，困于家事"，如果不了解道咸以来旗人真实的生活状况，实在令人难以想象宗室子弟的生活会沦为如此窘迫的境地。其实，自道光朝以后，旗人包括宗室的生活已经陷入贫困状态，刘体智《异辞录》卷二"宗室"条云："凡一朝崛起，封建亲戚，屏藩帝室，当时人数无多，未始非荣幸之事。传之既久，至光宣之际，愈演愈众。甚至四品宗室，及格格、额驸名位，求其一饱而不可得。成都将军岐元子惠，自言幼时贫困，夜出挈篮卖萝卜，行至某处，近于其姻家，闻声延入与语，惭而逃去。余家在旧京时，车夫用一重伶，即有额驸职衔。问之，则云：'非此，将坐以待毙。'逊位以后，艰苦之状，不忍言矣。"①

当然，他一生的穷困也不全然是社会造成的，还有个人的原因，除了"既登仕，凡取与授受，一准之以义廉。俸所入，遇故旧之急，倾囊济之，无吝啬，故入仕十余年，家无恒产"②外，再就是自己的嗜酒好游，冶游坊巷，不事产业。陈衍说他"居常贫乏，不能自存，赖友朋资助，得钱则买花沽酒，呼故人赋诗酣醉"③。陈衍为宝廷所得之士，两人为师徒之谊，往来频繁，所言应当不虚，可见宝廷向好友乞食、赊酒是常有的事，特别是他辞官后。《拟陶靖节乞食》中云："途穷友生仗，所幸尚有人。岁时辄相助，不待我叩门。反不敢求乞，无厌求应难。冥报恐无凭，作鬼难酬恩。祝君

---

① 刘体智：《异辞录》，中华书局1988年版，第112页。
② 寿富等编：《先考侍郎公年谱》，《偶斋诗草》附录4，第990页。
③ 陈衍：《石遗室诗话》，钱仲联编校《陈衍诗论合集》，第24页。

常富贵，助我至盖棺。年年忧无食，今年冬更贫。珠玉两空无，债积重赏难。"此诗作于光绪九年（1884），是年正月罢官，《年谱》云："公自是岁罢职，日偕故人及门生弟子，春秋佳日，携酒临眺……遂以山水诗酒之乐终其身。"① 其诗中屡见"饮酒""赊酒""避债"字样，如《酒肆题壁》云："回首光阴似转轮，卅年憔悴苦吟身。聊将醉眼看今世，耻把诗心让古人。"到晚年仍然"劣性"不改，债台高筑，不得不逃避债务，《避债》云："好官钱难多，罢官更多债。每逢除夕临，怯债恒远避。今年娶儿妇，礼烦债增倍。妆奁本不丰，颜赧难遽卖。大寒兼风雪，忧劳病逾惫。踌躇五中热，欲避苦无地。酒乡差僻静，痛饮愁不醉。敲门沸如羹，吟诗弗成字。无聊怒骂儿，皆汝为我累。开门速见之，我倦欲早睡。"这也是部分八旗子弟的共同特性。

二、放达的生活观念与优游不迫的生活情趣

陈诗在《江介隽谈录》中曾这样评价宝廷的为人："公形貌俊伟，天资豁达，平生视人世祸福利害，权势毁誉，举无足动其心。遇人接物，一出以诚。"② 寿富《先考侍郎公年谱》中也有相似的说法③。可见性格豁达，淡泊名利，真诚待人，确实是宝廷鲜明的个性特点。这些都体现在其诗中。

宝廷青年时就有洒脱不羁、容与通达的人生态度，二十五岁时所写《饮酒学陶》二首即见其端倪，其一云："瓶中尚有酒，夜寒且饮之。酒尽身已温，即我当眠时。人生天地中，贫富皆如斯。随时可行乐，乐尽何必悲。乘之以待尽，感慨欲胡为。"其二云："我生不能饮，三杯心已悸。虽非酒中人，颇得酒中味。所恨囊屡空，欲饮不能致。偶尔得香醪，沉饮即酣睡。无酒何妨止，有酒何妨醉。人生本无定，随处堪适意。"他认为人生无定，尽可行乐。尽管家境贫寒，家父对他抱以厚望，冀望他能考取功名，过上名显富足的生活。在这种艰苦的条件下和沉重的思想压力下，他仍然能够保持乐

---

① 　寿富等编：《先考侍郎公年谱》，《偶斋诗草》附录4，第1012页。

② 　王培军、庄际虹校辑：《校辑近代诗话九种》，第51页。

③ 　《年谱》中云："天资豁达，视人世祸福利害、权势毁誉无足动心者"，见寿富等编《先考侍郎公年谱》，《偶斋诗草》附录4，第990页。

观的心态，达观地认识和看待人生。

最能体现这种生活观念和人生态度的是《杂诗》。其诗云："无名何必求，有名何必避。有名与无名，皆我身外事。天地生我身，与众原无二。悠悠流俗中，何劳自矜异。今朝有酒钱，正可谋一醉。醉后欲题诗，迷离不成字。"他认为人生在世，不应过分讲求名利，不能为"名"所累，应该顺其自然。他十五岁时对功名就有自己独到的理解，如《公名》一诗云："功名如美色，佳在未得先。痴心生妄想，美趣浑无边。及乎身历时，顿觉减于前。逮至历之久，益觉味索然。非关所遇殊，实乃心使焉。请君淡视之，毋以丝自缠。"作于同年的《闲吟》一诗则对名利场中的众生相有生动的描述，诗云："世人喜贵显，攀援颇苦辛。权势稍胜人，自谓荣余身。其下虽畏之，其上有贵臣。礼仪须尽恭，呵责屈受频。究其所施受，荣辱原相均。与其人畏我，孰若不畏人。"小小年纪能有如此明达的"功名"观的确难能可贵。他在二十五岁时甚至想到归隐，如《招隐》其一云："天地无尽境，随处可潜身。岂必在朝市，岂必在山林。石火无留光，哀哉世间人。守道自韬晦，或可全其真。伪士隐以迹，真人隐以心。方寸有妙境，尘俗难相侵。"当然他的境界很高，不是形式上的归隐，而是屏蔽世俗的"心隐"。其二也劝告自己"人生有真乐，何必为王侯。寄语素心人，勿为名利留"，不为外物所拘，远离俗世，悠游山水，正是他内心真正向往和追求的。

其实，这种达观的人生态度恰恰是他青少年时期家境的不幸造成的。生活和世事的艰辛，使他比同龄少年更为敏感、成熟，悟到了诸多的人生哲理，对生活有着不同凡响的体味。如《忆旧》中云："学浅难登仕，身贫莫养亲。"《秋感》中云："文章身后事，忧患死前深。"《伤歌行》中云："人生不自振，何以奉高堂？"《题壁》中云："艰辛始觉亲恩大，挫折方知世道危。"《新履穿重著故者口占》也云："故履敝难著，忻然易以新。新者今已穿，故者依旧存。物以见废久，道以无为尊。乃知天下事，适用即为珍。"诗人从自我生活中的新履旧履更替问题推而广之，得出"乃知天下事，适用即为珍"的道理。

光绪九年（1883）正月宝廷被正式罢官，时年四十四岁，但他似乎并不沮丧，罢官后所作《偶成》云："荣辱穷通两不关，罢官何必见愁颜。有风船可先时泊，无雨云当及早还。若大乾坤容醉卧，几多岁月任偷闲。宦囊自愧忘收蓄，难买西郊旧日山。"《正月十二日》云："历尽奔驰苦，言旋万里程。归家群喙息，罢职一身轻。已毕今生事，何期后世名。唯惭恩未报，无计答升平。"他没有将个人得失荣辱看得过重，"罢职一身轻"，而是惭愧不能报答皇恩，其豁达之性情可见一斑。同样的意趣，在其他诗篇中也有表述。如《寄怀张香涛》中云："有心报国惭良友，无福求功愧圣朝。"《题灵光寺》云："壮志豪情一律删，怡然终日总欢颜。攀岩自诩身犹健，照水方知鬓已斑。世上难沽常醉酒，人生能得几年闲。迩来尽享无官福，四月之中四入山。"一方面，为自己不能报国、报皇恩感到惭愧；另一方面，又沉湎于没有任何牵挂的游山玩水的乐趣之中，正所谓"人生贵适意，节劳欲何为？"（《西山杂诗》之二）

一旦脱离了事功和权责的束缚，他就像放飞的鸟儿，自由地在天空翱翔。狄葆贤说他"负才玩世，脱略不羁，喜从缁衣黄冠田夫野老游，间涉郊野，携酒互酌，当其为适，旁若无人"①。孙雄也说"竹坡往来西山，以诗酒自娱，洒然有遗世之志。尝有句云：'微臣好色由天性，只爱风流不爱官'，其佗傺可想"②。试看他的《夏日与文镜寰清阶平饮酒》中云："我生幸得不得志，狂吟豪饮无顾忌。若教侥幸登高位，拘拘岂得如人意。能诗大是快人意，何须希冀虚名利。使观从古大才人，几辈生前能富贵……持杯大笑呼天公，胡不赐吾少陵喉舌渊明胸，使吾穷愁诗笔酒量皆相同。"

"酒"是宝廷人生中必不可少的东西，也是他诗歌中出现最多的意象。他少时酒量并不大，后来渐学成瘾，成为酒徒，所谓"为官十五年，积年多酒债。休官亦纵酒，三载常沉醉"（《止酒》其一）。在他看来，"有酒可醉胡为贫，守钱万贯谁之富"（《夏至前一日饮酒作》），腰缠万贯不如有酒可醉更富有。《言志》其二云："吾生少所志，所志唯诗酒。富贵与功名，未尝介心

①　狄葆贤：《平等阁诗话》，《清诗话三编》，第 7040 页。
②　孙雄：《诗史阁诗话》，张寅彭主编《民国诗话丛编》（二），第 183 页。

口。"他真正在乎的并非富贵功名，而是诗与酒。可以说，酒是他一生的忠实朋友，心情忧郁时喝酒，贫穷无出路时也喝酒；游山兴奋时喝，如《饮酒偶成》云："举酒对青山，青山落酒面。兴来一吸干，奇峰吞不见。昂头看山山不知，呼僮为我盈酒卮。"游览归来后也喝。他的诗心是敏感的，春天到来时喝、秋风萧瑟时喝，甚至每逢消暑节、消寒节、冬至日、夏至日也喝，一年四季春夏秋冬，总是借各种场合痛饮。如《又成八句》云："送春登酒楼，楼高压湖耸。离怀默怅触，饮少酒气涌。日落湖水明，风微堤柳重。遣愁勉联吟，诗翁有余勇。"他的多愁善感主要依赖于酒而得到稀释，酒既是他排遣烦恼的得力助手，也是他精神的慰藉。

因此，他对充满功利的庸俗的社会现实极为厌恶，而向往脱俗的"世界"和非常人的生活方式。这种心志在《我恨行》中有鲜明的表露，诗云："我恨不如山中人，穷岩绝壑栖闲身。一蓑一笠一藤杖，终身笑傲忘红尘。酒酣日落抱云卧，万山草木同生春。又恨不如青楼女，雾阁云窗日歌舞。鸳鸯蛱蝶永双飞，到处春风添妙侣。良缘自结不由天，名士才人日相处。又恨不如乞食僧，九州四海常游行。栉风沐雨卧霜雪，身如枯木心如冰。有山有水自堪乐，不知何者为人情。而今无故作文士，儒冠压人人欲死。"诗中的三个"恨不如"真切地表露了宝廷对现实社会的反叛和他内心的向往。

与此相对的，是他对志同道合的朋友情感真挚。宗韶、志润、文悌、清阶平，还有王芷亭道士都是宝廷的诗酒好友，诗集中与他们的唱和、联句甚多，也是交往频繁的良友。宝廷对他们的感情之真自不必多说，如《子美以诗索酒依韵答之》："花好与爱妾，酒美与佳友。世法平等视，乐授亦乐受……交情如酒味，愿言皆长久。酒为友增狂，花为妾减丑。食色本天性，悦目同悦口。"既爱美妾、美酒，也爱佳友，但愿友情如佳酿一般愈久愈醇。对于已故好友，也同样如此，甚或更为感人。伊绥（字少耕，满洲人）是他青少年时期的好友，早逝。《偶斋诗草》中有两首怀念他的诗篇，其一为《梦少耕》，诗云："君死我未见，君葬我未送。心交尽如斯，良朋复何用？今夕忽见君，中怀有余痛。觉后忆前情，对烛频增恸。黄泉隔渺茫，杯酒难重共。不望君再生，但愿常入梦。"其二为《仲秋八月夜两梦少耕》，诗云：

"君死已九月，今夜两梦君。岂君魂果来，抑我梦纷纭。忆昔君在时，朝夕同相亲。论诗复说赋，握手欢难分。我性素放荡，风月劳心神。君每悲我痴，苦口常谆谆。自君舍我去，我情益沉沦。岂无相亲者，良言不可闻。良友不再来，药石嗟无人。何时载酒肴，痛哭西郊坟。"梦中遇故知，当是对故友的最为深切思念了。

三、对大自然的钟情

宝廷一生嗜爱山水，喜山水游。这一点，早为人所熟知。民国初年，其门人陈衍就这样论道："（先生）生平嗜酒耽诗，好山水游。使车所至，必搜奇访胜，流连旬月不能去。登泰山，入武夷，泛太湖，上金、焦，足迹遍两峰、三竺。罢官后，时与穷交数人及伯福仲福两公子，遍游京东西诸山，岁得诗数百首。"① 他喜爱游山玩水的程度和诗歌创作数量，在中国文学史上大概不输汉族一流诗人。先看他的"游山经"：

他游山的观感是："好山如美色，饱看不能餍。十日两来游，山灵亦生厌。惜哉簪组束，往来时苦暂。何当弃此官，结茅傍岩礀。"（《冷家庄》）"万古绝色唯青山，四时姿态随变迁。"（《灵光寺病中与宗子美饮酒联句》）

他对山水的喜好是："我游山水如贪官，千岩万壑穷追攀。得此望彼意无厌，搜奇剔秀穷林峦。古今人迹不到处，扪萝附葛无时间。山灵逃避不敢见，狂吟直欲登青天。"（《偕启子义夜登湖心亭题壁留别西湖》）

他的游山经验是："游人不到处，景物多幽奇"，"境以数易新，景以猝见奇。"（《西山杂诗》之二）"出山回望山，远看山尤好。"（《西山杂诗》之六）"汝明与步崖，皆从我学诗。岂唯诗当学，学游亦有师。游山亦有道，自古人罕知。但择名胜游，耳游良可嗤。有村山不幽，无树峰乃奇。名山似名士，画饼难疗饥。看山眼须冷，爱山心须痴。人游我亦游，所得真景稀。"（《西山杂诗》）

他视山为友，物我相一："我非此间人，山非此间山。相逢俱是客，对

_____
① 陈衍：《石遗室诗话》，钱仲联编《陈衍诗论合集》，第 24 页。

坐应自叹。把酒问山灵：何年得飞还？"（《飞来峰题壁》）

他游山的体验是："青山不许诗人去，整顿烟岚留我在。一家飞出红尘中，藏向云霞最深处。山居之乐乐无穷，攀跻到处开心胸。天公赐我自然画，四时变化无相同。四时佳景饶真赏，揽秀探奇绝尘想。一枝竹杖两芒鞋，日与山灵作来往。浮名虚利何足云，朱妍紫艳空劳神。尘埃万丈蔽白日，那能浼我山中人。山居无事宜诗酒，畅饮狂吟乐无偶。醉来得句刻山头，我与青山同不休。"（《山居乐》）

他流连青山的程度是："梦中见青山，仿佛曾游处。惊醒不开眸，恐放奇峰去。"（《梦醒偶成》）

他对好友汇报最喜爱的是他自己的旅游行踪："离家二十有二日，得诗四十有九首。寄语京华诸故人，此行我负山川否？日日足不驻，日日手不停。足行不及手书速，一日二诗诗兼程。卢沟发轫动吟兴，从此驿路无虚行。泰山万仞高崚嶒，秉炬夜上云霞惊。黄河千顷朗吟过，蛟螭抃舞同欢迎。徂徕东蒙入佳句，汶沂济漯供酬赓。董帏毛馆疏乡葛里叔子墓，登临凭吊增吟情。兴来欲作平原十日饮，恨他赵家公子难重生。燕赵齐鲁郊徐吴，诗编重叠当舆图。兴酣落笔不加点，旅墙到处纵横涂。惜哉骚坛旧侣不能见，解人难索吟怀孤。不信四海之大少我辈，往来行旅未必知音无。大呼招仙人，为我遍摄诸君魂。随我观涛东海门，随我泛月西湖滨，随我栖真看瑞云，随我葛岭瞻朝暾，随我题遍钱塘之水余杭山。可恨诸君不肯至，聊作长歌寄离思。"（《寄怀京中同社诸友》）

宝廷喜爱山水游，部分原因是借山水以排忧，抒发心中的不快。当然最主要的原因还是喜爱山水游！他对山水的钟情与对诗酒的喜爱程度相与侔，他一生的诗心除了抒写时事、贫困、感怀及唱和联句之外，绝大部分就是纪游。纪游诗约占他所有诗歌的三分之二。

在他所有游踪中，他最钟情的游览之地是北京西山一带。他屡去西山而不厌，原因之一是他少年时在那里生活读书。《灵光寺题壁》云："溪边闲步索新诗，水色山光意自怡。忽听晚钟数声动，蓦然念我读书时。"后注："幼读书寺中，晚钟则归家飧。"他诗集中有《西山集》专门记京西一带山水景物。另外罢官之后写的《家居集》《养拙集》《饭眠集》《再游诗草》《妙峰游草》《游山诗草》等也多是纪游西山之诗。关于西山与宝廷的关系，《清稗类钞·文学类》有"宝竹坡诗豪宕"条云："京西翠微山灵光寺，故闳壮，旁近有翠微公主塔，废池在其下，荷叶数百柄，少花，高柳数株，池上为宗室宝竹坡侍郎廷读书处。盖罢官以后，岁必数宿焉。有泉涓涓出石窦，注于池。生平嗜酒耽诗，好山水游，使车所至，必搜奇访胜，流连旬月不能去……妙峰、香山、翠微、桑乾、戒坛、潭柘诸处，宝之龙门八节滩也。冷家庄、三家店、灵光寺诸处，宝之行窝也。"① 可见京西一带景物幽美、名胜古迹甚多，深深吸引了宝廷，以致使他流连忘返、乐此不疲。试看他在诗中的表述："西山六度穷攀跻，绝壁涂遍石尽缁，两月卧病憎参著，诵诗已病当良医。"（《除夕祭诗》）"我来岩下不计数，新奇习见皆成故。"（《雨后自南庄赴滴水岩》）《题灵光寺》："迩来尽享无官福，四月之中四入山。"这是他游览西山的真情诉说。谈到游览西山的情状，他在《西山杂诗》之一中云："西山百余里，到处恣旋绕。但觅佳处游，夷险不择道。有诗则题壁，口占不起稿。行倦即止宿，粥饭同一饱。岂其博奇观，聊藉抒怀抱。"其二云："游人不到处，景物多幽奇……高峰与深谷，乘兴任所之。岂不觉辛苦，身劳心不疲。"可见他游兴不减、兴致颇高。上述所引"游山经"不少是通过游西山得出的。宝廷对西山景物之熟知，在历代诗人中难有其匹。即如花草而言，诗中就有多种不同的揭示，著名诗评家陈衍曾说："竹坡先生诗，屡言西山花开之盛，如'枫叶宜夕阳，梨花宜明月'，又'依山寺古唯存塔，隔水村遥但见花'，又'涧远微闻水，山空但见花'，又'月下梨花开，花下酒人坐'，又'花气暖春山'，'花林月上影如烟'，读之使人神往。"②

　　除写有很多小诗外，最引人瞩目的是他写了长达二千九百二十一字的《西山纪游行》。此诗作于同治十一年（1872），作者时年三十三岁，《年谱》

① 徐珂编撰：《清稗类钞》，中华书局 2010 年版，第 3951 页。
② 陈衍：《石遗室诗话》，钱仲联编《陈衍诗论合集》，第 305 页。

云："公性喜山水，自丙辰入城奉侍先祖莲溪公，无敢少离。是岁服阙，乃偕伯时先生遍游西山诸胜，为《西山纪游行》数千言。"① 诗以赋体行文，纵横捭阖，按照游踪先后，从西门出发至灵光寺，记录了两天一晚游览西山诸处景点的所见所闻，间以回忆少时在灵光寺所居之事。洋洋洒洒，挥洒自如，堪称诗史上的奇观。

除此之外，赋体旅游长诗还有《田盘歌》。田盘山，因雄踞北京之东，故有"京东第一山"之誉。清朝乾隆皇帝一生三十二次登临盘山，留下盛赞盘山的诗作一千七百零二首，第一次巡幸盘山时，就发出了"早知有盘山　何必下江南"的感叹。盘山西至北京六十公里，似一条巨龙，盘桓于京东。盘山景色以"五峰八石""三盘之胜"之奇特称绝，主峰挂月峰海拔八百六十四点四米，前拥紫盖峰，后依自来峰，东连九华峰，西傍舞剑峰，五峰攒簇，怪石嶙峋，天然形成了"三盘之胜"，上盘松胜，蟠曲翳天；中盘石胜，怪异神奇；下盘水胜，溅玉喷珠。诗歌以"魏巍乎！莽莽乎！"兴起，意在颂美"卓哉田盘山，独立雄幽燕"的气势。此诗纪游与《西山纪游行》有所不同，它不是以游踪为线索，而是先概述盘山的主要概貌以及主要景色，"五峰八石七十有二寺""古今屈指推三盘"，然后再描述各处景点，最后总结其奇特之处——"八奇"，山水木石洞寺人物皆奇特。此诗与《西山纪游行》相比，不仅篇幅长，体物写貌也更为细致逼真，中间还有较为详细的游踪及景点注释，让人易于了解，他把山水诗当作古赋来写，是诗史上的一个创举。这源于他对诗赋关系的自我认知。《西山纪游行》前言云："古无诗也，文不已而诗生焉。诗者，文之韵者也。古无赋也，诗不已而赋生焉。赋者，诗之长者也。自其流而言，赋也，非诗也；诗者，非文也。自其源而言，赋者，诗也，无非文也。文赋不厌长，诗之长者，'庐江小吏'后不过数篇。论者谓诗体殊文赋，不宜长，长必冗。余不谓然。拘者视文、诗、赋为三，通者视三如一。以文赋体为诗，长胡不可？西行归，作纪行一首，长二千九百二十一字，体兼游记、古赋而用之，志在纪实，不免繁杂，

---

① 寿富等编：《先考侍郎公年谱》，《偶斋诗草》附录，第 994 页。

观者幸勿以常法绳我。"① 他打破了诗赋两种文体间的界限，以赋体纪游，颇有开创意义，因此，陈衍评云："其《西山纪游行》《田盘歌》及《七乐》三长篇，皆一二千字，可当游记古赋读。"②

除了北京周边的山水，宝廷其他的山水诗主要是他典试浙江和福建途中所作，编成了《使越集》和《使闽集》《武夷集》，另外还有《田盘集》和《东游集》，后两集是他游览京东地区的结集。按照满洲旧制，皇族、宗室子弟是不能随意越出京师周边的，除非公务出差或驻防外地。宝廷的乡试典试带给他游览沿途风光的机会，特别是江浙八闽一带的灵山秀水给他留下了不同于中国北方风景的观感和印象，这些幽美的诗篇得益于江南地区的江山之助。如《姑苏》云："姑苏城外早秋天，趁此新凉好放船。一片晚霞连远水，乱峰残照带昏烟。回头故国逾千里，弹指前游又十年。幸有故人遗双鲤，迢迢聊把别情传。"《钱塘》云："富阳风景好，终日倚蓬窗。天尽连沧海，山开出大江。乱峰排岸送，回溜逆舟撞。多少离乡感，愁来借酒降。"苏杭等地迥乎故乡的景致美不胜收，竟然引发了诗人的思乡之情。《富阳》则是全篇写富春江的美景，诗云："无水嫌山枯，无山嫌水俗。我爱富春江，上下同一绿。乱山扼江流，数里一回曲。烟岚并水光，不雨山如沐。奇峰倒影垂，明镜照碧玉。孤城带荒台，野寺连修竹。"这种山水碧绿同色的江南景象的确让宝廷喜爱不已。《重游焦山》一诗云："焦山擅名胜，风雅本无双。一水亘沧海，孤峰分大江。景幽诗易得，寒重酒能降。故友诗僧在，聊吟话碧窗。""景幽诗易得"即是江山之助的明白表达。可以说，宝廷京外山水诗的创作，丰富了他这类诗歌的内容，于京西京东的诗篇之外又开拓出了另一番境界。

四、难以忘怀的时事

宝廷生活的时代，正是中国近代一步步走入深重苦难的时期。可以说，

---

① 宝廷：《偶斋诗草》，第 576 页。

② 陈衍：《石遗室诗话》，钱仲联编《陈衍诗论合集》，第 24 页。

近代的很多重大事件都伴随着宝廷的成长过程。年轻时期的宝廷，也曾怀抱远大的志向，希冀杀敌报主，建功立业，二十六岁时写的《送人楚北从军》，就表达了这样的壮志，诗云："男儿生不成名宜早死，焉能困顿老乡里？腰间宝剑气如虹，不报私仇报国耻。茫茫四海多烟尘，鲸鲵余孽犹纷纭。坏云倒地大将死，齐东楚北腾妖氛。丈夫有才不报主，食毛践土何为人？南风炎炎碧天热，红日烧空片云绝。酒酣脱剑送君行，击案高歌声激烈。黄鹤楼，鹦鹉洲，荷戈驱马好同游。羡君得志展骥足，愧我与俗同沉浮。妻孥朋友不足恋，不净烽烟莫相见。"高朗大调，气魄豪迈。作为宗室成员，宝廷是维护满族统治阶级的。在他高中进士后，积极上进，努力作为，备受重用，一再受到擢拔，从翰林院庶吉士，到编修、侍读学士、内阁学士兼礼部侍郎，再到正黄旗蒙古副都统，官职二品，仅用了十多年，期间还两次充当乡试正副考官，可以说迈进了统治阶级的高层，前途无量。但处于王朝末期的晚清政府和社会，已经到了江河日下、日之将夕的晚期，政治、经济、社会等诸方面都弊端丛生，难以救药，吏治和社会风气更是糟糕透顶。在此情形下，宝廷仍然关心国事，勇于直谏，匡正时弊，以为清廷起到"补天"的目的。他与张之洞、张佩纶、陈宝琛等人组成"清流党"，意气风发，议论国政，纠弹污吏，一时朝野昏庸贪鄙之徒无不闻风丧胆。林纾称赞他："区画时政，节概凛凛，以为王韩城、孙文定后一人也。"① 他在《谒韩公祠恭赋》中云："我生好诗兼好直，欲将狂妄惊乾坤。背翻诗草写谏草，高吟不怕苍天闻。丈夫岂屑作才子，直节妄想垂千年。"直谏箴言，挽狂澜于既倒，是他们的手段和目的。当然，宝廷还有更为宏大的抱负和理想，这就是以文章报国，追求"直节妄想垂千年"的千秋不朽业绩。但书生空有抱负，纸上谈兵，不仅解决不了任何实际问题，而且又招致朝中人人侧目。随着恭亲王奕訢、大学士李鸿藻的被罢免，"清流党"徒个个或被免职，或被遣出京师，最终落得个树倒猢狲散的结局。他有诗云："圣朝开言路，讲幄有四友。忽忽六年间，凋零怯回首。何逊死扬州，全终名不朽。叔度幸贵显，在外已成叟。公

---

① 林纾：《偶斋诗草序》，宝廷《偶斋诗草》前序，第 2 页。

虽得奇祸，天数亦非偶。功过公论在，何劳强全剖。贱子独不才，休官罪自取。补赎叹无从，天恩负高厚。养拙甘长终，思归田无有。"（《立夏前一日送张幼樵之军台》之三）诗中充满了浓郁的悲怆之情。

作为诗人，宝廷用诗笔记录了他生活时代的时事，这些时事前后达几十年，多是近代史上发生的大事。如《四海》云："四海何年得止戈，九天虚沐好恩波。寇兵方报全离境，飞骑俄传已渡河。师少远谋防枉密，军无定策将空多。豺狼满地须除尽，且莫匆匆奏凯歌。"此诗作于 1867 年，该年捻军大战清军于湖北尹隆河（今永隆河）一带，挫败清军。同年 12 月，东捻军被清军镇压。光绪四年（1878），他作《收新疆》一诗云："旧境一朝复，飞章达紫宸。共传除积寇，竟使入强邻。射匮沉沦久，于阗扫荡新。鲸鲵闻尚在，珍重念元臣。"表达了对收复新疆的喜悦之情及对能臣左宗棠的赞许。此后又作《收新疆》一诗，在欣喜之余，尚有忧思之情："十载苦征战，勤劳将帅同。班超真有福，李广竟无功。已喜边疆靖，还忧府库空。中原多饿殍，祷祀望年丰。"新疆位居清代西北边陲，倍受沙俄的觊觎，是近代陆防最为危险的区域。"还忧府库空"，作者指出了忧患所在。1884 年爆发的中法战争是宝廷极为关注的一场战争。战争初期在越南进行，后法军乘交涉之机突袭福建马尾港，将停泊在里面的舰只击沉，官兵伤亡惨重，福建造船厂也被击毁。关于失败原因，一是清政府心存妥协之心，和战不定。二是指挥人员不谙军事，书生典兵。宝廷在诗中对此有较为详细的反映。《拟杜》其一云："海峤徒望奏凯歌，兵连祸结叹如何。干戈暂息忧翻天，渠师虽歼寇尚多。漫诩筹防已周密，须知赏罚莫偏颇。敌强休虑难坚守，战胜奚愁不易和。"他认为战争局势，敌强我弱，应周密布置，赏罚分明，不宜鼠蛇两端、犹豫不定和轻易惧敌。另一篇题为《拟杜》其一又云："闽峤东南重，轻抛付海滨。书生冲大敌，要地误庸臣。险阻夸千古，筹防说几春。江干船坞好，一旦让强邻。"诗中总结了战事失败的原因主要在于书生轻敌与庸臣指挥失策，准确地把握了战局中我方的弱点。第二首诗则是关怀老友张佩纶的安危及将士们的英勇死战。这些诗作均表现出宝廷对时局的关注以及其敏锐的洞察力。只可惜他短于寿岁，1890 年就溘然长逝。如若假以时年，其后发生的重大历史事件都可能在他诗篇中得以反映，较为完整的中国近代历史的足迹定会在他的视野中呈现出来。

随着宝廷淡出政治舞台，先前的政治热情不再。被罢职后，与故人及门生日日游山玩水，结社唱和，很少谈及政事，"有以时事问者，则默然不答。而数岁中，凡遇时事之艰难，一发之于诗，或酒酣高歌，继以泣下"①。不谈不等于不关心，而是一如既往地加以关注。面对危局，他由衷地发出"中华万古此时难"（《乐善园偶成》）的慨叹。继之发扬杜甫的以诗纪事、以诗补史的优良传统，写了十多篇纪事诗，这类诗多是拟杜诗或用杜诗韵写成，具有很高的诗史性质。

我们可以看到，每逢宝廷游山玩水时，他心情好，兴致高，可以暂时忘却国事的烦恼。而每当听到战事时，又立刻变得忧郁满腹。《深忧二首和子美韵》之一云："醉后朱颜在，春来白发稠。气销埋狱剑，风阻济川舟。恩重身难隐，时艰官幸休。升平谁可答，空费杞人忧。"

他的心情是复杂的，既替朝廷担忧，又庆幸自己已经罢职，所谓"无官一身轻"，有杞人忧天之嫌。在之二中又云："世乱岂无已，吾生赖有休。廿年闻训练，今日复何忧。"一想到军队经过了训练，可以抵御强敌了，就不再有所顾虑了。有时他纵游山水完全是由于忧愁国事，如《和子美原韵约游西郊》："兵荒皆可死，陋室何足危。中华多外患，万古安乐稀。浊醪如战血，早起已三杯。岂真性耽酒，有忧触我怀。一事堪傲君，旦夕难断炊。余生知几多，不游将何为。"饮酒与郊游是为了打发挥之不去的国难之思，正如林纾所云："（宝廷）尝独行入西山，履危崖，扶长松，哦啸终日弗出。樵夫牧竖，见者咸以为异，而不知公郁伊之深，姑以山水发其诗，终且以诗殉其身也。"②

1884年既是中法战争之年，又是作者罢职第二年。该年作者纪事诗写得最多，可见作者并没有忘怀时事，而且为国揪心。该年所作《烽火》一

---

① 寿富等编：《先考侍郎公年谱》，宝廷《偶斋诗草》附录4，第1012页。

② 林纾：《偶斋诗草序》，宝廷《偶斋诗草》前序，第2页。

诗，反映了当时面临的危局："蛇豕方环视，豺狼久暗藏。内忧纵能弭，外患亦难当。未守何言战，先安始得攘。珠崖汉曾弃，奇策漫轻尝。"偌大的古老帝国内忧外困，危机四伏，既要安内又要攘外，困难重重。他以丰富的历史经验，告诫不要重蹈汉元帝时期轻易遗弃珠崖郡的覆辙。其后他写了十余篇《拟杜》诗，以诗心写时事，篇篇直击时弊，阐明观点，表明立场，令人诚服。

有些诗是乱世危言，直刺当时国运危机，如：

《拟杜》其二云："南中守备久虚空，得闲堪乘敌必攻。刚说戈船窥马尾，又闻战舰突鸡笼。"言说东南沿海危机四起。

《拟杜》："兵车顷刻变衣裳，天下纷纭赖一匡。战本危机端已启，和原美事患难防。已无余地军仍退，剩有虚名国未亡。回首周京四千年，几回白雉贡炎方。"战端已起，军队不堪一击；国徒虚名，大厦将倾，危如累卵。

《拟杜》其二："难云玉帛与干戈，蒿目乾坤唤奈何。空有儒臣争主战，几闻大将但言和。权谋谁似虞彬甫，鑱铄徒存马伏波。偃武息民原美事，貔貅怪底聚多多。"儒臣主战，大将言和，和战乖张。

有些诗慨叹国中无人，难有胜算，盼望有能将出现，如：

《拟杜》其一云："蛇豕原知势剧狂，无厌贪壑岂能偿。和拼忍辱难为国，战纵连兵讵底亡。就使匈奴围汉帝，终教猃狁服周土。只愁冲主无良佐，艰钜仔肩孰敢当。"面对列强的咄咄攻势，应该同仇敌忾，具有战胜敌人的信心和勇气。

《拟杜》其二："为惧兵端启，急求和议成。纵教盟不败，亦恐约难行。己尚矜深虑，人空惜盛名。西平唐老将，应识吐蕃情。"用唐代反叛名将李晟多次打败吐蕃拯救德宗的故事，希望有经验的名将救国于水火之中。

《寄怀陈伯潜》其一："世变至今极，纷纭夷夏同。人心思决战，天运欲和戎。应敌钦彬甫，正名希郑公。前贤讵难继，拭目望奇功。"作者在国运困顿中仍然盼望有"奇功"出现。

"与君生不幸，值此时事艰"（《送张孝达前辈巡抚山西》）。宝廷生当民族多事之秋，为当局建言献策，直言敢谏，殊为可贵。本应在政治上有所作为，可是由于国势的衰微和个人性格的缺陷，而至于毫无建树，亦可悲哉！
这是一个时代的悲剧，在宝廷身上表现得尤为突出。

五、民族感情与对民瘼的反映

作为一名满洲宗室子弟，与皇室有一种天然的血缘关系，宝廷也在诗
中表现出对本民族的特殊感情。他之所以科举出仕，除了个人前途和家庭原
因外，也有报答皇恩、光宗门楣之情在。《咏怀七古》云："人生当自励，莫
随流俗移。随分宜自尽，爵位何尊卑？上酬天恩答食践，下承先德光门楣。
幽报慈母慰泉壤，明养老父安明颐。立功立名表天壤，抗怀往哲追遗徽。"
一旦达到报恩耀祖的目的，就"功成挂冠"，退隐山林，过一种优哉游哉的
生活。这又与中国传统士大夫功成身退的思想同出一辙。他在被罢官后又时
常为不能报国而深感羞愧，如《寄怀陈伯潜》之二："四海又新秋，偷生自
觉羞。日遥夸尚逐，天怒杞仍忧。名为狂愚得，官因放佚休。屏居亦无苦，
报国愧朋俦。"应该指出，这里所谓"报国"，实际上是报答皇恩。尤其在他
罢职后又被赏衔，这自然是汉人无法得到的待遇，他也对朝廷深表谢忱，连
写两诗表达此意。《蒙恩赏加三品衔恭赋》云："两年守蓬荜，暂复入朝门。
圣世喜行庆，闲身愧受恩。匡时难善策，越分敢多言。唯祝烽烟息，无疆乐
寿萱。"《十月既望午门外朝房谢恩恭赋》云："朝房门不掩，独坐已残更。
落月平连阙，寒星曲抱城。当年登甲第，曾此拜恩荣。回首成何事，新衔愧
圣明。"在贫困加身、穷途末路的情况下，唯有表达愧对圣朝、恭祝朝廷平
安才能显示宝廷此时此刻的心意。不仅如此，晚年的宝廷还在诗中表示"讳
言祖德"之情，《醉后赠韵清族侄》其二云："相见即饮酒，酒酣同泪潸。怕
人言祖德，愧我值时艰。战舰连江海，烽烟结触蛮。屏居叹衰病，莫负尔朱
颜。"我们知道，宝廷的祖先功勋显赫、声名远播。他曾在二十九岁时挥写
《咏怀七古》长诗，回顾家族的光荣历史，诗的开头云："大清策勋封诸王，
赫赫郑邸威名扬。文功武烈耀史册，祖宗累代流芬芳。越我曾祖少司马，陪
都著绩安边疆。士民感戴颂广佛，神灯仙蝶徵嘉祥。我祖早逝志未展，我父
继嗣传书香。""郑邸"即指郑亲王济尔哈朗，而济尔哈朗乃努尔哈赤之孙，

满洲镶蓝旗旗主。陈诗《江介隽谈录》曾详细梳理了宝廷家族的谱系，"宝竹坡侍郎诗"条云：宝廷"系出显祖宣皇帝第三子舒尔哈齐支下。舒尔哈齐生九子，第六子曰济尔哈朗，以开国功封和硕郑亲王，卒谥曰宪。次子济度袭爵，改封简亲王，卒谥曰纯。五子雅布袭爵，卒谥曰修。三子阿札兰以支子别封辅国将军，生十一子，第十一子德崇未仕卒。有子广敏，官盛京兵部侍郎，生六子。兴隆居长，早卒无嗣，以季弟兴定子常禄为嗣。常禄字莲溪，以进士官翰林院侍读，即公之父也。"① 简言之，他是郑献亲王济尔哈朗八世孙，祖上如此辉煌，而他一生竟然一事无成、穷困潦倒，不仅无法振兴家业，就连延续家族的光荣历史都无从谈起，难免有愧对祖先、羞言祖德之情结深梗于怀。其实，他的祖先与皇族本是同一世系，羞言祖德与愧对皇恩也就有了近似的意义。

　　除此之外，宝廷还写了数量不多的反映民生疾苦的诗篇。这些诗篇，多是外出时见闻的记录。光绪四年（1878），山西、河南大闹饥荒，京师苦旱，他在右庶子任上上书《救荒四条》《请开言路》及《下诏罪急，拨内务府用款》诸疏，请求赈灾，并作《河间民》《中州女》两诗。《河间民》中的农民失去耕地，不得不常年流浪在外，"老弱满车载，憔悴面如鬼"。由于人数众多，即使有清官开仓赈灾，也几无所获。《中州女》中的二女更为凄惨，诗云："吴客来中州，息辕投旅次。入门见二女，涕泣求为婢。客言旅囊拙，路远难携带。大女跪不起，苦求救厥妹。与其同一死，不如各为计。虽难延继嗣，骨肉孑遗在。客出买衣归，小女独垂泪。问女何为泣？道姊归屠肆。疾趋共往视，女尸卧平地。泥血半模糊，面目犹可记。始知家无食，二女肉已卖。小女幸逃死，大女充羹脍。哀哉复哀哉，人命如犬彘。大吏解组归，儿女饱酒食。"由于饥饿无奈，二女竟然出卖自己的肉体供达官贵人品食，令人震惊！

　　光绪八年（1882），宝廷在前往闽地主持乡试途中，目睹中原一带哀鸿遍野的惨象，有感而发写成《偶成》一诗："前岁晋豫旱，百万开仓庚。报

---

① 王培军、庄际虹校辑：《校辑近代诗话九种》，第50页。

灾恨不早，饿殍遍北土。救荒贵神速，实惠泽乃普。钱漕不须吝，爱民有圣主。欲言口难开，奇灾空目睹。"《冬日叹》（用杜少陵《夏日叹》韵）云："冬日朔风冷，穷民纷满街。齐燕同水灾，赈济仓屡开。三九无快雪，时序似少乖。积水久不涸，千里无尘埃。死者随波涛，生者卧沙泥。菽麦敢望食，难觅蒿与莱。县官如木偶，吏役如狼豺。朝廷费银米，小民安得哉？灾沴叹如此，阴阳何由谐。穷居自闭户，困守谁与偕。"是诗写山东河北一带闹水灾，致使死者遍地、生者不起。更可贵的是，作者揭露了官吏不为、差役凶恶如豺狼的现象。即使在平常年份，人民的生活依然贫困。《舆夫感暑死哀之有作》一诗记载了"舆夫为微利，冒暑猝殒殁"之事。总之，近代中国平民的贫困和悲惨遭遇在宝廷笔下也有反映。

六、宝廷诗歌的艺术特色

宝廷的诗歌创作在近代满族诗人中不仅创作数量居多，而且质量上乘，被誉为"晚清八旗诗人，当推第一"①。

宝廷论诗赞赏诗言志抒情功能。他曾在《笔记一则》中自述云："言诗者动言《三百篇》，此门面语耳……《三百篇》原无意求工，所谓'诗言志'也。后世诗则有意求工，虽李杜之工者，亦未必尽合《三百篇》；而诗之不工者，却颇有合者。作诗者欲自高其诗品，动援《三百篇》以标门面，而实不能首首宗之；取诗者亦欲自高其诗教，动援《三百篇》以标门面，而实亦不能首首以为衡而取之。今诗与古诗已成两道，而大家同以门面语自欺而欺人，诚可笑也。余尝谓于今取诗当分两种：一专取合《三百篇》者，不必论其工不工，乃合圣人诗教；一专取其工，但得不大悖《三百篇》即可取，不必强作门面语。若害理伤教之作，虽极工亦不可取，庶免为诗教罪人。作诗亦当以此为法，虽不能首首宗《三百篇》，亦不可但求工以悦俗而致败诗教。拙稿他日拟分四集：合《三百篇》而工者为内集，合而不工者为内次集，工而不甚合《三百篇》者为外集，其不甚合而复不甚工者，姑存之外次集。虽

---

① 袁行云：《清人诗集叙录》，第 2780 页。

不足存，究亦煞费心血，尽弃之亦可惜也。若大悖《三百篇》者，虽工亦不可存，存之徒取悦俗目，不唯圣人论诗必不取，即真知诗者，亦不取也。"①《三百篇》是我国诗歌创作的源头，开启了言志传统，后世每每以之为准绳品评诗歌，宝廷深以为然。但他反对动辄以《三百篇》相高而自作门面语、欺人语，主张作诗重在抒写自我、抒发真情，使诗歌真正成为言志抒情的工具。他将自己的诗作分为四类，就是以《三百篇》为标准的。他还在《拟嵇叔夜幽愤》诗前言云："诗言志，言不由衷，何为诗?"②该诗只是在形式上模拟嵇康的四言《幽愤诗》，却是真情的发作。关于"拟"诗，宝廷发表了一番自己的见解，他在《有所思》诗后论道："古乐府已失传，不能尽解。学诗者但当学其神味，不必拟其形相。然拟古一派，其来已久，笔墨游戏，亦未必不可为。既曰'拟'，则不可不似。兹效填词之例，字句摹仿之，而用其意则不敢蹈袭。盖词亦后世乐府，词既有定式，乐府或亦有定式也。虽不免优孟衣冠，然较之袭其意而不蹈其形者，或尚胜之。"③又云："自来拟古者唯学其貌，如小儿摹字，处处随人，纵摹效逼肖其妙，仍非己有，最为下品。才高者耻于随人步趋，恒自出新奇，又乖拟古体裁。拟古云者，当拟其神，而亦不可弗拟其貌，必神貌皆肖，乃不负一'拟'字。不然，遗神取貌是袭古，非拟也；遗貌取神是学古，亦非拟也。"④学古人诗，不可只学其貌而遗其神，所谓步趋他人，优孟衣冠。但"拟"诗则有所不同，不仅神似，貌亦当似，要"神貌皆肖"。尽管如此，性情却应当是自己的。所以，他的诗集中出现的少数"拟"诗，虽然形式上与神理上与古诗相似，表达的却是一己之情，这与他同时代的诗人包括汉族诗人有着较大的不同。

　　针对当时诗界一味拟古的弊端，他反对"而今无故作文士，儒冠压人人欲死"(《我恨行》)的现实状况，主张作诗必求真，直抒胸臆，追求毫无检束的性情之作，他的诗是他心志情感的自然流露。如《元日未旦与善汝

---

① 宝廷：《笔记一则》，《偶斋诗草》，第 1 页。
② 宝廷：《偶斋诗草》，第 393 页。
③ 宝廷：《偶斋诗草》，第 122 页。
④ 宝廷：《偶斋诗草》，第 205 页。

明寿富饮酒醉后偶成》云："偶斋今年真吉利，元日未旦已大醉。债主已散客尚留，纵饮欢呼何顾忌。去年宿酒犹未醒，今年新酒重解酲。两年酒气并一腹，酒肠狭窄应相争。汝明年少耽诗酒，大儿诗才亦小有。莫笑老夫太颓唐，一十年前亦黑首。传闻正朔华夷异，我甫中冬彼新岁。世间万事生人心，新旧在天本无意。慨彼飞潜亦天生，岁月推移岂知记。乘化待尽等如斯，盛衰感触何多事。风翻爆竹天有声，仿佛海上飞炮鸣。我辈穷居犹饮宴，幸生敢自嗟虚生。君不见鸡笼山下刘将军，令节枕戈殚苦辛。又不见马尾江头张学士，屠苏饮醉卧待罪。此时应羡我与子，醉饱安闲忘誉毁。今朝有酒须饮空，一年忧乐从此始。"这样的诗完全剖白自己的生活经历，毫无矫揉造作之感，通畅明白，夫子自道。林纾《偶斋诗草》序云："（宝廷的诗）宅心于虚静，无劳情苦虑，理不郁而辞不溺。"① 当是这种追求的表现。

其实，作为一个具有很强审美能力的诗人，一个艺术家，宝廷不仅反对蹈袭古人，而且主张独创，不步趋前人，他曾自言："子美善仿古，余每喜新"（《读苏集示子美》）；《焦山定慧寺醉后书带戏赠芥航上人》中亦云："金带非同玉带，竹坡敢望东坡？好古别有妙法，不落前人臼窠。"看来，他是把创新作为一种自觉的追求，创作出了具有自己个性特点的诗篇。

如前所述，宝廷是一个性情中人，他不为生活环境所拘囿。与之相适应，最能体现宝廷创作个性和精神气质的是古体诗，包括长篇古体和一部分古体小诗。长篇古体如《七乐》《西山纪游行》《田盘歌》，袁祖光《绿天香雪簃诗话》评为"皆滔滔汩汩数千余言，不在古人范围中，极才人之能事"②。小诗如《许由瓢》："洪水满天下，只取一瓢饮。士各有志，圣人不禁。赓舜歌尧，不如一瓢。瓢犹弃，况为帝。"《发币谣》："速发币，币金一铢民一命。早发五日死有剩，迟发十日民死罄。速发币，发何时？国发速，民发迟。上天三日雨，民田得几许？"《苏秦》："连横易，约纵难；纵常合，六国安。六国御一秦，犹复难存。六秦谋一国，暂息更难得。纵横人虽妾妇道，

___
① 林纾：《偶斋诗草》序，宝廷《偶斋诗草》，第2页。
② 袁祖光：《绿天香雪簃诗话》，宝廷《偶斋诗草》附录，第957页。

辨才有用亦云好。吁嗟乎，如斯妾妇世亦少。"自由活泼，不拘一格，耐人寻绎。

宝廷的古体诗往往纵横驰骋，豪放俊逸，具有满族诗歌的突出特征。《除夕祭诗》《仲春望后三日消寒九集是日九尽》《雨后自南庄赴滴水崖中途云复大作到崖小憩冒雨而归戏成长歌》《看云歌》《赠文镜寰》《雪中放歌》等都是其中的代表之作。如《雪中放歌》云："君不闻昔时党氏家丰亨，雪中歌舞飞瑶觥。羔羊酒酹销金帐，不屑扫雪团茶烹。奢华虽未能免俗，风流亦足移人情。又不闻浩然孟叟居襄阳，诗才清逸齐储王。雪中曳杖踏寒玉，远寻高岭梅花香。高情逸趣迥无匹，岂与俗士争低昂。更不闻南朝高士王子猷，胸襟冲淡陶公俦。平生爱竹兼爱雪，雪中曾泛山阴舟。到门不入竟遄返，往还不与恒人侔。良辰美景乐何极，韵事果足垂千秋。嗟乎！古人雪中皆有乐，笑我贫居太萧索。茅庐抱膝愁倍虐，鄙句厘词昨自作。既难斟酌坐华堂，又难看花历岩壑。欲远游兮畏苦寒，更难泛舟寻旧约。踏雪未得入西山，行雪直欲如东郭。断桥学满缺舟行，灞岸雪深无蹇策。徒然闷坐敝庐中，苦吟雪诗学战白。拈毫浩叹气难舒，严寒凛冽侵肤革。朔风卷树寒云低，暮钟急敲鸟不啼。天地惨淡白一色，难分南北与东西。黄昏之后飞愈大，柳絮轻盈整兼碎。寒风不动暮云平，远近寂然销众籁。积雪晶莹绕画檐，贫莫能赏心良惭。寄语滕君毋自误，从今不必霏此处。"诗歌发兴无端，气势壮大，以"君不闻"起首，列举唐代诗人孟浩然、魏晋名士王子猷等人在雪中的潇洒风流，迥异于流俗，抒发自己的感慨，境界高远，色彩瑰奇。诗篇一气呵成，挥洒自如，淋漓尽致，读后不禁令人掩卷叹息。

其实，宝廷这种风格的诗多取径于杜、韩，杜诗中的以叙事手法为诗，韩愈的以文为诗在兴象玲珑、不可凑泊的盛唐诗风之外别开生面，虽被目为"别调"，却开启了另一种书写范式，这就是用赋的铺排和散文的句法写诗。清人管世铭认为："杜工部五言诗，尽有古今文字之体。《前后出塞》《三别》《三吏》，固为诗中绝调，汉、魏乐府之遗音矣。他若《上韦左丞》，书体也；《留花门》，论体也；《北征》，赋体也；《送从弟亚》，序体也；《铁堂》《青阳峡》以下诸诗，记体也；《遭田夫泥饮》，颂体也；《义鹘》《病柏》，说体也；

《织成褥段》，箴体也；《八哀》，碑状体也；《送王冰》，纪传体也。可谓牢笼众有，挥斥百家。"① 陈仅在《竹林答问》有这样的问答："问：唐人五言长古，或推杜老《北征》，或推昌黎《南山》，以何诗为胜？太白《经乱忆旧游书怀赠江夏韦太守》诗，书体也。少陵《北征》，记体也。昌黎《南山诗》，赋体也。三长篇鼎峙一代，俯笼万有，正不必以优劣论。"② 上述两人所分析的唐代三大家的五言（诗）长古，各有各的体式，各有各的特色，但都兼取众长，铸成诗体，不愧为我国诗史上的奇葩。尽管关于杜诗《北征》两人看法存在差异，但《北征》的散文特性却是不争的事实。诗歌的散文化，使得诗人们的抒写变得生动流畅，纵横驰骋，可以极大地发挥个人的才性。作为清代满族最有才气、最具个性的诗人之一，宝廷不仅喜欢这种不拘一格的诗体，而且其创作个性在这类诗中有着极好的展现。他曾自言"侵陶伐谢盟杜韩"（《答文镜寰先生》），也说明了他对杜、韩的敬仰之情。除了上述提到的三篇长篇古体外，这样的诗作尚有许多，在此举《登妙峰望南山云》一诗为例。诗云："青山回头忽成海，白波浩浩冲空起。迷漫一片不见天，万壑千岩顷刻改。山僧向我言：此是南山生白云。凭高纵眺惊神魂，霜烟雪雾飞氤氲，素车白马来纷纭。激流涌玉涛掀银，高峰峻岭生狂澜。疑是山灵海若互游戏，移形易象有意惊游人。有时云忽开，半空一角伸危崖。有时云忽合，岭岫迷离气相接。有时云忽高，峰头截去留山腰，有时云忽低，山顶突出如著衣。狂风一阵卷云过，乱山历落随云飞。仰空大笑倚岩树，青山复归海已去。"运用散体笔法，兼用铺排，使诗歌开合自如，奇偶相间，起伏跌宕，堪称诗作中的佳构。

　　除中长篇古体之外，宝廷还写了大量的近体诗。这些诗包括抒怀、题咏以及山水诗，其中尤以山水诗最为人所称道。他唐宋兼采，博取众长，年轻时即获当代王维、杨万里的声誉。翻检其山水近体诗，确实颇有王、杨遗风。如《秘魔崖题壁》云："雪后山气清，仲春如深秋。落叶满涧底，冷泉

---

① 管世铭：《读雪山房唐诗序例》，郭绍虞编选《清诗话续编》，第1546页。
② 陈仅：《竹林答问》，郭绍虞编选《清诗话续编》，第2229—2230页。

冻仍流。阴岩聚余寒，枯苔残雪留。静坐人语绝，悄焉忘乐忧。问君何能然，此心无可求。"《南庄》云："南庄信佳处，山水共幽僻。倚仗临清流，目快心亦适。山寒尚有花，草浅犹露石。韶光忽已暮，良辰当共惜。"他惯于清幽之境，陶醉于大自然之中，创造出一派静逸空明的诗境，将自然与心灵合而为一，将自然的美和心境的美融为一体，将禅宗的静默观照与山水审美体验合而为一，颇具王维山水诗的神韵。而尾联又有陶潜淡泊心智、随机感悟的特色。《山中早起》云："山深春气迟，林花始半发。独步怯晓寒，倚石暂休歇。微风吹云开，忽见岭头月。"《早晴》云："雨止云未收，纷飞岩谷满。朝阳初上岭，晴光明照眼。微风筛云开，仓崖露几点。"通过细致的观察，他能敏锐地捕捉到景物变化的瞬间，并用浅近自然的语言把所见所感表现出来，并且写的饶有趣味，这和杨万里笔下的山水如出一辙。王维、杨万里同为描写山水景物的大家，诗至近代乱世，还能出现这样的情系山水、在山间往还优游的诗人，焉能不让人欣喜甚至关注？当然对于这一点，宝廷有着自觉的意识，他自言"小臣诗笔近王维"（《大考左迁》），说明他对王、杨等人是有意识的学习借鉴。不仅如此，宝廷对诗史源流有着精到的见解。《平等阁诗话》卷一云："宝竹坡侍郎尝曰：'学韦柳先学其自然，此韦柳学陶体也，次学其清秀，此韦柳学小谢体也。至柳诗中有写怨者，则兼学骚也。非惟韦柳，王孟亦陶谢兼学，又学韦须澹古，较柳尤难。'"① 这一诗学路径，可以说宝廷把握得非常准确，颇有不易之论。难怪陈诗在《江介隽谈录》"宝竹坡侍郎诗"条这样评说："公诗早年雄杰自熹，晚年多尚冲淡，尤嗜韦、柳、白傅诸家。吴北山先生尝学诗于公，述公五十自书春联云：'人见恶犹如往日，自知非岂独今年。'观此则当时邪枉丑正，实繁有徒，公特默烛于几先，假辞以自求退耳。"② 作为一个艺术成就显著的诗人来说，风格的多样性及诗风的前后不同正是其创作的特色，宝廷正是这样一位在当时名满诗坛的满族诗人。

---

① 狄葆贤：《平等阁诗话》卷 1，张寅彭《清诗话三编》，第 7039 页。
② 王培军、庄际虹校辑：《校辑近代诗话九种》，第 53 页。

关于宝廷诗歌的总体风格及在近代八旗诗史地位，汪辟疆先生从诗歌的地域特征这一角度评论道："余谓偶斋诗格，在河北为别派，和平冲淡，自写天机，于唐宋兼有乡先正邵击壤之长，在《熙朝雅颂集》则与味和堂（高其倬）、太谷上堂（梦麟）为近。语近代旗籍诗人，偶斋高踞一席无愧也。"① 洵为确论。

第二节　觉罗诗人廷奭的诗歌创作

一、廷奭的诗观与诗歌创作

> 安见吾非小谪仙？极狂翻似傲青莲。几回酒兴因诗渴，一片冰心抱月眠。壮胆挐舟思泛海，高歌投笔欲扪天。性灵助以吞牛气，肯使古人成独传。

这是觉罗少年天才诗人廷奭的《述怀》诗，诗歌表达了自己嗜诗为命，高歌奋进，欲开拓新诗境的豪情壮志。

廷奭，字紫然，号紫然居士，又字棠门，又号饭石道人。他自叙甲辰年生人，应是道光二十四年（1844）。其父崇恩（1802—?），字仰之，别号香南居士、语铃道人，官至山东巡抚、内阁学士。政事之余，不废吟咏，有《香南居士集》二十三卷，其收诗数量在满族诗人中罕有其匹。廷奭受家风影响，七岁能诗，终生乐此不疲，其诗体沉浸、浓郁、跌宕、豪放靡不有之，存诗八卷，共千余首，此外尚有《小香髓词》二十余首。钟珂说他"深于音律，尤精画本，英姿天亶，时人罕其匹"，"托思于言表，引情于趣外"。②

古典诗歌发展到近代，多数汉族诗人和诗论家囿于成法，争唐论宋，

---

① 汪辟疆：《近代诗派与地域》，《汪辟疆说近代诗》，第 33 页。
② 廷奭：《未弱冠集》钟珂序，《清代诗文集汇编》第 757 册，第 641 页。

要么宗唐，要么趋宋，要么以汉魏六朝为尚，复古论调层出不穷，甚至堕入拟古泥沼不能自拔，就是不能自由抒写个性，背离了诗歌作为言志抒情的品格，失去了诗之为诗的本来面目。八旗诗人无论在诗歌观念上还是在创作实践上都与之大相径庭。由于满族民族文化所致，他们未受此濡染，而是普遍追求诗风的质朴，诗情的自由抒写，并以之作为抒发性灵的工具。廷奭作为一个天才诗人，诗风与其他满族人质朴之风相比，显得华艳而有文采。他既有诗才，也强调作诗天分的重要性。在《未弱冠集》总序中，其云："诗，发乎性灵，天籁也。是以有慧根者，任天而动，抒写性灵，不必规仿古之某人而异曲同工，不难拔戟自成一队，岂独其学力使然欤？实则天性之所具有以自沦其灵源耳。否则，骛远好尚，勉强学步，犹之乎三五岁小儿欲作老人语，匪惟不肖，亦可嗤之甚也。"① 他反对趋时好尚，亦步亦趋，在古人故纸堆里讨生活，主张独抒性灵，不落格套。肝胆和性灵是他经常言说的两个关键词语。肝胆，意在强调诗人要有胆量，不为成法所囿，自抒怀抱，"拔戟自成一队"；性灵，则强调诗人要有灵机，诗才敏锐，善于发现生活中的真趣。

廷奭耽吟适性，19 岁时已写诗千首，诗意翩翩，丰韵天然，可谓灵心慧笔，巧夺天工，所谓"探骊笔一枝，碧纱惊异日""推敲无斧凿，咀嚼沁心脾"。廷奭曾这样描绘自己写诗时的精神状态，《偶兴》云："偶得佳篇也快哉，吟怀一涩苦难开。无心妙触灵机活，古拙新尖任笔裁。"固然由于生活经历所限，他诗歌的表现范围并不大，大抵是反映身边的生活，但凡生活中所见之物，都能触处生春，甚至犬、风筝、口、蟋蟀笼等凡见之物皆能援笔入诗。这既是其性情使然，也与其师承有关。廷奭出生于济南，那时其父任山东巡抚，他少时受知于山阴嵇春原，后又向缪绣田学诗，其中缪绣田诗风对他影响更大。后来他和缪氏之情谊处于师友之间，两者经常吟诗酬唱，送往迎还，袒露心迹。廷奭对缪氏诗歌的慷慨适性之风大为钦佩，其《题缪绣田夫子〈鸣春诗集〉》云："诗源本自灵源出，上天下地一枝笔。安见今人

---

① 廷奭：《未弱冠集》钟珂序，《清代诗文集汇编》第 757 册，第 641 页。

亚古人，似难区区分甲乙。奈何今人恁太痴？拾古剩唾争吞之。丑于嗜痂而有癖。可笑可恨又可悲，河海虽然同一水，要亦不可等论耳。岂知吾师缪绣田，深会宣尼无邪旨。豪情足可傲前贤，兴来诗胆大于天。别开生面惊神鬼，满胸灵气如涌泉。不喜雕琢喜潇洒，比如草圣不学楷。奋向古人夺骊珠，真在可解不可解。"而缪氏也极为欣赏廷奭的诗歌，缪绣田为其诗题词云："慧业三生具，新诗一卷藏。遨游东鲁国，风雅小奚囊。品立期横锦，家传足瓣香。殷勤犹有赠，放胆作文章。"① 两人可谓惺惺相惜。

廷奭之诗是他诗论旨趣的绝好注脚。他写诗讲究灵性，善于从身边事物中发现真味，一些习见的日常景物，往往涉笔成趣而出以自然。《荷莲咏》云："荷莲多趣韵，当夏满池塘。叶艳花亦艳，红香绿亦香。"夏日荷莲的香艳仿佛扑面而来，色香俱佳，韵味十足。《问春偶兴》云："春山底事青如笑，春水胡为绿可怜。刚是艳阳时节好，喜搜奇句快呼天。"春山春水之明媚，引发作者的好奇，诗歌流露出一种童真和机敏。《小沧浪亭感怀》回忆少时看到的济南大明湖的形胜："半湖烟水绕轩楹，芦荻遮窗翠影横。我亦有亭蕉竹里，会当归去听秋声。"诗人由此及彼，兴来神往，完全是彼时感受的自然抒发，而风姿天然。而《闻蝉》一诗则是由视觉写到感觉，由眼前之景写到想象之境，诗云："松杉浓黛处，蝉响送新凉。偶借秋风力，一声如许长。"由实及虚，韵味悠长。这些诗既非生活经验的累积，也非书本知识的充盈，而是即目即见，是自然界鲜活生命和人类灵性的有机结合，相互生发，别具一番情趣。

当然，年少的廷奭也不乏聪慧，对人情世故也善于感知，勤于思考，生活中的种种现象，他都能予以剖析，一针见血。如《渔夫》云："江上一渔夫，情性颇清介。终日坐烟波，垂钓志罔解。志岂在乎鱼，疑是装聋聩。破网挂船头，犹向残晖晒。"他敏锐地指出渔夫终日烟波垂钓绝不是真正在乎"鱼"，主要是因为厌倦社会，逃避人世。《偶见白猫捕鼠戏赋》云："灵猫浑似玉狻猊，乱卷霜毛挺白须。捉得饥鼯不嫌瘦，馋中小嚼亦香腴。""灵

---

① 廷奭：《未弱冠集》题辞，《清代诗文集汇编》第 757 册，第 642 页。

猫"的形象何止不是生活中"饥不择食"现象的概括和形象表达？更有意思的是《戏咏蛙声》："石鳞鱼穴傍芦池，鼓吹无知似有知。雨后晴初鸣愈急，一声声叫乱公私。"蛙声难道不是社会中某些阶层和群体的写照吗？

廷瓒的性灵不仅仅体现于上述，不屑于拾人唾弃，对于前人广泛抒发的题材，往往有意避之，善于表达自己的新见，也是一个方面。例如史上的红颜粉事历来为文人津津乐道，廷瓒则避开此类话题，所谓"耻拾前剩唾，故不为也"，专门选取少为人道者加以歌咏，如《红楼八咏》分别歌咏了林黛玉、薛宝钗、史湘云、探春、李纨、王熙凤、邢岫烟、妙玉。"咏古纯从才识见，感今多自性灵生"，这是他为好友姚兰石诗的题词，又何尝不是夫子自道？

二、廷瓒的经历与其诗歌创作

廷瓒诗风有一个发展演变过程，初期诗风浓艳，丁源汉序云："公子擅温李之才华，极孟储之幽思，清词丽句，妙分斗石于陈思，胜慨遥情，如晤竹林于中"①。其中以《闺情》为题的诗就有达五首之多，亦可见他是一个早慧者。它如《艳体》云："春城无地不芳华，陌上偏来解语花。斜袅瘦钗飞彩凤，高蟠宝髻号灵蛇。玲珑小珮摇红玉，细腻香囊缀紫纱。含笑问郎何处往，绿杨楼角是儿家。"不仅这类有意为之的题材是这样，一些景物诗同样如此，如《夏日幽居即事二首》其一云："金线菩提紫草珠，玲珑圆缬白珊瑚。就中添个红璃杵，默诵黄庭道味腴。"其二云："日夕松声秋半庭，新抽竹挺乱烟青。泥炉蒸熟红螃蟹，大嚼真堪佐绿醽。"再如《春晓即事》云："红轮乍涌启春城，晓色才分天地青。几个紫驼随队入，玲珑项下响金铃。"春夏是万物花发的季节，自然影响到诗风的华美，描写秋天的诗同样注重色彩的渲染，如《秋夜忆湖上柳》云："澹潋银河瘦，模糊秋色凄。遥怜湖上柳，应怕乱鸦啼。"《晚泊》云："晚泊松桥下，苍茫野色中。秋烟千树白，夕照半船红。"一色彩凄黯，一则明快鲜丽。

---

① 廷瓒：《未弱冠集》丁源汉序，《清代诗文集汇编》第 757 册，第 653 页。

随着年龄的增长，廷奭不再那么看重诗风的华艳，《懒余吟草》部分显得较为清新。如《西山晚眺》云："散步空山里，飘然曳杖游。乱峰攒夕照，古洞咽寒流。叶落栖鸦瘦，钟疏老衲幽。兴来闲琢句，书破藓崖秋。"尽管仍是那么优游不迫，但色彩浓度在降低，诗风趋于清新凝练。

但不论风格怎样变化，廷奭依旧那样，痴于诗，钟于诗，诗乃是他性命之所在。《懒余吟草续集》后有一《自题诗后》云："阿谁云我解吟诗，琢肾琱肝总是痴。味别酸咸聊复尔，个中深趣岂能知。"《论诗》又云："孰云无有作诗苦？琢肾琱肝心血吐。孰云无有作诗甜？白雪阳春信手拈。忆侬七龄学吟咏，句不灵兮愁拙病。迩来十二度春秋，顽石今番始点头。自嘲自怜还自哂，著作年年胡有尽。个中真味谁得之，苦兮甜兮唯自知。既得真味宁弗癖，一啸一歌天地窄。等闲休笑发狂言，君不见古人虽死古诗存。"《又赋一律》云："今古诗宁止万千？要分苦海与冰天。性灵陶铸应非易，风雅流传讵偶然？佳句每从无意得，艳词多为有情填。一人探着骊珠子，鳞甲纷纷总不鲜。"作诗的甘苦也许只有自己才能真正体味，当然他对此心甘情愿，甚至肝脑涂地也在所不惜。正因如此，他才醉心于诗，不与侪辈相往还，对世上的名禄看得很淡。《赠曹奎垣夫子》云："人生有真乐，不在被朱紫。我素馋于诗，矻矻不知止。却笑凡庸辈，白眼翻侧视。雅本与俗违，赏音焉用彼。肝胆托琴剑，幽情寄山水。吟不求甚解，会心聊复尔。奚必疵人短，奚必擅吾美，孰意天地间，竟有真知己。"将诗歌看作世间之"真乐""真知己"。《自题诗后》云："振衣千古上，长啸海天孤。奇语未曾有，豪情何可无？骨皮抛腐墨，心血抱灵珠。莫问堪传否？倏然得自娱。"虽有诗歌传世之豪迈，如若不传，亦可聊以自娱，这就是廷奭，一个嗜诗为命的少年诗人！

廷奭尽管生长于官宦之家，但生活道路并非坦途，人生曲折，命运多舛。在短短的十九年青春岁月中，遭遇了常人少有的痛苦经历，嫡母出人意料地撒手人寰，伯兄与小妹先后早逝，慈父宦迹远方，骨肉分离，自己则贫病交加，志愿不伸，情感受挫，兄弟之间关系也不睦好。他为此作"五歌"述悲情，诉衷肠，令人读后悲泣欲涕。试看《清明哭拜先嫡母钮钴禄太夫人墓述哀》：

> 痴儿祭母墓，一抔添新土。回忆别亲时，万里秋色苦。只燕知母疾，欲去恋老父。执意母疾笃，愧死未割股。悲亲竟长逝，抛儿断肠腐。哀今又清明，再拜泪如雨。野哭声自吞，伤心血空吐。瞑眸伏墓前，慈颜默犹睹。哀哉复悲哉，终天恨千古。

正是这种少年多难的经历，培育了他那颗孤独而敏感的心灵。他时常在诗中将内心的悲苦发之于外。《冬夜感怀》其一云："我哭古人已粪土，人谁怜我困蒿莱？仰看片月忽长啸，一似苍天半眼开。"其二云："背枕琴书心骨凉，残灯无焰冻红僵。难捱最是如年夜，更为愁人加闰长。"惆怅哀哉，是这个不幸少年特殊的情感记忆。他甚至对自己的容貌产生沮丧之情。原因在于咸丰十一年（1861），他因出痘而容仪大改，由一个眉清目秀的翩翩少年变得面部黑瘦多麻，爱美之心受到极大打击，这更加重了他人生的悲剧色彩。

倔强的个体生命往往易与浑浊的社会现实发生心灵冲突，尤其是廷奭这样一个惯于自我封闭、理想化极强的少年，因而磊落不平之气溢于诗卷。《悲愤自述》云："沉浮恨海黑茫茫，局促愁城苦没量。自悔聪明真祸水，欲求聋瞽缺灵方。畸人无福诗皆腐，俗物多财唾亦香。昼夜抱琴看剑哭，羁鹰得飞何日扬？"他常常将自己比作自由翱翔于天地间的"鹰"，但情志难伸，哪里是自己的用武之地？《平生》云："平生诚未解趋时，嬉笑文章怒骂诗。自不负身惟傲骨，人将馋己肯低眉。瘦鹰偏被肥狐妒，病马难妨恶犬欺。我欲昂首天地外，羞同鬼蜮斗雄雌。"表现出不与世俗同尘的人生志趣。

时事的变迁，也毫不例外地催生着他那颗少年敏感的心，感时忧事之怀时现笔端。《感时叠前韵》云："碌碌人生怪矣哉，千年一瞬真堪哀。流天白日追难及，入海黄河不复回。去岁幸逢狐兔死，今春唯恐犬养来。感兹国事艰辛日，未晓谁为济世才。""狐兔""犬养"无疑指代西方列强。《咏宋贤四首》分别歌咏岳飞、韩世忠、文天祥、陆秀夫四位民族英雄，对当下的意指是不言而喻的。这些诗，当然呼唤忠贞勇士保家卫国，驱逐外侮，复苏中华。无怪乎其友钟珂认为《懒余吟草续集》较《初集》"尤觉吐风云之气，敛冰雪之怀，露万端于片言，总千虑于双句"①。

在他生命晚期，身体日见下滑，以至于病魔缠身。他描述自己病中的情形："一卧两三日，茅庐幸避风。苦吟灯影下，抱膝药香中。半榻琴书乱，多时花酒空。客来呼煮茗，笑指地炉红。"（《病中》）尽管如此，性情依然豪放。《感赋》云："呼憨呼狂浪得名，难将肝胆诉平生。愧闻牛女为夫妇，恨说参商是弟兄。诗鬼何心沉苦海，酒兵无力破愁城。流干儿女英雄泪，风雪萧萧剑欲鸣。"豪情中透露出悲壮之气。一个天才诗人就这样被疾病无情地夺去了生命，哀哉惜哉！

三、廷瓛诗歌的类型及其风格

廷瓛之诗各类题材分布并不均匀，咏物诗较多，山水诗较少，这与其一生游历较少有关。就风格而言，雄浑豪放者不少，平稳和缓者亦复不少。

先看他的咏物诗。咏物诗以不露形迹而神韵独出者为上，清人陈仅在谈到咏物诗以何为贵时云："若模形范质，藻绘丹青，直死物耳，斯为下矣。"②吴雷发《说诗菅蒯》云："咏物诗要不即不离，工细中须具缥缈之致。"③施补华《岘佣说诗》云："咏物诗必须有寄托，无寄托而咏物，试帖体也。"④如果我们按照几位诗论家之标准来审视廷瓛的咏物诗，就会发现，他的咏物诗质量大半具有一定水准。如《咏半月》云："云外纤纤淡抹痕，一弯秋色出黄昏。谁怜蟾兔再生魄，任是嫦娥也断魂。窥影新残裁玉镜，问天可否铸冰盆？此心洞烛盈亏理，虽不常圆万古存。"《咏萤》云："洗尽从前腐草羞，化身差可胜蜉蝣。小星乱闪千般活，冷火偷然一点秋。明在尾梢难自隐，飞来眼底惹侬兜。余光的的沾清露，湿照楸书绿欲流。"两者对于所

---

① 廷瓛：《未弱冠集·懒余吟草》钟珂序，《清代诗文集汇编》第 757 册，第 678 页。

② 陈仅：《竹林答问》，《清诗话续编》，第 2245 页。

③ 吴雷发：《说诗菅蒯》，《清诗话续编》，第 901 页。

④ 施补华：《岘佣说诗》，《清诗话续编》，第 976 页。

咏之物虽然略带"模形范质",有沾滞之嫌,但不"藻绘丹青",摹写形容,较为传神,且有飘然之致。《咏松》云:"十八公兮潇洒侯,秦封耻受气凌秋。半天龙立灵云拥,一地涛横乱影流。傲世幽姿青笠侧,宜人古韵素琴偷。惟君独抱岁寒节,责以不臣应自差。"此诗紧扣寒松写来,征典引事,避免刻画,颇为传神;气骨嶙峋,象外孤寄,大略能尽体物之妙。对于一个满族少年来说,能写出如是之诗,实属不易。

诗集中山水诗不多,值得注意的是小时候随父居住济南时,看到的济南胜景。《珍珠泉》云:"地涌灵泉那可按,净水一方涵弥漫。急绿喷开活泼机,上下圆光流不断。巍巍高榭临泉畔,澄虚偏助幽情玩(泉上有澄虚榭)。可人明月印波心,大珠笑把小珠乱。大珠小珠一样幻,蟹吐鳞吞时聚散。有时风雨互纵横,泉珠雨珠齐跳岸。更怜霁景良宵半,星影珠光争灿烂。仰思孔圣川上言,俯嗤海若望洋叹,戏叱泉中千万珠,能否神龙以一贯?"珍珠泉位于清代山东巡抚衙门内,时崇恩任职山东巡抚,故廷棻能有相当时间观察泉水之妙。泉水之得名,盖因细水呈珠状串串上涌,澄清明澈,有若珍珠,为济南一大景致。该诗开门见山,将泉水写的灵机活现,不同时空泉水的变化,也在笔下得以形象地展现,是描绘珍珠泉不可多得的佳篇。曲水亭一带是颇具济南特色的景致,可写的东西较多,其中茶舍给诗人留下的印象最为深刻,当然这与其诗人特有的性情有关。《曲水亭》(茶舍)云:"黄茅亭子曲水曲,择来僻地避尘俗。几株杨柳绕栏杆,水影上摇窗户绿。主人泉石小生涯,不卖村醪卖野茶。烟吐罏心香泛,冰壶雪乳类山家。焉用泥墙画陆羽?竹篱断破疏花补。夜邀豪客两三人,煮茗灯窗话风雨。雨声萧瑟助泉声,鼎吟茶沸相杂鸣。一笑火前春十片,真教两腋清风生。莫把旗枪斗翠紫,品茶专以静为美。风流淡雅小茶坊,足抗兰陵傲曲水。"诗歌先渲染曲水亭场景,后将笔墨集中于茶舍的描绘,茶沸与泉声共鸣,动境映衬出静境,诗情画意,意境清幽,泉城气息浓郁,并流露出浓厚的文人情趣。《玉带河》云:"长流千尺横宫外(署系明恒王宫,国朝定鼎初,因之以为行宫,今虽改为官署,而其地犹有东宫西宫。宫门口之称兹,因河在宫门口南,故诗中敢祖述之云),宛有银河挂天带。三桥上架白玲珑,嵌空玉版如斯大。

桥底神鱼叱异形，万点金鳞一色青。仁隐仁显声影幻，奇哉疑是河之灵。瞰星礼斗偏知侯（鱼非夜深人静时不出），朝天足代波臣奏。美彼髯争碧鲤多，挺然角较苍虬瘦（鱼有髯有角）。底事河中产神物，变化无端气深郁。安能挟雨腾雷破浪飞，任伊伏水凡鳞甘蠖屈。"玉带河，即济南的护城河，由泉水汇聚而成，环绕旧城流向大明湖。诗人寥寥数笔就勾勒出护城河的美丽景致。但诗歌重点不在于此，而是集中笔墨写河中的神物——青鱼。尽管所写乃少年兴趣之物，但诗笔生动，毫无青涩稚气之嫌。

　　就诗体而言，他的诗多近体，古体不多。就风格来讲，有的平稳，有的豪放，但俱能因景写物，随物赋形，情尽其中。平稳者如《秋夜雨霁》："风雨息秋宵，枕簟抱微冷。湿月瞰幽人，茅窗淡松影。"秋雨之夜冷寂之情，通过凄清之景衬托出来，感情含而不露，意味隽永。豪放者如《孟秋大雨行东城道中》："满城风雨助秋浓，健马飞奔破浪龙。笑电怒雷明灭里，一街横绝万人纵。"似乎整个世界都在随着满城风雨咆哮舞动，场面之喧嚣令人为之动容。再如《听月》云："听月豪情问斗牛，嫦娥更上几层楼？吴刚修处声声冷，灵兔敲时杵杵幽。豪客昂首千里色，畸人侧耳一天秋。广寒宫殿笙箫奏，闻得明皇入镜游。"静态的听月也能激起诗人胸中的豪情和心中的冥想！甚至富有理性色彩的题诗竟然也充满几多豪气，其《自题诗后》云："浩气平吞咽白虹，风尘埋没几英雄。拼将万古千秋愤，尽付一声长啸中。"正如诗史上著名的豪放诗多体现在古体诗中一样，廷爽的豪放风格也是如此。请看他的一首四十韵的长篇歌行《浩歌行》，诗云：

　　　少小抱肝胆，肝胆实天生。稍长癖吟啸，吟啸乃性成。每将肝胆佐吟啸，悲歌击筑气纵横。安得遍窥天地妙，壮志常思万里行。登五岳兮高驾千秋之灵鹊，游四海兮倒骑百丈之巨鲸。鼓掌昂首叱星斗，恍疑仙侣争相迎。中有一仙貌奇古，诗仙云是李长庚。掀髯一笑与吾语，尔与斯道何精诚。余因再拜急相应，爽也之诗安足称。无非凤不甘默默，犹之小鸟及时鸣。发言虽陋原心声，立意虽浅本性灵。君不见诗战健将捣长城，指挥笔阵出奇兵。云外射雕斗神勇，潭底探骊足豪情。又不见仙心别抱玉壶冰，堪同秋月争晶莹。构思应从白云窟，敲来古韵如琴清。又不见舌尖一怒走雷霆，摩空巨刃响砒砰。浪言险语破鬼胆，直教双字乾坤惊。自恨笔无扛鼎力，造斯绝境吾焉能。太白闻言忽大笑，孺子颇有自知明。吾有语其静聆尔，素醉于诗吾今解，尔醒显既不克珥麟琯于朝廷隐，又不克荷龙杖于昆瀛。尔所能者惟吟啸，欲极幽深须经营。远则天涯近咫尺，莫视诗为浩渺程。况尔多豪气，一言四座倾，讴歌白雪洁，挥洒黄金轻。拨开尘网三千界，飞上琼楼十二层。作诗之诀不外此，勉之勉之休瞢瞢。我闻浩叹泪如雨，斯言感我摇心旌。填胸块垒何处吐？唾壶击碎意未平。一技之长未能尽，万物之灵安足荣？不肯输人是肝胆，早知误我惟聪明。何若自兹焚鼻砚，独留肝胆全吾名！

诗歌采用浪漫手法，借助假想与诗仙李白的一次跨时空对话，表达了自己对诗歌技艺的诉求。想象瑰丽，变化惝恍莫测，意境恢宏，气势雄劲，体现了廷奭不同凡响的艺术才能。

廷奭诗歌的豪放还体现于颇具慷慨之气的送别诗。《从军行送姚梦梅德馨赴咸阳》云："丈夫负奇气，慷慨从军行。上马别交亲，投笔请长缨。飞渡桑乾水，直抵咸阳城。羽书倥偬际，朝夕集群英。月黑金戈闪，风寒铁甲鸣。兀坐待平旦，一令千军惊。长驱奔怒马，击贼看纵横。深探枪剑窟，白战擒长鲸。君本非常人，必立非常功。岂似寒酸子，老死无令名。去时肝胆壮，归来金紫荣。仔待封侯日，斗酒论前盟。"诗歌前半部分虚处着笔，通过丰富的想象刻画了一位英姿飒爽、文武双全的英雄形象；后半部分奔入主题，赞美并激励好友姚德馨驰骋疆场，杀敌封侯。整首诗前为铺垫，后为主旨，前后绾联，一气呵成。诗风激情澎湃，气势磅礴，抒发了诗人建功立业的夙愿，属历代送别诗中的佳品。

自 20 世纪 80 年代以来学界对清代满族诗人研究长期重视不够，岂不知他们的诗作也颇为可观。作为其中一员，廷奭在他十九年短暂的生命历程中，以其颖悟的天资，秉经酌雅，耽吟自怡。所作诗篇丰韵天然，无斧凿之痕，咀嚼沁人心脾，实为不可多得之才。桐城张则良序其《消夏集》云："推敲吟诵，一种真情挚语流露于字里行间，迥非涂鸦雕虫者可比。其遣词造句也，如时花美女；其琢句也，如洁玉精金；其气则如罡风鼓荡，其势则如天马行空，而复能循乎规矩，范以准绳，非入唐宋齐梁诸大家不能办此。"① 给予高度评价。其仲兄廷尚为其诗题辞云："年少才华胜阿兄，耽诗有志竟能成。生龙活虎吟千首，海阔天空啸一声。花酒狂人诚不愧，文章健笔肯教平。自惭未著联珠集，羡尔先传寿世名。"② 洵为盖棺定论。

第三节　马佳氏升寅父子的纪程诗

满族诗人宝珣曾作《远行歌》抒发自己宦迹经历之感触，诗云："丈夫壮志事远行，人生谁免别离情。兄弟亲友走相送，车声辚辚马蹄轻。赠言临别一携手，万里萧萧班马鸣。早行惟爱孤峰月，晚宿每趁斜阳明。关山迢递感岁月，柳来雪去皆诗情。谁识倚闾倦望眼，鹧鸪啼处乡心惊。何如归去事躬耕，门前有柳听春莺。一门团聚话豆棚，四时有乐田家真。日对青山与流水，不知软尘十丈污冠缨！"

此乃宝珣多年仕宦的真实写照和心声，也是升寅父子三人（升寅及其二子宝琳、宝珣）为国事奔波尽瘁的共同记忆。因而，在他们的诗集中，留下了诸多前往各地当差途中所写的纪程诗，数量各占其总量的三分之二强，构成了他们诗集的基干。所谓"纪程诗"，非纪游诗也，纪程诗是指因公到各地任职或办理事务，将沿途所经之地，所历风光，心有所触，发之笔端。而纪游诗则指专门游览名胜古迹写成的诗。前者有偶然性、纪实性，途中所见往往因风景出乎意料而纪之；后者则具必然性、抒发性，因为旅游目的地一般是人们公认的风景名胜区，这些地方肯定吸引诗人的眼球，或者说诗人们是有备而来的。游览之后要么抒一己之感慨，要么发思古之幽情。当然，

---

① 廷奭：《未弱冠集·消夏集》张则良序，《清代诗文集汇编》第757册，第711页。

② 廷奭：《未弱冠集·滕墨集》题词，《清代诗文集汇编》第757册，第764页。

两者所包含内容并不容易截然区分，大致而言，山水景物、历史遗迹是相同的，而纪程诗还包括风土民情、天气症候等方面。

我国古代山水诗自魏晋南北朝产生之后，历朝历代山水诗创作数量并不一致，这既与各代的社会政治有关，也与历朝的疆土大小有关。例如唐代之所以产生数量较多的边塞诗，自然与他们开疆拓土与守卫边关有着内在联系。不过，就历代疆土广袤而言，无出清代之右者。这客观上为清代官员任职所经之地之广阔提供了方便条件，特别是西藏、东北等疆域，前朝诗人根本无从涉足，也就缺乏这方面的山水诗。此外，蒙古、新疆等地域在清代也得到了进一步拓展，其山水风景也被更多地摄入笔端。汉人诗集中的山水诗之多自不用说，八旗诗集中的山水佳作数量就相当可观。更为令人叹服的是，还出现了专门以"纪程诗"命名的诗集。仅据《八旗艺文编目》统计，专门的游记篇目五十一种，其中纪程诗或纪行诗就有六种，如满族诗人文干的《壬午赴藏纪程诗》、宝鋆的《奉使三音诺颜汗纪程诗》、恩锡的《曼陀罗馆纪程诗》、果毅亲王允礼的《奉使纪行诗》等，除此之外，受文献查询条件所限，有些是文集还是诗集仍不易分别。这些都足以显示清代山水诗的发达和繁荣。

升寅（1762—1834），字宾旭，一字晋斋，马佳氏，满洲镶黄旗人，由拔贡小京官历官盛京将军，署工部尚书。道光十四年（1834）授礼部尚书。是年十月，积劳成疾，卒于广西阳朔县境内，谥"勤直"。一生勤于公务，恪尽职守。假公之便，到过很多地方，写下了许多纪程诗。现在流传下来的《晋斋诗存》，是经他自己删除的本子，仅存十之二三，有二百余首。他在《〈纪程草〉自序》中云："古之人吟鞭诗舸到处流连，但云纪游不闻纪程者，盖其所历名山大川，迄一刬一壑之胜，大抵在都邑坰野间，寻常耳目皆可周及，特会心人固不在远尔。若夫遐陬荒徼绝少游踪，不有纪之，何以叙吟怀而觇同志？诗为纪程，即以草名。"① 其二子宝琳、宝珣兄弟早年跟随父亲亲历各地，加之后来荫承官爵，宦迹各地，眼界进一步开阔。他们秉承其父

---

① 升寅：《晋斋诗草·纪程草》自序，见升寅等《马佳氏诗存》，清咸丰至光绪间刻本。

之意，以诗纪程。如宝珣《〈纪程草〉自序》云："乙卯年余在清秘堂办院是，奉敕恭录唐太宗《贞观政要》并校原书进呈，蒙恩颁赏大缎荷包，二月复蒙恩发往南河，以道员差遣委用。衔命出都，取道济衍，行二十六日始抵清淮。客中旅况，随笔记之，所历名山大川与夫闻见稍可存者，以诗志之，盖纪程之意，非敢云诗集也。"① 宝珣门生贵恒序其诗集云："所著《味经书屋诗存》强半纪程之作，寄情山水，凭吊往事。"② 都足以说明这一点。宝琳著有《知足知不足斋诗存》，宝珣著有《味经书屋诗存》。

升寅为官清廉，升迁频繁，每年都有新职务。所到之处也频频更替，现在流传下来的诗集已无法按照为官年月细究彼时彼地写了哪些诗，他的诗分为《京华草》《纪程草》《锦里草》《皇华草》《蜀道草》《紫塞草》几个部分，分别集中记载历经塞外、辽沈、宁夏、陇川等地纪程诗。据《升勤直公列传》所记，他在嘉庆二十一年（1816）迁盛京礼部侍郎，二十三年（1818），署盛京将军，二十五年（1820），署盛京刑部侍郎，后来又因公出入山海关数次，前后达廿年之久。而且，盛京既是清代龙兴之地，也是他少年生活之处，自然对此深有感情，海滨胜处亦间一游览。《锦里草》自序云："少小离家老大回，昔人感之矣。然亦有乐焉者。亲朋故旧暌隔半生，一旦把袂临风，访昔日钓游之所，或歌或咢，有不能自己者乎。矧余以诸生潦倒，远寄京华，至是始奉命任陪都部务，余亲故盘桓至十年之久，聚散离合，发为吟咏，命之《锦里草》，叙私情，即以纪君恩也。若以锦衣归里，为亲戚交游光宠，抑非命诗之本意已。"③ 宝琳并未官盛京，他的纪盛京之诗是少时随侍升寅出关的记忆。他们的诗歌记录了沿途所见风物。如升寅《至大凌河欲雪》云："省识天公试雪威，更深犹自滞征骓。三秋河水翻浪，九月寒花点客衣。朔气惊人裘不暖，狂风吼地石皆飞。衡门指日驱车至，好咏新诗拟谢陶。"九月的辽沈寒气逼人、飞沙走石的景象如在目前。有的诗也缅怀先

---

① 宝珣：《味经书屋诗存·纪程草》自序，见升寅等《马佳氏诗存》，清咸丰至光绪间刻本。
② 宝珣：《味经书屋诗存·纪程草》贵恒序，见升寅等《马佳氏诗存》，清咸丰至光绪间刻本。
③ 升寅：《晋斋诗草·锦里草》自序，见升寅等《马佳氏诗存》，清咸丰至光绪间刻本。

烈的功绩，如《过萨尔浒山》云："昆阳逐鹿几经过，此地河山壮气多。敌骑纵能蒙以虎，神军不屑愿为鹅。半旬龙战先橐矢。四路螳兵早弃戈，百代承平由此役。至今村麓尽弦歌。"萨尔浒大战是奠定清室崛起的关键性一役，明师大败，清军大获全胜，从此开创了清代数百年基业。此处用"昆阳逐鹿"指代萨尔浒大战。该诗即描绘了大战的壮烈场景。宝琳的《丁丑岁暮随侍兴京，归路作众山歌以纪之》详细地记录了京师至盛京沿途所见及盛京的雄伟气象，但凡道路、山势、树木、岩石一一呈现笔下。东北的耙犁也给他们留下了深刻印象："耙犁驾去如床稳，飞过冰河雪岭间。"（宝琳《耙犁》）当然也少不了叙述亲情之谊。升寅《过姊家》是一首感人肺腑的诗篇，诗云：

> 我年方十二，随母依舅氏。曾记是年秋，结缡归伯姊。姊家住兴京，青山高万雉。绿树绕庭除，空翠挹床几，一别四十年，东西分辙轨。昨岁沐君恩，腰金归故里。得间谒天亲，不惜路迤逦。柴扉碧水环，山色如昔美。阿姊闻弟来，烹猪阖户喜。相见不相识，白发垂两耳。若非今日逢，手足路人矣。握手泪交挥，此会有所使。对语复相悲，遗事感考妣。话到我生前，拈毫命儿纪。姊弟鬓皆苍，始信光阴驶。努力相加餐，后会从兹始。驱马出柴门，山光凝碧紫。

情感之真挚催人泪下。

四十年之后，宝珣承荫任官盛京少司农。故地重游，所见山水城郭依稀旧日，不禁感慨良多，特作《甲子二月初九日抵沈》以纪之："萍踪南北几句留？转眼光阴四十秋。宦迹谁知更无定，雄关东海记重游。"但宝珣所纪诗不多，值得注意的是两首《夜宿军署》，表达了卫戍陪都（沈阳）的雄心壮志和自豪之情。后一首云："森森鱼钥肃公衙，列戟危铓等莫邪。铺地雪霜风正烈，满天星斗月初斜。守门武士威如虎，值夜官军集似鸦。寒柝声稀边塞靖，一灯独坐学趺跏。"气候的严寒、环境的恶劣，更加突出了卫士的威武雄壮及极强的使命感。

　　对于生活在长城以南的人们来说，塞北是一个陌生而奇异的地方。能到塞北，应该是一次珍贵的旅行。道光十三年（1833），皇上命升寅前去鄂尔多斯审讯案情，方有塞北之行。此行程纪景诗很多，有《宿居庸》《居庸关怀古》《昌平道中》《关沟歌》《立秋日出张家口》《戈壁雨晴》《戈壁道中竹枝词》《晚宿沙克珠尔嘎》等。居庸关，历来是北方少数民族入侵中原的进出要道，是兵家必争之地，记录着一部华夏战争史。这里"奇峰已可固金汤，叠翠冈头又女墙。燕赵戍楼犹迤逦，汉唐石柱久苍凉。"（《居庸关怀古》）攀登关口，但见"居庸四面列崇山，山横怪石疑无路，崎岖有如蜀道难。未见居庸关门柳，先入居庸关沟口。鹅卵小石响琤琤，滑涟马蹄低马首，倏忽千嶂势峥嵘。幽壑天风挟雨声，涧底流泉漱石子，却疑猛虎林中行。马行缩足人迷眼，峻梁残缺驾石栈。凸凹四十五里程，贪名牵利皆行险。想是女娲炼石补，天都弈弓射倒三。"（《关沟歌》）可谓惊险不断。面对如此险要的关隘，作者抒发了不同战时的感慨，认为国家政权的稳固在于得人心，施惠政，不在于地利优势，"尚德"惠民才是真正的"万里长城"。所谓"天心本无设险意，后代鏖兵资地利。地利岂若得人心？防御无术空携贰，宣王中兴元老猷，薄伐犹劳著兜鍪。秦汉以下何足数？青史具在无良谋。熙朝德化百余载，八荒臣仆朝宗海。君不见长城墙下尽桑麻，边氓不识将军铠！"体现了儒家的民本思想。而宝琳笔下的居庸关则是一派承平繁忙景象，与人们形象中的战时边关毫无相通之处，无论是"远服今来蚁路穿"，"墩戍冈头尽陇田"（《居庸关仰读御制诗恭和元韵》），还是"雄关今作燕山景，翠叠围屏护帝乡"（《居庸关恭和家大人元韵》），都显示出清初以来北方边关废弛，百姓安居乐业的场景。

　　戈壁是塞北不同于中原的一大地域特色，这里平沙茫茫，昼夜温差大，使人恍若误入他乡。升寅《戈壁雨晴》《初秋日出张家口》均涉及此类地貌，而其《戈壁道中竹枝词》前六首则分别吟咏了游牧民族变动不居的生活、驾车如飞、善于马上射猎、以奶茶待客、饮食等风俗民情，而第七首既描绘了他们的服饰特点，也指出了他们受到中原汉人的影响："皮冠冬夏总无殊，皮带皮靴润酪酥，也学都门时样子，见人先递鼻烟壶。"揭示了清初到中叶各民族的文化融合与相互影响。此外，牧场马匹的骏利、种类的繁多和色泽的纯正，气候的寒冷、初秋的早雪、云影与山光，都有所记录。深入漠北，更为神奇，试看升寅《入杭盖山行月余至三音诺彦，爰满山水奇秀，极壮丽者，名翁塌哑玛哑山，作长歌以志之》：

　　出塞三十天，未见高山过眼前。行路已数千，未闻流水声涓涓。有如陆地走郭索，志在江海空茫然。忽见雨云西北起，想象峨眉觉色喜。须臾云散露峰峦，黛色参天青间紫。初若惊风水面过，一伏一起千百波。陡若狂澜高数丈，岧峣直上冲银河。如此名山名未雅，但云翁塌哑玛哑。蜿蜒千里万变图，形状奇离殊难写。圆者如瓮方若床，或蹲或卧如牛羊。或立平沙阚猛虎，其旁百兽逡巡藏。又若跂跋老佛样，前后袈裟拱而向。目眩神游数里间，顿然使我逸情畅。上有流泉飞百道，听泉胜听丝竹妙。松涛万顷谡谡来，疑是赤松发长啸。车马日日行山巅，问山不语山长眠。四千余年古人内，曾有几人留题笺？古人已去不复见，青山不改旧葱蒨。白云明月古如今，见山如见古人面。吁嗟乎，天地毓秀不拘方，八埏以外多仙乡。刊木濬川有未到，山经遗漏殊荒唐。安得八骏日驰千万里，手持彩笔图且纪。搜罗四海以外之灵岩，始笑神州五岳太密迩。

　　林昌彝《海天琴思录续录》云："三音诺彦在瀚海北，瀚海界为苏武牧羊地。"[①]其中翁塌哑玛哑山是当地一座高山。诗篇将山放在高原背景上加以展示，先写远视，静态的山在云雨飘荡中具有动感，初显惊人之姿；再写近视，从山下张望，用一连串的比喻摹写群山之高峻、形态之奇异，令人目眩。再写听觉，流泉声音之妙，万顷松涛之响，皆迥出常见。最后写作者感慨，进一步突出此山之雄奇空旷。

　　四川向来山川奇异，人杰地灵，风光无限。升寅《蜀道草》自序云：

---

① 林昌彝：《海天琴思录续录》，上海古籍出版社1988年版，第391页。

"古蚕丛山水甲天下，唐宋以来诗人辈出，余尝欲一至其地而未果。道光己
丑，奉命镇成都，始得谐平生之愿，故蜀道所作较别地为多。在蜀只一载。
迄今追忆旧游，尚神往于锦江云栈间也。"① 年方十六岁的宝珣在《由蜀入都
草》自序中也坦言：蜀地"古刹名山，千秋如旧，奇花异草，四季常新，固
人生不可不到之区也。"因"今春暮家君奉命调任山西，余随侍慈舆又出栈
道"，途中写诗数首，"聊志雪泥鸿爪云尔"②。两人都对蜀地印象深刻，不同
的是，两人所记录的游程方向恰好相反，升寅是自入川开始纪录，而宝珣则
是从出川写起；升寅在入川前就对此向往已久，而宝珣对蜀地的认识则是来
自对蜀地的亲身体验。不过，可以肯定的是，蜀地之行相比其他地方是留诗
最多的。宝珣《锦江留别》云："华阳天府古胜地，锦江春色看无际。昔日
曾闻蜀道难，行过方知蜀道易。去岁我来正逢秋，香风满径送荷芰。阶前秋
景萃群芳，四季花开尤奇异。百竿绕院栽龙孙，幽窗日日对浓翠。入冬无雪
不知寒，犹似春光草木媚。萧萧夜雨滴檐前，蕉韵催诗每忘寐。无怪杜陵多
新篇，草堂佳境岂有二？行随节钺度雁门，平沙芳草添诗思。良朋走送饯江
楼，一杯酒饮郫筒醉。回看玉垒遮浮云，古人恋蜀知有意。"无论是春色无
边、蜀道之易、香风满径、花开四季，还是潇潇夜雨、翠色蕉韵、草堂佳
境、平沙芳草，都是蜀地异于其他地域的显著特色。宝珣临别时对此一一历
数，可见他是多么留恋！

栈道是进出川的一道别样风景，他们都在诗中特别提及。宝珣《过紫
柏山和赵文肃公韵》云："万里来游古栈道，深林常爱闻啼鸟。仙踪何处访
黄老？世人皆说此山好。当年报韩事未了，圯上素书悟已早。君不见紫柏山
中翠烟深，清泉白石何沉沉！"栈道地处崖岸绝壁，十分陡峭险峻。而此处
也正是秀美风景之所在。看，栈道环绕的紫柏山，林深鸟啼，翠烟浓重，清
泉白石，何其沉沉！升寅《由龙洞背至金鳌岭》云："嶓冢山雄导汉源，荒
唐鬼斧斫云根。澄江直下帆如鸟，绝壁侧行人似猿。龙洞背高霜气逼，金鳌

---

① 升寅：《晋斋诗草·蜀道草》自序，见升寅等《马佳氏诗存》，清咸丰至光绪间刻本。
② 宝珣：《味经书屋诗存·由蜀入都草》自序，见升寅等《马佳氏诗存》，清咸丰至光绪间
　　刻本。

岭峻雪涛奔。诗情画意时时有，客里何人共细论？"嶓冢山位于甘肃天水至礼县之间，古人误以为是汉水上源。这里山石嶙峋，鬼斧神工，人侧行栈道之上，犹似攀猿，也是一次危险而又令人难忘的经历。

不仅是栈道，蜀道中奇山异水、峡谷沟壑不胜云尔。五丁峡道路促狭，一夜飘雨，急水飞湍，声大若吼，而山南山北，天气阴晴各不相同（升寅《过五丁峡》）。心红峡中细水潺潺，鲜花争艳，云雾缭绕，轻风徐来，烟云浮上山巅，景色极具动感（升寅《过心红峡》）。更令人称奇的是烟云峰峦，如升寅的《云峰歌》云："山峰缺处云峰补，云峰变幻山峰舞。山含云气千里遥，云去青天只尺五。有时白云出山去，似别山灵作霖雨。须臾雨霁云复归，青山又作白云主。山静云动宰元功，苍苍爕理无今古。"由于天气变化无端，烟云和山峰也时分时合，有动有静，变幻莫测。

不过，令人遗憾的是，由于公务繁忙，他们没有时间游览蜀地的名山胜川，如峨眉、都江堰等在诗中没有出现。但所经之地丰厚的历史风韵、人文气息仍流淌在他们笔下，如升寅写了《武功五丈原》和《沔县谒武侯祠》赞颂诸葛亮，《过马嵬坡》叹息杨贵妃等，则是文人途中纪行的应有之义。

豫陇银川也是他们行程的一个重要组成部分。宝琳《随侍银川草》自序云："道光戊子，先公奉使宁夏，旋授宁夏将军。是年冬，琳侍送慈舆之任，取道豫陕，由固原而达银川。次年春孟回京，则取道花马池，由山陕北边旋都。山路险仄，边塞荒凉，而较之大路省程千里，诚捷径也。往返皆有纪程，途况所见，店壁题诗，及偶有俚句。"① 这次旅程虽然时间不长，所经地域却很广，特别是经过中原汉唐旧地，神州文化积淀最深厚的地区，可以称得上是一次名副其实的文化之旅。而且行踪交代明确，所留诗篇不少，大致分为以下几类：

记录地域风光的诗篇。代表作有：宝琳的《花马池口外》《小流河道中即景》《晚宿交城》《文水道中》《途中杂咏》，升寅的《望华山》，宝珣的《渡

---

① 宝琳：《知足知不足诗存·随侍银川草》自序，见升寅等《马佳氏诗存》，清咸丰至光绪间刻本。

黄河》《临潼温泉》《风雨过黄河喜至宁夏》等。如《望华山》："玉女飞升不记春，洗头盆畔石磷磷。插天青霭连恒岳，倒影黄流锁晋秦。扪虱雄谈思国士，骑驴回赏忆诗人。归来粉本留清梦，攀陟何须近帝阍。"突出了华山之高。《小流河道中即景》记录陇地的窑洞和隧道："山阿有人家，穴处依岩谷。不见结茅庐，炊烟起山麓。千岩万壑连，断处危桥筑。桥转路愈奇，一窟穿山腹。"《风雨过黄河喜至宁夏》云："贺兰山色豁双眸，杨柳村边古驿楼。一夜鲸风吹海立，满身梅雨渡黄流。炎蒸午日昨犹暑，凉透绵衣今乍秋。随处清渠环绿壤，果然人到小苏州。"记录了宁夏"塞上江南"的特色。《晚宿交城》《文水道中》等诗记录了山西沟壑纵横、山路崎岖、山村匝合、层楼高耸的地域特色。

记录风土人情的诗篇。代表作是宝琳的《秦晋道中纪所见》，诗云："古礼妇出门，必拥蔽其面。过市不招摇，何由窥盼倩。古礼男子生，二十冠以弁。少小习童仪，佻达何由现。二者礼虽微，民风关正变。我行秦晋间，遗风尚可羡。曾见秦女游，红颜笼素绢。虽有妩媚姿，路人目不眩。复见晋人儿，总角红系线。峥嵘蓄天真，衣冠不敢乱。览兹两地风，慨然吟兴忙。古礼亦可行，古风今复见。长幼男女间，防微意尽善。薄海推此情，女贞男尽彦。"秦晋之地男女古朴之风依存。

记录名人遗迹的诗篇。代表作有宝琳的《韩侯墓》《云冈大佛寺》、升寅的《王昭君墓》、宝珣的《管鲍交欢处》等。《韩侯墓》在赞扬韩信盖世英才的同时，也为他的遭遇感到惋惜。《昭君墓》云："单于汉苑渺难寻，塞上昭君自古今。不有琵琶翻别调，亦随粉黛共消沉。一抔已隶中华土，千载应回寸草心。从此无须叹青冢，春来一色绿云深。"昭君出塞之事已为历代汉族文人所吟咏，与汉族文人所流露的民族感情不同，宝琳在诗中吐露的是中华民族大一统的思想。《云冈大佛寺》堪称一篇壮丽的七古，诗云：

　　云冈之上多白云，云冈之下起飞阁。阁中高奉石佛尊，五丈庄严作跌脚。天然幽谷石成龛，四级层楼作帘幕。半天虎啸风生岩，座下龙藏云起壑。我昔侍亲经关中，邠州有佛瞻神工。佛高八丈尤奇古，

神威想像何其同！缅怀汉武金人梦，西来大佛梵初通。现身西秦复西
晋，具大法力神无穷。我朝崇儒不避释，神道设教来重译。非同唐汉
矜虚无，为仰灵威保苍赤。愿将一挽扶桑弓，坐消万里烟尘迹。愿将
手障百川澜，江淮河海安潮汐。君不见春来社鼓祠前忙，为祈霖雨分
云章。又不见晨钟暮鼓发猛醒，为当棒喝开彝良。以佛之大大此愿，
何须极乐称西方？试看昂首青天外，望深九点烟苍苍。

大同云冈石窟是我国佛教史上的杰作。诗歌从大处落笔，突出了石窟的雄
伟、佛雕的形态，但重点不在于此，而是借此颂扬清廷为苍生社稷设教的慈
悲和民胞物与的政治情怀，反映了满族人士对当朝政权的倾心与维护。

　　升寅父子的纪程诗除上述几个集中地域之外，尚有途经各地留下的零
散诗篇，但都不足以作专门叙述。不过，宝琳所写的数首记录津门海港的诗
篇还是具有相当价值，从中可以发见近代中国北方沿海城市的历史风貌，极
具史料意义。

　　据《〈畿辅宦游草〉自序》交代，宝琳"屡次奉檄津沽，较为闲暇，得
诗无几，聊以纪游踪耳"①，时间在道光二十三年至咸丰四年（1843—1854）。
其时正值中国社会走向纷乱之时，外强蚕食，内部纷扰，太平天国在长江流
域与清军奋争激战。作为京师门户，津沽的情形如何呢？

　　首先是西洋商船已频繁光顾天津，天津已成为洋人在北方的重要贸易
入侵之地。《津海登洋艘纪所闻见》三首专门纪录西洋商船前来贸易之事：

　　　　夏至薰风起应旬，航来东粤复南闽。蛮烟万里沧溟隔，十日风帆
　　已达津。
　　　　为问风潮不易详，只凭忠信涉重洋。帆樯百尺高无际，更有洪涛
　　高逾樯。

---

① 宝琳：《知足知不足诗存·畿辅宦游草》自序，见升寅等《马佳氏诗存》，清咸丰至光绪
　　间刻本。

　　　　几字罗经海径通，一帆千里快乘风。遥看点点齐烟影，顷刻飞来
岛屿雄。

　　从诗中不难看出，西洋商船不仅航速飞快，而且高耸入云，为当时中国船只遥不可及，更为重要的是，透露出英商继续在中国港口贩卖鸦片的事实。

　　其次是清军已重视并加强海防。《海防杂咏》共五首纪录此事，综而言之，手段有三：一是发明拦疆砂和泥塘，用以阻止洋船出入海口；二是在大沽口两岸增建炮台，罗列巨炮；三是在炮台前用铁锁铁蒺藜诸物设伏，以延迟并阻止敌人进攻。

　　纵观升寅父子的纪程诗，有如下几个特征：

　　第一，风格真挚纯朴、清真超俗。升寅父子赋性笃诚，立身为政，公事之余，发为吟咏。他们遵循诗言志抒情之道，认为诗道性情为作诗之本。升寅《路遇友人论诗问主何家，书此答之》云："诗原悦性灵，吐我所欲吐。凿句与骋奇，适性心先苦。獭祭诋西昆，饭山讥杜甫。搜枯东海波，难免后人侮。况无谪仙才，又乏昌黎腑。立意仿前人，不成如画虎。古诗有三千，岂尽文人伍？里巷妇孺讴，登之郊庙舞。余本未学诗，安得有所主？兴到如秋虫，唧唧鸣环堵。人自诮粗疏，我亦知庸腐。清景纪一时，未虚余所睹。吟罢有余欢，聊当山歌谱。往代有诗家，历历皆可数。机轴自心裁，独立为门户。"讲究诗歌源自性灵，是兴致所至的产物。因而，他们触处为诗，不在乎描写风云月露之工，而在于内在感情的自然流露、描摹自然山水的妥帖工稳，不求绚烂，不贵雕饰，诗风真挚朴实，清新拔俗。上述所引诸诗皆如此也。再如升寅《宿居庸》云："飒飒声如雨，千林啸晚风。酒倾一灯下，人话万山中。石屋墙堆翠，荆篱户映红。四围森峭壁，翻不辨西东。"耳中所闻，即目所见，一一记录于诗，读后如亲身经历，风格真朴自然。再如宝琳《途中杂咏》其一咏秦地十八盘："秦道难于蜀道难，攀崖跨涧走重峦。虎岩廿里坡初下，陡石高开十八盘。"以白描之笔出之，诗风淳朴，无雕琢痕迹。正如朱为弼序升寅《晋斋诗存》所云："其于诗也，不矜奇，不事雕缋，不尚风气以巧合人意。故立派独正，不断断于为唐为宋，不规规于为陶

为韦，为温李元白，故立言独真洒然而来，如风止入林，讪然而落，如土之委地，不彊不支，不刺刺局局，故立体独醇且洁。"①

第二，以审美观照为主的纪程诗。升寅父子的纪程诗大都属于审美观照型，即以闲适的心态观赏宦迹途中的景象，是自己亲历的实景，基本没有功利性，更少政治寄托，但亦蕴藉诗人一定的感情，这些诗是诗人触于外而发乎内的产物。当然，也有一部分诗吊古寄怀，属于怀古型诗，如以上所举《韩侯墓》等，以议论为主，但终究还在少数。值得注意的是部分诗借写山水风物以感皇恩，则体现出满族士人的一种情感共性，也属于审美观照型诗，只不过在结尾抒发了感慨而已。如宝琳《初抵绥远》云："着意卫风雪，边城远省亲。不期来紫塞，今亦有阳春。矿挟三千旅，冰清一个臣。岂惟冬日爱，绥远体皇仁。"宝珣《新民屯道中》云："雄关崟岷肃庚邮，山海风云入望收。天柱高悬皆北向，辽河千里涌西流。敦庞旧俗留丰镐，圣泽深恩迈汉周。清夜自惭无报称，辎轩频愧拥骅骝。"皆属此类。

第三，纪程线索相对清晰明确。由于升寅父子的诗集都经过了删改，诗歌原貌发生了极大变化，不同时间的纪程诗可能依据相同地域加以合拢，因而，他们的诗集都按照地域划分成几个单元，这样，他们历游的具体时间就不甚明确，只是大致的年限交代；踪迹纪录也不很详细，只能通过各个单元后的文字说明和所纪诗篇的先后顺序来厘定。虽然如此，他们以诗纪程的线索还是比较清晰明确。当然，这只是相对而言。参照系是另外的满族诗人所写的纪程诗，比较典型的如恩锡《曼陀罗馆纪程诗钞》和宝鋆《奉使三音诺颜汗纪程诗》。前者记录丁卯年（1867）九月二十日至十一月初七日在东北接见朝鲜使臣一事，从盛京出发，途中经辽阳至本溪一路的见闻。每天的行踪都有确定的时间地点记录，有的诗甚至精确到"刻"，如第一首是《丁卯九月二十日午刻由省起程行二十里申刻抵白塔堡晚宿》，第二首是《二十一日由白塔堡行二十里巳刻抵沙河驿》，第三首是《由沙河驿行四十里申刻抵烟台晚宿》，第四首是《二十二日由烟台行二十里至章台》等，当然

---

① 升寅：《晋斋诗草》朱为弼序，升寅等著《马佳氏诗存》，清咸丰至光绪间刻本。

有的诗还简单交代路况及所见景物的状貌。还有的只有时间地点、路途概况交代而没有诗，如十月二十九日至十一月初四日那几天等。宝鋆《奉使三音诺颜汗纪程诗》也是这样。尽管如此，升寅父子的纪程诗在所记内容方面与之基本相同，大致都是记录所经之处的古迹名胜、风土民情、地理气候等。

第四，父子三人所记行程基本一致。从各自诗集所记录的地域来看，大抵是相同的，即东北、塞外、西北、川蜀。究其原因，一是宝琳、宝珣兄弟从小跟随升寅宦迹各地，这些地方不仅给升寅提供了诗料，也给宝琳兄弟留下了宝贵的记忆。二是升寅因公溘逝后，二子不仅恩承门荫，也延续了升寅爱好吟咏的习惯。宝琳《〈知足知不足斋诗存〉自序》云："余素不能诗，因先公笃好诗学，时承庭训，始闻绪余。数十年来为诗无几而可存者，更无几所以自订一草以存者，不过留示儿辈知我承先志之一端耳。张船山祭诗作云稍喜无妄语，留为记事，珠诚先得我心。即我承先训为诗之大旨，亦存此诗草之本意也。"① 宝琳之子绍勋等志《知足知不足斋诗存》亦云："我先公赋性笃诚，力学肫挚，凡立身为政，恪遵庭训，兢兢焉，弗敢或忘。先勤直公尝曰：诗以道性情，若无至性真情，何以言诗耶？故先公之诗多纪实事，无诗人铺张粉饰之词。承先训也。"② 他俩性情笃孝，克承家学，就连诗集也学乃父，各单元名为诗草，实为纪程。这在满族家族诗人中鲜有其例。

第四节　近代满族诗人纪程诗

清代是我国大一统多民族融合的朝代，在这个时期，各民族居住在这个空前庞大的版图中。清廷的民族统治政策是非常有效的，超过了中国历史上其他的少数民族政权。它将统治的重心集中于中原的汉民族，以求得对

---

① 宝琳：《知足知不足斋诗存》自序，见升寅等《马佳氏诗存》，清咸丰至光绪间刻本。
② 宝琳：《知足知不足斋诗存》绍勋等志，见升寅等《马佳氏诗存》，清咸丰至光绪间刻本。

汉人的有效统治；其次是加强对边疆地区的管理。在边疆地区，清政府设置行政区划，制定了比较系统的行政管理制度，实施了有效的主权管理，建立了军府制度、盟旗制度、伯克制度、土司制度、噶厦制度等，体现了中央与地方政治的隶属关系，这对控制和稳定边疆发挥了极大作用。在这些制度之外又制定了朝觐管理制度，而其核心和重点又是年班制度，即边疆地区的王公，分班轮流进京朝觐庆贺元旦之礼，故称"年班"。对此制度，《清稗类钞》专门加以说明，其"朝贡类·年班朝觐"条云："蒙古内外札萨克、青海、伊犁、科布多、察哈尔所属各旗，回部等处汗、王、贝勒、贝子、公、额驸、台吉、塔布囊、公主子孙，及奉天、热河、五台山内外札萨克喇嘛，四川土司等，均有年班朝觐之例。逢元旦进内，行三跪九叩礼。皇帝临幸各处及内廷宴赏，则又有跪迎跪送跪受等礼。"[1] 此外在皇帝大婚、皇上、皇太后万寿、皇帝行围、出巡、冬至节等，都可以亲自或遣使朝觐。而清廷也定期不定期地派遣官员到边疆地区进行安抚或巡视，以加强对他们的管理。如顺治十三年八月一日，"遣官赍敕慰谕科尔沁国、乌朱穆秦部、喀尔喀部、察哈尔国、鄂尔多斯部、蒿齐忒部、苏尼特部、腾机特部、奈曼部、阿霸垓部、翁牛特部、巴林部、四子部、喀喇沁部、扎鲁特部、杜尔伯特部、吴喇忒部、喀喇车里克部、土默特部、郭尔罗斯部首领，说你们自太祖、太宗之时，就诚心效顺，结为姻娅，请为屏藩。太祖、太宗就崇以爵号，朝觐往来，时令陛见。但朕自亲政以来，到现在六年，未得一见，盖因地广事烦，万几少暇，总想到尔等效力年久，战伐多功，担心有诚意不得上通，特遣使赍敕，赐尔等缎匹，以谕朕意。嗣后有欲奏闻的事，即行奏请，朕无不体恤而行。朕只想致天下太平，你们心怀忠直，不忘太祖、太宗历年恩宠，我国家世世为天子，你们也世世为王，享富贵于无穷，垂芳名于不朽。"[2]

朝廷派遣官员不远千万里到边疆地区或藩属国，使官员有机会看到和

---

[1]　徐珂：《清稗类钞》，第 400 页。
[2]　邹博：《清通鉴》，第 191—192 页。

了解到迥异于内地的自然风光和民族风情。这些官员主要是八旗官员。另外，清代实行官缺制，边疆大吏如驻防将军、副都统、参赞大臣、办事大臣，又由旗人特别是满洲旗人专任，汉人是不能被派往边疆或到边疆地区任职的。而被派往出使外藩的八旗官员，都被要求将行程写成书面报告呈给各旗都统或朝廷，以供朝廷处理外藩事务作参考，这就产生了独具特色的"游记"体，有的是以日记的形式记录行程，有的则是以诗歌的形式记录行程。以诗歌形式记录行程和途中见闻的称呼不一，或称为"纪程草"，或称为"纪事诗"，大多数称为"纪程诗"。因而，在此将这类诗歌统称为"纪程诗"。纪程诗的出现，给满族文学著上了别样的色彩，也成为清代文学一道奇异的风景。

一、近代满族诗人纪程诗创作概况

根据恩华《八旗艺文编目》统计，清代有关边疆地区和藩属国以及欧洲的游记四十五种，道光年间及以后有三十六种，其中纪程诗有八种（见下表）：

序号	姓名	生卒年	民族	著作
1	文干	生卒年不详	满族	《壬午赴藏纪程诗》
2	升寅	？—1834	满族	《使喀尔喀纪程草》1卷
3	蕴秀		满族	《敖汉纪程》
4	宝鋆	1807—1891	满族	《奉使三音诺颜汗纪程诗》
5	景廉	1824—1885	满族	《度岭吟》
6	志锐	1852—1912	满族	《张家口至乌里雅苏台竹枝词》
7	恩锡	1818—1877	满族	《曼陀罗馆纪程诗抄》
8	魁龄	1815—1878	满族	《东使纪事诗略》

除了上述专集外，笔者翻检近代满族诗人的别集，还发现不少散落于个人别集中的该类诗，计有：

序号	姓名	生卒年	民族	作品
1	铭安	1828—1911	满族	《止足斋诗存》中卷 3 为《东使纪略草》
2	宝鋆	1807—1891	满族	《文靖公诗钞》中有《塞上吟》1 卷
3	宝彝	生卒年不详	满族	《寄园诗集》中有《出塞吟》
4	连成	生卒年不详	满族	《喜闻过斋诗稿》中一部分诗是奉使三音诺颜途中的纪程诗
5	英瑞	1845—？	满族	《未味斋诗集》卷 2 有记录蒙古的纪游诗
6	皂保	？—1882	满族	《天然如意斋诗存》中有出使蒙古、朝鲜的纪程诗。
7	宝琳	1792—？	满族	《知足知不足斋诗存》中有《随侍绥远草》
8	斌良	1784—1847	满族	《抱冲斋诗集》中有诸多纪程诗：《青海纪行集》3 卷、《泺河于役集》1 卷、《辒车振远集》2 卷、《瀚海绥藩集》2 卷、《三使均齐集》1 卷、《藏卫奉使集》5 卷

　　严格意义上或曰标准的"纪程诗"，笔者认为要具备两大要素：其一，有较为详细的时间和行程纪录；其二，以诗记录或写景述怀。但表现形式并不完全一致。大致可分两类：第一类奉命出使，就具有纪程诗的两个特点，如魁龄《东使纪事诗略》，其诗交代作者作为正使魁龄和副使希光于同治五年（1866）七月初四日奉旨前往朝鲜册封王妃之事。每天的行程、事务、见闻都一一用散文体加以记录，并写诗记事吟咏。第二类有的是奉命出使，有的是任职或者出差见闻，也不用归来进行汇报，如景廉《度岭吟》就没有时间和行程记录，只是吟咏途中奇山异景，诗中注释事件与简介景点等。其前言云："途中无所事事，日唯与管城子相周旋。归检行箧得诗三十余首，自鸣天籁，不择好音，手录以存用志鸿爪。"[1] 写诗仅是为了打发途中无聊时光而已，并无规定任务，行踪地点基本明朗。

　　清代官员出使或任职边疆民族地区，早自顺治年间。其目的是清廷安抚民族地区的王公大臣或管理少数民族事务，定局安边。这一点，时人早已

---

① 景廉：《度岭吟》卷首，《清代诗文集汇编》第 692 册，第 1 页。

指出，如何乃莹序延清《奉使车臣汗纪程诗》云："车臣汗为外蒙古东路部落，即秦汉时所谓匈奴，唐宋以来蠕蠕突厥之类是也，代为边患。至我朝圣武神功，超越前代，内外蒙古莫不服从圣教，而朝廷所以御之者，亦有以慑服其性而感化其心。子澄之奉命车臣汗，赐奠也，所以柔远而感化其心也。"① 出使主要是贯彻朝廷的扶绥政策，也有发挥"诗可以观"的作用，让使臣借出使之机观俗采风。陈康祺《郎潜纪闻四笔》卷十一"朝鲜采风录"条云："康熙十七年，命一等侍卫狼曋颁孝昭皇后尊谥于朝鲜，因令采东国诗归奏。副行人孙致弥，遂撰《朝鲜采风录》，诗多近体，其清丽芊绵，不亚宋、元传作。渔洋尚书录取数十首。盖天朝文物之盛，远被东藩矣。"② 就是一个典型的例子。说明出使意义具有多重性。既然"诗可以观"，那么在文人笔下呈现出来的就不仅仅是行程的单纯记录，这些颇具奇风异彩的异域自然风光和风情民俗，自然被染上了浓重的审美色彩，具有浓厚的文学意味。允礼在《奉使纪行诗》序言就说："雍正十二年冬，余奉使泰宁，计程凡五千九百余里，往返仅六阅月，又以其间校阅燕晋秦蜀之兵。其余计日按程公馆，严肃有司，旅见旅退，虽欲问民之瘼，察吏之疵，而诹谋询度，其道靡由非独，时有不暇也。唯是所过名山大川、雄关重镇，俯仰形胜，辄追念祖宗奕世之威德，抚古圣贤豪杰遗迹，则忾乎想见其为人，赋诗言志，往往流连而不能自己。其他岩崖洞壑、幽遐环谲之观，风雨晦明、物序旅怀之触，有会而作，亦间侧其中。至于圣恩优渥，寻常在途，复颁训旨，慰谕谆谆，赉赐频仍，传车相踵，瞻望辰极，激忱时结，则大雅所称'永怀'者，盖信有焉。返后逾月，偶检前稿，编而录之，因为序其雅略如此。"③ 除了政事之外，出使或任职途中的名山大川、地势形胜、名人古迹都是文人格外关注的极好的诗料，也极大地拓宽了文人的风雅之举，有利于诗人才情的发挥，所谓"江山之助"。关于游历与诗歌的关系，诗史上有诸多表述。清代满族文人也认同游历与诗歌有着密切的联系，如文昭《古瓶集》自序云：

① 延清：《奉使车臣汗记程诗》何乃莹序，《清代诗文集汇编》第765册，第85页。
② 陈康祺：《郎潜纪闻四笔》，第186页。
③ 允礼：《奉使纪行诗》自序，《清代诗文集汇编》第283册，第784—785页。

"余益肆力为诗，而诗往往不工。然以余闻，古之能诗而工者，盖未有不出于游、李、杜、韩、苏诸公其大较矣。余才不逮古人而志窃向往，重以典令于宗室非奉命不得出京邑，故间有所游不过郊坰而外，乘一絅展，尽日辄返，夫所谓高山大谷、浦云江树之属，举足助夫流连咏叹者而顾未尝一寓于目。诗之不工，抑又何尤耶？"① 作为著名宗室诗人，对于两者的关系有着深刻体悟，更何况，对于有行为限制的京城满族人来说，充满奇异风光，其魅力之大是可想而知的。

二、近代满族纪程诗对边疆地区的书写

由于纪程诗所记都是自京城至目的地沿途风土人情，有关内地的风景诗作暂且不表，只论述到达边疆地区所见所闻的诗作。

近代边疆地区绵延我国北部、西北及西南广袤的地区。在这广袤的区域里，地理环境有着明显的差异。就地貌来讲，大漠戈壁、洼地绿洲、高山雪原，不一而足；就气候而言，冬季寒冷而漫长，夏季炎热而短促。在不少地方，由于地势高耸，如卫藏（又名前藏，即现在西藏的东部地区——作者按），夏季则温暖如春。自然环境既是人类活动的舞台，是赖以生存和发展的物质基础，同时也是制约人类活动的重要因素。在古代，自然环境决定了当地居民的生存方式，生存方式又在很大程度上决定着其生活方式。因而，某一地区的自然环境与该地区人类的生活方式存在着对应关系，也就是说，某一地区人类的生活方式总是与其自然环境息息相关。钱穆说过："各地文化精神之不同，究其根源，最先还是由于自然环境有分别，而影响其生活方式，再由生活方式影响到文化精神。"② 作为文学作品，尤其是自然景象的纪实性作品，总是免不了要记录该地区的人文风情。近代满族纪程诗普遍着意于各地的自然风光和人文风情的记述，对政治层面并无涉猎，且以纪实手法为主，间以比喻、拟人等手法，反映了各不相同的地域风貌，形成了一幅风

---

① 文昭：《紫幢轩诗》，《清代诗文集汇编》第 246 册，第 368 页。
② 钱穆：《中国文化史导论》弁言，三联书店 1988 年版。

格迥异的艺术长廊，具有自然风貌与民俗风情双重内涵。

青海在明代属西番地，清雍正三年（1725）设西宁办事大臣，总理青海事务。其属地屡有变化，于嘉庆十一年（1806）定型，至清末未变，与今天的青海大体相当。斌良于七月初三日奉命去青海致祭湛巴拉多罗贝勒，九月七日行抵丹噶尔，前去札木巴拉多尔济贝勒努克图大藏寺祭奠，十二月廿三日回京，历时五个多月。其《青海纪行集》主要记录了路经青海东部湟水谷地一带的行程。作者以生动的笔触书写了秋天青海的自然景致和民俗状况。深秋之际，这里"秋塞荒，秋风凉。雪积众峰白，挥鞭我马黄。陇西健儿好身手，自挽雕弓射白狼"（《湟中吟》）。色彩鲜明，阔大壮美，具有典型的塞外风貌。野外如此，人居之处则宁静幽美。《老鸦堡》写一居处，这里秋意盎然，枫丹柳碧。古寺里，人迹罕至，黄菊晚钟，景致空幽。平番郡则是"乱峰如画障，细水不成河。落叶寒于凝，秋禾涤圃多"（《平番县》），美丽如画，景色醉人。但留给作者印象最深的则是覆盖着皑皑白雪的山峰和山谷中粗大的古树。这里山峰高耸，直与天齐，有的"阴崖沉积雪"（《登孩儿岭》），有的"天连雪岭峰峰白"（《渡大通河》），还有的"眼明群玉峰千笏，知是晴云是雪峰"（《镇海堡》），白云与雪峰难解难辨。而沟谷中往往生长着高大的树木，由于人烟稀少，无人光顾，虽然木身粗壮，树冠庞大，但年年枝叶自长自凋，不免令人产生惋惜之感，《深沟塘古柳》记录的即是这样的柳树，所谓"垂杨合抱柳阴圆……长条踠地自年年。"

近代青海尚属贫瘠之地，中央政府由于财政匮乏，无力安抚边地民生，因而这里居民生活困顿，衣不蔽体，《青海纪行集》对该方面也有反映。如《平番县》云："民贫无襦袴，抚字意如何？"即使有衣可穿，也是"衣褐"之类（《平戎驿》）。为了御寒，他们往往将住房用泥土堵塞得严严实实，所谓："山农多墐户，节使尚冲寒。"（《平番夜雪》）这也是对清代中后期青海农牧民真实生活的书写。

西藏为神州西南之地，《禹贡》称为"三危之地"。至宋朝开始纳贡，康熙间回归中央政府，乾隆间设驻藏办事、帮办大臣，管辖前后藏。此后屡派使臣前往。近代有文干《辛巳纪程诗》①、斌良《藏卫奉使集》②两部诗作记录西藏的自然风物。本著以斌良《藏卫奉使集》为例。斌良自丙午（1846）正月二十八日出都，历春夏秋三季，至该年七月十六日抵达拉萨，所经藏地清代称为"前藏"。行程一万三千里，作诗五卷，共四百零二首。《七月十六日抵藏喜成》四首之一云："半年车骑镇长驱，壮观平生兴不孤。卫藏康居三部落，蓟秦晋蜀四名都。山川南戒多时赏，风俗西招著意摩。添得牛腰诗卷富，海天高咏敌髯苏。"如此看来此行不虚，收获颇丰。总体上来说，一路上山岭纵横，人烟稀少，夷险交错，阴晴变幻。山区地貌破碎，气候瞬息万变，在同一山地系统中，因地势高峻，温差较大，可能出现多种奇幻景象，民谚中就有"一山有四季，十里不同天"及"山高一丈，大不一样"的说法。

首先，这里奇观妙趣颇多。西藏东部地处横断山脉，横亘着数不清的侧岭横峰，由于地势海拔较高，山上终年积雪，冬季气候寒冷；夏天气候分外凉爽湿润，"漫说蛮荒风物陋，寒轻仲夏似春初"（《普拉晓发》），"深林密籁气阴森，仲夏凉飙肌骨侵"（《奔察木山中遇雨》）。立秋一过秋气立刻袭来，与干旱炎热、动辄三十度以上高温的新疆哈密地区迥然不同。此处遍地鲜花盛开，"野花无数不知名"。因是偏僻之地，松树布满山谷，甚至有十人围的千年古树。更为异常的是这里气候多变，晴雨变化莫测，所谓"峰顶高寒峡中热，一山气候雨番更"（《山中晴雨不常口占一绝》）。除山峰和峡谷气温差距之大外，山中晴雨也随时更替，也超人意表之外。

其次，这里美景频现，陡峭的山坡植被葱茂，犹如一幅幅画廊；山涧或是绿草遍地，或是水流涌动，一切都饶有画意。如"翠塔耸楼松""云峰杂雪峰"（《三坝塘房夜题》）的原始林木与高耸入云的雪峰，"仿佛夔巫峡里天"（《竹巴陇山中作》）的青翠崖壁，无不令人驻足流连，叹为奇观。

再次，这里人文风光与自然环境合二为一，天人浑融，堪称人间佳境。

---

① 《八旗艺文编目》写作《壬午赴藏纪程诗》，见恩华纂辑，关纪新整理《八旗艺文编目》，辽宁民族出版社 2006 年版，第 44 页。

② 下文涉及西藏的诗篇均出自该集。

他们居住的房屋尽管简陋，但周边环境清幽秀美："万峰排闼花屏如"（《空子顶蛮房题壁》）。牧羊人酣眠画卷之中，自由自在："风翻麦浪绿云铺，牛鼻浮凉俨画图。细草如茵敷软翠，酣眠堪羡牧羊奴。"（《南墩道中见牧羊者》）这些场景展示了牧民们舒适惬意的生活。此外，斌良的诗作还涉及他们的风俗：一是见到远方的客人献上蔬菜表达亲近之意（《蛮人以蔬菜为献喜成》）；二是通过庖厨做食物时醋已用尽而无处可寻（《硕板多道中庖人醋已用竭，无处可觅感题一绝》）的生活细节，揭示他们的饮食习俗："麦牟麦牛酥共煮茶"，即将炒熟的麦子（大麦和小麦）和酥油入茶同煮，以为饮品，类似于现在的"酥油茶"。

总之，东部藏区具有奇异的自然风光和民俗，斌良的纪程诗形象而真实地记录下了行程中的见闻，使人们看到了彼时彼地的自然人文状况。

新疆在汉代就已归属中央政府，汉武帝时设西域都护府，辖天山以南三十六国。后历经变更，至清朝，经过康、乾两帝征伐，各部悉数归顺。乾隆二十七年（1762），设伊犁总统将军及都统、参赞、办事、协办诸大臣，分驻各城，并设阿奇木伯克管理事务。同治三年（1864）阿古柏叛乱，光绪八年（1882）荡平，九年（1883）建行省，设置巡抚及布政使司。可见，有清以来，新疆一直动荡不宁，为此，中央政府极为重视，数派大员前去管理。近代满族有关新疆的纪程诗并未全面反映天山南北广袤的沙漠戈壁，而是聚焦于新疆西部的冰山奇景。景廉（1823—1885），咸丰八年（1858）被授伊犁参赞大臣，管理疆务，《度岭吟》就在此期间写就。冰岭是纵贯天山南北之间的重要交通要道，也是从伊犁到南疆最为便捷的通道，具有十分重要的军事价值，但山势高耸，常年积雪覆盖，险峻异常，每年的夏季和冬季都难以逾越。咸丰十一年（1861），时任伊犁参赞大臣的景廉为查办阿克苏案件，取道冰岭，从九月二日上路，十二日翻越冰岭，再八日后抵达阿克苏，当中休息了两天，实际用了十七天。景廉从当时的伊犁惠远城出发，绕过巴图孟轲台和海努克台，从索果尔台开始走上了冰岭道。这次冰岭之行最大的副产品就是写下了《冰岭纪程》和《度岭吟》。前者非常珍贵，是难得的史料。它将沿途的见闻记录下来，希望成为后继者的向导。①景廉也说："伊江戍卒换防恢武及南路各城运送官物者皆取径于此，路甚捷，景亦甚奇。"并云："其道路之崎岖，山川之诡异，诚有非意料之所及者。乘危履险，生死呼吸，壮志豪情，一时俱尽。"他认为，"余生平之大观，亦以此行为最"②，将所得诗歌三十四首汇为一卷，因路经冰岭，故名《度岭吟》。

诗从交代物候写起："画角声中木叶凋，霜华点点拂弓刀。寒生大漠征人健，草浅平原塞马调。"（《秋坪漫题起程一首》）九月的西部边陲，已经是满目萧瑟，使人倍感凄楚。一路的衰象，让作者"睡魔驱复来，诗情匿弗逞"，但当听说"水石辟佳境"，就"惊喜不成眠，翻疑更漏永"（《发察布察尔晚次索果尔台》）。的确，一开始景色迷人，"秋色澄鲜正午晴，无边林壑画难成"（《博尔道中》），但越来路途越险，天气也越来越糟。《早发沙图阿满过天桥遇雪》一诗就写了这种极端天气和极险路程：大风呼啸，冻云密布，令人惊疎；而大如手掌的雪花，可谓神奇之至。那直冲霄汉的天桥，又艰险至极，使人毛骨悚然，行人只得小心谨慎，且行且止。大雪过后，一轮新月悬挂东山，晶莹剔透，则是内地之人见所未见之光景。整首诗读后惊险无二。《冰搭坂行》一诗写一段蜿蜒崎岖在崇山峻岭中的小径，连用三个"有时"突出了小径的艰险程度，令行人叹为观止！那高耸的冰山，在朝阳的照耀下精光闪烁，形态各异，气势飞动，令人百看不厌。时而上天，时而下地，一路奇景变幻无穷，一路惊险又时时相随，"行路之难至此极"！

除了路途惊险之外，还有满身尘埃、"不具佛形具佛性"的石佛，峡谷中水流湍急、能将石头冲走的河流以及晶莹灿烂、"瓦砾琼瑶少区判"的玉山和摄人魂魄、可供骏马驰骋的平原地带，种种神奇之景在这里竞相绽放。途中间有风土人情的记录，《中途杂咏》即是如此，其中前四首尤其鲜明。《穹庐》一诗所谓"穹庐"即今之蒙古包，回疆的蒙古包设施简单，易于搭建，且与马群相连。《威呼》一诗所记之"威呼"是独木舟，小且轻便，适

---

① 参见王启明《清代新疆冰岭道研究》，《中国历史地理论丛》2013 年第 1 辑。
② 景廉：《冰岭纪程·自序》，见吴丰培《丝绸之路资料汇钞》（清代部分），中华书局 2009 年版，第 518 页。

用于内陆地区的河流湖泊。《蒙古妇人》一诗写了蒙古妇女的穿着打扮以及像男性一样放牧,毫无内地妇女的闺阁之态。《茶尖》一诗所云"木碗铜瓶携取便,自烧野草煮湖茶",用铜瓶木碗盛水盛茶的生活习俗为边疆所独有,在内地是看不到的。

记录蒙古的纪程诗最多,最为典型的是斌良的《瀚海绥藩集》和蕴秀的《敖汉纪程》。斌良丁酉(1837)腊月奉命偕安上公至土尔扈特赐赉多罗札萨克郡王三达克多尔济。这里离京城五千五百里,初六日出发,至来年夏天返回,往返行程约一万一千余里,作《瀚海绥藩集》,共计诗作一百九十首,记录了外蒙古的山川地理,风物人情。蕴秀曾于道光二十九年(1849)正月二十九日,奉旨偕国子监祭酒胜保前往敖汉赐奠郡王达拉玛济里第,始于二月二十四日,讫于三月二十五日。作者将自北京至内蒙古敖汉旗沿途亲历、亲见、亲闻的山川道里、险要形胜、驻军防守、人物风情、民族习俗、典章礼仪等逐日札记,间附纪事诗,奇情灏举,清音朗激,其"借酒浇胸""挥毫得意"之情溢于言表。所记资料真实可靠,于各地设置、沿革略有考订之用,具有较高的文献价值。① "瀚海"一词,本指内陆中的湖,如青海湖、贝加尔湖等,到明代以后,即专指北方广大地区,戈壁沙漠,如皂保《瀚海》一诗:"瀚海原无水,平沙极目遥。狂风终日簸,一似往来潮。"即是此意。这里"平沙浩渺望无垠,币地穹庐遍野坰"(《纪事》)。隆冬季节,"冰天雪碛连衰草,触目风光妙句无"(《车中偶成》),不仅一片冰天雪地,万物凋敝,而且寒气刺骨:"气嘘髭化白,血汗须攒冰。日色侵晨淡,霜华隔岁凝。"(《哲里木寒甚》)作者明白这里有未曾遇到的"奇寒"。狂风之猛更是见所未见。《夜闻大风初八日早风定喜成》云:"午夜鹭飙发,牛鸣窬底狂。糁沙吹硬雨,掀幕掷顽礓。窟宅蛟龙徙,绦韝鹰隼扬。"午夜帐外狂风大作,从"牛鸣"般的吼声、飞沙走石的气势,可以想象到风力之大之狂,这是内地绝少能碰到的。

---

① 李俊义、石柏令:《蕴秀与〈敖汉纪程〉》,《满族研究》2013年第1期。以下内容均根据蕴秀《敖汉纪程》中的诗作进行论述。

高原大漠深处，不仅人烟稀少，而且草木稀缺，隆冬时节，生活在这里的人们只能以牛粪代薪，所谓"粪饼添炉火，油酥点乳茶"（《毡庐不寐有忆京华》），"牛粪马通供饮爨，苍凉风物见何曾"（《札嘎素台书所见》）。一旦遇到特殊情况，可能连牛粪也成为稀缺资源，《塞外向无柴薪，蒙古风俗作食皆以牛粪代薪。闻去岁牛粪为螳螂转丸摄去，蒙古烧烟甚缺，名曰粪荒，感此成绝》一诗就记录此事。由于螳螂侵卷牛粪而出现"粪荒"，真是人间奇闻！如果不是亲眼所见，有谁会想到呢？

不过，越是艰苦的环境越是能练就人的生存技能，蒙古男儿个个身手不凡，他们骑马打猎，迅疾如飞，勇猛异常。《布隆即目》一诗先写蒙古族男子的装束，既精干又不乏纹理，具有鲜明的民族特色。但这只是铺垫，此诗意在突出他们骑马飞奔的草原技艺。又《乌兰哈达即目》云："避客黄羊疾似飞，追风骠骑一鞭挥。此来惜未携弓矢，好向平沙猎一回。"牧羊儿高超的骑马技术赢得了作者的羡慕，竟然也想身佩弓箭，驰骋打猎，一试身手！

与青海牧民不同的是，这里并不贫困，反而牛羊遍地，生活富足，如《察布奇齐书所见》一诗所云："猎猎狂飙逐马蹄，草痕黄到小冈西。欣看藩部多殷富，遍野封牛褐色齐。"看来，北部和西北部各地牧民的生存状况小有差别，不能一概而论。

比较特殊的是志锐的《廓轩竹枝词》，因为志锐由京师到蒙古并不是奉命出使，而是被发遣；也没有回京汇报的任务和使命。尽管如此，其《廓轩竹枝词》因广泛反映了蒙古的自然景观和人文风俗，具有纪程诗的性质。自序云："古人行程，必纪其山川道里险要形胜者，考古证今，以示博富。锐不才，在滦阳营次奉待罪乌里雅苏台之命，未许回京，迂道出口行箧，无书未能援征，仅就军台各名各旗风俗与夫目之所见，得《竹枝词》百首。于山川形势，鲜有所关，聊为一己纪程，非敢云诗也。"[1]虽语意谦逊，可知作者也将其当作纪程诗看待。所以，在此一并论述。

---

[1]　志锐：《廓轩竹枝词》自序，清宣统二年石印本，中国国家图书馆藏。

　　志锐（1853—1912），字伯愚，又字公颖、廓轩，他塔拉氏，满洲正红旗人（一作满洲镶红旗人）。甲午战争前夕，因直陈时事，坚决主战，被慈禧"降授乌里雅苏台参赞大臣，释兵柄"。未许回京，从降职地直发乌里雅苏台，因而《廓轩竹枝词》又名《张家口至乌里雅苏台竹枝词》，记录从张家口至行乌里雅苏台途中见闻。"公闻命就道，初与夫人李氏偕行，中途病归，乃直身率二三童仆，度天山，横绝漠，长途风雪，每到一台站，必有小诗纪之，成《竹枝词》百余首。襟怀冲淡，若自忘其为谪官投荒者也。"① 其中《六十四台》六十四首，《风俗》二十一首，《杂咏》十五首。采用"诗中夹注"的方式，对诗作详细说明和解释，显得更为详尽和明确。

　　《竹枝词》内容广泛，举凡自然风物、风俗生活、忧国思乡、吊古怀今，均给予反映。在此我们仅关注前两类。诗歌叙写一路行程，到处可见"黄沙白草暮云平"（《鄂伦虎图克第十四台》）的壮阔景象。蒙古多大漠戈壁，但路途艰险，行走不易，"一山乱石一山沙"（《本巴图第十一台》）、"乱石平沙无所见，碍人行路马兰堆"（《博罗鄂波第三十台》）。有的地方甚至凹凸不平，寸步难行，驼茨满地，高低错落。在这片荒原中，还蕴藏着丰富的宝库——矿产资源，有些就裸露在地表，形成矿山，如《吉斯黄郭尔第十八台》云："吉斯黄郭产铜山，峻山嶙峋石笋尖。蒙俗不知开地利，牛羊寥落草纤纤。"还有的在大山深处，《特穆尔图第六十二台》云："松杉夹道入山深，铁矿多年贡潦涔。若假洪炉开鼓铸，一经陶冶尽祥金。"小注云："译言有铁矿也。相传矿甚宽深，产铁极佳。蒙人欲开而不得其法，近闻俄人颇有意焉。"时至近代，随着西方先进技术的引进，人们认识到了矿产资源的价值。志锐也以近世目光敏锐地发现了其中的价值含量，这是十分可贵的。

　　其实，蒙古大地不仅有荒芜的地表，也有秀美的景致，那些有水的地方也草木丰美。《哈达图第四十四台》《噶噜底第四十六台》都写到了这种情形。前者云："征车尽日行山里，草绿如茵秀可餐"；后者云："此乡水草称双美，时见仙禽掠羽衣"，大自然呈现出了富有生命力的景象。人们也尽可

---

① 志锐：《廓轩竹枝词》，清宣统二年石印本，中国国家图书馆藏。

以在此定居，放牛牧羊，"毡庐到处沿溪筑，争牧牛羊趁绿莎"（《阿录吉拉噶郎图第五十九台》）。若是在冬季，雪景之灿烂也堪称佳景："白雪白云两相杂，岭头一月不分明。"（《鄂伯尔吉拉噶郎图第五十八台》）

当然，蒙古草原上最有特色的还属蒙古族男子的骑术——套马，这是放牧中的高难度技术，《套马》云："一从假手佣奴牧，亦自低头任峦衔"小注云："蒙古套马，以长杆系绳其端，缠马项牵之而走，不受羁勒者，亦贴耳服都焉。"这一技术恐怕非技艺高超者不办。

蒙古族服饰具有鲜明的民族特色，一般穿着宽襟大袍，喜穿软筒牛皮靴，男子多戴蓝、黑褐色帽，也有的用绸子缠头。女子多用红、蓝色头帕缠头，冬季和男子一样戴圆锥形帽。未婚女子把头发从前方中间分开，扎上两个发根，发根上面带两个大圆珠，发梢下垂，并用玛瑙、珊瑚、碧玉等装饰，但各地并不完全相同，即使是内、外札萨克也差别较大，尤其是妇女的装束。如《内札萨克妆束》云："双辫平分戴佛冠，绀珠累缀任人看。束腰箭袖戎装小，顾盼生姿在据鞍。"《外札萨克妆束》云："发分双扇用胶多，箭袖高低似翘拖。命妇胭脂红两颊，教人误认醉颜酡。"小注云："发分如两折扇，垂于项前，用胶涂之不散。箭袖于肘上又加一层，似翘。"首先在发式上有明显的差异，一为双辫，一为双扇状；其次，上衣尽管同为箭袖，也不尽相同。更为重要的是，两诗都突出了蒙古妇女的端庄妩媚。

蒙古民风淳朴，待人接客热情周到，《蒙妇执爨》一诗就涉及此事："彼姝二八饰明珰，执爨司茶镇日忙。待得釜中羊胜熟，为侬含笑一先尝。"客人到来，为招待客人忙得不亦乐乎，还笑容可掬。当地官员，见到京官也都礼节周到，表现得诚朴殷勤："台官常跪迎天使，诚朴风犹见一斑。"（《庆岱第九台》）献给客人的礼物是哈达，哈达也有分别，"递来哈达分三等，绣佛光明第一尊。膝地手高擎过顶，按班安好笑言温。"（《递哈达》）最尊贵的是绣有光明佛的那种，礼仪也非常隆重，代表着尊贵和荣耀。

关于婚嫁习俗，也非同内地。如《蒙古婚嫁》《蒙古女多不嫁》两诗即是此类，前者小注云："男家以牲畜为聘，女家无妆奁，三年内生子应得外家财产一半。如三年内不育，则勒令女归，并追还原聘，听其择人再醮焉。"

按照蒙古习俗，若夫妻不合，离婚也很自由，若男家不同意，妻子仍回娘家；若妻子想离婚，女家当归还一部分聘礼。双方离婚后，可以随意再婚，并不受到歧视。此两诗提到"若女子三年内不育，则勒令女归"以及贫家女多不嫁之事，则是志锐诗中出现的古老习俗，具有很高的民俗价值。

三、近代满族纪程诗对境外的书写

除边疆地区外，有关境外的纪程诗主要是记述出使朝鲜的途中见闻，其它国家的纪程诗在近代诗歌中尚未发现。这里仅论述有关朝鲜的纪程诗。

近代出现了两部出使朝鲜的纪程诗集，即铭安的《东使纪略草》和魁龄的《东使纪事诗略》。前者记录光绪元年（1875）三月十七日作者偕散秩大臣兼副使立瑞由辽阳起程前往朝鲜，后者于同治五年（1866）七月初四日奉旨前往朝鲜册封王妃一事。此次以理藩院侍郎魁龄为正使，委散秩大臣希元为副使，八月三日请训，十二日巳刻由礼部受节起程，至十一月十一日回京，历时三个月，行程三千里。归来后辑成《东使纪事诗略》。《诗略》记录行程途中事务甚详，每天的路途行程、事务接洽、送往迎来、途中见闻、天气征候、记景感怀无不有之。以文纪事，以诗写景感怀，叙文与诗作相辅相成，可谓清晰详备。其后记云："往尝见前辈大儒或出使邻封，或宦游异域，罔不纪天时、纪人事、纪风俗、纪名胜。凡一名一物为耳之所闻、目之所见，率皆笔之于书以示不忘，非好异也。诚以一事不知儒者所耻，一行不谨，大德堪虞，则因事征实，不徒记我言动寔，欲范我身心意至善也。岁丙寅仲秋，余东使朝鲜，过都越国，道经数千里，阅人甚夥，深恐言行不谨，或致贻羞中外，爰作《纪事诗略》一则，思欲效法前人，白诸同类，俾观者一目了然，知不佞往返之所为，非敢以雕虫小技妄登诸大雅之堂也。不然闲轩缮写，鸠拙宜藏，何遂谬附剞劂致成笑柄，则是编直谓之纪事可也。"① 其《纪事诗略》即是效法前人纪天时人事、风俗名胜之作，具有重要的史料

---

① 魁龄：《东使纪事诗略》，清同治刻本，中国国家图书馆藏。本文以下内容均根据魁龄《东使纪事诗略》中的诗作进行论述。

价值。

朝鲜是一个多山的国度，除了平壤一带地势平坦外，处处崇山峻岭，又形态各异，引人入胜。九月十九日途径的洞仙岭，山势高耸，"仰观则云霞咫尺，俯视则洞壑空深，真险境也"。《过洞仙偶吟》云："洞仙关里舍人岩，怪石玲珑面面嵌。十里松阴盘驿马，万重岚气染征衫。螺旋深入穿云壑，蝉翼高攀过碧巘。不必问天天已近，红尘以上总非凡。"二十日经过的葱秀岭又是另一番样子："葱秀本天然，山高玉溜悬。松阴寒峭壁，石磴挂飞泉。秋老余红叶，林深只缘烟。拔云来洞口，权作小游仙。"（《葱秀留题》）山势秀美，飞泉流瀑，烟雾氤氲，有如仙境。二十二日经过临津江，对面两山排闼，恰似雄关（《过临津江至坡平馆》）。十月初五返回途中路过的晓星岭，则十分陡峭，乱石盘空："崇峦棋布势嵯峨，乱石盘空不易过。"（《晓星岭》）总之，山势陡峭，山路崎岖，各有特色，各有其趣。

朝鲜的风俗与清朝不同，"该国俗尚质朴，除宫殿外，均不事雕凿涂饰。衣尚白，食尚俭。其器质而洁，坐必席地，用矮脚桌。将上堂，户外有二履，一切度用，多沿古制。其文同其语异，非笔谈不能得其仿佛。"另外，朝鲜文人也喜好清朝文化艺术，绘画作诗都模仿汉文化，与清代文人诗歌唱和。

外交礼仪是《诗略》突出的一项记录。魁龄一行进入朝鲜后，当地官府派官员前来接圣旨请安，招待使臣，安排食宿。临近王都时，国王派遣高级官员前来迎接。进入王都，他们受到朝鲜国王亲自接见，受到隆重的礼遇。此与《清史稿》中所记使臣到朝鲜的外交礼仪相同。[1]《诗略》详细记云："二十四日辰刻，国王遣使来请入王京，当于巳初起行。国王迎旨至，距城十里之迎恩门。行礼毕，先入城。余偕副使入外城崇礼门，至内城淳化门，又东行抵进善门外。下肩舆，入仁政殿。殿傍有更衣幄，次易蟒袍补服。国王衮衣出迎，拜旨，读诏，均行三跪九叩礼。鸿胪官唱引三次，作乐三章，山呼三次。礼毕，更常服，入仁政殿，宾东主西，相向坐。王遣通

_____

[1]　见赵尔巽《清史稿》之《志》66，第 2678—2679 页。

官三人，即古摈介之礼，问'皇上圣安、两宫皇太后圣安？'龄旁立左，向答曰：'皇上圣躬万安，两宫皇太后圣躬均安。'王复问：'天朝王、贝勒均好？'余答以均好。嗣复酬酢数次，互有问答，皆要言。王遣官曲道欲行拜见礼，辞之再三，始作谢。彼此一揖，入坐。坐中列数筵，觥酬交错，箫管齐闻，凡九献礼始毕。"作者作诗二首，寄兴述怀，如《奉使礼成恭纪七律二首》其一云："王京翘首入云端，节钺遥临万众欢。紫诰宣恩君命重，皇华作赋使才难。琼筵对语罗珍错，仙乐和鸣集凤鸾。海国人文昭礼数，笙篁酒醴尽衣冠。"该日国王屡派使臣来问安，文武官员也都前来拜会，直至亥刻才散去。第二天，国王亲来拜会，列筵如昨，礼数繁多。国王之父兄、朝中大员也都前来笔谈，索诗索字，不一而足。魁龄送他们墨刻诗章，整整一天，他多方应酬，以致疲惫之极。二十六日，返回送别，时逢疾风骤雨，按照礼仪，必须返回。国王备仪仗鼓吹，候于西郊之迎恩门外钱席，礼数繁多，款洽很久，致使使节不忍离别。朝鲜是清朝属国中最亲近者，所以对清朝使节关爱有加，充满深情。魁龄吟咏《西郊留别》二首，其一云："十里邮亭送客程，西郊祖饯怅行旌。飘风骤雨何曾计，欲别仍留太有情。"诗中注云："是日风雨疾来，仍恋恋酬酢，不忍言别。"其二云："昨宵夜雨曾留客，今日石尤又阻风。不是公车难久待，深情肯负主人翁？"于兹可见中朝友谊之深厚。

近代满族纪程诗广泛地记录了出使地域的山川地貌、季节征候、风土人情，留下了彼时彼地较为珍贵的文字材料。不仅以纪实为主，也兼具文学性；不仅具有少数民族史料价值，也具有文学价值。严格地说，是以文学（诗歌）形式来纪录自然风物的。很多诗歌描摹真实生动，形象逼真而又自然有趣。总体看来，有如下特色：

第一，如实地记录出使各地的见闻。这一点从上文所述足以看出。再看一则同时代诗论家的评论，吴仰贤论文干《辛巳纪程诗》云："长白文干桢士，道光初奉使西藏，有《辛巳纪程诗》一卷，自正月十二日从打箭炉入，二月初十日行抵前藏，所经历皆系以诗。如……数联夷险殊致，皆纪实也。"① 明白其以诗纪实之特征。因而，纪实性是近代满族纪程诗的最主要特性。

第二，具有浓郁的文学风味。近代满族纪程诗既然是以诗纪实，诗为文学之精者，那么，这种纪实文字就免不了著上浓厚的文学色彩。事实也是如此。诗人们在摹写山川风物、人情世态时并不一味追求文笔的枯淡和无趣，而是力求生动形象，栩栩如生。为此，在以白描为主要手法的基础上，还大量运用了包括比喻、拟人在内的文学手法。诗语也清新流丽，干净而又富有张力。当然，浓厚的文学意味并不影响整体的纪实风格，反倒是加强了纪实文字的生命力和感染力。这一点，早就引起了诗家的注意，如民国期间的诗论家海纳川在《冷禅室诗话》中云："升勤直公寅出使喀尔喀，途中有'怪声山鸟如人语，绝壁晴云似马行'之句，画出边塞风景。又《戈壁竹枝词》云：'皮冠冬夏总无殊，皮带皮靴润酪酥。也学都门时样子，见人先递鼻烟壶。'语颇风趣。"② 所给予的评价是中肯的。

---

① 吴仰贤：《小匏庵诗话》，《清诗话三编》，第 6577—6578 页。
② 海纳川：《冷禅室诗话》，《民国诗话丛编》（二），第 714 页。

第五章　近代满族著名文学家族文学创作

如前所述，由于八旗发达的官学和私学教育，使满族普遍教育水平有了长足发展。又由于长期的满汉融合，受汉族家族文化的影响，从清代中期开始，满族逐渐形成了众多的文化家族乃至文学家族。近代也不例外，据著名学者多洛肯统计，近代满族文学家族多达四十五家，此数字尚不包括宗室王公的家族文学。[①] 当然，该数字涵盖了八旗汉军和八旗蒙古的文学家族，如果去除两者的六家外，尚有三十九家。本章内容将选取其中有代表性的三家进行探讨。

第一节　完颜氏麟庆文学家族创作状况

若是论及满族文学家族，麟庆家族是无论怎么说都不应绕过的话题。所谓"一门之内，风雅所锺"，也是唯一一个横亘整个清代、绵延文脉数百年的家族。如此长的时段连汉族中的文学家族也极为罕见。这个家族产生了四位进士、五位翰林、十五位作家的骄人成绩，其中女性作家六位，而且同一家族中祖孙、父子、兄弟、夫妇均为文人，皆在文学上有所建树，称之为"文学世家"毫不夸张。因其多数家庭成员的文学创作是位于近代时段，所以将其纳入本论著中。

---

① 多洛肯、吴伟：《清后期满族文学家族及其诗文创作初探》，《满语研究》2013 年第 1 期。

一、麟庆文学家族成员构成

据《八旗满洲氏族通谱》记载，作为满洲八大著姓之一，完颜本系地名，因以为姓。其氏族散处于完颜及各地方。在清太祖努尔哈赤起兵时，麟庆八世祖鲁可素率众来降，被纳入八旗部族。七世祖达齐哈因为勇征善战，被授为备御，深受赏识。后任牛录章京，兼管辽汉人都督，总统火炮营，军功显赫。清军入关后，其家族由武转文，以"翻经译史"为时所称道，在八旗中较早开启了文化旅程，为满洲迅速接受汉文化做出了重要贡献。著名文史专家震均述其家族功业云："满洲旧族，簪笏相承，无如完颜氏之盛且远者。其先出金世宗，国初未入关时，已有显仕者。顺治中，阿什坦学士海龙，以理学著。圣祖称为我朝大儒，即先生（指麟庆——作者注）之祖也。其后和存斋世素、留松裔保、完颜晓岩伟皆为一代伟人。见亭先生（即麟庆——作者注）继之，崇文勤实、嵩文恪中继之。文勤公曾官盛京将军……文恪公官尚书，为余己丑座师。"① 同时，其家族成员也较早尝试用汉语进行文学创作，形成了满洲著名的文学世家。其文学家族成员构成如下表：

序号		生卒年	功名	著作
1	阿什坦（达齐哈子）	？—1683	顺治九年首科进士，官刑科给事中	译《清文大学中庸》《清文孝经》《论语》《太公家教》，著《清文通鉴总论》
2	完颜兑（阿什坦妹）		无	《花埭闲吟》《花埭丛谈》《小黛轩论诗》
3	和素（阿什坦子）	生卒年不详	官内阁侍读学士，御试清文第一，赐号巴克什号，充皇子师傅，翻书房总裁	译《清文左传》《清文琴谱合璧》18卷《清文三国志》，《熙朝雅颂集》卷30收录诗3首
4	完颜伟（阿什坦孙）	？—1748	内务府笔贴士，官至左副都御史	《天人一贯图说》

---

① 震均：《天咫偶闻》，第64页。

序号		生卒年	功名	著作
5	留保（鄂素子，阿什坦孙）	1689—1766	康熙六十年进士，八旗子弟中赐进士者第一人，改庶吉士，散馆授检讨，官至礼、吏、工部侍郎	《大清名臣言行录》《完颜氏文存》3 卷，《熙朝雅颂集》卷 26 收录诗 17 首
6	恽珠（阿什坦六世孙廷璐室）	1771—1833	无	《红香馆诗词集》1 卷，《兰闺宝录》6 卷，《国朝闺秀正始集》20 卷，附录补遗各 1 卷，《闺秀正始续集》10 卷，附录 1 卷
7	麟庆（恽珠子）	1791—1846	嘉庆己巳（14 年）进士，官至江南河道总督	《凝香室诗文偶存》《叙德书情集》《安梅书院观风选存》1 卷《蓉湖草堂赠言录》《皇朝纪盛录》《鸿雪姻缘图记》
8	程梦梅（麟庆继室）	生卒年不详	无	《国朝闺秀正始续集》补遗 1 卷，《红薇阁诗草》
9	崇实（麟庆子）	1820—1876	道光庚戌进士，散馆授编修，累官至刑部尚书，署盛京将军	《适斋文稿》《适斋诗集》4 卷《小琅圜馆诗存》《适斋奏议》
10	崇厚（崇实弟）	1826—1893	道光乙酉举人，官至吏部左侍郎、盛京将军	《历代名臣传节录》30 卷
11	蒋重申（崇厚室）	生卒年不详	无	《环翠堂诗草》
12	妙莲保（麟庆女）	生卒年不详	无	《红香馆挽词》《赐绮阁诗草》
13	来秀（妙莲保夫，法式善孙）	1819—1911	道光庚戌进士，官曹州知府，升盐运使	《扫叶亭咏史诗集》4 卷
14	佛芸保（妙莲保妹）	生卒年不详	无	《清韵轩诗草》
15	衡平（崇厚子）	生卒年不详	光绪乙亥举人，官礼部员外郎、江南候补道	《酒堂遗集》

麟庆家族由翻译起家，其文学之路代表了满洲文化发展的轨迹，总体看来，可以分为前后两个阶段，前一阶段以翻译汉民族文化经典为主，由阿什坦开启；后一阶段以文学创作为主，由恽珠开启。

阿什坦，顺治二年（1645）选授内院六品他敕哈哈番，顺治九年（1652）中进士，授刑科给事中，康熙七年（1668）为实录纂修官。初翻译《大学》《中庸》《孝经》，受到汉族文化影响，认为"学者宜以圣贤为期，经史为导，此外无益杂著当屏绝"①，并严防旗人男女之别，定部院九品之制。康熙初年，罢职家居。鳌拜专政，欲令一见终不往。后又被荐，康熙召见询问节用爱人之事，他认为"节用莫要于寡欲，爱人莫先于用贤"，被康熙帝称为"我朝大儒"②。应该说，在八旗入关、重建文化之时，阿什坦较早地翻译汉族文化经典为旗人所用，其文化意义非同寻常。受其父影响，和素御试清文第一，赐巴克什③号，充皇子师傅，翻书坊总裁。在清初八旗文职人才缺乏的背景下，足见其满语、汉语文才的显著，为此，《清史稿》将其列入文苑中，为旗人首位。

在此清初著名旗人文化家族培育下，出现了两个文学人才，一是完颜兑，字悦姑，能诗善画，都统穆里玛室，著有《花埙丛谈》一卷，辑古今闺阁琐事；一是翰林出身的官吏兼文人留保，康熙六十年（1721）与王兰生同赐进士，为八旗子弟中赐进士者第一人。雍正元年（1723）充实录馆纂修，散馆授编修，官至侍读学士，精算法。著有《大清名臣言行录》《完颜氏文存》三卷，另有诗歌数十首。

消歇三世之后，完颜氏文风又变得炙热起来。转变的关键是一个文学

---

① 赵尔巽：《清史稿》卷484，第13335页。
② 赵尔巽：《清史稿》卷484，第13335—13336页。
③ 福格：《听雨丛谈》巴克什条："巴克什，亦作榜式，亦作把什，乃清语文儒谙悉事体之称。天聪五年七月，设立六部，改巴克什为笔贴式，其文馆大臣原有榜式之号者仍之。"中华书局1984年版，第181页。又据邸永君考证，"清人认为太祖初设文馆，以亲近侍臣在馆办事，名其官曰'巴克什'，实际上'巴克什'是赐号而非官名。'巴克什'乃满语'baksi'的音译，有学者、师傅、掌文案者等多种涵义，得此号者是被召值文馆的标志。"见邸永君《清代满蒙翰林群体研究》，黑龙江人民出版社2005年版，第15页。

女性的出现，她就是廷璐室恽珠，麟庆之母。廷璐，官山东泰安府知府，署督粮道。恽珠之母系毗陵布衣南田先生，族辈能传家学，工花卉翎毛，尤善吟咏，著名京畿。恽珠生长于此家庭，自幼就有文才。据《天咫偶闻》载："恽珠幼时侍父官肥乡典史，值完颜太夫人见之，试以'锦鸡'诗，援笔立就曰：'闲对清波照彩衣，遍身金锦世应稀。一朝脱却樊笼去，好向朝阳学凤飞。'遂聘之。"① 能诗善画，廷璐卒后，承担起持家育子的重任。其实，满族家族与汉族家族在家族结构与日常管理方面均有不同，赖惠敏说："清代旗人领国家的俸禄'铁杆庄稼'过日子，男性长年在外当差，家中事务由妇女操持，妇女精明能干，对家务事敢做主、有主意。中年以后家政全听女人指挥，男人退居于听话的地位。"② 说明满族妇女在家族中的影响是巨大的。恽珠"平生志在昌明诗教，选国朝闺秀诗三千余首为《正始集》"③，"抚诸子麟庆、麟昌、麟书，教之严。持家政，肃而恕"④。此外，吟咏、编纂两不误，除著有《红香馆诗词集》，编有《国朝闺秀正始集》二十卷，《闺秀正始续集》十卷外，尚模拟《列女传》为《兰闺实录》六卷，刊有《李二曲集》《四书反身录》《孙夏峰集》《恽逊庵语录》等儒术类著作，是清代为数不多的集创作、著述于一身的闺秀文人，令人敬服。这些文学活动，奠定了该家族的文学创作基础。

麟庆在该家族进一步发展过程中起到了承上启下的作用，其所取得的功名利禄，保证了这个家族的地位和荣耀；而他的文学创作，也影响了其后家族成员的文学成长。其继室程梦梅，子崇实、崇厚，女妙莲保、佛芸保，全都热衷于文学创作。受到这个文学家族的感召或吸引，儿媳蒋重申，法式善之孙、妙莲保之夫来秀也加入进来，使该家族的文学力量更为巨大。风流所被，直到孙辈完颜衡平。可以说，完颜氏麟庆文学家族在近代八旗文坛发出了耀眼的光芒，一时风头无两。

---

① 震均：《天咫偶闻》，第 100 页。
② 赖惠敏：《但问旗民：清代的法律与社会》，五南图书出版公司 2007 年版，导言第 13 页。
③ 徐世昌：《晚晴簃诗话》，第 1393 页。
④ 赵尔巽：《清史稿》卷 508，第 14026 页。

二、麟庆文学家族传承的内在肌理

曾大兴认为："能够孕育和培养文学家的家庭一般都有这样几个特点：一是很好的遗传基因，也就是说，这种基因在形象思维方面很占优势。二是有较好的经济条件。能让文学人才受到最基本的教育，使他们有一个最基本的知识积累、最基本的学习能力和最基本的写作能力，因此这些家庭至少是在文学人才的成长阶段，具备较好的经济条件。三是家庭所在的自然环境和人文环境比较好。"① 对麟庆及其子崇实、崇厚来说，正是这三个方面为他们提供了基础教育和文学发展的温床。麟庆初受业于郑月滩、次曹蓄斋、次洁士舅氏、次钮瑜。其中郑氏河南偃师人，乾隆乙卯进士，官教授；钮瑜系顺天人，戊戌同榜举人，后官知县。都是具有很高学识的科举人士。麟庆既有功名，又是显宦，有条件为其子崇实、崇厚聘请了各地名师进行早年教育启蒙。如崇实七岁开始跟从程白莲夫子读唐诗；十一岁时在河南按察使司内从赵苏生夫子读书，始学作诗；十五岁时，在南河督府师从潘滋泉读书。有时麟庆还亲自课业，如崇实十六岁时作诗多不合试律体，麟庆公余亲授诗法，使崇实于试帖诗有所长进。②

浓郁的家庭文学氛围也为他们将来的文学事业奠定了文学基础。他们文学活动的舞台也是少有的整饬博雅。据震均所记，其家园异常秀美，"完颜氏半亩园，在弓弦胡同内牛排子胡同。国初为李笠翁所创，贾胶侯中丞居之。后改为会馆，又改为戏园。道光初，麟见亭河帅得之，大为改葺，其名遂著。纯以结构曲折，铺陈古雅见长。富丽而有书卷气，故不易得。每处专陈一物，如永保尊彝之室专弄鼎彝；琅环妙境专藏书；退思斋专收古琴；拜石轩专陈怪石，供大理石屏，有极精者。端砚、印章累累，甚至楹联亦磨石为之。佛寮所供亦唐铜魏石。正室为云荫室，中设流云槎，为康对山物，乃木根天然；卧榻宽长皆及丈，俨然一朵紫云垂地。左方有赵寒山草篆

---

① 曾大兴：《文学地理学概论》，商务印书馆 2017 年版，第 71—72 页。
② 以上皆见崇实《惕庵年谱》，《清代诗文集汇编》第 678 册，第 736—738 页。

'流云'二字，思翁、眉公皆有题字。此物本在康山，阮文达以赠见亭先生者，信鸿宝也。云荫堂南，大池盈亩，池中水亭，双桥通之，是名流波华馆。又有近光楼、曝书廊、先月榭、知止轩、水木清华之馆、伽蓝瓶室诸名。先生故，已近六十年。完颜氏门庭日盛，此园亦堂构日新。"① 可谓介绍详尽，足见此园之著名。舞台固然重要，但更加重要的是主人公上演的一幕幕文学活动剧目。麟庆《鸿雪姻缘图记》"环翠呈诗"条云："余年十一，偕仲文、季素两弟及大妹承欢膝下。一夕风清月明，严慈制诗倡和奉娱，余始为学诗，亦呈一律云：'花外漏沉沉，空轩月正临。椿萱欣并茂，诗礼训交深。隅坐陪良夜，承欢惬素心。愿随长者后，点笔效清吟。'"② "静存受经"条载：麟庆年十二，在受经堂，有人出对曰："红日满窗人为起"，作者对曰："青云有路我先行"，得到他舅氏的称赞，对恽珠说此子聪明过人，宜严加教育。此后恽珠对他严格起来。③ 自此，麟庆开启了自己的文学旅程。由于自幼深受其母教诲，因而麟庆受益良多。蔡之定《红香馆诗草》序说麟庆"所学则得之慈训居多"④，宗室崇硕也说麟庆"工诗，得之慈训"⑤。其实，恽珠不仅是麟庆等文学启蒙者，也是他们人生的良师益友，麟庆于嘉庆己巳年（1809）十九岁时，会试中试第二十七名，在其中年龄最小。殿试得三甲九十三名，赐同进士出身，以内阁中书用。自此释褐登朝。其母恽珠寄诗奖勖，有"科名虽并春风发，心性须如秋水平。处世毋忘修德业，立身慎莫坠家声"句。"每绎慈训，只觉躁妄难除，至今服膺勿失。"⑥ 此诗在《红香馆诗草》中也有收录，名为《喜大儿麟庆连捷南宫诗以勖之》。麟庆为官徽州后，嘱妻子奉母南行，其母到达后，详问风俗形胜，并叮嘱云："官箴不外俭勤，至于兴利除弊，必当精求其故，毋欲速，毋好名，毋见小利，毋规目

① 震均：《天咫偶闻》，第 63—64 页。
② 麟庆：《鸿雪姻缘图记》，浙江人民美术出版社 2011 年版，第 26—27 页。
③ 麟庆：《鸿雪姻缘图记》，第 30—31 页。
④ 《清代诗文集汇编》第 499 册，第 69 页。
⑤ 《红香馆诗草》跋，《清代诗文集汇编》第 499 册，第 77 页。
⑥ 麟庆：《鸿雪姻缘图记》，第 98 页。

前之效，要在与民相安尔。"并问古今名宦事迹①。

对于孙辈的启蒙教育，恽珠同样给予极大的热情。崇实自著《惕庵年谱》：崇实二字乃太夫人所拟，并庆幸名"实、厚"二字必能成立，宜善教养，勿负吾望。道光十二年崇实十三岁开始作诗，口占一绝："祀灶由来古，黄羊礼最嘉。问心苟无愧，何必粘神牙。"受到恽珠的赞扬。

恽珠去世后，麟庆继承了慈母的传统，对儿辈进行家庭文学启蒙。乙未年（1835），麟庆擢江南河道总督，在督府驻地修建清晏园。暇闲时日，偕眷属游息其中。一天，天降大雪，"余围炉坐对课两儿背诵梅雪诸诗，内子率二女袭裘踏雪而来，并携壶榼瓶盏，煮酒烹茶以为乐。次儿崇厚，团雪镂花，幼女佛保，年四岁，慧甚，索胭脂水染之，雅合《消寒图》意。"②道光庚子年，麟庆五十岁，调补两江总督，并兼两淮盐政关防。官阶二品，恩加寿字，特赋诗以纪曰："赐福来天上，颁春自日边。云龙征际遇，月鹿共传宣。近艾臣方壮，搴茭任独专。承恩添寿字，圣意为延年。"时女妙莲保、侄崇寿、子崇实、崇厚，均有和章。（崇寿，弟仲文子）内子程梦梅贺以诗曰："昨岁曾蒙寿字加，又看宸藻焕云霞。督盐兼摄荣三印，福禄来同映五花。绕膝喜知承祖训，齐眉恩共沐天家。与君偕老平生愿，大衍同开乐岁华。"③麟庆一家相聚时也蛮有诗意：半亩园最高处，有近光阁，可以望见紫禁城大内门楼、琼岛白塔、景山寿皇殿等处，"（某年）七月十五日，长女妙莲保归省，子媳谨具杯酌，余命置平台上，率儿女同登。既撤，小坐玩月。姬人洪友兰遣小婢抱双琴来，同横砖上，长女偕洪姬抚《渔樵问答》。次女佛芸保年十二，鼓《良宵引》，洪姬又谱《梧叶舞秋风》，弦甫停，忽邻家放鸽，盘旋起舞，其中有无鹤秀、腋蝶，不可知，而风韵尾铃，清扬殊响，松鼠忽惊，窜落石上，投以果，拱而食，俱饶别趣。延伫既久、风露增寒，宫阙参差，若隐若现。诗以纪曰：'中秋未到又孟兰，喜向平台得大欢。随分杯盘真趣味，相携儿女共团圆。微云华月松阴露，流水高山石上弹。试向隔

---

① 麟庆：《鸿雪姻缘图记》，第 242—243 页。

② 麟庆：《鸿雪姻缘图记》，第 543 页。

③ 麟庆：《鸿雪姻缘图记》，第 630—631 页。

墙瞻紫禁，琼楼玉宇不胜寒。'"① 正因如此，一家人的生活中处处充满了诗意。"甲申春暮，园花盛放，女妙莲保年七岁，手拾花片，牵裾请观。余至亭，见碧琼飞雪，不让藩厘，红玉垂丝，俨同香国。随即擘笺制咏，适内子自花间来，见余苦吟，笑曰：'已得起联。'因吟云：'君本玉堂人，合向花间坐。'余亦笑而投笔。时庭前植黄山野卉四钵：一旌节花，藤作碧华鬖鬖璎珞，一石兰，一花一叶，颖擢彤霞。一囊环，叶吐单片，花弄双环。一鹅群，白洁如鹅，黄蕊作目，形状尤为奇似。吾母喜而图之。寻又得宋牧仲尚书《黄海奇葩》画册，凡二十种，此其四也。"②

正因为有如此良好的家风传承，到崇实一代，也始终遵循这一祖训。《适斋》卷三有《示儿辈》，其诗云："而翁不足效，祖训恰宜知。谦是持身本，圆为处事基。养生唯寡欲，力学贵深思。事事能修省，康强茀禄随。"强调谦恭力学是为人处事的传家之宝。《戊辰会试大儿嵩申》③ 中二百零八名贡士，典试二甲，朝考二等，钦改翰林院庶吉士……捷报到川，余喜极而感，追思前六十年，先公联捷成进士，祖母恽太夫人有寄勖之作，因敬步原韵寄示》（时崇实任成都将军兼署川督）云："忠厚传家宠若惊，祖孙三代沐恩荣。人言世禄鲜有礼，我恐孤寒叹不平。立品要须成大器，服官更望雪虚声。仰酬圣主临轩意，问尔将何答圣明。"仍然以忠厚传家、报答圣恩为不二训诫。之后，其意犹未尽，又作《嗣复闻入馆选再步前韵》云："四邻多故存心惊，何暇关怀馆阁荣。才近天颜恩已渥，既登云路步须平。玉堂最重论思职，瀛海休夸词赋声。康济时艰匡主德，儒臣立志要光明。"跻登玉堂，成为未来储相人选，前途无量，本该夸奖一番，但崇实却不忘谆谆告诫，生怕他冲昏头脑，有违圣意和祖德。尽管嵩申没有留下文学作品，但办事勤

① 麟庆：《鸿雪姻缘图记》，第 896—897 页。
② 麟庆：《鸿雪姻缘图记》，第 246—247 页。
③ 嵩申（1841—1891），字伯平，号犊山，崇实子。同治七年（1868）三甲进士，改翰林院庶吉士，散馆授检讨。光绪七年（1881）授光禄寺卿迁内阁学士。九年（1883）授礼部侍郎改户部侍郎。十四年（1888）迁理藩院尚书，加太子少保。十五年（1889）改刑部尚书。十七年（1891）卒，谥"文恪"。

能，自升侍郎以来历充顺天及各直隶乡试覆试阅卷大臣四次，贡士覆试阅卷大臣三次，殿试读卷官新进士朝考阅卷大臣一次①，屡掌文衡，也算是文人了。

这个文学家族最后一位成员是崇厚子衡平，他仍然继承了家族的文风，以文采风流自赏，曾组织文社，使家风不堕。陆润庠为其《酒堂遗集》作序云："吾友完颜横平阶生观察未第时，于其家塾为尚志堂诗文社，邀文士之留试京师者，期数日一集。其地有亭台之胜，花木之繁，诗酒流连，主宾欢洽，甚盛事也。"成为这个文学家族之嗣响。

三、麟庆文学家族创作特色及成就

麟庆家族文学创作各具特色，成就也因人而异。下面予以分别探讨。

完颜兑，字悦姑，都统穆里玛室，诰封一品夫人，著有《花埠闲吟》《花埠丛谈》《小黛轩论诗》等著作多部。其中《花埠丛谈》是作者编辑的一部关于古今闺阁琐事方面的著作。陈云题诗云："花埠丛谈花埠吟，椎牛射虎见诗心。奚如桓若盘山去，獬豸峰头秋色深。"②给予赞赏。

她的诗收录在《国朝闺秀正始集》中，有两首，《寄外》（时镇右卫）云："见说榆林塞，雄藩作壮游。深林晨射虎，大雪夜椎牛。君抱酬恩志，侬含寄远愁。边风寒最早，珍重袭轻裘。"这是一首写给镇守边关丈夫的诗，该诗既称赞丈夫镇守雄边的威武雄壮之气，也寄予了自己的牵挂之情。诗风豪迈遒劲，雄浑苍凉，语词恳切。《悯忠寺看白牡丹》云："三春花事太匆匆，又驾巾车踏软红。一自香尘埋战骨，玉颜惆怅对东风。"悯忠寺现名法源寺，是北京城内最大的停灵寺院之一，又以花事名满京城，清初悯忠台尚存。在此处看牡丹与他处自然不同，能勾起人们对牺牲将士的悼念痛惜之情。诗歌即表达此种情愫，诗思惆怅，诗格成熟工稳。

和素，《熙朝雅颂集》收录诗三首，其中《春风》《春雨》为咏物诗，前

---

① 徐宏：《论清代八旗科举世家——嵩申家族》，《韩山师范学院学报》2002年第4期。
② 陈云：《小黛轩论诗诗》，王英志主编《清代闺秀诗话丛刊》，第1535页。

者云："暖从消冻候，直到落花时。晴日游丝袅，轻帆远岸移。所嘘随处到，过后令人思。蔼蔼亲芳沐，开怀百不疑。"后者云："细雨沐芳枝，名园百卉滋。萍添新涨绿，燕补旧巢泥。晓渡迷桃叶，斜风拂柳丝。江南春色好，红杏正开时。"该二种诗题较为难写，不能直写，只能用曲笔侧面烘托。《春风》首联为春风作为季节征候的起止时间；颔联用"游丝袅"和"帆离岸"两个意象，暗示春风的存在和作用；颈联直言春风的美妙，让人思恋；尾联抒发对春风的赞美之情。诗中并未出现"春风"等词，也未正面描写"春风"，但无一不是围绕着"春风"而展开，曲笔烘托手法可谓用得较好，只是诗意缺乏升华，言词表达也尚欠工稳，但诗思完整细致。《春雨》一诗虽然出现"春""雨"等词语，但无"春雨"完整意象，抒写"春雨"对万物的催生作用，含蓄蕴藉，言近旨远。《寄怀郑明经》则属怀人诗，诗云："凌云赋罢咏游仙，裹饼抄书又一年。往事谈经曾夺席，荒斋坐客并无毡。落花故故添离恨，残柳丝丝绾暮烟。长物君家但所有，不其山下草芊芊。"诗赞美了郑明经的品格以及对他的思念之情，余韵缭绕，令人遐思。

　　留保有《完颜氏文存》三卷。此集前有目录，无序，抄本三册，国家图书馆藏。卷上为论赋表序，卷中有闽中、山左、江西、浙江等风土记，述雍正间各地驻兵官制及钱粮徵银等甚详，盖于公余探访以备雍正查问所记。卷下有《完颜氏祠堂记》及《纪恩前后录》，可作完颜氏家传读，多记康熙及雍正有关完颜氏言论。[①]《熙朝雅颂集》收录其诗十七首，在收录诗人中数量居中，又是翰林出身，足见其诗艺不凡。其中景物诗十三首，离别诗二首，赠答诗二首。又于《袁枚全集新编》中发现其与袁枚和诗一首，诗云："十年前忆汝相离，正是金门待诏时。一去江南歌异政，至今闾左望归期。恩新西地亲民早，病废燕台出饯迟。惭愧人家春正好，庭前桃李发垂垂。"袁枚诗为《别座主留松裔少宰十年聚未匝月遽尔拜辞，公白发相扶泫然陨涕，枚亦悲不自胜，泣呈一诗》，抒写了离京十年之后与座师相见，感慨岁月无情。

---

① 柯愈春：《清人诗文集总目提要》，北京古籍出版社 2002 年版，第 518 页。

这十三首山水诗就体裁来讲分为古体诗和近体诗，古体诗两首，分别是《象山》和《游壁鲁洞》。描写形象逼真，诗句工整，语言老道，诗风洒脱俊逸。其它十一首近体诗也都写得逼真忱挚，饶有趣味。如《游天台国清寺》："风定幡空月满廊，悄然铃铎梵音长。依依归鸟寻巢语，淡淡闲花带露香。籁静境随云共化，心空声与色俱望。周除缓步饶幽趣，微妙还须叩法王。"诗歌突出了佛寺铎铃声音的悠长和幽静的氛围，也表达了自己身处其中的观感，用语工稳，韵味无穷。再如《闽中道上》："无诸故国越分疆，罨画图中作使君。野竹夹成山涧路，芒鞋踏破零头云。爽来空谷连朝雨，香起幽兰尽日熏。遐想欧阳詹去后，只今南土有人文。"此诗书写福建多山的地域特征和多雨花香的自然风貌，让人身临其境，陶醉其中。

离别诗也写得真挚感人，如《早发都门》："凤诏来丹陛，秋风班马鸣。牵衣儿女泪，揽辔使臣情。谙度遑言瘁，公忠意自萌。民间多疾苦，安忍蔽聪明。"诗写奉朝命出使外地时告别家人的情形，"牵衣儿女泪，揽辔使臣情"将依依不舍的分别之情写得朴质感人，催人泪下。《中秋夜雨》："中秋客中度，况复听愁霖。不见团影，空怀离别心。烛红添酒色，檐滴咽歌音。谁念乘邮者，乡音梦里寻。"此诗与上诗写离别情形不同，是客子久别在外，在中秋雨夜对家乡亲人产生的无限思念之情。"烛红添酒色，檐滴咽歌音。谁念乘邮者，乡音梦里寻"四句写尽了无限思念之情。

赠诗也写得有特色。如《赠陈总戎》："柳营鼓角日纷纷，圣主明堂更策勋。品望于今羊叔子，才华当日鲍参军。屋梁几夜邀新月，天际多年忆暮云。惆怅章江隔一水，山中鸾鹤不同闻。""柳营"即八旗驻防地满营。诗歌既赞扬了陈总戎的记念旧情和突出的文才，也表达了对他的思念之情。诗思流畅，诗意饱满。

恽珠著有《红香馆诗词集》一卷，尽管诗作无多，但诗歌内容还算丰富，包含四方面：一是对风花秋月的吟咏；二是随侍丈夫对江南任上对沿途风景的叙写；三是与亲朋的步韵赠答唱和之作；四是思亲悼念之作。由于自幼受到家庭的良好教育，恽珠的诗词作品清新自然而又流转如珠，文词秀美而不浓艳，字字珠玑，虽题材不出闺阁，但处处充满诗情画意，往往顺手拈来，就诗情盎然，不落俗套。如《偶题》云："湘帘不卷日迟迟，正是闺中午睡时。梦醒呼茶庭院寂，自添香饼漫吟诗。"本来很平凡的一个午休，她能涉笔成趣，诗意荡漾。《雨过》云："遇过中庭万象清，绿荫深处晚凉生。自移竹榻来幽院，坐听枝头好鸟鸣。"她以一个女性特有的敏感，将天气症候和闺中生活写得了然有趣，若非充满才情，何以优美至此？

恽珠的景物诗只有七题八首。她游兴浓厚，所谓"平生多游兴，到处望烟峦。"（《峒山驿晓发》）由于喜爱风景，所以这类诗诗风随景色不同而有所变化，但大都风格清爽明快，萧飒自如。如《道中即目》："暮色苍然至，长途且着鞭。树深疑碍路，山远欲撑天。野老当门立，村童枕石眠。夕阳归去也，林外月初圆。"诗写傍晚时分路过乡村之所见，诗风清苍爽利。再如《钱塘渡江》："潮头不怕险，飞棹逐潮行。风力一帆饱，山光两岸明。南来出涧壑，东望达蓬瀛。直破怒涛去，壮怀无限情。"写得气势豪迈。

其思亲悼念之作只有三题四首，但情感深挚。如《除夕作》（时舅翁大人在军营，太夫人在河南藩属）："爆竹频频响，思亲意转深。一年将尽夜，三地各悬心。恩泽军民感，机铃将士钦。文臣兼武事，赖此展忠忱。"诗作于除夕之夜，此时"思亲意转深"，而言"三地各悬心"，则将对分居三地不能团圆的家人牵挂之情表达出来。《悼侍姬袁氏秋儿》："芳魂何处任栖迟，一日思（缺字）十二时。妆阁尘封衣篋乱，无人对镜里青丝。"诗歌通过细节描写表达了对逝者的无尽悼念之情。

恽珠既富诗才，又有辑录闺秀诗的眼光和阅历，使得她诗情不俗，非一般充满脂粉气之闺秀诗可比。她的诗晴朗秀明而又诗意芬芳，感物敏锐，用语细腻，对句工稳，意味隽永，是闺秀诗中的珍品。蔡之定《红香馆诗草》序说恽珠诗"字里流珠，行间散馥，一洗脂粉之习。小令弥复清绮，左芬苏蕙"①，洵为知言之论。

麟庆有《皇朝纪盛录》《凝香室诗文偶存》（八卷稿本，现存北京文物局），（柯愈春《清人诗文集总目提要》谓《凝香室存》六卷，稿本）、《叙德

---

① 《清代诗文集汇编》第 499 册，第 69 页。

书情集》《安梅书院观风选存》一卷、《蓉湖草堂赠言录》《鸿雪因缘记》，杂著类《词苑编联》。

《鸿雪因缘记》是麟庆独具特色一部著作，记述自己生平见闻之作，堪称以纪游形式写的年谱，同时文采斐然，当作纪游文学作品来读也未尝不可。因此，徐世昌《晚晴簃诗话》云："生平所涉历事，各为记，记必有图，题曰《鸿雪因缘记》，中杂出诗篇。时承平已久，宦辙所经，登临抒写，皆和平雅正之音。"①《凝香室诗文偶存》中的诗作以写景抒情为主，大都朴实无华，如《月下》："飞来一片月，挂在碧云端。大地函清气，空阶积暮寒。微风正萧瑟，孤影自团栾。对此呼佳酿，更深独倚阑。"《灵光寺明翠微公主墓》："前朝三百寺，只剩大灵光。野径盘陀入，岩花自在香。墓碑埋赑屃，殿瓦坠鸳鸯。无限沧桑感，空山下夕阳。"其中写江南美景的诗作较为可读，如《春阴江行》："鼓棹芜湖去，浓阴护远天。溜喧新雨后，帆挂晓风前。山气蒸成雾，江风荡作烟。渔家有春色，桃柳倚门边。"诗写春阴之中的芜湖景色，手法细腻工整。《忆西湖》："迎薰阁外绿波肥，十里荷香人未归。若许梦中身化蝶，今宵应傍藕花飞。曾为寻春试马蹄，苏公堤接白公堤。香山已去东坡老，芳树流莺故故啼。"诗歌回忆昔日游览西湖胜景，将西湖之胜描写出来。《观百盈泉》一诗描写贵阳百盈泉的景致："潜流汇方窦，山后通灵泉。消长应百刻，百盈名乃传。往昔田山姜，漏勺留遗篇。言越竹林下，险径随云穿。徒倚坐泉上，俯视盘涡旋。泉落石齿齿，石没泉涓涓。循环有至理，潮汐合自然。题名满石壁，藓蚀成云烟。惜哉秘岩阿，利用难济川。"诗歌将百盈泉的形态、观泉的方位、所得的"物理"给人们呈现出来，诗情中含有理致。当然，集中诗篇也有佳作，如《雪岩》："转入灵岩境，阴生十里松。断山丛树补，古寺乱云封。白挂亭前瀑，青抽雨后峰。幽深少人迹，溪午一声钟。"《赠北极阁醉琴道上》："久事元君泰岳巅，漫来此地奉金仙。曲中山水参琴趣，壶里乾坤得醉禅。十里明湖澄槛外，万峰秋色落尊前。道心岑寂尘心定，话别长生一粲然。"前者写灵岩寺景色，写济南大明湖景象，

---

① 徐世昌：《晚晴簃诗话》，第870—871页。

都用语工稳，诗意无穷。

程梦梅，汉军人，麟庆继室，有《红薇阁诗草》，编有《国朝闺秀正始续集》补遗一卷。因《红薇阁诗草》难以搜寻，故在此不予论述。

崇实《适斋诗集》四卷，共一百三十五题一百七十八首。内容丰富，主要有行旅诗、闲适诗、题赠赠答诗三类。崇实三十岁中进士，馆选翰林院，年轻得志。其后一路晋升顺利，除在京为官外，还奉命出使蒙古科尔沁部。咸丰十年（1860）授为四川总督，十一年（1861）升任成都将军，在四川为官十二年。同治二年（1863），授理热河都统，光绪元年（1875）继任盛京将军。其行游历程遍及长城内外、大江南北，这就决定了行旅诗在其诗篇中数量占有相当大一部分。纪游京郊一带自不必说，宦游沿途各地的景物多被摄入笔端。如在奉使科尔沁途中即有《过蓟门望盘山感怀》《登景忠山》《渡老河》《出喜峰口》《过莫克脑草地遇风》《科尔沁》《帐下闻歌》《蒙古台站竹枝词二十六首》《长城怀古》《塞外归途晓发》等几十首，在卷二中占据二分之一强。《蒙古台站竹枝词二十六首》台站是清代蒙古地区站道沿途分段负责通讯和转运的交通基层单位，主要为国防军事服务。作者以诗记叙了迥异于内地的边地风土人情。一是艰苦的生存生活状况。如其八云："紫炭难然糟也无，一锅牛粪即红炉。乌苏（即水）汲出浓如酪，渴极犹能饮一壶。"其十云："苦极由来属五台，柴门不整土屋颓。端阳一雪马全毙，塞外穷黎实可哀。"烧饭饮水非常困难，甚至居住房屋也不能御寒，牲畜时刻面临冻死的危险。二是恶劣的气候环境。如其十一云："连天枯草白于霜，时见纷纷走鹿獐。莫克（水汪也）脑中求止宿，夜深风比虎尤狂。"其十二云："沙山顷刻自迁移，乌拉（带路人也）前行路已迷。天日晴和犹惨淡，微飔即不辨东西。"深夜比虎还狂的大风和流动的沙丘，无不令人胆寒。三是独特的饮食和待客风俗。如其二十一云："牛革绷成蒙古包，行人个个是曹交。饔飧但有和泥肉（羊也），活剥生吞当美肴。"其二十六云："牛尾羊头列座前，讷颜（管家大人也）跪请入华筵。一胾未割心先醉，我已熏成遍体膻。"

崇厚热爱生活，富有情趣，在政事之余往往少不了闲情逸致，也就少不了闲适诗。但凡雨后漫步、与友唱和，无不流露笔端，表达赏景自遣、情谊往来的闲适情调。前者如《雨后》其一："偶来池畔悟禅关，古木修篁相与闲。最爱雨余天尽处，暮云叠作数层山。"《扇子河步月》："一片澄虚镜，天光上下同。粉垣遮远岫，丹树拥离宫。灯火千家静，风烟万象空。徘徊过夜半，疑在玉壶中。"作者在宜人的景色中品尝景色、消费景色，自身悠游的娴雅之情不言而喻。后者如《和朝鲜使臣瓛卿尚书》其二："相逢正值菊花时，灯下拈毫问答迟。明月在天杯在手，两人怀抱有谁知。"在一问一答的唱和中，两人的深厚情谊得到了体现和升华。

崇实还写了许多酬答诗。他在京为官多年，交际面广，与亲朋同僚间相互题赠赠答成为一种有益的应酬交际，是增加情感交流的重要方式。如《出山留赠寄禅》《赠学痴四律》《题张蓟云过秦百首诗册》《赠朝鲜使臣橘山相国》《寄地山弟在固安防河》等。《赠学痴四律》其一云："忆昔共高歌，秋深翠竹多。但知吟不厌，谁问夜如何。痴态三人足，诗肠万事磨。即今画图在，风月未蹉跎。"学痴名陈云岩，与崇实同属于"三痴诗社"成员之一。该诗回忆他们在青春年少时醉心诗歌，不知日夜切磋诗艺的痴迷情形。其二云："盛会原难再，萍踪无限情。淮阴君寄食，京国我求名。风雨怀思切，沧桑感慨生。良缘天亦重，七载续痴盟。"此诗写于分别之后对对方的思念之情，尽管天各一方，各奔前程，久生沧桑之感，但从前志同道合的美好仍然难以忘怀，并希望能够重续盟约。诗歌情深义重，读后令人唏嘘不已。《赠朝鲜使臣橘山相国》云："笔谈方幸似悬河，其奈骊驹又唱何。东国人文真荟萃，长途风月尽消磨。官居鼎席忧思远，人对离筵感慨多。海燧山烽今幸扫，使车惟盼再经过。"诗写作者与朝鲜相国橘山的交往，两人性情相投，文采斐然，相处极为融洽。作者表达了对朝鲜人文荟萃的赞扬和橘山相国的期盼之情。

当然，作为一名满洲出身的官吏，其干事出发点乃是为朝廷服务，所取得的任何成就都是拜赐皇帝的恩宠，因而其诗中歌功颂德、谢主荣恩之意时时可见。前者如《长城怀古》其二云："圣代真神武，遐荒尽子臣。长城空万里，多事笑嬴秦。"后者如《出都口占》："单车匹马事长征，九月严霜塞上行。但以驰驱酬圣主，敢将奔走慨浮生。"《戊辰会试大儿嵩申中二百八名贡士殿试三甲朝考二等》:"忠厚传家宠若惊,祖孙三代沐恩荣。人言世禄鲜由礼,我恐孤寒叹不平。立品要须成大器,服官更望雪虚声。仰酬圣主临轩意,问尔将何答圣明。"

崇实诗歌诗艺工整,通俗平易,风格遒劲,如《塞外归途晓发》:"瘦马驼残梦,行行直向西。兼程唯仗月,五夜不闻鸡。地迥群星大,天荒四野低。襟怀空浩浩,无处可留题。"《三河道上》:"风劲马蹄骄,荒原万木凋。秋光正寥落,客路况迢遥。旅闷凭诗遣,闲愁借酒浇。不辞于役苦,豪气未全消。"这两首诗均作于奉使科尔沁归途之中,景象壮阔,风格遒劲有力。《风阻广元》:"经旬才到利州津,回首西川倍怆神。敢说云山皆恋旧,谁知风雨竟留人。雄边鼓角犹严戍,小邑农桑不救贫。一路香花情太浓,惭予无以对斯民。"该诗作于成都将军任满回京路上,到广元因风受阻,对仗工整,才思不凡但语言通俗平易,风格劲健又悠长绵远。

蒋重申撰有《环翠堂诗草》,主要是诗作,另有八首词作。字鹤友,汉军人,毛昶熙《环翠堂诗草》序其生平云:"英年力学,文笔俨如老成。揭晓来谒见,其温文尔雅,并闻其幼承母训,篝灯午夜,有自来也。蒋太夫人为汉军望族,幼随令外祖月川观察任,聪颖工诗,嗣归地山,宫保闺中唱和,诗益进。而宫保姊妹行又夙承见亭河督公诗教,一门之中皆娴吟咏。洵佳话也。"可知其自幼受到家庭诗词熏陶,嫁于崇厚后,又沾溉麟庆一家浓郁的诗风熏染,诗艺精进。观其《诗草》,题材大率属于闲愁、唱和之作,不出闺秀范围。

崇厚作为朝廷大臣,时常被委以重任到京外任职。早年去津门与英法重修租借条约,光绪二年(1876)任奉天将军,光绪四年(1878),奉命出任俄国大臣。夫妻分离,使重申难免产生离愁别绪,《寄外》与《夜坐有怀》就是抒写此类情感之作。前者云:"听风听雨满庭寒,坐对银缸漏欲残。有限年华偏久别,无聊家计转多端。酒因病减持杯少,书为愁多下笔难。试问从戎征戍客,何时返旆话团乐?"后者云:"银汉迢迢夜气清,纳凉喜值晚风轻。一弯新月如钩挂,几点疏星似火明。曲院流萤归扇影,长空雁字寄秋声。遥怀驿陆行人苦,何日停鞭到帝京。(时夫子由甘赴京引见,计程可到,今已孟秋，尚未抵都）"真挚的感情由衷而出。

闺中唱和，也是闺秀诗常有的题材。重申唱和诗多且好，纵观《诗草》，主要是她与丈夫、华香、莲友夫人三者之间的唱和。如集中有数首与莲友夫人的诗作，莲友夫人即那逊兰保，博尔济吉特氏，宗室恒恩室，祭酒盛昱母，著有《芸香阁遗诗》二卷。如《和莲友夫人》《和莲友夫人秋日见怀原韵》《和莲友姊见怀原韵》《和莲友姊雪后原韵》等，《阶州官署和华香妹原韵》《和华香妹春日游半亩园韵》《夜坐纳凉同华香妹联句》《玉人来四首和华香妹原韵》等。后来莲友夫人因病早逝，她写有《哭华香小姑》四首，以表达对这位闺蜜的哀悼之情，如其二云："十载金闺契合深，花晨月夕最知心。焚香桂阁时分线，酌酒兰斋每共吟。闲展旧图谈画法，偶拈新韵论琴音。芳徽一去愁难返，流水高山何处寻？"后注："妹工琴，余最喜听此二曲。"感情深挚。更多的是与丈夫地山（崇厚字）的唱和。无论同在宅中还是丈夫官居外地，两人都以诗传递爱情，如崇厚诗云："铜符不握一身轻，漫写家书对短檠。多少离情书不尽，几回就枕梦难成。"重申《和地山夫子原韵》云："一缕茶烟绕坐轻，含情愁对短灯檠。拈笔欲和新诗句，愧我才疏学未成。"彼此相思之情溢于诗文之中。

此外，有的诗还慨叹时光流逝，人易衰老之悲，如《岁暮感怀》："离怀默默蹙双蛾，卅载年华转眼过。去日渐多来日少，新愁较比旧愁多。锦机有字空相忆，纨扇无情奈尔何？自叹闺中娇弱质，那禁岁岁苦消磨。"还有的诗忧愁时局，关心国事，如《除夕作》云："爆竹连声响，梅花近早春。消愁惟有酒，知己却无人。景物还依旧，年华又改新。兵戈方满目，何日靖氛尘？"这在女性诗人中难能可贵。

蒋重申诗歌是八旗闺秀诗歌中佼佼者，在当时即有好评，如著名旗籍女性诗人那逊兰葆为其题诗云："频将彩笔写游踪，秀夺南山绿几重。今日兰闺深处读，宛如结伴采芙蓉。"（其二）"班姬自古擅才华，咏絮何妨又谢家。吾姊分笺吟雾雪，也从玉局斗尖叉。"（其五）之后阳湖恽宝桢书后："词旨清华，兴寄深婉，允和风人之旨，非近来诗家宗派……珍浦祖姑著有《红香馆诗草》，选刻《闺秀正始集》，风行海内。今拜观是集，洵称先后媲美矣。于以知阶生之不慕纷华，笃守母教，续学有自，其流泽孔长也。"不仅对其诗评价颇高，而且对其能够传承家风、给予子衡平重大影响也提出了赞许。

衡平一生酷爱文艺，多才多艺，其《自题十癖斋一绝句》云："竹琴香茗画书诗，第一铭心古砚池。除却棋儴无酒债，烟霞金石亦相知。"著有《酒堂遗集》，有诗二百九十七首，数量多，质量上乘。他写得最好的诗是抒怀之作，淋漓尽致，是他"真"性情之流露。他才气豪宕，于诗崇尚苏轼，于书崇尚宋之米芾。曾有《坡公》云："苍茫云海气纵横，髯也风流旷代倾。我共斜川壬子降，小峨眉下拜先生。"对苏轼怀有崇拜之情。《元章》云："襄阳才调世无伦，宝晋英光翰墨新。但使腹容王导辈，何须冠服效唐人？"米芾，字元章，号襄阳居士，宋代著名书法家、画家，天资高迈，抒发体式俊迈，以行书见长，与苏、黄、蔡并称宋代四大书法家，传世有《宝晋英光集》。诗极力推扬米芾，赞颂他书法艺术的创新精神，可见他与米芾实为异代同调，难怪陆润庠说他"君天资聪颖，下笔顷刻数百言，其为诗文往往出侪辈上"（陆润庠《酒堂遗集》序）。

衡平一生喜文爱酒，为人落拓不羁，文烺说他"性冲淡，不慕荣利，孤标落落，与世寡合。为诗有兴即吟，然不自收拾，恒多散轶，所存者不过十一"（《酒堂遗集》序），因而诗风豪放萧飒。如《庚辰腊八后二日书于访隐轩》云："将进酒，酒盈卮，十年京国衣尘缁。昔日朱颜今白首，把酒不饮吾真痴。丈夫空负雕鹗姿，饥寒不庇妻与儿。倘来富贵知非分，暂热功名有冷时。酒酣高歌招隐词，将迹赤松侣安期。浩然物表矢终古，多少英雄猿下驹。"《戊寅春日赠小坡一律》云："酒国诗天不计年，绿阴深处倚琴眠。君师白傅耽奇句，我信青莲是谪仙。下笔千言聊复尔，拈花一笑故依然。吟风弄月吾曹事，又结家山翰墨缘。"《书怀》云："江湖何地可埋忧，辛苦年来翰墨留。未作郎官知性懒，难成仙佛为穷愁。六朝烟月人千古，两晋衣冠土一邱。莫向天南吊行客，只今幻梦醒扬州。"诗歌皆抒发了仕途不得志之后的内心愤懑，既无奈又旷达。在此情况下，他不得不心归释道，以希求摆脱尘世俗务，结心古代圣贤，所谓"槐窗梦断夜如年，睡起高斋懒就眠。未

净名心难作佛，不修边幅便为仙。诗求谐俗无真气，道在集虚法自然。除却读书非所好，丹铅时结古人缘。"（《书怀》）

其写景抒情诗也豪宕工整，笔墨摇荡。如《丁丑雪中补梅主人见示长句依韵得此》："老屋三间压欲破，门外雪花如掌大。似与诗人斗清新，检点奚囊飞玉唾。天公有意兆丰稔，三农得此真无价。但觉银海炫生花，疑是玉龙天上下。清闲况味几人知，我当此境如啖蔗。一片光明雪亮时，不知芥蒂胸中化。客来示我咏雪篇，举笔欲和心先怕。生平喜读宋贤诗，啸歌敢与欧苏亚。清凉沁骨肝胆寒，吾曹合受热客骂。"诗写一场大雪，起笔突兀，开首即运用夸张比喻手法，极言降雪之大，雪花之大；后又以拟人手法言雪之奇；再谈和诗之感。整首诗合外在景物与内心感受于一炉，景中情、情中事黏合一起，诗意数转，一气呵成。与此相类的诗还有《西山夜饮诗》，诗云："东谒碧霞君，西上翠微岭。迢递至禅关，林竹吐清影。曲室间回廊，入门生书静。高塔矗层霄，古苔埋废井。我生无蒂根，忽似萍飘梗。梦想浮江湖，终当带笭箵。缅彼林栖人，退居得幽屏。凭轼望八荒，揽辔靡由骋。富贵蝇登盘，功名柳生瘿。一醉且逃禅，酒中有真境。醉倚竹根眠，梦醒山月冷。"此诗同属写景抒情之作，但风格严谨，属词工稳，正如陆润庠"其格律之谨严，吐属之笃雅，一皆出于中晚唐，而五言长律于少陵尤神似（陆润庠《酒堂遗集》序）。

与其他常驻京城的诗人一样，京师及周边诸景点也是衡平流连之地，因而，其集中这方面的景物诗较多。如《西山纪游》《东山纪游诗》《六月十三日清晨游十刹海》等诗皆是。后者云："朝来爽气满长堤，堤上观荷酒自携。白藕作花香更韵，随香步过短桥西。"将夏季什刹海之秀美香气表露无遗，诗思生动。由于他曾官江南候补道，因而江南美景也被摄入笔下，如《江南九日》云："七里横塘照眼明，重游虎阜小舟轻。白云黄叶无人管，独向真娘墓下行。"此诗写苏州城北横塘、虎丘一带优美景致，色彩明丽，诗思巧妙。

衡平一生一直在京城和江南做中下层官吏，其志不得伸展，诗中难免时有抑郁不平之气，加之富于才情，因而其总体诗风偏于华艳，晚年曾作

《自题诗集后》云："海上春归花簇簇，天边云在意迟迟。豪吟半是香奁句，谁识风骚继楚词？"应当视作是对自身诗风的总结之语。

妙莲保，字锦香，同知来秀室。工诗能书，著有《赐绮阁诗草》《名媛诗话》。《闺秀正始再续集》中收录了妙莲保的诗，《丁酉二月赴选，蒙特赐红绸二卷、翠花二对，恭纪》："灯引香车达紫闱，顺贞门外响辚辚。儿家也有朝天日，喜值中和二月春。""阶前鹄立静无哗，日上觚楞焕早霞。独荷龙光传赐绮，又闻凤旨赐簪花。"诗歌表达了蒙赐隆恩的荣耀和兴奋之情。

佛芸保，字华香，宗室翰林延煦室，早卒，年十一能写山水，工吟咏，善琴奕，著有《清韵轩诗稿》，但不得知。《小黛轩论诗诗》选取佛芸保之《雨中游极乐寺》云："古树遮门如有意，花开遍地不知名"之句。《闺秀正始再续集》有五首，如《春夜》云："一曲丝桐歇，春深夜不寒。小阶清似水，花影上阑干。"《自画山水小幅》："一川杨柳迎风舞，千树桃花冒雨开。偶向小窗闲点染，满天春色笔端来。"《晚晴》："一雨花皆润，新晴景最芳。檐牙仍滴溜，屋角又斜阳。碧染梧桐影，红浮菡萏香。偶然游览处，吟与引偏长。"《雨后游极乐寺》："连朝暮雨喜初晴，为访珠林出紫城。古树遮门如有意，花开遍地不知名。竹依佛殿香弥远，鸟入禅堂语亦清。笑我拈毫才觅句，几声晚鼓又催行。"都清新细腻，诗意不凡。

来秀，字子俊，号鉴吾，道光庚戌（1850）进士，官山东曹州府知府，升盐运使，法式善孙。喜读史书，撰《扫叶亭咏史诗》四卷，取自汉到明二百三十人，各赋七言截句一首编成，"虽论古人之事迹，犹见一己之性情"①。

麟庆文学家族成员尽管没有出现满洲文学史中的一流人才，但也产生了像恽珠这样在当时颇有名气的闺秀诗人，特别是她主编的《国朝闺秀正始集》影响甚大，泽被后世。其他成员也都各具特色，成就不凡，在清代乃至近代满洲文苑中占据一定的地位。

---

① 袁行云：《清人诗集叙录》，第 2626 页。

第二节　瓜尔佳氏凤瑞文学家族创作状况

清代京旗文艺之盛，有关著述早有定论，此不赘言。其实，八旗各地驻防营文艺著述也呈现出兴盛状态，而其中尤以杭州八旗驻防为最盛。俞樾《杭州八旗驻防营志略序》云："自设立满营，休养生息二百余年，生齿日繁。其中名臣、名将，以及文章经学之士，后先相望。"[1]《缉雅堂诗话》云："杭州，自顺治五年创立驻防以来，其将帅类皆敦诗说礼，故著籍者代有达人。"[2] 据《杭州八旗驻防营志略》撰述志目统计，共有作者三十一人，著述五十二种，其中文学作品三十二种。生长于杭州旗营的诗人三多曾编《柳营诗传》，收录乾隆至咸丰间杭州旗营诗人三十一人的篇什，其中闺秀二人。而陈江明《清代杭州八旗驻防史话》附录三有《杭州八旗驻防营文化人物及著述表》，统计整个清代文化人物五十三人，著述七十二部，其中文学作品四十一部，可以算是较为全面的统计了，也可见杭州旗营文化之盛了。尤为值得注意的是，出现了八旗驻防唯一一个文学家族——瓜尔佳氏凤瑞家族。

一、凤瑞文学家族成员及其著述

凤瑞文学家族氏瓜尔佳，为满洲八大姓氏之一，其始祖为图赖，图赖之父为努尔哈赤名将费英东。图赖随太宗伐明，从宁远一路打到浙江，攻城略地，直至闽海悉定，后死于金华军中，屡建奇功，被封为昭勋公。其后人珠隆阿率族迁驻乍浦，同治三年（1864），凤瑞携族迁往杭州，从此世居于杭。从图赖到观成，历时六代，世代为武。

由武转文肇始于六世观成。观成（1790—1843），自幼丧父，由其母亲和姑妈王依氏含辛茹苦抚养成人。二十岁考取秀才，二十七岁考中举人，历官四川长寿、南川知县，成为这个家族第一代知识分子，实现了由武向文的

---

① 马协弟主编：《杭州绥远京口福州八旗志》，辽宁大学出版社 1994 年版，第 3 页。

② 转引自马协弟主编《杭州绥远京口福州八旗志》，第 259 页。

转变，为其后世代有文人奠定了基础。有《语花馆诗拾》《语华轩诗集》刊行。他生有四子，长子麟瑞，字研香，官至乍浦副都统，为杭州旗营中的风雅之士。二子凤瑞，三子鼎瑞，四子云瑞。以二子凤瑞一支为优。

凤瑞（1824—1906），号桐山，晚号如如老人，七岁能诗，以笔贴士从李鸿章麾下，因军功荐擢二品官衔。卒，赠将军。嗜古乐道，好文学，有诗集《如如老人灰余诗草》八卷、《梦花馆诗存》行世。有四子一女：

长子杏梁，曾任格林炮营营总、洋枪队中营营总，后升任协领。爱好文艺，工琴善书，有《榴荫阁诗剩》。金梁题识《榴荫阁诗剩》云："先兄善作八分书，见者谓深得汉碑胎息，尤工琴，能审音律。"

次子椿梁，生卒年不详，官至协领。

三子文梁，十三岁时去世。

四子金梁（1878—1962），字息侯、希侯，号东华旧史、小肃、东庐、瓜圃，晚号不息老人、一息老人。光绪二十八年（1902）举人、三十年（1904）进士。历官京师大学堂提调、内阁中书、奉天新民知府等，加赠少保衔。辛亥革命后任奉天省洮尹道道尹、政务厅厅长、农商部秘书。晚岁任办理《清史稿》校刻。一生著述甚富，有《清宫史略》《满洲老档秘录》《四朝佚闻》《近世人物志》《辛亥殉难记》《黑龙江通志纲要》《光宣小记》《清帝外纪》等。

凤瑞还有个女儿，名曰画梁，生卒年不详，骑都尉兼云骑尉仁兴室，己丑恩科举人乃赓母，工书善画，有《超范室画范》。此书为理论著作。

麟瑞子柏梁，官至乍浦副都统，常驻杭州衙署，也是为风雅之士，喜弹琴赋诗，常与文人墨客交往。

三多（1871—?），原姓钟木依，改汉姓张，号六桥，蒙古族。凤瑞孙女婿。承叔父荫袭三等车骑都尉，食三品俸。受成例所限，不得应科举试。曾任民政部参议，光绪三十四年（1908）任归化副都统，宣统元年（1909）以副都统署理库伦掌印办事大臣。"清逸闲雅，有儒将风"①。著有《可园诗

---

① 三多：《可园诗抄》谭献序，清光绪石印本。

抄》七卷，《可园诗抄外》四卷，另有《可园文抄》《可园杂纂》《粉云庵词》《归化奏议》《柳营谣》等。

这是一个官僚文人家族，从观成这一辈算起，前后历经三世，涌现出八个文人，其中有著述传世者六人，构成了驻防八旗中唯一的文艺世家。后来由金梁之侄熊飞将他们的文集收集编辑成《贵和堂三代诗存》，民国期间铅印出版。

二、家庭启蒙教育与文学活动

苏杭本为江南富庶之地，也是文化的渊薮，文风炽热，素以多产文人著称，明清以来文化繁盛无出其右。杭州旗营尽管与汉宅相隔，但久而久之，地理的封锁是难以成效的，身处江南风雅之地，他们自然也耳濡目染，沾溉上浓郁的文人气息，"于骑射而外，莫不亲文学而耽吟咏"①。而在防营中，"多风雅士，弹琴吟诗，文酒游宴，无虚日"②。在这样的文学氛围中，文学活动和家庭启蒙自然不可缺少。如乾隆十一年（1746）闰三月三日上巳节，时任杭州知府的鄂敏在西湖之滨组织当地的士人举行了一次修禊集会，会后将集会所作诗编辑成《西湖修禊诗》一卷，共收诗一百四十三首，鄂敏在自序中明言"兰亭，禊饮也，即诗教也"，希冀以此"振起斯文，移风易俗"。③

就凤瑞文学家族而言，也同样如此。本为官僚家庭，却在事业之余不废吟咏。凤瑞《题新龙巷居宅》云："凤子龙孙且自夸，新龙巷里起新衙。老犹不肯居人下，小板桥头第一家。"流露出对其家族的自豪之情。

现存观成文学活动的资料很少，难以得知。凤瑞受其父指导影响，七岁前开始学诗，七岁时，观成筵宾时拿出《采莲图》让他作诗，他吟咏《红莲》一首云："红莲开水面，采叶复采花。贪游小儿女，明月照还家。"④ 八

---

① 三多辑：《柳营诗传》王廷鼎序，光绪十六年（1890）刻本，卷首第 1 页。

② 三多辑：《柳营诗传》俞樾序，卷首第 1 页。

③ 鄂敏辑：《西湖修禊诗》自序，《丛书集成续编》第 224 册，台湾新文丰出版公司 1989 年版，第 87 页。

④ 凤瑞：《如如老人灰余诗草》，《清代诗文集汇编》第 658 册，第 572 页。

岁时，业师李太和画《瞽目叟抱筑》图命他赋诗，他作《题画》一首。凤瑞对文学大师俞樾极为崇拜，并与之交游，情谊深厚，至彼此以"兄弟"相称。《梦花馆诗存》编成，俞樾《题梦花馆诗存即贺桐山先生七十大寿》云："风月湖山尽放颠，童颜鹤发古稀年。如余敢挟青藤长，此老真同白也仙。嗷嗷原非出幽谷（君诗云：我诗似虫吟，嗷嗷出幽谷。其实诗境不似也。），如如岂亦慕枯禅（君自号如如老人）。试从诗境窥胸次，定有奇光上烛天。频年笑傲寄壶觞，更复忧时抱热肠。洗涤兵氛挟南海（君用西北海之湄一首之意），敷陈民隐叹东塘（君有东塘叹六解）。香山讽喻言词直，杜老歌行感慨长。我亦柳营频往返，梦花吟馆未登堂。"① 对其行藏、诗歌进行评判，揭示了其诗风的特征。凤瑞中年之后不再汲汲于事功，而将兴趣放在游玩和作诗上。《酒肆题壁》云："寻诗足迹遍天涯，常醉山家与酒家。"《自嘲》云："清闲富贵两难逢，我竟清闲富贵从。占尽人间便宜事，少年公子老封翁。"过着诗酒流连的生活。晚年又曾在杭州组织东文学社，倡导风雅，一时青年才俊俱与之游。后由其子椿梁主持。

　　杨葆光题杏梁《榴荫阁诗剩》诗云："君是大将才，乃有儒将概。我昔挹清芬。曾无世俗态。"② 杏梁喜与文人交际，与王廷鼎等人在西湖畔结琴社，相传他弹《梧叶舞秋风》一曲尤工。书法工唐隶，所谓"翩翩裘带仰风怀，不独琴书冠等侪"。从现存诗歌来看，他经常与同道相往还。如《盛恺庭观察元招同祝安伯太守庆年诸同人作琴会第一集》，从诗中"骥尾附群贤""怡情拂素弦"等句来看，显然多是文雅之士。《同诸琴友宴集湖舫》一诗云："抱琴载酒上兰桡，为爱宫商四座调。缓奏冰弦云入户，豪倾玉盏气凌霄。闽中家学尤臻妙（谓安伯），林下风流自绝器（谓恺庭梦微）。愧我手生荆棘满，班门也把斧轻操。"这也是一次风雅聚会，其中不乏音乐高手，也让杏梁感动了一番。《九日宴江上》中有"白衣送酒穿城去，红叶题诗傍水哦"句，则属于一次聚会吟诗之举。

---

① 《贵和堂三代诗存》，第5页。
② 《贵和堂三代诗存》，第8页。

金梁早慧，受家庭熏陶，七岁就能吟诗。凤瑞极为重视家庭教育，言传身教，金梁从《说文解字》《尔雅》学起，后经史子集无一不通。其时驻足杭州的文人名士有俞樾、章炳麟、谭献、林纾、汪康年等人，金梁与他们时相过从，亦师亦友，学业精进，深受裨益。又喜爱书画，经常与同行们切磋技艺。

柏梁身为乍浦副都统，常驻杭州衙署，他在杭州八字桥边有别墅，抚琴养鹤作诗，经常与满汉文人在杭州六克巷的松风阁、丰乐桥的丰乐楼等处品茗雅谈。①

三多六桥，也是近代杭州著名的文人，出自杭州旗营。他先后师从王廷鼎、俞樾和谭献，后期又与中晚唐诗人樊增祥、易顺鼎交往密切，且诗风深受他们的影响。谭献说他"弓马之余闲好弄柔翰，象勺之年斐然成章"②。王廷鼎对他一生文艺活动的描述是："学诗学琴学书画……诗笔清丽，可出入石湖、剑南，又喜读《玉溪》《西昆》诸集，故能情景兼备，不仅以摹山绘水为工。偶填小令，亦清峭动人。书习魏齐造像诸碑及曹景玩志，作八分书，得三公山及校官碑笔，意皆苍秀有致。间调丹青，点染花果，尽态极妍。蓄一琴，名丹凤，鼓《梅花三弄》，珠圆玉朗，听者情移。"③ 三多为晚清民初较有影响的旗籍文人，喜欢交游，文学活动频繁。

三、凤瑞家族成员的创作概况及其特色成就

《贵和堂三代诗存》列诗集四种，分别为观成《语花馆诗拾》、凤瑞《梦花馆诗存》、杏梁《榴荫阁诗剩》、金梁《东庐吟草》。这四种诗集皆不完整，《语花馆诗拾》收诗八首，卷首有金梁题识："先祖著有《语花馆诗草》六卷，道光辛酉之难，板毁无存。此为余侄熊飞搜访所得者，仅九首。"按：此说法有误。实际上只有八首。在这八首中，有一首长诗《书平湖陈母夏孺人事》，歌咏夏孺人抚养一邻家孤女的感人故事，于此可以窥见观成的诗歌

---

① 见陈江明《清代杭州八旗驻防史话》，杭州出版社 2015 年版，第 192 页。
② 三多：《可园诗抄》谭献序，《清代诗文集汇编》第 792 册，第 580 页。
③ 三多：《可园诗抄》王廷鼎序，《清代诗文集汇编》第 792 册，第 581 页。

成就；有一篇是由九解构成的《忆儿时哀词》，述说自己幼时的不幸生活和遭遇。观成出生七个月，其父就去世了，由寡嫂和年轻的母亲抚养成人，历经艰辛和贫困。如第一解云："忆儿时，群儿戏，群儿有父遗饼饵，归问母与嫂，吾父在何地？母泣未言嫂垂泪。"即是讲述的儿时的一番经历。其余六首皆是题画诗，这些题画诗，虽然篇幅短小，却富有深韵，余味悠长。

凤瑞《梦花馆诗存》乃其《如如老人灰余诗草》的节录，多收入题画诗。从现存《如如老人灰余诗草》诗歌来看，潇洒飘逸，不拘一格，是其浪漫性情的表现。就题材来说，诗歌多流连光景之作，咏物诗居多。从诗法来说，以性情抒发为主，情真为先，而不拘泥于历代形成的所谓"诗法"。他有《我诗》二首集中表达了自己的作诗观，第一首认为："须知诗怕平，平正好句少。"反对创作平正的诗歌。第二首云："我诗君莫笑，言言出古调。我诗君莫惊，别开一心窍。我诗君莫评，章句不求妙。我诗君莫学，野战不足肖。我诗如虫吟，幽谷时叫叫。有时如鹤唳，凡鸟焉能料。我诗如明月，一魄千潭照。有时如老猿，秋山对月啸。我诗如贫女，乱头不修貌。我自得天真，何必眉颦效。谓我是诗人，诗人不足道。谓我非诗人，诗乃性中好。自号井底蛙，又号管中豹。俚言虽不佳，处处精神到。酒醉打瞌睡，诗成沧州傲。啸傲湖山中，吹落随风帽。"主张不拘一格，不必典雅平正，"诗乃性中好"，抒发真性情，不必在意是否工整、雅致。他的诗正是这些诗观的体现。如《登泷湫》："泷湫今独上，海势与山争。一啸千峰应，群峦俯首听。"《华山冈》："华顶插山中，撑云半壁通。英雄喜独立，棱骨傲刚风。"他善于抓住事物的典型特征，生动形象地描绘出它们的独特个性，奇崛而不平正。在他的诗中，平凡的事物也具有不同凡响，如《柳》云："湖上依依柳，斜阳古渡东。宫腰不胜舞，想是感秋风。"《窗前梅》云："一枝梅破腊，开口笑春风。不羡生东阁，甘心伴老翁。"依依杨柳本是春天歌咏的典型意象，作者却置之于秋天，因"不胜舞"而"感秋风"。同样的，文人歌咏梅花大都突出梅花的气质个性，将其人格化，而作者却独具慧眼，将其描写成老翁的忠实伴侣。

他的诗多数明白如话，又豁达风趣，不拘格套，既是他放达性格的体现，也是对当时复古诗坛的反拨，真正体现了诗歌创作的自由。如《信天翁》云："得之本有何喜容，失之本无何忡忡。得失关头能打破，达人原近信天翁。"《笑他》云："笑他十二万年前，也是狂生四十年。不记前非依旧错，铸成大错再生缘。"《不老》："年来一事足忘忧，不老精神只白头。何事忽将花月厌，多因容易动人愁。"《八十自寿预祝》："生九十九望百龄，我七十九当八旬。十月梅花开满岭，东风先借一年春。"不着意求工，一如口语，而自有情趣，反映了他不凡的才思。

杏梁《榴荫阁诗剩》中的诗颇为可观。现存诗中主要有题画诗、咏物诗、聚会诗三类。就题画诗而言，描写的画面鲜明而又韵味深长。如《题画》："一宵春雨杏花开，红映垂杨锦绣堆。遥指杏花杨柳外，谁家长住后楼台。"咏物诗大都写得形神兼备，《柳絮》："杨花撩乱扑楼台，欲往还飞扫不开。怪得东风温似许，一天暖玉熨春来。"《樱桃》其一云："荐春争与笋同时，带雨垂垂摘满枝。不作相思红豆看，分明一点美人脂。"集会诗也写得场面生动、感人，如《盛恺庭观察元招同祝安伯太守庆年诸同人作琴会第一集》："就公佳日召，骥尾附群贤。睹醉倾金钱，怡情拂素弦。画图欣共赏（安伯令祖桐君先生有孤山琴会图），家学羡能传。愧我学挥手，如听柳上蝉。"

三多是晚清民初优秀的蒙古诗人，俞樾称其诗"有一唱三叹之音，而无千辟万灌之迹。合杜、韩、韦、柳而炉冶之，以自成一家"[1]。谭献称赞其诗"如春山之秀色可餐，如秋月之朗人怀抱，如入柳荫曲径闻流莺之宛转，如栖幽岩披松风之泠泠，听流水之溅溅，抑亦啴缓和柔而无俗韵"[2]。

第三节　他他拉氏志润文学家族创作状况

在近代满族文学家族中，志润家族具有代表性，即家族内没有女性文学爱好者与启蒙者，文学家多出现在高官仕宦家庭，有一定经济条件和文化

---

[1]　三多：《可园诗抄》俞樾序，《清代诗文集汇编》第 792 册，第 579 页。
[2]　三多：《可园诗抄》谭献序，《清代诗文集汇编》第 792 册，第 580 页。

背景；本人幼承庭训且取得功名利禄，余事为文；文学传承时间不长，基本上是二至三代。当然，也是由于经过长时期的满汉文化融合，深受汉民族家族文化濡染的结果。

一、志润文学家族成员构成

据《八旗满洲氏族通谱》记载，他他拉氏为满族著姓，其氏族散处于扎库穆、安褚拉库及各地方。志润家族先世居于扎库穆，后臣服努尔哈赤，隶镶红旗满洲第十三佐领。传至五世名为五达色，为志润天祖，官骁骑校；高祖全保，不仕；曾祖为萨郎阿，翻译举人，吏部文选司主事，皆以裕泰贵，赠光禄大夫。可见至迟从志润曾祖父一辈起，其家族开始了由武转文的历程。其祖父为裕泰，由官学生考授内阁中书，迁侍读，官至总督，在道咸年间不仅以文才出任官府，而且实现了其家族的崛起，是其家族肇兴的关键人物。裕泰原配瓜尔佳氏夫人，生长子长启，长启由举人为吏部郎、直隶候知府，后权广平守。侧室游氏生三子二女，长善，由部郎改二等侍卫，衔出为云南参将；长敬，官工部员外郎，四川绥定府知府；长叙，候选员外郎。廖氏生二女皆殇。孙五人，长启生三子：长志润，一品荫生；次志燮，三志觐。长敬生二子二女，长志锐，次志钧；二女为光绪帝二妃珍妃与瑾妃。其中长善、志润、志觐、志锐、志钧叔侄五人均有文学成就，成为近代满族较为有名的文学家族。

裕泰（1788—1851），字东岩，号余山，为萨郎阿少子，生有异秉。萨郎阿觉其不凡，四岁时，父亲客人问他"何以为天？"裕泰回答说"天乃气也"，客人惊奇。他五岁通国语，六岁庭授九经。髫年补官学生，考取翻译中书，在阁行走。未冠能簪笔扈从。屡充翻译同考官，升侍读，充国史馆提调察。嘉庆末年，出为四川成绵龙茂道，历四川、湖南、安徽按察使，湖南、陕西、安徽布政使。道光十一年（1831），擢盛京刑部侍郎，调工部，兼管奉天府尹等。之后显宦任湖南巡抚，二十年（1840），擢湖广总督，三十年（1850），调闽浙总督，咸丰元年（1851），调陕甘总督，授太子太傅。入觐，卒。优诏以尚书例赐恤，谥"庄毅"。（卒后）四子皆授官。宗稷辰评论道："公孝友敦笃，仕优益学，手不释经史，好与文士讲艺燕咏，令人忘其尊贵。"①可见裕泰一生志学不辍，好为吟咏，可惜没有诗文流传下来，但他奠定的家风却被后世所传承。

长善（1827—1889），字乐初，裕泰次子，由侍卫出任云南参将，同治五年（1866），官副都统，守山海关。九年（1870），调任广州将军，光绪十四年（1888），任杭州将军，次年卒。他"青年嗜学，与人交和蔼如春。衙斋侍奉之暇，辄诣静室，翻译古籍，终日无厌倦。或遇佳节幕席小宴，会众声喧眰，独坐室中探讨无少间。"（祈宿藻序）这与其家庭影响是有关的。他回忆与总结自己一生之志学云："衙斋富暇豫，几案书史侵。岂不贪戏娱，孤尚自素心。弱龄服庭训，磨万期坚金。忽忽历盛年，驹隙感光阴。名位慎自保，简书行相寻。矢当勉陈力，夙念钦周任。力学本无止，修途安可驻。学海乃至海，贾勇自奔赴。骐骥负神力，一跃无百步。驽马奋十驾，终得致远路。"（《古诗十三首》其一），正因为自己幼承庭训、力学不止，才能"终得致远路"。他以武将而不废吟咏，继花色、萨哈岱、福增格、奎林诸满洲将军之后，将所见闻发为歌咏之什，取得武臣与才士的双重成就，在清代满族文坛上殊为可贵。著有《芝隐室诗存》。

志锐（1852—1912），字伯愚，又字公颖，号廓轩，晚号迂庵，官侍郎。为光绪帝瑾妃、珍妃兄长。父母早卒，他与弟志钧由长善抚养成人。在长善署中与当时文学之士如文廷式、梁鼎芬交游，文声踔起。光绪六年（1880）中进士，散馆授编修，与黄体芳、盛昱等相励以风节，数上书言事。光绪十八年（1892）由詹事擢礼部侍郎。甲午中日战争期间积极上疏主战，指责李鸿章、叶志超战场失误。又因瑾、珍两妃贬贵人，他被降授乌里雅苏台参赞大臣，释兵权。宣统二年（1910）迁杭州将军，次年调伊犁将军，加尚书衔。他认识到俄国对我国西北边疆的觊觎之心，积极筹划西北防务，对巩固边疆地区起到一定贡献。武昌起义后为新疆起义军所杀，谥文贞。志锐有《廓轩诗集》《姜斋诗存》《张家口至乌里雅苏台竹枝词》附词《穷塞微吟》

① 钱仪吉等编：《清代碑传全集》，上海古籍出版社 1987 年版，第 914 页。

一卷。

志钧（1854—1900），志锐弟，光绪九年（1883）进士，改庶吉士，授翰林院编修，官至正黄旗满洲副都统。面对民族危机和帝国主义侵略，志钧反对顽固守旧，有维新变法之志。在旗人中，与其兄志锐、盛昱等人具有相同的政治主张；在汉人中，与致力于维新变法运动的文廷式交往甚深，并于1895 年参加了由康、梁组织的强学会。

志润（1837—1893），字雨苍，号伯时，又字白石，号西庵，咸丰八年（1858），官盛京礼部员外郎。同治元年（1862），回京任户部郎官。光绪二年（1876），任四川绥定知府，旋以丁母忧归。服除，简放广西庆远知府，以被谤去官。尝入探骊诗社，与宝廷、文海等相唱和，辑有《日下联吟》，著有《寄影轩诗钞》《暗香疏影斋词钞》等。

志觐，生卒年不详，志润弟，字季卿，号秋宸，官衢州知府。有《自怡悦斋诗草》。

二、志润家族成员的文学特色和成就

志润文学家族成员的创作现能看到的只有长善、志锐和志润的别集，志钧的作品仅能查到词一首，而志觐的《自怡悦斋诗草》无法找到，故以前三人的文学创作为主详加论述。

长善《芝隐室诗存》共七卷，附存故旧唱和诗一卷、续存课艺和试帖诗。其中卷一《楚游集》、卷二《两京班联集》、卷三《秦蜀纪行草》、卷四《闲居吟》、卷五《东华酬倡集》、卷六《榆关边宦草》、卷七《越游草》，前七卷共收诗歌三百零二首。长善一生主要任职外地，在京城也有短暂的任职。由此可见，他的诗以纪游和酬唱为主，也是他宦游经历的真实记录。王凯泰序其诗云："将军为裕制军庄毅公哲嗣，克世其家，以部曹改官侍卫，在属车豹尾间捃藻摘华，月无虚夕，由是以诗名噪都下，洎乎出膴阃，寄宦辙所经，凡夫云栈风涪之险，铁桥铜柱之乡，罔不刻画。山灵影写，云物雍容，揄扬宣仁，风于万里之外，已而逾松杏，涉大凌河，弯弧跃马，啸傲于黄沙百草之场以舒其轮囷、磊落之气。其才也，抑亦山川之雄秀助也。既乃坐镇广南，位益尊，诗益进。羊城风雅，薮海幢高，会坛坫争先。而公以轻裘缓带与都人士雅歌投壶，人皆以曹景宗、羊叔子目之。"① 概括了其诗的主要内容。"予生惯行役，少与风尘缘。碌碌廿余载，人事几变迁"（《涿州留别慎甫三弟》）、"三更鼓角消边警，千里莺花报好春"是他一生行迹的自我写照。他青少年时期随父宦游洞庭南北，有《三闾大夫祠》《雨登黄鹤楼》《冬游洪山寺》《邵阳县东黑田铺有古杉二株》等诗作，记叙了湖湘大地优美的自然与人文风光。道光二十七年（1847）秋作者选官盛京员外郎，明年春赴任，开始实现作者的"弱龄奋志观国光"之愿。后又有秦蜀之行，最令作者惊心的是蜀地栈道："奔泉走石怒湍咽，曲蹬架木盘空危。眼前历尽尘世险，谷中仰视天光微"（《入云栈行山谷中作》）、"始知连栈险，渐觉九天低"（《逾七盘岭鸡头关宿褒城作》）。同治三年（1864），任山海关副都统，在职五年，《榆关边宦草》即记录了这期间的榆关风物和自己的所想所感。其职责主要是巡边、缉查骑马贼以及检阅武备等，因而山海关至长城沿线的春秋景色书写成为《榆关边宦草》的主要内容。这些诗作反映了北方边关的雄奇瑰丽景象，充满了边关萧杀横枺之气，如《猎北郊至首山登乐寿亭》《巡边六首》等在记录巡边活动之时将边关崇山峻岭、深壑绝壁以及大漠穷秋、衰草狐鸣表达出来；《雨后同稻村作》《晚凉怀家人》等也描写了潇潇疏雨、飒飒松风、覆地浓荫、红花紫榛等美丽宜人景象。此期诗作最多，内容也最丰富。

"吾生苦风尘，足迹千万里。舟车互驰逐，怀抱托山水。"（《涿州留别彝庭季弟》）同治八年（1869）长善授广州将军，踏上前往南国广州的路途。一路上记景写物不断，《白沟河》《雄县任邱道中》《望岳用杜诗韵》《高邮舟中即目》《瓜洲渡江望金山焦山》《赣州晚泊》《度大庾岭谒张文献公祠》《韶州舟中用稻村雨后晚凉韵一首》等诗作即是这次远涉南粤足迹的结晶；"宦海浮沉二十年，朱颜忽忽成华颠。人生离合何足异，世事苍凉殊可怜。"（《涿州留别彝庭季弟》）即是此次宦游的感怀。中原大地的雄奇辽阔："闻道

---

① 　王凯泰：《芝隐室诗存》序，《清代诗文集汇编》第 709、159 页。

淀分九十九，茫茫一水绕平林"（《雄县任邱道中》）、江南水乡的美丽富足："三十六湖湖水围，菰蒲瑟瑟稻田肥"（《高邮舟中即目》其一）、万里长江的浩渺无垠："长江浩千里，波浪穷无涯"、南粤一带的秋季大雨："始兴江口报深秋，江涨新添数尺流"（《过始兴江口忽大雷雨》）等不同景象在作者笔下得以展现。

长善出身名门，有报国之志，处于列强环伺的近代中国，他从青年时期就忧心边患，《古诗十三首》其四云："自从军兴来，筹边事孔迫。承平豢貔貅，仓卒罄金帛。至今款与战，尚未有长策。男儿七尺躯，建竖在疆场。何当请长缨，一战献夷馘。"作者指出，自从鸦片战争以来，国门大开，边防紧急，但朝廷在面对战与和的问题上，一直没有长远打算。在此情况下，作为一名七尺男儿，应该驰骋疆场，杀敌报国。后又有《闻西陲不靖，特命大帅出征自先锋获胜后连日尚无捷报，适小耘明经以感事诗见寄，用其韵一首》，诗中有所谓"横海楼船犹未静，西陲鼓角忽闻空"，即指"获胜后连日无捷报"之事，对此，作者不以为然，面对诏书屡下，认为应该"筹边自古须全胜，莫倚先声动圣聪"，这样才能无违"圣恩"，反映了作者对筹边充满信心。

近代的边患，除了应对外国入侵之外，还有内患，即边民的叛乱。长善《感事二首》就反映了这方面的时事。其一是关于防止西北边防内乱的，"声威已见惊西夏，盟会还思鉴吐蕃。自古和戎有全策，周防虚实要深论"；其二则是西川筹边之事，诗云："白马红羊劫未终，寇氛闻又逼川中，戎韬自昔资形胜，财用于今倚富充。东去涛声三峡壮，北来山势七盘雄。筹边千古楼空在，可有匡时李卫公？"筹边之事，不仅涉及军事，更与经济相关，经年不断的筹边，百姓成为被掠夺的对象，《兵车行》就反映了这方面的事。诗云："黄云匝地殷雷哄，兵车大道争驰纵。车中健儿雄且豪，旌旗焜耀青天高。劲旅分屯列烽戍，全师檄向边庭去。将军筹笔重周防，闾阎供役增徭赋。连山伐木比户征，钱耕牛驾车农夫。执鞭呼号过墟里，大车小车相绵延。材官督责谁敢惰？军谍纷纭急如火。狼虎磨牙当道左，穷途孰与诉寒饿？筑棚阑江事未已，斥堠仓黄鼓声起。貔貅十万退舍行，茅檐犹索壶浆迎。可怜民力弃如土，车殆马烦一何苦！君不见十邑九邑田多芜，催科日夕追亡逋，县官报最登贤书。"诗歌写筹边给人民造成了极大的痛苦，致使十田九荒，饿殍遍野，百姓在生存线上挣扎。

除筹边诗外，作者尚有两首诗是反映太平天国起义的，即《闻杭州陷》以及《闻杭州被陷后，瑞将军昌激励旗兵坚守内城，以待外救。张军门玉良援师踵至，内外夹击，二日竟复其城，赋以志喜》。由于是"闻"而非亲历，写作的侧重点不在于反映太平军与八旗兵的军事斗争，而在于作者的情感倾向。前者表达了作者对太平军占领杭州的悲痛之情："那堪西子湖边路，风月悲生画角凉"；后者则是欣喜之态："更欣六郡良家子，杀'贼'登陴意气同。"反映了作者的旗人立场。

冯誉骥评长善诗云："其诗于《骚》《选》唐宋靡不出入，而自能宣泄性情，当其得意，多若不假雕刻成者。盖君肆力于诗几三十年。内而宿衙禁廷，外而锋车巡行所部，率吟咏不辍。每一诗成，辄窜易数四，较量毫厘分寸，必得当乃已。"①祁宿藻序其诗说的更为具体："行间字里皆杼轴于性情，其根柢深厚，原本于忠爱孝悌之忱，而精纯于李杜韩苏之奥，故抽研选隽，意在笔先，得趣含毫，神游简外。"②长善诗格调敦厚，本于性情，含蕴深挚。王凯泰叙其为人："公旌麾所至，戢兵爱民，百姓焚香夹道，瞻拜马首，望之如慈父母耶。恭读《熙朝雅颂集》御制序曰：'知干城御侮之意者可与言诗'。公诚恪遵圣训，无惭儒将也欤。"③长善诗如其为人，很多诗作受杜甫影响很深，不仅情感醇厚，而且风格沉郁顿挫，如《巡边》六首其一云："一年一度按巡边，蓟北渔阳九月天。叠叠乱云迷战垒，荒荒古道入溪烟。貔貅列戍资专阃，台障经营仰昔贤。好趁高秋勤肄武，关河快著祖生鞭。"（声）情激越，气韵沉雄。"乐初将军长善《榆关边宦诗》一卷，力追少陵。《巡边》云……又警句如……遒宕雄迈，卓然可存。"④他的诗作以古

① 冯誉骥：《芝隐室诗存》序，《清代诗文集汇编》第 709 册，第 155 页。
② 祁宿藻：《芝隐室诗存》序，《清代诗文集汇编》第 709 册，第 153 页。
③ 王凯泰：《芝隐室诗存》序，《清代诗文集汇编》第 709 册，第 159 页。
④ 袁祖光：《绿天香雪簃诗话》，《清诗话三编》，第 7437 页。

体居多，近体较少，古体诗多数呈现出沉郁顿挫的特色。但又不囿于杜甫一人，而是广采博取，对于李白、韩愈、苏轼诸大家诗风也多有汲取。如卷一中《邵阳县东黑田铺有古杉二株》《冬游洪山寺》《大雪同柚村花农两先生暨蔗泉广文深甫世兄小步池上草堂成长歌一首赠之即以留别》等作风格遒上，魄力坚苍，气局雄阔；而卷七中《涿州留别彝庭季弟》《瓜洲渡江望金山焦山》《偕稻村游峡山寺同作》等笔力纵横，天马行空，一气舒卷，令人目眩神移！当然，其前期诗作尚有稚嫩之处，恰如《雪桥诗话》评长善的《芝隐室诗存》为"虽篇幅稍窘，不失雅音"①。

志锐被贬乌里雅苏台，志意不伸，自知前途迷茫。友人于张家口堡西马氏小园为他饯行，他作《即席留别》云："客里重过马氏园，忽逢急雨势翻盆。闲花未放增惆怅，春信何时到玉门。""一时尊酒亦前因，同是天涯沦落人。莫话沧桑损欢乐，且随鱼鸟任天真。"对于此前仕途历程，他讳莫如深，难以言表；对于未来，又不知路途如何，满腹惆怅。他"迂道出张家口，策马逾天山西绝幕"，一路"所经台站，辄周咨山川、风俗、宗教，箸诗记事"②，遂成《张家口至乌里雅苏台竹枝词》一百首。自序云："古人行程，必纪其山川道里险要形胜者，考古证今，以示博富。锐不才，在滦阳营次奉待罪乌里雅苏台之命，未许回京，迂道出口行箧，无书未能援证，仅就军台各名各旗风俗与夫目之所见，得竹枝词百首，于山川形势，鲜有所关，聊为一己纪程，非敢云诗也。"其中《六十四台》计六十四首，《风俗》计二十一首，《杂咏》计十五首。志锐因被贬谪，心情沮丧，使其所见风物浸染悲凉慷慨之气，其婉曲内心在诗作中得以充分呈现，自号"穷塞主"。此种心态，在自题《菩萨蛮》中有完整的表达，词云："穷年弄笔污衫袖，东涂西抹无成就。不作断肠声，怕人闻泪倾。侵寻头欲白，沦落常为客。飞絮满边城，杨花应笑人。"所作词曰《穷塞微吟》。中有《探春慢》云："四面寒山，孤城一角，烟外穹庐三五。雨必兼风，霜前见雪，节序恼人如许。沧

---

① 杨钟羲：《雪桥诗话全编》，第 704 页。
② 《清史稿》，第 12797 页。

落天涯久，又谁见羝羊能乳。故乡一片归心，相对药炉同苦。堪笑征衣暗裂，只赢得羁縻塞外骄虏。紫雁秋空，黄云目断，莫问中原鼙鼓。虽有清宵月，浑不管淹留羁旅。伴我微吟，乍见柳棉飞舞。"写于中秋的《贺新郎》云："漂泊人依旧。最伤心今日中秋，夜窗如画。四面寒山头尽白，独坐无花无酒。只赢得征衫尘垢。万里江南春草梦，料醒来一样看星斗。今夕景，共孤负。琼楼玉宇寒生候。叹浮云变幻无心，亦成苍狗。多少中年哀乐事，丝竹无缘消受。但寄意庭前衰柳，莫赋衣裳云想句，知沉香亭召何时有。人与月，影同瘦。"其心路历程可想而知。

《张家口至乌里雅苏台竹枝词》内容广泛，但凡塞外迥异于内地的奇异风光、民俗人情，乃至琐屑闻见无不入诗，堪称一部清代蒙古山川民俗的百科全书。蒙古地区有广大的大漠戈壁，其中隐藏着奇异而美丽的风景，如《扎拉图第二十八台》："双峡沙深老树秋，车平如水放中流。行人触起沧州感，欲觅当年顾虎头。"自注："两山夹河，杀深数寸，平稳如舟。峡中老树，位置得势。山峰壁立削成，俨然云林怪石枯树图画，幽奇险峻，无出其右，真塞外奇景也。惜无画工为之写照，为恨事耳。"再如《鄂罗盖第五十二台》："群山万壑碧无际，百折蜿蜒一路明。试向最高峰上望，远人如螘马如鼪。"自注："驿路在万山之中，甫登一峰，远视对山，细路如线。凡九逾大岭始抵台。各直省，虽行万里路，无此境界也。"蒙古有求食习俗，如有朝廷官员莅临赐食，则无论官民男女，入门即跽，食后皆喜形于色（《蒙古求食》）。其特殊婚俗也与内地迥乎不同，《蒙古婚嫁》云："牛羊驼马称家私，愿结朱陈聘不辞。倖幸生男可偕老，三年不育是归期。"自注："男家以牲畜为聘，女家无妆奁。三年内生子，应得外家财产一半，如三年不育，勒令大归，并追还原聘，听其择人再醮焉。"由于气候干燥，生长一种金桃树，有其特殊用途，"金桃树干大如指，高一、二尺，皮金黄色，质坚而厚。饰弓矢可隔潮气，进御弓矢，皆用之，不可僭也。察哈尔、蒙古，例有岁贡。叶绿花黄，与寿丹无异。土人呼为哈喇，根纳茨茨格，凡花皆为茨茨格。"还有一种医药用草，名为"小人草"，《小人草》："蕊红瓣白锦团窝，闻得蒙医唤那何。略有微香根自臭，从来到处小人多。"自注："张文端鹏翮

《行程记》载，此草一茎四朵，白瓣红蕊，形同牛赖子，微香根臭，羊马不食，名小人草。蒙人呼为那何，能疗疮疾。"

志锐竹枝词无论是摹写外在景象还是记述风土人情，都生动形象，语言朴素自然，真切如画，加之采用诗后加注的方式，使迥异于内地的边疆风貌透彻易懂。当然，《张家口至乌里雅苏台竹枝词》是志锐失意出塞的副产品，其背后是仕途蹇塞，不得通达的沮丧心境。郭曾炘《题廓轩竹枝词》云："廿载锋车不暂闲，威名犹在贺兰山。睢阳应誓死为厉，定远再难生入关。玉宇琼楼渺天上，零缣断楮落人间。河梁一别成终古，感旧空余涕泪潸。"最终在伊犁被杀，死于边疆。

志润幼耽吟咏，仕途不得志，而诗词之作甚丰，遗作达三十册，经其堂弟志锐求人选出十之六七，编成《寄影轩诗钞》六卷，词一卷，今见诗钞仅四卷。

志润性情踔迈不羁，慷爽绝俗，不慕权贵，二十多岁写有《反招隐》，即明确表达了自己的志趣，诗云："隐山不厌深，山深绝尘俗。岩穴居自安，果蔬食自足。结屋乱峰间，晨昏友麋鹿。朝耕南山田，暮采东篱菊。忧患何由来？无事萦心腹。嗟哉二三子，尘寰空碌碌，牵缠缘利名，劳苦生案牍。何当返辔游，逍遥在幽谷。尺素告友朋，勿为簪组束。山中有佳士，招我来深山。凌晨出郭门，车马何安闲。行行绝人境，佳境当我前。白云合幽谷，时鸟鸣闲关。清泉漱岩石，灌木吟风寒。峻岭杳无极，径转见田园。松楸四围合，茅茨三两间。琴书有真趣，山水结夙缘。相与返醇朴，逍遥终吾年。"除非生活迫不得已，担任几任小官外，一生主要精力花在诗酒交游与山水田园之乐上。《拟陶靖节归田园居》其一云："少小慕高尚，金紫非所求。误为饥寒驱，宦海随浮沤。进退与心违，慨言思故邱。吾庐绝人境，绕屋多松楸。鸡犬静不喧，禾黍时有秋。耕凿得自然，饮食皆无忧。放怀寄诗酒，会心狎鹭鸥。脱身尘网外，去去谁能留？"他的理想就是归耕田亩，饮食无忧，放怀诗酒，脱身尘网。从其早期未删诗歌来看，他曾有建功立业之志向，如《咏怀》其二云："忆昔方年少，有志在四方。东行涉沧海，西去过咸阳……"再如《拟杜工部前出塞》六首，表达了杀敌报国，功成身退的美好愿望。无奈时事黑暗，志趣不申，《咏怀》《辕驹叹》《古风》等均表达了这种境遇。《咏怀》其三云："大道多杨花，轻盈迷方春。不逢东风引，势难凌青云。有时随逝水，漂泊成青萍。既已委泥途，壮志无由伸。失路不复返，谁复伤沉沦。"《辕驹叹》一诗将自己比作辕下驹，困于监车，终日劳作，由于不得其食，憔悴无力，反而不如驽马，慨叹英雄缺乏伯乐而面临窘境。《古风》是一组抒发其困顿之情的诗歌，其一将自己比作一匹"老马"，"老马""不恨驰驱苦，但恨知己稀。知己今已殁，行行将安之"，抒发了苦闷之情；其二将自己比作攀附松柏的"女萝"，尽管"引蔓苦纠缠"，但"偃蹇无由伸"，"始终无所倚"，只能"感慨伤心神"；其三将自己比作一轮皎皎"明月"，但其光辉却被浮云所掩盖，而人们"不知浮云多，唯言月光少"；其七将自己比作空谷中的"幽兰"，尽管"芳菲袭怀袖"，但"无意求人知"，只好"垂涕徒伤悲"；其五感慨世人见识少，鱼目混珠，真假不分，因而自己不能随波逐流。其四、其六则直接抒发心中的愤懑，其四云："岂无乘风志，今已困泥途。岂无归隐心，何处为吾庐？徘徊复徘徊，颠沛谁相抚？"其六云："乘舟泛江水，漾漾流清波。帆樯亦已具，无风将奈何？振翼羡飞鸟，鼓浪输鸣鼍。我独不能进，逝水空蹉跎。"此组诗作于1866年，三十岁，抒发了欲进不能，才能无由施展的无奈和彷徨之情。

尽管出身名门，贵为满族后裔，在中国近代日落西山的国势背景下，也只能扼腕叹息，一筹莫展，只好逃遁尘世，向山水田园讨生活，希望过上"春秋耕获罢，鸡酒时往还。衣食无所求，俯仰心陶然。身后复何知，聊以终吾年"（《拟陶靖节归田园居》其三）的清净安闲生活。在他的诗歌中，屡屡出现"贫""穷"字眼，说明其生活经常遭受贫困的袭扰。上述所引之诗已见端倪，即使在为官时也不时流露出此种信息。三十六岁时写《避债》："平生百不宜，唯贫不我弃。除夕本良辰，乃为贫所累。索债日盈门，苦无筑台地。幸有贺岁行，得作逋逃计。终日走黄尘，归时日西坠。窥门无人声，解衣聊适意。灯下试屠苏，昏昏谋一醉。身世已如斯，抚衷生感愧。"四十七岁写《夜月书怀》有"贫久心偏淡，愁深句不工"之句；五十岁写有《送穷》："诹生知己稀，唯穷独我契。荏苒五十年，唯穷不我弃……忆昔从君游，如游葛天世。不识复不知，无诈亦无伪。君纵不我留，我忍委君逝。乍可成小别，转瞬将复至。为君姑进觞，君休萦别思。"诙谐地将"穷"称为"君"。尽管如此，他始终不改其志，安于现状，既没有不顾廉耻攀上高位，也没有不择手段搜刮钱财，成为贪腐官僚中的一员。

由于其恬淡个性，他一生嗜喜山水，凭吊古今，其诗集十之七八是山水风物诗，除摹写京城周边的景物诗外，其余大都是数次宦游途中所作。诚如俞樾序中所云："志润，字伯时，愿任陕甘总督太子太傅庄毅公家孙也。贵介子弟宜乎以裘马相尚，以肥酒大肉相徵逐，与五陵年少往来于金张许史之门。而君独屏弃声色，惟与山水为缘。自幼癖好吟咏，弱冠就姻川中。自京师首途，而豫而秦而蜀观其旅次所为，如《函谷关》《朝天关》诸诗，不让柳子厚。'城上高楼大荒'之作，其意境固已远矣。后以礼曹官奉陪都之形胜，观边郵之风物，诗境益进。又官京曹者数年，与诸名流更唱迭和，风流自赏。不自知其名在朝籍也。其后一出为绥定守，再出为庆远守蜀，故旧游地，而广西山水亦甲于天下。"他一生游迹半天下。

据他现存诗集看，他十岁时（道光丁未），开始诗集编年，但诗作很少，丙辰（咸丰六年）开始增多，二十岁，此年所作《忆翠微山旧游用孟襄阳夏日南亭怀辛大韵》可见其终生志趣所在，中云："忆昔居翠微，林泉随意赏。胜游恐难再，西望频怀想。"对美景极其留恋。二十岁开始游览京西胜景，写下了《灵光寺》《宝珠洞题壁》《过西山故居》等诗章。《过西山故居》中有"相去未十年，人事已相违"之句，可见作者十来岁以前在此居住，"今朝频怅望，俯仰重依依"，"徘徊对荆扉"。该年随父在广平府，有多首纪游诗。该年晚秋随宦成都，自京城前往蜀地，来年春从成都返回，将沿途所见写成诸多风物诗，形成第一次景物诗的高潮。

咸丰九年（1859），他二十二岁，赴奉天官盛京礼部员外郎，"始为微官赋远行，临岐回首泪纵横"（《之官奉天途中有感》）。途中留有《过山海关》《渡大凌河》《辽阳》《摩天岭》等诗作，将东北雄奇山川风物记入诗篇。光绪二年（1876）八月，志润简授四川绥定府知府，开始了蜀地之行。沿途的大好风光成为他诗歌表现的对象，计有一百余首。面对景色绮丽的巴蜀美景，他在工作之余探奇访胜，乃至与同道相约一起登山临水，"好景同欣赏"。这些诗多用古体，有利于加以描摹抒情。光绪十三年（1887），他又被简放广西庆远府知府，这次他由水路到广东，再由广东前往广西庆远，因而两广一带山水奇观涉笔诗中。

志润的山水景物诗，既多且好，将优美的景物描写与对"薄宦"的厌倦之情联系起来。他一生钟情山水，厌恶尘俗，往往在寄情山水的同时，抒发对宦游的厌恶之情。将写景、寄情相缀结，只有优美的山水景色才能消除作者的"宦味离愁"。每当奇景迭现，他都认为是相逢夙缘，忍不住驻足游赏，不负林泉之胜，有时甚至"归来藤床作清梦，梦魂犹在青山颠"（《庆远纪游》其一），一次愉快的旅游，竟使得他魂牵梦绕，久久不能忘怀。他公开声称"我生作吏亦大苦，劳形案牍何时闲"（《庆远纪游》其一），面对"衙斋十日坐积雨"，他会千愁百结，愁苦莫展；而一旦天气转晴，他会立刻动身，"暂携游榼浮江船"（《庆远纪游》其二），赶忙奔向青山绿水之中徜徉。游览罗浮山的奇观后，他"坐久不知山色暝"，直至"暮云横锁梅林边"才依依不舍地离开（《罗浮观瀑》）。在他眼中，山林树木窈窕芬芳之美景，也会"似笑冠缨俗"（《庆远纪游》其二）。他羡慕萧散自适的闲鸥，他诗中出现频率极高的词是"薄宦"，如"无端羁薄宦，倏而怅离群"（《见红叶怀宝竹坡》）、"薄宦真无味，扁舟作远游"（《濛江道中》）、"飘零薄宦寸心违，水宿风餐乐事稀"（《杜鹃》）等。他经常将自己的为官称为"薄宦"，与寄情山水相对举，以表达对仕宦的无奈。这种心绪在《拟白乐天不如来饮酒》其七中表达得明白无遗，诗云："莫恋微官去，蹉跎愧此生。营营谋薄禄，碌碌博虚名。身类茧蚕缚，人多鹬蚌争。不如来饮酒，一醉万缘轻。"可见，他不屑于为"微官"而影响人生的洒脱。

志润的诗歌对中国近代京城的破败和萧条也有所反映。在第二次鸦片战争中，英法联军对圆明园和颐和园进行了蹂躏和毁坏，致使两地断壁残垣，满目凄凉。如《颐园书感》云："太息颐园地，荒凉过客稀。楼倾基尚在，水涸草偏肥。凭吊情何限，登临迹已非。兴衰谁作主，欲去转依依。"此诗作于同治二年（1863），距离英法联军侵华（1856）仅七年，不仅圆明园被烧毁，颐和园也遭到毁坏，变得面目全非，作者不禁陡生强烈的兴衰之感。由于战乱，民生凋敝，旗人的生活变得贫困不堪，甚至被饿死者甚多。《废宅行》云："长安城隅多颓垣，颓垣高下如邱山。塞巷横街失径路，纷纷瓦砾埋荒烟。不因水火伤零落，不因兵燹悲离索。目断魂销欲语难，穷究转使情怀恶。一从阳九厄长安，十室萧条九室寒。衣裳典尽少长物，卖宅鬻屋求盘餐。卖鬻人多买无几，残命将填沟壑死。崇楼峻宇不能留，折栋摧梁售诸市。商舶年年海上来，运樯归去多良材。一售再售不知止，致令城郭生蒿莱。吁嗟乎！巨室已然倾大厦，黎庶安能留片瓦。达官简出无见闻，依旧笙歌醉游冶。辇下荒凉最可怜，谁将此意图冰纨？年来不见输台诏，犹闻敕使修骊山。"经济萧条，旗人生计萧索，买房典屋，京城满目萧条。但达官贵族仍然醉生梦死，皇家依然不顾百姓死活，敕令修葺宫室。诗歌描绘了一幅近代京城惨败图景。

志润才思敏锐，富于才华，诗歌清新秀丽，诗味隽永，在近代满族诗人中居于上乘。俞樾序其诗云："君宦境不甚达，而以模山范水之笔写芳芬悱恻之思，缒幽凿险而无聱牙之句，倡妍酬丽而无冶荡之辞，感怀身世而无拔剑斫地抑塞磊落之狂态，摹写景物而无霜白月赤龙褒才子之俚语，行间字里皆有清气盘旋其中。'池塘生春草'、'明月照积雪'，不假雕饰，自然妍妙。洵可谓综采繁缛，杼柚清英者矣。"① 端方序其诗云："其诗味淡而趣深，气清而采壮，凌高眺迥朋酒燕笑声，比字属操，笔札立就，天地时物，悲愉荣落之境，有触于中，皆发诗见之。"② 虽有誉美成分，但大体是中肯的。

志润还擅长词作，著有《暗香疏影斋词钞》。端方称其"尤善为长短句"，文悌也称其"妙工填词"，吴鋆称其"诗宗元白，词近苏辛"，分别指出了其词作的特色和成就。

志钧的创作今多不见，仅叶恭绰《全清词抄》载其词一首。[一枝春]云："玉树亭亭，趁东皇，第一暗香吹透。花期乍数，酝酿好春如酒。梨云

① 俞樾：《寄影轩诗钞》序，《清代诗文集汇编》第 733 册，第 338 页。
② 端方：《寄影轩诗钞》序，《清代诗文集汇编》第 733 册，第 342 页。

净对，试分较，燕环肥瘦。爱迎入，满院韶光。不缩锦屏鸳钮。临风素妆依旧，岂湘兰采罢，簪来红袖。冰姿雪貌，恍认蕊宫仙藕。瑶台梦醒。算赢得，胆瓶消受。怜昨夜，见妒封姨，问君惜否?"小序云："庭前玉兰一株，花颇繁盛。道希以词来索。惜前夕风雨摇落殆尽，词以答之。"道希为文廷式之字。据小序可知这是一首咏物赠答词，歌咏冰清玉洁的玉兰花，先写玉兰在早春先于它花而开放，它冰姿雪貌，恍若仙子，占据第一春光，也为人们装点生活。但因昨夜风急，花瓣被无情吹落，殊为可惜！该词虽然所写题材平常，但命意属词颇见功夫。

志觐《自怡悦斋诗草》，现在无从寻觅，唯恩华《八旗艺文编目》中有记载，故不予论述。

志润文学家族的文学创作以长善、志润和志锐为主，而尤以志润的创作成就最高，特色也最显著，足以代表整个家族的创作水准。

第六章　近代满族诗歌创作特色

纵观近代诗坛，纷纭复杂，繁荣兴旺。清诗研究开拓者钱仲联先生将清诗分为四个时期，即清初、乾嘉、鸦片战争前后和晚清，在这四个时期中，他认为清初和晚清皆属于昌盛的局面，且晚清时期诗歌在思想性、艺术性创新方面，则更超过清初。① 若再加上鸦片战争时期，则整个中国近代诗歌繁荣程度可想而知。② 造成近代诗歌出现繁荣局面盖因时事所致，就历史动态而言，属于动荡不安的时代，所谓"时势出诗人"。汪辟疆曾指出："有清一代诗学，至道咸始极其变，至同光乃极其盛。"③ 他同样将清诗分为三期，康雍，为其初期；乾嘉，为其中期，道咸而后为近代。并认为前两期无真确面目，只有近代诗有自己的面目④，给近代诗以极高的评价。在短短八十年中，流派纷呈，诗家辈出，各种说诗著作（诗话）数以千计，古典诗学进入了它的最后辉煌期。各种流派学古而不复古，各有其道，各有宗尚，提倡和学习汉魏六朝的湖湘派，倡导宋诗的宋诗派和"同光体"，兼采唐宋的张之洞、樊增祥、易顺鼎，宗尚李商隐的西昆派，倡导维新的"诗界革命"派，具有革命倾向的南社。此外尚有众多独特个性的诗人群体。列入钱仲联《清诗纪事》道光朝以迄宣统朝的诗人就有一千六百余名（包括八旗诗

---

① 钱仲联主编：《清诗精华录》前言，齐鲁书社 1987 年版，第 16 页。
② 钱仲联：《近代诗评》云："诗学之盛，极于晚清。"转引自钱仲联主编《近代诗三百首》前言，浙江古籍出版社 1990 年版，第 11 页。
③ 汪辟疆：《汪辟疆说近代诗》，第 1 页。
④ 见汪辟疆《汪辟疆说近代诗》，第 1—9 页。

人），足见近代诗坛之繁荣。

由于清代特殊的民族原因，满汉分属不同的空间领域，清廷始终贯彻"首崇满洲"的国策，在京城和各驻防点人为地将满汉分开，造成了民族意识的割裂，形成了一道天然屏障，尽管士人间也有交往、影响、融合，但民族习性和气质始终保持着各自的独立性。"旗人的基本任务是时刻准备拱卫皇帝和朝廷，因而八旗组织也是一个世袭的军事阶层。他们和其他非旗人的'民'有很大的不同。"① 美国学者张勉治（Michael Chang）《马背上的王朝：巡幸与清朝统治的构建，1680—1785》也提出清代政治属于"民族的宗室的满族至上主义"的议题。他认为，对满族人来说，他们用以统治天下的意识形态首先是民族的，即对满族质朴、武艺等特质的坚持和弘扬，特别是对马上治天下政治观念的发挥；其次是宗室的，强调八旗组织和政府官僚对爱新觉罗家族及皇帝本人的尊崇和效忠。在此基础上，大力宣扬"满族至上主义"，即在清帝国内，将满族人置于一个崇高的地位，将一切成功归于满人，而非其他民族，强调民族认同和满族人的优越地位。这是一个并未完全汉化的民族，还保持着自己民族的"自我"。陈康祺《郎潜纪闻初笔》卷十四"满洲尚武之风"条"康祺敬按"："我朝开国之初，满洲风尚，士不死绥，引为大耻。迄今几三百年，而发、捻、回匪之变，虫沙猿鹤，忠义如林，呼戏！风气所开，岂一朝一夕之故与？"② 这就是说，直到中国近代，满族依然保持着自己的尚武的风气。

其实，不仅是尚武风气，其他诸如政治制度——八旗制度也完好无损，当然，还有自己的文化品格乃至文学品格。就诗歌而言，尽管他们普遍采用汉语作为自己的写作方式，而且所用格式与汉人没有差别——都用古近体诗进行创作，但在诗歌品格上与汉族诗人存在着较大不同，具有"自我"的特性，使满族诗人成为整个清代乃至近代诗坛上独树一帜、自张一军的创作群体，有其自身的独特性。吴宓《空轩诗话》云："寅恪尝谓唐代以异族入主

---

① ［美］路康乐：《满与汉：清末民初的族群关系与政治权力》，王琴等译，第 63 页。
② 陈康祺：《郎潜纪闻初笔》，第 305 页。

中原，以新兴之精神，强健活泼之血脉，注入于久远而陈腐之文化，故其结果灿烂辉煌，有欧洲骑士文学之盛况。而唐代文学特富想象，亦由于此云云。予按清之宗室八旗文学，实同于此。大率考据、训诂等炫博求深之事，非其所长；但其诗常多清新天真、慧心独造之句，而词尤杰出。凡此悉由天才禀赋，而不系于学力者也。又皆成于自然，而非有意求工者也，惟彼初染文化之生力种族能之耳。"[1] 他认为满族诗歌之所以形成清新天真的特性而迥异于汉族诗歌，原因大率有二：一是创作依靠天赋秉性，而不靠学识；二是以自然为尚，并不有意求工。其背后的最终原因是对汉族文化濡染不深，仍然保持了习染汉族文化之初的蓬勃精神。应该说，他的见解是非常有道理的。

纵观近代满族诗歌，有其独特的个性，下面给予论述。

第一节　诗写性情　不主格套

满族诗歌最大的特色就是抒发性情。诗本性情，诗以抒情言志为要务，各个民族莫能例外。但与近代汉民族诗歌相比，满族诗歌更加偏重性情的抒发。汉民族到近代已经拥有几千年的文化传统，代代传承相因，特别是到乾嘉时期，汉学兴盛，汉族知识分子莫不受到它的影响，热心经史文物的探究考证，以余事为诗，诗歌不免夹杂学问的成分。此风一直延续到光宣民初，热度不减。汪辟疆云："近代诗家，承乾嘉学术鼎盛之后，流风未眠，师承所在，学贵专门，偶出绪余，从事吟咏，莫不熔铸经史，贯穿百家。故淹通经学，则有巢经、默深；精研许书，则有镘龢、匹园；擅长史地，则有春海、寐叟；通达治理，则有湘乡、南皮；殚精薄录，则有邵亭、东洲。其专为骚选盛唐，如湘绮、陶堂、白香、越缦、南海、余杭诸家，亦皆学术湛深，牢笼百氏，诗虽与宋殊途，要足与学相俪，则又两宋诸诗家所未逮也。"[2] 对

---

① 吴宓：《空轩诗话》，《民国诗话丛编》（六），第 4 页。
② 汪辟疆：《汪辟疆说近代诗》，第 14 页。

此，国内有多位专家给予关注。① 诗歌的学问化确实是近代汉族诗歌的一个突出特点。诗歌学问化或曰诗中表现学问，运用不力，会消解诗歌的抒情性，为性情的抒发带来不应有的障碍。清中叶袁枚对当时的诗坛颇为不满，他总结当时的诗坛有三病，其中就有在诗歌中填书塞典，满纸死气，自矜淹博之弊。② 民初的南村在《撼怀斋诗话》中申明："诗以不用事为第一，用事次之，但亦必运使灵活，不拘不涩，方为可取。所谓'自然英旨，罕值其人'。词既失高，则宜加事义也。而今士往往好使诗书，拘挛补衲，有意装琢，形同书抄。而自矜淹雅，以为韩碑、杜律，无一字无来历也。不知颜任有拘庸之疵，刘杨多艰深之讥。诗写性情，亦何事此，徒召子云浅陋之诮，岂非风骚之旁门哉！"③ 他特别指出当时诗人往往引经据典，有意装饰，形同书抄的现象，并给予批评。诗歌创作不是不需要学问，问题是如何使用学问。为此，早有人发表过高论。如"性灵派"首领袁枚就引用别人的话说："李玉洲先生曰：'凡多读书，为诗家最要事。所以必须胸有万卷者，欲其助我神气耳。其隶事、不隶事，作诗者不自知，读诗者亦不知：方可谓之真诗。若有心矜炫淹博，便落下乘。'"④ 也就是说，诗人读书目的不在"隶事"、用典，而在于提高素养，"助我神气"，不应该在诗中故意卖弄学问，掉书袋。诗人须博学，但作诗无须炫耀学问。学与诗之关系不是表现，而是涵养。针对以学为诗的现象，袁枚也给予了抨击。他说："近日有巨公教人作诗，必须穷经读注疏，然后落笔，诗乃可传。余闻之，笑曰：且勿论建安、大历、开府、参军，其经学何如；只问'关关雎鸠'、'采采卷耳'，是穷何经、何注疏，得此不朽之作？梁昭明太子《与湘东王书》云：'夫六典、三礼，所施有地，所用有宜。未闻吟咏情性，反拟《内则》之篇；操笔写志，更摹《酒诰》之作。"迟迟春日"，翻学《归藏》；"湛湛江水"，竟同《大

---

① 这方面不仅有论文专门探讨，还有专著出现，如宁夏江《晚清学人之诗研究》，暨南大学出版社 2011 年版。

② 袁枚著，王英志校点：《随园诗话补遗》卷 9，凤凰出版社 2009 年版，第 343 页。

③ 南村：《撼怀斋诗话》，见张寅彭主编《民国诗话丛编》（六），第 229 页。

④ 袁枚著，王英志校点：《随园诗话补遗》，第 309 页。

诰》。'此数言振聋发聩；想当时必有迂儒曲士，以经学谈诗者，故为此语以晓之。"① 可以说袁枚之语，直击以学为诗者的痛处。满族诗人多能如袁枚之所言。如顾大榕序满族诗人宝彝之诗云："吾友宝君则民，天姿聪俊，未弱冠即好为诗，有清新秀逸之气，而志亦时见焉。询夫诗人之诗如此也。由是而博览经史之幽奥，究古今之得失，游乎五岳之大，放乎四渎之深，友其士大夫之贤者，相与上下其议论，以为学问根柢，退而涵养其性情，扩充其识见，则气之壮，志之正，又岂可量哉！而是编考特其志气之基趾焉耳。抑又闻之，气易于志，志重于气，自古词客骚人逞豪迈于一时，擅风流于当世者何可胜道，而求其温柔敦厚，不失风人之旨者盖无几人。有之，必其好学深思，立言可法者也，必其志气之宏远，伦理之敦笃，不仅见长于诗而诗乃愈工也。然则诗非专诸志，而志非专视乎学哉。然则学又岂仅为诗哉？则民其必以余言为然也。"②

清代是学术昌盛的时代，学人之诗繁盛。从诗歌的种类而言，有诗人之诗、学人之诗之分。以抒情为诗歌的本质和基本功能，追求诗歌意境化，符合抒情诗学的观点。而主张"学人之诗"的论家着意于"本于经术"的封建理性原则，是中国诗学功利性的突出反映。而满族人则不考虑义理、考据，只重性情，认为诗歌是性情之作。这就突显了满汉诗歌的分野。

除此之外，近代汉族诗人面对丰富的古代诗学遗产，广取博采，学诗追寻某些路径，除一些大家形成独特面目外，尚有一些诗人精研不深，遗神取貌，存在学古拟古不化之病。李慈铭云："盖今之言诗者，必穷纸累幅，千篇一律。缀比重坠之字，则曰此汉、魏也；依仿空旷之语，则曰此陶、韦也。风云月露，堆砌虚实，则以为六朝；天地乾坤，佯狂痛哭，则以为老杜。杂填险字，生凑硬语，则以为韩、孟。作者惟知剿袭剽窃以为家数，观者惟知影响比附以为评目。振奇之士，大言之徒，又务尊六朝而薄三唐，托汉、魏以诋李、杜，狂谵呓语，陷于一无所知。故自道光以来，五十余年，

---

① 袁枚著，王英志校点：《随园诗话补遗》，第 310 页。
② 宝彝：《寄园诗集》，清刻本。

惟潘四农之五古，差有真意。而七古佞弱，诸体皆不称。鲁通父笔力才气皆可取，而功夫太浅，格体不完。其余不乏雅音，概无实际。欲救乾嘉诸家之俳谐卑弱，而才力转复不逮，此风会所以日下，而国朝之诗遂远不如前代也。道光以后名士，动拟杜、韩，槎牙率硬而诗日坏；咸丰以后名士，动拟汉魏，肤浮填砌而诗益坏。道光名士，苦于不读书而骛虚名；咸丰名士，病在读杂书而喜妄言。"①李慈铭在近代以挑剔闻名，但也在一定程度上指出了近代诗的弊病。甚至他本人也未能"免俗"，主张"八面受敌"，多方取径，为此他开出了一份学诗清单："学诗之道，必不能专一家，限一代，凡规规摹拟者，必其才力薄弱，中无真诣。循墙摸壁，不可尺寸离也。五古自枚叔、苏、李、子建、仲宣、嗣宗、太冲、景纯、渊明、康乐、延年、明远、元晖、仲言、休文、文通、子寿、襄阳、摩诘、嘉州、常尉、太祝、太白、子美、苏州、退之、子厚，以及宋之子瞻，元之雁门、道园，明之青田、君采、空同、大复，清之樊榭，皆独具精诣，卓绝千秋，作诗者当汰其繁芜，取其深蕴，随物赋形，悉为我有。七古子美一人足为正宗，退之、子瞻、山谷、务观、遗山、青邱、空同、大复可称八俊，梅村别调，具足风流。此外无可学也。五律自唐迄清，佳手林立，更仆难数，清奇浓淡不名一家，而要以密实沉着为主。七律取骨于杜，所以导扬忠爱，结正风骚，而趣悟所昭，体会所及，上自东川、摩诘，下至公安、松圆，皆微妙可参，取材不废。其唐之文房、义山，元之遗山，明之大复、沧溟、弇州、独漉，国朝为渔洋、樊榭，诣各不同，尤为杰出。七绝则江宁、右丞、太白、君虞、义山、飞卿、制尧、东坡、放翁、雁门、沧溟、子相、松圆、渔洋、樊榭十五家，皆绝调也。晚唐、北宋多堪取法，不能悉指。我朝之王、厉尤风雅替人，瓣香可奉。五绝则王、裴最著矣。"②

近代满族虽然也有部分诗人学诗作诗按照一定路径，但大部分诗人仍然遵循诗歌言志抒情的老路，并没有偏离古训，像汉族诗人那样追随诗学潮

---

① 李慈铭著，刘再华校点：《越缦堂诗文集·越缦堂诗话》，上海古籍出版社 2008 年版，第 1447—1448 页。
② 李慈铭著，刘再华校点：《越缦堂诗文集·越缦堂诗话》，第 1446—1447 页。

流，也没有所谓"宋诗派""唐宋兼采"之类的名头。他们作诗是为了抒发一己之性情，很少为复古拟古而创作，因而也就没有无病呻吟之类的弊端；生活中有感悟才抒发，不是"为文造情"，而是"为情造文"，不把诗歌作为学问之暇的"余事"，当然也很少有学问精湛的学者。他们有的也博综古今，上下百代，有自己的宗趣和学诗的路径，但关键是他们出以性情，不陷入拟古尊古的泥沼。如毓俊外甥恒良跋其《友松吟馆诗钞》云："舅氏赞臣夫子性情敦笃，学问渊懿，而尤工于诗。其出入风骚，效法汉魏，下逮六朝三唐两宋元明国朝诸大家，无不博览而贯通之。而尤服膺者则渊明、李杜、长吉、东野、坡谷、放翁、遗山、道园也。所为诗茂矣美矣不具论，论予所尤为景仰者。观其思亲别母怀兄忆弟则孝子悌弟也。筹赈鲁豫，放赈邦畿，则仁人也。荒村拾婴、古寺葬友，则善人义士也。官庠讲学则名儒也。伏阙上书则忠臣也。他如登临游赏、宴集吟咏则才人高士也。岂可仅以诗人名乎哉？"① 尽管毓俊学诗不名一家，不专一体，渊源有自，但发诗根植性情，对不同的题材抒发不同的情感，并没有肖似某人某家，食而不化。关于衡平之诗，陆润庠曾探寻其理路："其格律之谨严，吐属之笃雅，一皆出于中晚唐，而五言长律于少陵尤神似。词则能入苏辛之室，虽吉光片羽，所存不多，而君之才华抱负，可得其涯涘。"② 然而由于他天资聪颖，为诗有兴即吟，下笔顷刻数百言，其为诗文往往出侪辈之上，无任何凝滞之病。大多数满族诗人从小学诗以唐诗为范本，长大后作诗不讲诗学路数，完全以抒发性情为目的，而呈现出天然机趣，一任天真的特色。马福载序奕誌《乐循理斋诗集》云："今得《乐循理斋集》而读之，志和音雅，情韵深长，尤妙在纯任自然，天机活泼。"③ 由于唐诗是中国古典抒情诗歌的典范，以写景抒情、表情达意为主，宋代以后诗歌逐渐模糊了诗文界限，散文所承担的议论、言理、叙事诸功能也用诗歌来表达，去古诗已远，脱离了诗之本旨，为此受到以严羽为代表的诗家批评。满族诗人大都师法言志抒情的古老传统，以唐诗为范。早

---

① 毓俊：《友松吟馆诗抄》，《清代诗文集汇编》第 768 册，第 850 页。
② 衡平：《酒堂遗集》，清刻本。
③ 奕誌：《乐循理斋诗稿》，《清代诗文集汇编》第 703 册，第 368 页。

在清初，康熙帝就提倡唐诗，其《御制文集》卷二十六"讲筵绪论"之十云："唐人诗命意高远，用事清新，吟咏再三，意味不穷。近代人诗虽工，然英华外露，终乏唐人深厚雄浑之气。"之二十八又重倡诗之本义，认为诗歌应当吟咏性灵。① 其后的满族诗人大都循此教诲，作诗重在抒发感情，鲜见叙事言理之作。奕諵在其《藏修斋诗稿自序》中云："每览唐人诗赋或寄情于艺林文苑，或得意于月夕花朝，及生平所遇，痛感之怀，莫不形诸咏歌以鸣，一时之兴致信可乐也。"对唐诗颇为信服，而其诗"所咏大抵农桑月令、景物风华者居多"②，与唐诗重在吟咏山川日月、风云月露相一致。无独有偶，奕詥之诗也是"若山川之佳胜，草木之贲华，秋蟀春鹏悉供诗料"③。载铨《行有恒堂初集》有诗三千余首，多是一些吟风弄月、娱兴遣怀之作，潘世恩序《行有恒堂初集》云："大集高浑精深，风格隽上，是能探源汉魏，得力于唐宋大家而自辟畦畛者。"④ 日本铃木吉武说瑞洵作诗"饮酒微醉，往往作诗自遣，不假思索，自然成章，余悉抄存，并搜得旧稿……公之幽忧哀愤，君亲之思，身世之慨，大悲菩萨之愿，无限呻吟之声，读者当于无字句处求之，益可见公之品概义行。其诗之格律意境，与冶亭相颉颃。"⑤ 铭安于五十五岁自吉林将军引疾归田，杜门却扫，偶然吟咏，以陶性适情，不求甚解，聊以自娱，为遣日养年之助。凡此诸人，无不继承唐诗传统，以诗写情言性，抒发一己之怀抱，而绝少模拟某家某派，为作新诗强作愁。

　　部分行伍出身的满族诗人作诗更是如此。如官文《敦教堂诗钞自序》云："夫余武人也，身披介胄，队列鋈矛，虽笔札从军，亦谓阿蒙当习。而诗歌雅事，原非绛灌应知，然而情根乎性，性本于心，心有所动，随所至而言宣矣。情之所通，有所感而词见矣。"⑥ 心有所感，乃发之于诗，所作诗根

---

① 爱新觉罗·玄烨：《御制文集》卷26，《清代诗文集汇编》第191册，第331—332、336页。
② 奕諵：《藏修斋诗稿》，《清代诗文集汇编》第718册，第369、370页。
③ 奕詥：《溪月轩诗集》序，《清代诗文集汇编》第771册，第3页。
④ 载铨：《行有恒堂初集》，《清代诗文集汇编》第586册，第58页。
⑤ 瑞洵：《犬羊集》，日本昭和九年铃木氏餐菊轩铅印本。
⑥ 官文：《敦教堂诗钞》，《清代诗文集汇编》第599册，第2页。

乎性情，本于内心。特依顺（？—1849），他塔拉氏，满洲正蓝旗人，历任协领、副都统、总兵，将军等职。1841年10月英国进犯广东，侵扰浙江时，他以都统衔受命为参赞大臣，随皇族靖逆将军奕山驰赴广东帮办军务。1842年驻军浙江杭州，为署理杭州将军。4月率部在定曲焚烧英船。5月在乍浦战役中，率部英勇抗击敌军。后乍浦失陷，被革职留任。英军退出镇海后，奏请朝廷招集流散官兵，安抚居民，修筑城墙，部署炮台，加强杭州一带防务。《南京条约》签订后，在浙江筹办善后事宜。1846年调任乌里雅苏台将军。据此可知他是一名全职军人。余暇为诗，明白易懂，鹿泽长跋其《余暇集》认为其诗类似白香山："昔人论白香山诗，老妪都解。盖以文言道俗情，得性真深也。故直陈时事，慷慨言怀，见于《秦中》诸作；而写景摘思，情来如赠，则见于《西湖》诛诗。道光辛丑冬，鉴堂将军奉命筹荣海营，明年英夷，受抚遂镇浙。公退之余，酷嗜吟咏，轻裘缓带，有古儒将风。兹读其诗，循声纪实，即境如画。兴之所至，能尽吐胸中之所欲言，真老妪都解者也。况驻节杭州，雨奇晴好，妙助诗林，诗境必为之一变。而将军命舟策蹇，觞咏自如，白沙堤畔，数遍荷花；苏小坟边，吟残杨柳。殆所谓志趣高逸，有慕乐天耶。"① 再如凤瑞（生卒年不详），字桐山，瓜尔佳氏，满洲正白旗人，乍浦驻防。粤寇来犯，与兄麟瑞防御。城陷，麟瑞阵殁。凤瑞改隶李鸿章军，转战江、浙，屡有战功，而太仓一役尤著。著有《如如老人灰余诗草》十卷及《梦花馆诗存》。其诗如《自嘲》云："清闲富贵两难逢，我竟清闲富贵从。占尽人间便易事，少年公子老封翁。"《无题》云："随心所欲不知年，半似聪明半似颠。泉石清闲饶乐趣，一生爱好是天然。"《偶吟》其一云："少年公子老封君，赚得浮生自在身。一事堪夸告邻里，眼前八十弄元孙。"其二云："八十老儿心赤孩，一团和气坐春台。平生无事常寻乐，乐不寻常乐自来。"其三云："诗心莫道老年穷，愈老谁知愈见工。偶见龙钟花下步，风流原是旧诗翁。"皆情感抒发、自身写照，风韵天然，明白如话。

他们很少有人在意辞藻华美与否，而是以朴质为旨归；也不怎么讲求作

---

① 特依顺：《余暇集》，《清代诗文集汇编》第607册，第744页。

诗工与不工，而是以天然韵致为上，以抒发性情为目的。长善学诗于《骚》
《选》、唐、宋靡不出入，而自能宣泄性情，当其得意，不假雕饰。毓朗自跋
中声言己诗"疵病颇多，然不尚雕饰，发为心声"①。寿峰普序特依顺《余暇
集》："其诗纯乎天籁。"徐锟序《余暇集》认为："盖其本于性情，发为歌咏，
驰驱行役，触目云山，拈笔付奚，以寄壮志，非沾沾于一句一字之工。"徐
兰修为《余暇集》作跋，认为特依顺之诗："由乎真情至性，深得温厚和平
之旨，良有裨于世道人心，迥非雕绘满眼者所可比。"② 宜兴曹炳燮跋吉年诗
云："诸法咸备，语本性情，有《三百篇》之风，云皆为部郎以前所作，自
典郡后，案牍劳心，无暇吟咏，间有所作，已随手抛弃……一诗脱稿，同
社靡不击赏。"③ 总之，他们的诗歌风格质朴，自然天成，很少汲汲于刻意雕
饰，皆以抒情为要。

　　满族诗人庆康有《寄丁幼香》一诗，比较自己与汉族诗人丁幼香作诗
之别："君为诗中蠹，我是诗中魔。一魔与一蠹，痴情发讴歌。异苔而同岑，
知音良足多。君诗累千百，下笔见风格。我诗随性情，粗豪无节拍。君才何
清新，君诗妙入神。借君扛鼎笔，为我祓红尘。攻错重他山，著手自生春。
君为诗伯雄，我亦混诗翁。臂犹虫鸟意，各以天籁鸣。疏疏陇头梅，雪里送
香风。矫矫岐阳凤，山中栖梧桐。诗蠹与诗魔，臭味将毋同。"此诗既赞扬
了丁氏之诗的高妙，也突显了自己的诗风。此诗也可以视作整个满族诗风与
汉族诗风的区别，即满族诗人诗写性情，不甚在乎工拙与否，而汉族诗人则
相反。著名满族研究专家关纪新先生评论道："有清一代，满族文学逐渐形
成了天然、别致、俗白、晓畅的路数。"④ 可以看出满族诗歌的整体特点。

---

① 毓郎：《余痴生诗集》，《清代诗文集汇编》第 789 册，第 602 页。

② 特依顺：《余暇集》，《清代诗文集汇编》第 607 册，第 706、707、743 页。

③ 吉年：《藤盖轩诗集》，《清代诗文集汇编》第 789 册，第 76 页。

④ 关纪新：《马迹蛛丝辨纳兰——成容若民族文化心态管窥》，《承德民族师专学报》2006 年
第 4 期。

第二节　和婉雍容　优游不迫

近代中国，进入了清王朝的衰退期。此时的王朝处于日薄西山、危机四起之时。内忧外患，层出迭涌。王权错乱，朝纲不振；吏治腐败，官匪勾结；天灾人祸，民不聊生。北有捻军起义，南有天地会，太平天国起义纵横驰骋大半个中国，国内局势极其混乱。外有列强环窥中华，企图争夺抢占这个巨大的市场，不惜发动侵略战争，鸦片战争、第二次鸦片战争、中法战争相继爆发，动乱频仍。到19世纪末20世纪初，中国败于弹丸小国，国内的维新人士发起了变法运动以图自强，但归于失败。偌大的国家迎来了三千年来未有之大变局，面临被瓜分的危险境地，风雨飘摇，四面楚歌。后又有庚子事变，八国联军构事侵华。梁启超痛彻之云："今日之中国，殆哉岌岌乎！政府梦瞀于上，列强束胁于外，国民怨讟于下，如半空之木，复被之霜雪，如久病之夫，益中以疹疠，举国相视，咸僄然若不可终日。志行薄弱者，袖手待尽，脑识单简者，铤而走险，自余一二热诚沈毅之士，亦彷徨歧路，莫审所适。问中国当由何道而可以必免于亡，遍国中几罔知所以为对也。"[①] 有识之士奋起抗争，遂有辛亥革命之举，中国封建社会走到了它的尽头。

诗人是社会的良心，是社会感知最敏锐的精神阶层。文学外部社会的巨变，势必会促使文学内部也相应地发生变化。"文学是一种社会的实践"，"一个作家不可避免地要反映或表现生活经验和他对生活的总的观念"[②]，诗歌向来是社会的阴晴表，生逢盛世，诗歌呈现出雍容雅正的特色；遭际乱世，则为亢厉噍杀之音。中国古代文论向来有"诗可以观"的传统，强调音乐（诗歌）与政治的必然联系，"治世之音安以乐，其政和；乱世之音怨以怒，其政乖；亡国之音哀以思，其民困"[③]，反之亦然。身处乱世，汉族诗人以诗歌反映动荡的现实和民间的疾苦，抒发对时事的看法和感慨，充满了暗

---

① 梁启超：《政闻社宣言书》，《饮冰室合集》第3册，中华书局1988年版，第19页。
② ［美］韦勒克、沃伦：《文学理论》，刘象愚译，江苏教育出版社2005年版，第100、101页。
③ 郭绍虞：《中国历代文论选》第1册，上海古籍出版社1979年版，第63页。

哑的沉痛和悲凉慷慨之气，变风变雅。动乱乃诗歌之幸！陈衍编选《近代诗钞》回顾近代诗学时惊呼："文端、文正时，丧乱云臐，迄于今，变故相寻而未有界，其去小雅废而诗亡也不远矣！"① 文端，即祁寯藻，为道光朝体仁阁大学士；文正，即曾国藩，为咸同朝武英殿大学士，二人皆是近代以高位主持诗教者。陈衍明言此时时局维艰，乱象纷呈，诗坛风尚也发生了转变，变风变雅之风大作。近代以前，清代诗歌是盛世唐音的表达，以王渔洋、沈归愚为代表的康乾诗坛，题材不出风云月露，风格平正典雅，中正和平，温柔敦厚，一派盛世之音的祥和气度。但是这样的诗学氛围，随着时代的脚步迈入近代而出现了转折。王赓说："有清一代诗体，自道咸而一大变，开山之功首推吾皖歙县程春海侍郎。"② 陈衍也说："前清诗学，道光以来，一大关捩。"③ 中国诗歌以中唐为分水岭，前有唐音，后有宋调，中唐诗歌开启了宋诗风尚。唐音以高格朗调颂扬治世为其显著特征，宋调则以暗哑呐喊振起民魂为其时代特征。近代的主流诗派宋诗派和同光体诸君子不约而同地以宋诗为尚，发出衰世的惨淡之音。表现在诗歌风尚方面，不是清苍幽峭，就是生涩奥衍，克服了因学唐而带来的肤廓浅俗之弊，而以峭拔生涩这样的充满生命力度之笔呼喊时事之危局。他们"百忧千哀在家国，激荡骚雅思荒淫"（陈三立《上元夜次申招坐小艇泛秦淮观游》），伤时忧事，百感万端。正如陈衍所云："余生丁未造，论诗主变《风》变《正》，以为诗者，人心哀乐之所由写宣。有真性情者，哀乐必过人。时而赍咨涕洟，若创巨痛深之在体也；时而忘忧忘食，履决踵、襟见肘，而歌声出金石，动天地也。其在文字，无以名之，名之曰挚，曰横，知此可与言今日之为诗。"④ 时事之艰在他们身上留下了难以泯灭的剧痛，使他们感慨涕零，欲忘不能。这也是造成"今日"之诗的缘由所在。那么，"今日"变风变雅之诗有何特征？陈衍云：

---

① 　陈衍：《近代诗钞述评叙》，钱仲联编《陈衍诗论合集》，第 1087 页。
② 　王逸塘：《今传是楼诗话》，张寅彭主编《民国诗话丛编》（三），第 262 页。
③ 　陈衍：《石遗室诗话》，钱仲联编《陈衍诗论合集》，第 37 页。
④ 　陈衍：《山与楼诗叙》，钱仲联编《陈衍诗论合集》，第 1077 页。

诗至晚清，同、光以来，承道、咸诸老蕲向杜、韩，为变《风》变《疋》之后，益复变本加厉，言情感事，往往以突兀凌厉之笔，抒哀痛逼切之辞，甚至嬉笑怒骂，无所于恤。矫之者，则为钩章棘句，僻涩聱牙，以至于志微噍杀，使读者悄然不怡。然皆豪杰贤知之子乃能之，而非愚不肖者所及也。道、咸以前，则摄于文字之祸，吟咏所寄，大半模山范水，流连景光。即有感触，决不敢显然露其愤懑，间借咏物咏史，以附于比兴之体，盖先辈之矩矱类然也。自今日视之，则以为古处之衣冠而已。①

笔锋突兀凌厉，言辞哀痛逼切，甚至于嬉笑怒骂，皆为文章。严重者则为钩章棘句，佶屈聱牙，志微噍杀，尽管令人读之不快，却是乱世之中的激扬文字。与之形成对比的是模山范水、流连光景、无关痛痒之作。

而汪辟疆先生对近代诗的生成和描述更为典型和全面，他在《近代诗派与地域》中云："夫文学转变，罔不与时代为因缘。道咸之世，清道由盛而衰，外则有列强之窥伺，内则有朋党之叠起，诗人善感，颇有瞻乌谁屋之思，小雅念乱之意，变徵之音，于焉交作。且世方多难，忧时之彦，恒致意经世有用之学，思为国家致太平，及此意萧条，行歌甘隐，于是本其所学，一发于诗，而诗之内质外形，皆随时代心境而生变化。故同为山水游宴之诗，在前则极摹山范水之能，在此则有美非吾土之感；同为吊古咏史之作，在前则摅怀旧之蓄念，在此则皆抑扬有为之言，斯其显著者也。此期诗人之卓然名家者，如龚自珍、魏源、陈沆、程恩泽、邓显鹤、祁寯藻、何绍基、曾国藩、郑珍、莫友芝、江湜诸家，类皆思流虑远，骨力坚苍，每于咏叹之中，时寓忧勤之感，异时讽诵，动移人情。虽由诸家学擅专门，诗本余事，然心境与世运相感召，遂不觉流露于文字间也。其直接影响于同光者，尤以春海、子尹、太初、伭叔四家为著。程郑二氏，学术淹雅，诗则植体韩黄，典赡排奡，理厚思沉……江陈二家，人情练达，诗则体兼唐宋，清拔淡

---

① 陈衍：《小草堂诗集叙》，钱仲联编《陈衍诗论合集》，第 1074—1075 页。

远，富有理致……同光之初，海宇初平，而西陲之功未竟，大局粗定，而外侮之患方殷，文士诗人，痛定思痛，播诸声诗，抑且逾于道咸……在此五十年中，士之怀才遇与不遇者，发诸歌咏，悯时念乱，旨远辞文，如陈宝琛、张之洞、张佩纶、袁昶、范当世、沈曾植、陈三立诸人之所为者，渊渊乎质有其文，海内承风，蔚为极盛……此外如黄遵宪、康有为之雄奇骏发，樊增祥、易顺鼎之瑰丽精严，王闿运、章炳麟之高文藻思，李慈铭、俞樾之典雅精切，皆为近代诗之英华。"① 他指出，诗至近代，内质外形都发生了深刻变化，即以山水游宴之作而论，此前是模山范水，恣意消遣，在此则充满了家国之痛、悲切之思；以吊古咏史之作而论，此前皆念古伤怀、吊古讽今之诗，在此则充满了抑郁悲伤、剀切击筑之词。从道咸朝至同光朝，虽诗因人而异，要皆"发诸歌咏，悯时念乱"，激扬踔厉，有磊落不平之慨。即以具体诗人而言，自道咸间之郑珍、金和、江湜以迄同光间之范当世，俱为鲜明的个案。陈衍《秋蟪吟馆诗跋》中云："近人之言诗者，亟称郑子尹。子尹盖颇经丧乱，其托意命词，又合少陵、次山、昌黎而熔铸之，故不同乎寻常之为也。上元金君仍珠，以其尊人亚匏先生遗诗刊本见贻。读之，仿佛向者读子尹之诗也。至癸丑甲寅间作，则一种惨淡阴黑气象，子尹之诗，未至于此极也。夫举家陷贼，谋与官军应，不济，万死一生，迟之又久，而后次第得脱，子尹所未经也。经此危苦，而又能为惨淡阴黑之诗以逼肖之，则先生诗境之所独而已。"② 郑珍之诗已有苦难维艰之气，金和在鸦片战争中饱受危苦，历经磨难，较之郑珍又倍加一层，其诗也笼罩着惨淡阴暗之色。江苏诗人江湜一生穷困潦倒，沉积下僚，又遭逢离乱，婴千古诗人未有之惨，只能将满腔肺腑寄之于诗，以诗人自命。其诗极少吟风弄月之作，多穷苦之言。《梦苕庵诗话》云："弢叔诗爽利无匹……如《志哀九首》《静修诗》《感忆诗四首》，皆至诚惨淡，沉痛入骨。"③ 谭献论诗以比兴为体，尊尚汉魏古诗，雅不喜宋诗，《复堂日记》卷二云："阅江弢叔遗诗，哀语使人不欢，危语使

① 汪辟疆：《近代诗派与地域》，《汪辟疆说近代诗》，第9—11页。
② 陈衍著，钱仲联编校：《陈衍诗论合集》，第1084—1085页。
③ 钱仲联：《梦苕庵诗话》，《民国诗话丛编》（六），第404页。

人毛戴。"① 所谓"毛戴",语出段成式《酉阳杂俎》,即寒毛竖立,恐惧震惊之意。谭献将江湜之诗语概括为"哀语""危语",扼要其诗之特征。范当世一生布衣,终身困匮,中年流徙江湖,客死旅邸。徐世昌《晚晴簃诗话》评其诗云:"生平为诗甚勤,用意幽眇,造语深至,多激宕之音,迨所谓穷而后工者耶!"② 他们都历经乱世,遭遇贫困,忧国忧民,关心时政,以诗发出激楚之音,抒发时事艰难。

近代满族诗歌则绝少噍杀之声,多优游不迫,志和音雅。风格平正和婉雍容,少风云之气。

满族在清代拥有崇高的地位,多数成员从小衣食无忧,生活优渥,又普遍受到良好的教育,由此培养起了一种自信心和雍容气度。

王公宗室最有代表性。他们如果没有外任就不准离开京畿,《金启孮谈北京的满族》云:"清代对府邸、官员禁例很严,例如宗室不许出北京城四十里以外,如王公擅自出城,马上革爵。"③ 既束缚了宗室文人的生活自由,同时也限制了他们的创作自由,使他们视野狭窄,神州大地发生的事件不能在诗中反映,因而反映社会矛盾和外国入侵的诗作很少,只能写一些应制诗和山水诗。这就造成他们的诗歌具有和婉雍容之态。像本有《选梦楼诗钞》八卷,共五百三十五首,大凡是早起晚归夜坐、送春悲秋、题咏抒怀、人生感悟之作。宗室恩华有《求真是斋诗草》二卷,多叠韵、次韵诗,题咏酬答诗。奕誴《藏修斋诗稿》有诗二百余首,"大抵农桑月令,景物风华者居多",雍容和婉,优游不迫。承晖堂序奕誌《乐循理斋诗集》称其"吟哦占毕之中,自深涵咏优游之趣"。马福载亦认为《乐循理斋诗集》"志和音雅,情韵深长。"赖其瑛序奕誌诗云:"西园之诗,虽写景览物之作,而至性之感,发师友之风谊,慈祥悱恻、敦厚和平之意,往往流露于纸墨之间,所谓所处既高,得天又厚,性之所好,而不至多事。"④ 孙家鼐跋奕詢诗云:"主

① 谭献:《复堂日记》,河北教育出版社 2001 年版,第 43 页。
② 徐世昌:《晚晴簃诗话》,第 1301 页。
③ 金启孮:《金启孮谈北京的满族》,第 242—243 页。
④ 奕誌:《乐循理斋诗集》,《清代诗文集汇编》第 703 册,第 373、368、370 页。

人派近天潢，宗维磐石……因学问以涵养性情，因性情而发为歌咏，则流连篇什，必能洞见本原，不徒以月露风云为艺林擅美也。况皇上圣学日懋，文治方新，主人且将黼黻升平，和声以鸣国家之盛。"① 由于特殊的身份和地位，他们对社会政事不能议论关涉，因而时事政治极少在诗中觅见踪影，动辄歌咏圣世，粉饰天平，特别是每逢重大节日，多为歌功颂德之作。如载滢《十二月二十三日皇太后赐福字恭纪》："睿藻光山泽，推恩眷遇新。中兴三代治，四海一家春。更赐优间福，重沾雨露仁。余生惭覆载，感泣仰枫辰。"《都中新年，烟火络绎不断，辉耀春城，和鸣盛世。其名色亦极富丽新颖。爰取其最可观者，效小游仙体各赋一诗，用志点缀承平，怡神乐事》是一组诗，包括"太平花""水浇莲""万花献瑞""孔雀开屏""八角花灯""线穿牡丹""金盆落月""变换花盆""葡萄花架""五龙飞天"等十首，是其时京城春节风俗的歌咏和记录。生活中的点滴感触、阅读诗书时的灵光一现、欣赏评骘别集时的观点感悟、年届中老时的时光慨叹、待人接物中的谐虐偶合，无不成为他们诗歌的主题。"春风如才子，到处成文章。精彩一何盛，气魄一何长。历历古今人，无不爱韶光。天地萃灵秀，造化开混茫。功成作归隐，自用还自藏。"（载滢《咏春》）就是他们志趣和情趣的典型说辞。

此外，他们诗情的和婉雍容还体现在大量咏诵节候物件。这类诗一般为组诗，多至几首乃至十几首，不厌其烦，不避陈冗，如恩华《巧果七首》分咏云、虹、蝠、燕、鹊、蛛、篮等常见事物，又有《再咏巧果七首》再次歌咏上述七个事物。《次裕斋主人四花咏原韵》则分咏镜花、剑花、笔花、浪花等俗见之物，又两次写《老具十咏》咏睡帽、耳帽、巾、上马杌、须镊、靠枕、眼镜、剔牙杖、手炉、杖等生活物件。崇恩《十雪诗与查太守文经龚司马润森同赋》包括：初雪、对雪、踏雪、卧雪、煮雪、藏雪、晴雪、残雪、忆雪；《后十雪诗》包括：复雪、喜雪、听雪、咏雪、绘雪、映雪、猎雪、钓雪、耐雪、鉴雪。近似无聊，却很能显示他们悠闲的生活情调，也给诗歌著上和婉闲适的格调。这样的诗在他们的诗集中很多。奕誴《乐循理

---

① 奕詢：《馀月轩诗集》，《清代诗文集汇编》第 771 册，第 110 页。

斋诗稿》中有《书斋八乐》，分咏观书、读画、吟诗、静坐、焚香、煮茗、看松、种竹等八种风雅生活；奕詝诗集中计有《消夏六咏》《冬日杂咏》六首、《消夏杂咏八首》《四时竹枝词二十首》《咏五色》五首、《咏八方》八首等等。恩锡有《春词十六绝》《柳花十六首》《秋日杂感十首》《拟吴梅村戏题仕女图十二绝》《冬夜曲仿子夜歌十二绝》《消夏联吟三十首》等。载铨集中则有长篇巨制诗，如《浹阳秋日咏怀一百韵寄友人》《帝京诗二百四十韵》《四时田园杂诗四十八首用宋范成大韵》《蝴蝶十六首》，极尽描摹形容之能事。他们的诗中很难发现近代中国的危艰脚步，也鲜有民困民瘼的踪影。他们贵为天潢贵胄，主要活动区域极为有限，大约不出京师半步，私家园林或个人庭院是他们最好的栖息地。外面的世界对他们而言极为遥远，也很难进入他们的视野，这就造成了他们的诗歌题材以个人的雍容闲适生活为主，近代各种政治事件及民间疾苦极少得以反映，因而，他们的诗风也就著上了和婉雍容的格调。

　　一般满族诗人的诗歌大半也都呈现出和顺雍容的特征。除少数反映时事和民生疾苦的诗篇外，主要以写景、抒写个人情志和时节月令的些许感慨为主。这些诗皆具有和婉与优游不迫之趣。梅曾亮序法良《沤罗庵诗稿》云："吾友可庵观察于诗，盖深学东坡，而不规规于一人一境，且旁及于大历诸子，以下逮张水部、王陕州诸人，以游其思，以博其趣。故其所作得东坡清旷之气，而运以唐贤优游平夷之情，亦时有所感激，或往复自道而离合，微至不大，声色标然，若秋云之游空，遇日成彩，若可执而不停也。"①指出了其诗优游平稳、雍容和顺之特色。法良诗中多山水诗，这些诗清新婉约，和暖宜人，有的境界恢宏阔大，清新秀逸。因而怀宁方朔小东序云："（其诗）如春融融，如花灼灼，如逢水乡之烟语，如遇美人之目，成青溪九曲，编为棹歌，灵岩一山，采入樵唱，此一境也；东摩岱顶，西跻华岑，南越嵩阴，北望恒影，云之蒸翁，郁雷之起，噌吰真人，策杖飘飘乎来，力士开山，汹汹焉去，此一境也；觚棱金爵，照耀云霞，闾阖冕旒，发皇耳

―――――――――

① 法良：《沤罗庵诗稿》，清刻本。

目，太仓之广大，地官之恢宏，薄书之委填，汤沐之闲暇，司农粟治，允符西汉，名官掌庚功成，乃使南阳大族，此又一境也。"①《雪桥诗话》卷一二评长善之《芝隐室诗存》和魁玉之《翠筠馆稿》，为"虽篇幅稍窄，不失雅音"②。"雅音"亦即"乐而不淫，哀而不伤"，无伤大雅，具有深邃雅致之趣，而无噍杀怒骂之态。顾大榕序宝彝诗，认为宝彝之诗不仅"清新秀逸"，而且"温柔敦厚"，"不失风人之旨"、和雅共赏之特色。③

当然，近代的战事和民瘼在他们诗中也有不少反映，但是这并未招致他们诗风"走样"和"变形"，而始终根本儒家诗教传统，恪守"温柔敦厚"的古训，以和婉不迫之趣出之。这除了由于他们的出身阶层之外，也与其豁达的心胸有关。如庆康一生只做过地方小官，即使身世艰难，也都心胸豁达，如其《漫成》云："我是人间一散人，辛勤安乐等闲身。半生花酒皆成癖，满架诗书不算贫。放浪时嫌规矩隘，编摩日与圣贤亲。功名富贵浑多事，明月清风处处春。"正因为有这样的心态，有关时事之诗才不至于怒目乖张，流于粗率之弊。如其《闻与法人约合》云："闻道成和议，遥天掩彗星。圣明诚广大，宇宙合膻腥。献可资良相，匡时集岳灵。暂销兵气矣，雨露胜雷霆。"诗歌讽刺了高官们在胜利之时的和议之计，但并不锋芒毕露，而是词气内充，柔而不乖。再如《绝法夷》云："华夷本不类，皇帝无两大。此理甚易明，不待智者作。廷臣喜和议，鸩毒甘懈惰。杂种日放恣，诛求不知过。我王赫斯怒，绝之如弃唾。整旅扼海疆，贤豪群附和。廿年幽愤心，一喝天惊破。谕旨下九重，顿已凶锋挫。庸人何必忧，理胜当先贺。"诗以言理开端，既抨击了廷臣的和议之谋，也讽刺了帝王贤臣的所谓"韬略"，但并不词意浅露，而是寓意于事，寓理于事，在事理的诉说中寄予批判之意。书绅（生卒年不详），字公垂，满洲钮钴禄氏。半生穷苦，后官枢曹戎曹等下级官吏，郁郁不得志，但能书善画，且醉心于此。柏春序其《醉墨画禅诗草》云："公垂一寒士也，困场屋、羁郎署者数十年。又国家多事之秋，

①　法良：《沤罗庵诗稿》，清刻本。
②　杨钟羲：《雪桥诗话全编》，第 704 页。
③　宝彝：《寄园诗集》顾大榕序，清刻本。

俸糈不继，厨传萧然，财力亦云匮矣。且劳形案牍之中，奔走轮蹄之会，求一日之闲暇，不可得。则不平而鸣其牢骚抑郁之志，发而为激昂慷慨之音，亦古今诗人之常，无足怪。公垂生平未闻，其一遇快心之境乎？公垂之诗昭析明白，兼以朴茂多理趣，而无肤廓之辞，近禅机而无倘恍之语，绝不见所谓凄楚噍杀者，盖艺也进于道矣。"① 尽管他也有牢骚满腹之诗，但更多的诗却是"近禅机而无倘恍之语，绝不见所谓凄楚噍杀者"。

由以上比较可以看出，近代汉族诗歌多风云噍杀之气，而满族诗歌则与之不同，总体上呈现出一种和缓雍容、优游不迫之趣。

第三节　雄健疏放　清真澄澹

满族入主中原二百年来，随着京城旗民混居，汉化程度进一步的增强，骑射传统一步步削弱，到近代，满族的民族特性所存不多，正如维柯《新科学》所云："各族人民的本性最初是粗鲁的，以后就从严峻、宽和、文雅顺序一直变下去，最后变为淫逸。"② 按照他的观点去考察整个近代满族群体状况，确实有其道理。八旗军队长期以来养尊处优，加之战事渐少，造成了将帅腐化，庸碌无能；士兵荒嬉怠惰，疏于操练，对于以行伍为业的满族子弟来说，其结果就是整体民族精神的下降。《天咫偶闻》卷一云："自开国至乾、嘉，田狩盖为重典，非以从禽，实以习武也。圣祖于热河建避暑山庄，以备木兰巡狩行围之制，一用兵法，围时以能多杀者为上，皆以习战斗也。又杀虎之制，以二侍卫杀一虎，得者受上赏。故嘉庆癸酉之变，京营兵皆能战，遂以殄除巨寇，灭此朝食。道光以后，不复田狩，于是讲武之典遂废。后生小子既不知征役之劳，又不习击刺之法，下至束伍安营，全忘旧制，更安望其杀敌致果乎？迨同、治中，穆宗奋欲有为，亲政后曾畋于南苑。诸环列至有预购雉兔，至临时插矢献之，而蒙花翎之赐，可为叹息也。"③ 可见道光前

① 书绅：《醉墨画禅诗草》柏春序，清刻本。
② 维科：《新科学》，人民文学出版社1986年版，第109页。
③ 震钧：《天咫偶闻》，第12—13页。

后满族乃至八旗子弟对民族精神的恪守呈现出巨大差别。不仅皇室宗亲成员如此，一般满族民众也怠懒成习，他们不仅丧失了谋生的本领，且养成追逐享乐的嗜好，即使生活每况愈下，仍不知节俭。有些满族旗人挥霍成性，大讲排场，积习难改。为此，震钧痛心地说道："昔我太宗创业之初，谆谆以旧俗为重，及高宗复重申之。然自我生之初，所见旧俗，闻之庭训，已谓其去古渐远。及今而日习日忘，虽大端尚在，而八旗之习，去汉人无几矣。国语骑射，自郐无讥。服饰饮食，亦非故俗。所习于汉人者，多得其流弊而非其精华。所存旧俗，又多失其精华而存其流弊，此殆交失也。"①纵观部分满族旗人习性的堕落，不免让人叹息时光的无情。

　　但也有一部分满族旗人仍然具有逞强好胜、临危不惧的勇敢气魄和尚武精神②，性格豪放开朗。作为官僚阶层和知识分子的满族诗人，也大多还留有本民族的特性，诗歌创作也是如此。近代少数满族诗歌尽管被罩上哀感凄楚的成分，但多数诗作依然雄健刚正，明朗豪放，是其民族性格的体现。杨钟羲将清代满族诗风的基本特点概括为雄健疏放，清真澄澹，在很多近代满族诗歌中也同样适用。就具体作品而言，鸿篇巨制雄健浑厚，豪宕不羁，气势非凡。如穆彰阿古体长诗《出山海关观昔人所筑长城并览松山杏山小凌河大凌河诸胜抚然述事》《长白山行》等，洋洋洒洒，赞扬了祖宗的功业，诗风雄健豪放，充满了民族自豪之情。庆康的古体名作《鸦片烟行》，以三百字的篇幅历数鸦片烟的种种毒害，情感激切，抨击西洋列强之罪恶刚健有力。盛昱的五古名作《题廉孝廉〈小万柳堂图〉，同凤孙作》，长达八十八句，气势雄健，风格疏放，诗篇回顾了黄帝以来的各民族融合发展史，表达了打破旗民界限，共同御敌的强烈愿望。宝廷诗集中这样的诗歌较多，如《除夕祭诗》《泰山观日出作歌》《观潮歌》《看云歌》《元旦观烟火》《中秋酹月词》等铺张扬厉，奔突驰骋，汪洋恣肆。不仅男性诗人如此，女性诗作中也不乏雄奇刚健的长篇作品，如多敏《钧弋夫人小印歌》和《龙幺

---

① 震钧：《天咫偶闻》，第 208 页。

② 金启孮：《金启孮谈北京的满族》，中华书局 2009 年版，第 94 页。

妹歌》等都是如此。前者以得见汉代钩弋夫人（即拳夫人，汉武帝之宠姬，昭帝之母）之小印为题，慨叹其不幸命运，批判汉武帝的无情和残忍，诗风哀怨中充溢着刚健之气。后者记叙嘉庆时贵州水典土司龙跃之妹龙幺妹的英雄事迹，特别是写她英勇善战，富于韬略，最终建立功勋。想象丰富，纵横捭阖，诗风劲健。

那些描绘北方少数民族地区的景物诗，也无不奇异豪放，恣意雄健，江山之助与诗人的诗情融合为一。皂保出使朝鲜，途中所写多雄浑豪壮之作，如《山海关怀古》云："祖龙大发骊山徒，信谶谓亡秦者胡。一万里边勤远略，二千年迹溯雄图。星分析木形原胜，地接榆关势不孤。海水自流山自峙，谁将轶事说扶苏。"《沈阳城》云："千秋大业起陪京，虎踞岩疆旧有城。百堞连云形壮阔，八门偃月势峥嵘。凤楼高接层霄迥，螭陛光依化日晴。甲骑不鸣山海外，车书一统庆升平。"两诗将祖先鸿业与雄伟地理联系起来，雄健刚劲，大气磅礴。升寅《使喀尔喀纪程草》一卷，诗中多雄健之作，如《晚过胡洞坝》云："天山回望影幡幡，千里冰天涉冻河。不异归鸦是行客，征鞍常带夕阳多。"气象阔大，于壮观中寓苍凉，慷慨雄放而有气骨，深情蕴藉，类似盛唐边塞诗。宝鋆于咸丰四年（1854）秋，奉命出使三音诺彦部，有《奉使三音诺彦纪程诗》和《塞上吟》各一卷，记录了塞外的边疆景色，诗歌大都意调高远，慷慨劲健，气势雄浑。如《反行路难》云："风因积雪寒欲峭，人到穹庐煖且安。曾说路污从大道，可知天地本齐观。奔雷策马忙驺卒，卒日烹羊劝饱餐。素位而行行自得，何尝行路有艰难！"本来风雪严寒，道路泥泞，行程极为艰辛，但作者深入蒙古包，得到保暖，有了新的感悟，自我安慰，自得其乐，曰"反行路难"。诗篇气势雄浑，情感疏放。他的怀古之作也有这种风格，如《因苏武念及李陵，作此吊之》云："可怜飞将后，竟作降将军。遗冢问何许？天山空碧云。"此诗既为李陵兵败降敌而深表遗憾，也为不知将军葬身何处而痛苦惋惜，风格遒劲，意味深长。

除雄健疏放风格之外，近代满族诗歌还多清真澄澹之风。满族诗人占据着清代乃至近代社会的高位，居高望远，胸怀宽广澄澈，赖其瑛总结满族诗人所拥有的得天独厚的主观创作条件时云："夫其所处既高，得天必厚，气体所养，闻见所及，非韦布间巷之士所能同。"① 这就使得他们的诗歌具有清真澄澹之美。单看他们的室名，就有一种追求心灵澄澈之趣，如奕諟室名为"藏修斋"，奕訢室名为"乐道堂"，穆彰阿室名为"澄怀书屋"，皂保为"天然如意斋"，崇实为"适斋"，铭安为"止足斋"，毓俊为"友松吟馆"，庆恕为"养正山房"，钟奇为"随遇轩"，等等，不一而足。而且，他们的诗集多以室名命名，这与近代汉族诗人是不同的。

他们自幼受到良好的诗书教育，又深受儒道文化的影响，富于教养，遇事宠辱不惊，即使在腾达之际，也不轻易骄狂恣意，而有谦谦君子之风，追求淡泊名利之志。瑞常序宗室恩华《求真是斋诗草》云："缄庵尚书，天潢支派，贵胄家声。列侍从而衣染炉香，近天颜而班联槐棘。敏而好学，博古多闻。退直后辄手执一编，彬彬然，执谦自抑，从不以禄位骄人。余馆选时，每值廷试即与晤谈，倾心已久。逾十年共事中枢，益亲，丰采素稔。其诗才清丽，不屑于规唐抚宋，自能别具风骚，神与古会。然终不肯以词藻自矜，故其能诗也人罕知之。未几，归道山，致有人琴之感。"② 恩华虽贵为天潢，但以诗书雅致为趣，从不骄横狂妄，以高位欺人，而淡泊名利。故其诗风内敛，以清真雅澹为旨归。如其《即事》云："小院自清幽，风光竟夕留。名花秋日放，古树暮云浮。酌酒邀新侣，吟诗破旧愁。好逢明月朗，同上最高楼。"此诗抒写自己深爱庭院幽静之趣，诗味澄澹；有高尚的精神期许，完全是一种逸士做派。《读陶靖节传书后》云："我爱陶靖节，弃官事田亩。堂堂七尺躯，不肯折五斗。归来三径开，闲情寄诗酒。高卧傲南窗，嘻嘻乐子妇。岂忘豢养恩，甘作尸素负。吁嗟元熙年，江左厄阳九。衣冠竟浮沉，砥柱为谁某。一时世禄儿，奔竞徒贻丑。松菊凛岁寒，难为荣利诱。所以青史传，而云晋逸叟。此老非苟偷，其名足不朽。揽卷三叹息，高风缅五柳。"他追慕的是陶潜那样的人格精神，对功名利禄之徒嗤之以鼻。诗风清

---

① 赖其瑛：《乐循理斋诗稿》序，《清代诗文集汇编》第 703 册，第 369 页。
② 瑞常：《求真是斋诗草》序，《清代诗文集汇编》第 632 册，第 1 页。

爽真切，意趣感人。盛昱也是如此。《平等阁诗话》卷一云："盛伯希祭酒，宗室名贤，简贵清谧，崇尚风雅，尤喜奖成后进，一介不遗。颇似法梧门之为人，和而介，与人无町畦。韬光潜实，物亦莫能窥也。晚岁盱衡朝局，怒焉伤之。由是寄情山水，游屐所经，动淹旬朔，不复关预人事。于己亥冬暮病卒。"① 由于为人和善，不恃贵而骄，又喜掖后进，受到时人普遍赞许。其诗也有清真澄澹之风。其断句如"可怜日暮轻阴际，况是秋深落木天"，"欹枕夜滩疑作雨，绕垣寒菜未经霜"，浏亮隽逸，倜然不群。它如桂山《东郊散步》云："布袜青鞋任所之，山川惠我自无私。人间渐觉浮名淡，云好何妨出岫迟。榆柳阴浓秋士宅，龙蛇画暗夕阳祠。行行且住归途暝，几处炊烟晚饭时。"钟珊《冬夜》云："闲话高楼上，柝声和月残。灯光聚红影，冷逼朔风寒。"《大雪》："大雪落窗外，围炉拥万家。来朝同小妹，嚼玉咏梅花。"均诗意淡远，余味无穷。裕英《遣怀》云："霜月悬千里，寒更尽一杯。乐须寻已往，愁莫计将来。永夜青灯伴，衰颜白发催。人生贵适意，笑索绮窗梅。"也都空明澄澹，语意达观。

　　王公贵族，由于清廷的种种限制，他们往往不得参政议政，其志莫申，只好参禅信佛，修炼心性；有的则因事罢官降爵，极大影响了他们的进取心和济世情怀，转而求得内心的空明澄澹与生活上的闲适恣意，因而其诗充满清真淡雅之风。金启孮先生在谈及府邸世家文化和文学中思想变迁时云："清代府邸世家，多擅长文学，敬礼文士，其著作自清初以来，一般王公世职的诗作，首先表现出大一统的思想，时间在顺治至康熙以前的时期。在这一时期同时表现出尚武的思想和尚武的精神……到了雍正前后，在府邸世家中产生了一种避世、让名、退隐的消极思想。这种思想的产生，是由于统治阶级内部矛盾激发而成……到了嘉、道年间，宗室诗作中竟产生了《行路难》《行路大难》之作。人人视当政做官为苦了。一切要职自然落入善于钻营、只图个人私利的宵小之手，不亡国何待！"② 其言大体不错。由此可见道

① 狄葆贤：《平等阁诗话》，《清诗话三编》，第 7022 页。
② 金启孮：《金启孮谈北京的满族》，第 237 页。

光以后，府邸世家避世思想颇为流行。如奕訢在咸丰朝屡以失礼获遣，咸丰五年（1855）由郡王降为贝勒，罢一切职务，回上书房读书。尽管后来恢复了原来爵位，但对他来说，心灵承受的打击不言而喻，他的诗歌题材也以优游泉林为主，诗风清明澄澈，清真淡雅。如《竹深留客处》《咏松柳竹荷》《松窗听泉》等都是如此。试看《松窗听泉》云："松外泉声泻早秋，泠泠清籁耳边谋。三间屋小疑闲舫，四面窗虚俨画舟。坐久神怡忘地迥，兴来心远与天游。兰亭胜景浑相似，唯少清湍并急流。"《穿径幽篁破嫩苔》云："小径通花坞，幽篁曲曲穿。丛分高树秀，痕破嫩苔藓。簳乍风前解，斑从石上缘。三弓随屈折，万个弄便娟。屐印犹堪认，风声暗自传。芳晖留掩映，清景入诗篇。"而那些闲散宗室与出身平凡步入仕途又屡遭打击的满族诗人，也因为洞穿人生而变得淡泊名利，其诗具有清真淡然之风。宗室宝廷就是一例。其《感怀》之二云："既不能大智，又不能大愚。百年若梦寐，万事皆函胡。浮生良可哀，人物原无殊。类此一灵性，与物聊别区。为此遂多忧，常乐物不如。幸哉能解饮，暂且求糊涂。"他对人生的百般痛苦有了深切的感悟，只能徜徉在山水之间，求得一时的精神慰藉，因而他的部分诗作具有冲淡之美。如《清明》云："清明已到草生才，春色迁延无计催。寄语骚人休怅望，好花早晚总全开。"《山行》云："春暮山行好，东风拂面温。花林多傍水，野渡每依村。径仄人相避，田荒草渐繁。同游自索句，款步各五言。"志润中年被谤去官，仕途不得志，乃寄怀山水，创造出自然澄澹之美。端方认为其诗味淡而趣深，气清而采壮。丹徒戴启文序其诗云："先生之诗，得江山之助，益清旷而犹夷……先生之诗萧然物外，如陶靖节一流，则信乎非志趣之淡定、胸襟之旷逸，不能作也。"① 如《访芷亭道人不遇》云："庭空荫古槐，径僻人迹绝。仙客去不归，满院霏黄雪。徘徊未忍去，炉烟袅还歇。清风吹暮蝉，斜阳照城阙。"《访友》云："莫道林泉僻，高人心自闲。为寻诗酒约，偶至翠微间。新柳能留客，孤云不出山。开轩同一醉，花鸟解愁颜。"境界静逸明澈，兴象玲珑，有不可凑泊之趣，与王维山水诗类似。

① 志润：《寄影轩诗抄》，《清代诗文集汇编》第 733 册，第 341 页。

反观近代汉族诗坛，由于诗人众多，各具特色，并无相对一致的风格，而是百花齐放，风格多样，地域特征鲜明。龚自珍诗瑰丽奇肆，姚燮诗奇肆秾丽，以王闿运为代表的湖湘派诗学汉魏六朝，墨守古法，高古典雅，古色斑斓；以樊增祥、易顺鼎为代表的中晚唐诗派辞藻华丽，对仗工整，喜用典故，以才气见称。以沈曾植、袁昶为代表的同光体浙派诗艰深奇奥，力求僻涩，喜用佛典、僻典。以郑孝胥、陈衍为代表的闽派诗清苍幽峭，以陈三立为代表的赣派诗生涩镵刻，恶熟恶俗，清新沉郁。康有为诗色彩瑰丽，大气磅礴，汪洋恣肆。黄遵宪诗权奇倜傥，弘丽恢张；柳亚子诗雄奇瑰异，汪洋恣肆，等等。至于雄健疏放，清真澄澹的诗风，也只是在少数诗歌中有所体现，并未形成群体性尤其是族群性特征。应该说，这是近代满族诗歌一个独具的特点。

第四节　朴质自然　清新晓畅

近代汉族诗坛尽管百花齐放，但占据主导地位的仍然是宗宋诗派。陈衍又将此派按照风格不同细分为两派："一派为清苍幽峭……蕲水陈太初，《简学斋诗存》四卷，《白石山馆手稿》一卷，字皆人人能识之字，句皆人人能造之句，及积字成句，积句成韵，积韵成章，遂无前人已言之意，已写之景，又皆后人欲言之意，欲写之景。当时嗣响，颇乏其人。魏默深之《清夜斋稿》，稍足羽翼，而才气所溢，时出入于他派。此一派近日以郑海藏为魁垒，其源合也。而五言佐以东野，七言佐以宛陵、荆公、遗山，斯其异矣。后来之秀，效海藏者，直效海藏，未必效海藏所自出也。其一派生涩奥衍……语必惊人，字忌习见。郑子尹之《巢经巢诗钞》，为其弁冕，莫子偲足羽翼之。近日沈乙庵、陈散原，实其流派。而散原奇字，不落子尹之后。然一则喜用冷僻故实，而出笔不广，近人唯《写经斋》《渐西村舍》近焉。一则丽而不质，谐而不涩，才多意广者，人境庐、樊山、琴志诸君，时乐为之。"[1] 他又云："近

---

① 陈衍：《石遗室诗话》，《陈衍诗论合集》，第37—38页。

来诗派，海藏以伉爽，散原以奥衍，学诗者不此则彼矣。若樊山之工整，祈响者百不一二，六桥、暗公其最也。"① 也就是说，清苍幽峭和生涩奥衍成为近代汉族诗坛的主流风格。不可否认的是，有些诗人的诗作中也有自然晓畅的诗作，但毕竟数量不多，也不够突出，难以成为标志性或群体性特征。

与汉民族相比，满族本来具有坦白直率的民族特性，虽然经过了入主中原二百余年的过程，依然没有大的改变，淳朴之风尚存，思想不求复杂。金启孮先生总结京旗满族的性格和思想时云："其缺点如朴实有时流于简单，勇武有时流于粗暴，重武有时流于轻文。"② 这种特性在他们的诗词中有充分的体现。诚如王国维评价纳兰性德之词云："纳兰容若以自然之眼观物，以自然之舌言情。此由出入中原，未染汉人习气，故能真切如此。北宋以来，一人而已。"③ 其诗歌也是如此。其实，与清代前中期相比，近代满族诗歌的这一特点并没有大的改变，与汉族诗歌相比，依然显得朴质自然、清新晓畅。

清初满族诗歌就奠定了这种基础。如塞尔赫诗清新秀美、自然质朴，其《马上口占》云："仓崖白水驻残阳，夹道红云一径长。九月黄花山下路，熟梨风过马头香。"诗以白描手法突出了黄昏之美。《义州曲》云："大凌河水绕城流，到海应知是尽头。白日荒荒照南郭，行人为唱古凉州。"诗歌描写了义州（今辽宁义县）苍凉景象，诗风质朴豪放。康熙、雍正间的著名宗室诗人文昭，曾被查慎行誉为"宗室高人"，他"以一个赤子之心观察生活，以自然手法反映现实"④，如《庭梅》云："二月长安梅未残，判花终日在栏干。夜深忽忆南枝好，月落西廊独自看。"诗写京师二月未残之梅花，夜深后忽然想起向南的梅花开的尤为好看，忍不住独自欣赏，自然质朴又含蓄淡远。即使是他晚期的诗歌，同样写的清新自然，明白晓畅。如《就枕》云："惊蛰才过日稍长，课余就枕卧毡床。小鬟来破先生睡，一碗煎浓龙眼汤。"《榆荚羹》云："上树家童捋满拳，垒厨简料荐新鲜。插酥裹面调来滑，一箸

① 陈衍：《石遗室诗话》，《陈衍诗论合集》，第450页。
② 金启孮：《金启孮谈北京的满族》，第94页。
③ 王国维：《人间词话》，上海古籍出版社2016年版，第54页。
④ 赵志辉：《满族文学史》（第2卷），第100页。

真成费万钱。"语近口语，清新平淡又通俗流畅。到清中叶，随着满族诗人诗艺水平的进一步提高，汉族诗歌学问化、理学化的趋势并未对他们产生很大影响，清新自然、明白晓畅依然是他们诗歌的共性，无论是皇帝皇子、王公宗室，还是一般满族诗人之诗，都具有如此特色。铁保是清中叶最有成就的诗人之一，酷嗜文艺，工书法，优于文学，并主编了八旗诗集《熙朝雅颂集》，他的诗歌一个突出特点就是清新自然、明白晓畅。如《读甘道渊感旧怀人诗题赠》其一云："千古知心怨别离，玉京空有凤楼期。怜才最爱甘风子，犹向人间说项斯。"其二云："话旧情浓酒一卮，天涯无处寄相思。落花风细茶烟冷，肠断巴山夜雨时。"情深意切，明白如话，尽管采用典故，但都是熟典，无丝毫生涩之弊。

近代满族诗歌紧承清初至中叶这一民族传统，这不仅体现在各个群体的诗歌中，也同样体现在各种题材和体裁中。我们首先看送别诗。满族乃一重情重义之民族，无论友人外出任职还是亲故别离，都惯于以诗相赠，来表达自己美好的祝愿。这类诗均具有情感真挚、质朴自然的特征。恩锡曾在苏州任江苏按察使，其时著名学者、诗人俞樾也在苏州，两人情趣相投，引为知交。俞樾在将要返回故乡德清时，恩锡赠诗一首云："同作金阊客，君先放棹归。舟从吴地买，帆向浙江飞。滚滚潮声壮，萋萋草色肥。闽瀛十万里，翻恐尺书稀。"（《送俞荫甫太史归浙江》）诗歌语言质朴，浅显易懂，表达了自己的依依难舍之情，并且唯恐对方断绝了书信往来，真是语浅情深。他还有一首与宝竹坡的和韵诗，也属赠（送）别之列，诗云："天涯一分手，寤寐感离群。异地同怀友，长歌独佩君。东流障淮水，北望隔燕云。树帜应无敌，纷纷何足云！"（《竹坡索和原韵》）诗歌写两人别后的异地思念之情，表明了纵有千山万水也阻隔不了彼此的情感，并对宝廷加以劝勉。清新自然，明白晓畅，诗意显赫，无晦涩之弊。宝廷与宗韶既是诗友，又同病相怜，堪称近代满族诗坛的双璧。光绪八年（1882），宝廷充福建乡试正考官，宗韶作《送竹坡典试福建》赠之，其一云："衔命辞双阙，衡文向七闽。珊枝搜远郡，玉尺寄宗臣。去日当炎夏，征途入富春。试寻垂钓者，可有姓庄人？"其二云："之子别我去，空庭寂不哗。行行慎风浪，黯黯恋京华。山水此邦好，莺花前路赊。只应高咏罢，饱吃武夷茶。"言辞之间既有关切，又有叮咛和不安，令人一读即懂。果不其然，宝廷在此次途中纳江山船女，自劾罢官，终止了自己的政治前途，令人叹息。此诗不是谶语，而是知己之言。宝廷诗友很多，送别诗也很多，诗集中有《送竹添进一归日本》《送朱竹石之榛之江南》《送孙谷庭翼谋之杭州》《送李莹如学芬归广东》《病中送绿菊与再同》等。如《送孙谷庭翼谋之杭州》云："名流胜地两相宜，莫漫临岐怅别离。明月二分留旧梦，荷花卅里要新诗。长贫乞食惭良友，未老休官负盛时。君到冷泉亭下问，狂奴醉态野僧知。"此诗意绪多重，既有赞许，也有劝勉；既有期待，又有自我愧疚，还有狂放之语，但都明白如话，自然晓畅。更令人叹为景观的是如下之诗，《送竹添进一归日本》云："竹添进一来见我，遗我日记加以诗。我谓臣无境外交，枉驾再至胥固辞。岂知谬爱不终弃，书托典属文重移。雅怀殷殷那容却，开门仍修相见仪。相见竟日弗作语，抽毫对坐商文词。临别索我赠诗句，为我十日迟行期。又云因缘但文字，笔墨投赠何嫌疑。中华文教渐东海，地异道同无暌违。订交矧已达天听，吴缟郑纻原非私。我闻斯言愧且感，如此厚意安推诿。冻云压树北风急，落叶如雨巡檐飞。是日正值立冬始，空斋凛凛寒生衣。诗成送君莫惆怅，海天万里邻东西。"竹添进一是宝廷在光绪五年（1880）结识的一位日本朋友，其人因为仰慕宝廷的诗才，前来拜访。为索取宝廷的赠诗，竟自行延迟回国时日。此诗一改律诗作为传统送别诗的形式，采用古体，将两人相识相见之情形作了生动的描述，结尾表达了"天涯若比邻"的送别诗意，语言浅显晓畅。

　　咏物诗在近代满族诗歌中有较多的书写，尤其是王公贵族诗中这样的诗很多。除文人一贯吟咏的《咏梅》《咏竹》《咏菊》《咏蝉》等题材外，关注与歌咏日常生活之物也较多。镜子原是西洋之物，大概清代中期传入我国，因此在当时尚属稀奇物品，奕詢就专门写有《咏镜》一诗，云："良工巧制镜初成，照胆无私万象呈。一色澄清奁乍启，十分虚白室中生。团栾体似菱花式，拂拭光犹月魄盈。虽使妍媸能自若，何如民鉴最分明。"将镜子描绘的真实而又形象，令人一看如是。《咏爆竹》云："迅尔激如霆，春声绕户庭。爆来闻乍响，竹乃假其形。催却韶光到，惊将醉梦醒。乾清辰辇启，五两列彤廷。"鞭炮古为"爆竹"，后来无"竹"，所以"竹乃假其形"，春节才能放爆竹，预示着春天的到来，因而"催却韶光到"，将醉梦惊醒。用语通俗易懂。他另外还有一首《咏夕阳》，虽不是生活之物，但却是司空见惯的自然景象，人人都不陌生。诗云："迷离暮霭近黄昏，落日仍留一抹痕。闪闪残晖低野树，迢迢返照认渔村。桥头短笛千声冷，渡口归舟几处喧。晚饭谁家隔溪远，炊烟数缕傍柴门。"首颔二联正面描写夕阳，颈尾二联描写夕阳下的景物，烘托夕阳之美。咏诵夕阳，又不是完全写夕阳，这就将夕阳写的形神兼备而又朴实自然，真切有味。奕詥也喜好咏物，诗中咏物诗不少，既有歌咏具有君子之风的梅、兰、竹之类的诗作，又有一些一般人难以发现的诗题，如《咏黄》云："土德中央王，钟音律本长。树飞秋径叶，葵向夕阳光。似映朝廷屋，非占闰月杨。金行如纪令，有菊正华黄。""黄"本是一习见之颜色，作者却从多方面对它加以渲染，读来并不使人感到生涩别扭，而是朴实自然。再如《咏唐花》云："名园花事尚逡巡，檐际空烦索笑频。聊借冬烘回淑气，莫嫌火迫失天真。消寒正好围炉赏，献岁何劳剪彩新。霜雪满林生意寂，一枝先得座中春。"唐花，是在室内用加温法培养的花卉。王士禛《居易录谈》卷下云："今京师腊月即卖牡丹、梅花、绯桃、探春，诸花皆贮暖室，以火烘之，所谓堂花，又名唐花是也。"[1] 富察敦崇《燕京岁时记·唐花》对它作了详细的解说："凡卖花者，谓熏治之花为唐花。每至新年，互相馈赠。牡丹呈艳，金橘垂黄，满座芬芳，温香扑鼻，三春艳冶，尽在一堂，故又谓之堂花也。"黄遵宪《以莲菊桃杂供一瓶作歌》云："唐人本自善唐花，或者并使兰花梅花一齐发。"[2] 对于不熟悉"唐花"者来说，一读到奕詥此诗可能感到摸不着头脑，但对时人而言，却感到熟悉而亲切，读此诗也就显得自然而然了。春天是一年中最值得留恋的季节，又总是给人以温暖美好的感觉，皇室诗人奕譓和载滢都写了此类咏物诗，试看

---

① 王士禛著，袁世硕主编：《王士禛全集》，齐鲁书社 2007 年版，第 3971 页。
② 黄遵宪著，钱仲联笺注：《人境庐诗草笺注》，上海古籍出版社 1981 年版，第 602 页。

两诗：奕誌《春咏》云："谁家燕子啄泥忙，花影迟迟日渐长。小院风和萍叶聚，曲池水暖藕丝香。绿藏修竹新开径，红绽夭桃始著妆。最好韶华添茂苑，寻春蛱蝶过东墙。"载滢《咏春》云："春风如才子，到处成文章。精彩一何盛，气魄一何长。历历古今人，无不爱韶光。天地萃灵秀，造化开混茫。功成作归隐，自用还自藏。"两诗言语不同，立足点也不同，前者"春咏"，选取具有春天特色的景象加以描写歌咏；后者"咏春"，将春天作为一个整体加以赞美。但都写得活泼通脱，自然有趣。

　　咏史、怀古诗也是如此。此类诗多缅怀著名历史人物，或赞颂，或同情，均表达一己之感慨。如奕誌《咏史》云："肘印曾夸国士名，深谋毕竟愧良平。不羞一市人皆笑，能令诸军将尽惊。游梦遽看功狗缚，入关尚作釜鱼生。淮阴台畔重垂钓，无限王孙吊古情。"此诗乃咏吟淮阴侯韩信之作，对他的优缺点进行了一番评判，也流露出无限崇敬之意，诗风自然晓畅。英瑞有《明妃冢》，诗云："不有毛延寿，何来此墓门。琵琶千古曲，环佩五更魂。夜月凄边景，秋风蚀土痕。芳心浑未死，青草至今存。"《易州咏古》诗云："不知送行者，何故白衣冠。壮士杀心死，哀歌变徵寒。萧萧秋易水，莽莽古长安。马角乌头誓，天乎雪耻难。"两诗分别针对两个历史人物进行咏怀，阐发观点，抒发感慨。明妃出塞一事自唐宋以来屡见篇牍，见仁见义。此诗对昭君身世深表同情，诗风凄凉；后者歌颂了荆轲刺秦王的义举，苍凉悲壮，但都明白易晓。奕誌诗中有《十台怀古》，包括《章华台》《姑苏台》《黄金台》《歌风台》《戏马台》《集灵台》《避风台》《子陵台》《铜雀台》《雨花台》十首，借古迹写历史人物和事件。如《姑苏台》云："国色倾城入画图，教成歌舞献句吴。渐看霸业为池沼，漫逞军容似火荼。竟赐伍员三尺剑，空遗赵孟一箪珠。浣纱溪上斜阳晚，艳羡当年范大夫。"《子陵台》云："光武中兴宇宙新，严陵心独寓丝纶。自甘草泽为渔父，谁道君王是故人。青笠绿蓑全素朴，高山流水见天真。于今千载留遗迹，钓濑苍烟满富春。"都是凭览古迹感怀历史人物和故事，写的清新晓畅。诗歌最忌故作高深，语意不清，或者以辞害意，尤其是咏史、怀古诗。林庚白云："诗用书史，最忌晦混。以词掩意，虽当何佳。僻典冷事，亦为魔道。狐穴之讥，可不慎乎!"① 从上述所列举诗歌看来，近代满族的咏史、怀古诗大都写得浅显易懂，自然晓畅，无晦涩之弊。

最后来看近代满族山水诗。山水诗以其清新秀拔占据古典诗歌的独特地位，自魏晋以来，历代不乏，且数量颇丰。在清代乃至近代，山水诗同样占据了重要位置。与近代汉族山水诗相比，满族此类诗歌不仅数量多，所占比重大，而且质量也居上乘，朴质自然，清新晓畅。几乎所有的满族诗人都写有数量不等的山水诗。在此略举几例。

毓俊是近代满族山水诗大家，写了大量描写各地美丽风光之作。徐寿基序《友松吟馆诗钞》云："履芒屦于西山，泛桂棹于南国，潮观广陵，峰登粤岳，江声夕流，湖影晨澈，遍历东南之区，尽揽山水之胜，以至峒花犵鸟之乡，瘴雨蛮烟之境，数万里路。足迹所经，三千首诗，吟情未已，壮哉! 汗漫之游，蔚矣!"② 其山水诗各具特色，有的描摹细致，生动形象，如《同绩楼子蕃、子易大通河泛舟》云："野水涨桥边，荒树笼晚烟。短蒲波里鸭，高柳雨中蝉。远市客沽酒，斜阳人放船。何时泛凉月，一棹早秋天。"有的信笔而为，自然清爽，如《闲步》云："闲步到郊坰，沿溪过草亭。一方芦水白，万顷稻畦青。日午塔无影，树摇风有形。归来倚窗卧，随意看《茶经》。"总体上清新自然，明白晓畅，诗意悠长。

恩锡一生任官多地，足迹遍布大江南北，写了不少记载各地风光的山水诗。其诗语言明快，景象清新，给人以潇洒活泼之感。如《春雪早晴》云："昨夜天微雪，今朝忽弄晴。曲廊拳老鹤，深树隐啼莺。苔润绿侵幕，柳眠青满城。邻家小儿女，笑语放风筝。"《春郊晚眺》云："青春芳草遍天涯，扑面风吹帽影斜。暗水曲通渔父艇，好山常对野人家。渡头千点绿杨雨，墙角一枝红杏花。描画春光太浓艳，游踪穿破赤城霞。"所用皆常见景物意象，语言也平淡无奇，但色彩鲜明，诗意浓郁，如同白话一般。

长善诗中山水景物诗也很多，其中歌咏自然景物的诗篇多佳作。如

① 林庚白：《孑楼诗词话》，《民国诗话丛编》（六），第232页。
② 毓俊：《友松吟馆诗抄》，《清代诗文集汇编》第768册，第737页。

《山行杂咏》其一云："山行不见山，欲问樵夫路。行歌时一闻，又入云深处。"其二云："孤村藏山凹，落日淡将夕。前途知近遥，忽见炊烟直。"前一首有唐贾岛《寻隐者不遇》之妙。两诗脱口而出，毫无人工凿痕之迹，淡远朴直，余味绵长。袁枚曾云："万般物是天然好，野卉终胜剪裁花"[①]，当是对这类诗的赞美。另外，他的写景状物之作也多有这个特点。《野渡溪光》云："渡头秋水落，沙岸平如掌。老屋两三家，当门晒鱼网。时见白鹭飞，倒影沿溪上。"这是作者游览浙江时写的。诗歌纯用白描手法，将江南渔家如诗如画的生活展现在读者面前，宛如一幅水墨山水图画。

崇实一生官运亨通，不仅到过多地任职，还多次奉命出使边关，写有许多山水风景诗。这些诗多数清新工整，明朗流畅，特别是有些小诗，清新自然，明白晓畅。如《宿龙华寺》云："缺月上空林，疏钟隔烟渚。庭院寂无人，独与山灵语。"《出古北口马上即景二首》之二云："清晨小雨湿平沙，野水纵横石径斜。怪底纷纷飞蛱蝶，沿途齐放马兰花。"他惯用白描手法，描绘自然界的优美景色，具有一种本色美。

除以上几方面外，满族诗人学民歌而成诗的现象也较为普遍。这些诗自然天成，通俗有趣。魁玉诗歌中有不少采用古乐府民歌而写的诗，如《采莲曲》之四："两三娇女伴，笑语绿水湾。不愁归路晚，自有月送还。"其他具有民歌风味的诗，如《拜新月》其二云："月光明如水，暗祝情倍切。愿照长欢聚，莫照人离别。"其三云："轻寒生罗衣，拜罢娇无力。不知天涯人，对月还相忆。"崇实在四川任四川总督和成都将军长达六年之久，熟悉当地的风土人情，巴蜀一带的民歌对他影响很大，他模仿民歌进行创作，有《竹枝词》二十六首，每首各记一处风物，合起来就形成了巴蜀一带优美的风景诗。就连宝廷这样的大诗人都学习民歌进行创作，其诗中有许多民歌体诗，如《妾命薄》云："从古红颜多命薄，姻缘纵好无非恶。才能咏絮貌如花，蹉跎难遇多情客。妾薄命，固堪悲；郎薄命，当怨谁?"《妾命薄》原为乐府歌词，宝廷将古代乐府民歌推陈出新，反映时事。这类诗根据表情达意

---

① 袁枚著，王英志校点：《随园诗话》，第604页。

的需要，句式参差，变化自如；语言通俗自然，体现了民间歌谣的特征。他还有反映社会风俗的诗，也用民歌的形式。《拜官年》云："拜官年，拜官年，拜年却在新年前。明日五更始朝天，今日先去拜长官。拜长官，拜不得，长官今日亦拜客。先拜亲王门，拜后枢臣宅。"《送年礼》云："送年礼，上官喜。唐花最好贵无比，不贵花头贵花底。三十年前根是金，二十年来根化纸。三织造，两关差。礼单次第官单排，礼重施报尚往来。"《祀灶神》云："祀灶神，祀灶神，愿神上天休多言。他事言尚多，万勿多言臣有钱。臣家钱，非祖积，倘来俱借钱神力。钱神之力大且多，尔神纵言如我何。"质朴自然，生动活泼。

艺术以自然为上，林庚白《孑楼诗词话》云："诗以能用极平凡、通俗之语出之，而辞意深刻，有自然之美者，为上上乘。"① 又云："凡诗词，意欲其深，句欲其重，而遣词用字不忌其平易通俗也。盖深而重者，必能深入而浅出。擅此者，便是大家。看似平易通俗，实非仅平易通俗而已。中国往昔之思想界，囿于社会制度，故古人诗词中之意境，已不足以应今世之用，必更求其深刻。剿窃古意已是次乘，若但辞句貌似古人者，斯其下焉矣。"② 可见，自然美是许多诗论家所秉持的艺术准则。由于满族的民族特性和民族文化使然，其诗歌艺术中的朴质自然已成为一种自觉追求，是可喜的。对此，满族文学研究专家阎丽杰也评论道："满族渔猎文化决定了满族文学感情自然率真，不矫情，不做作，往往直抒胸臆。满族文学语言清新自然，质朴刚健，表现出雄强的一面。"③ 放眼整个近代诗坛，满族诗歌的清新自然、明白晓畅确实为华夏诗坛吹来了一股清新之风。

以上总结和论述了近代满族诗歌的四个突出特点，此外，歌功颂德诗、闲适诗和消遣诗也很多，但与近代汉族诗歌相比，不具有特殊性，在此就不专作论述了。总之，近代满族诗歌具有很强的独特性，形成了自身的特色，在近代诗坛上理应占据一定地位。

---

① 林庚白：《孑楼诗词话》，张寅彭主编《民国诗话丛编》，第 100 页。
② 林庚白：《孑楼诗词话》，张寅彭主编《民国诗话丛编》，第 111 页。
③ 阎丽杰：《满族审美文化研究》，中国社会科学出版社 2015 年版，第 18 页。

结　语

　　在中国近代百年中，满族诗人形成了庞大的阵容，创作出了数量众多的诗歌作品，成为引人注目的文学现象。尽管他们中多数诗人的诗歌数量不多，与汉族诗歌动辄十几卷几十卷不同，满族诗人的诗作数量要少得多，一般是几卷，鲜有超过十卷者，还有不少人的诗在两卷之内，有的还不分卷。当然，很多诗作的丢失是一个原因。对于这个文化历史只有三百年、人口数量区区几百万的少数民族来说，也可谓出现了郁勃蒸腾之势。与清代前中期相比，近代满族诗人与汉族诗人交往更加密切，相互切磋诗艺也更为频繁。他们无一例外地从少年时期就以汉族诗人为师或者间接受到汉族诗人的指点，这使他们的整体创作水平得到了提高和完善。但由于民族隔离政策与本民族的文化传统的影响，他们的诗歌风尚和风貌仍然与汉族诗歌有着较大的差异。从诗学观念来说，他们仍然遵循言志抒情的古训，恪守孔门诗教的原则，认为诗歌应该具有教化作用，本着温柔敦厚的法统，以端正人心，正风正俗。从诗歌创作上来讲，将诗歌真正作为表情达意的工具，以抒发一己之性情，而非争唐论宋，聚讼纷纭；或者诗学特定的路径，以某某为师法对象，拘于格套，束缚手脚。在清代乃至近代诗坛上，如此诗歌创作看似"简单"，甚至有些"没有法理"或者不懂"古法"，实则不忘本心，溯本清源，给近代诗坛吹来一股清新凉爽之风。范罕《蜗牛舍说诗新语》中云："今之学者，非一概抹杀以为新，即一味顽守以为旧，诗其一也。其实学术文艺，世界之公物，各以国语扬其波，助其流，无一日之停息。新者不必用拾人之所吐弃，旧者亦须慎图其新。若舍己之所有，而反令他人代有之，代鼓吹之，可耻孰甚焉！"① 对于中国诗学传统，一概抹杀或一味守旧都不足取，因而，他们创作出了属于本民族的诗史，既有反映时事、痛悼民生之慨，也有和婉雍容、优游不迫之风；既有雄健豪放之作，也有清真澄澹之篇。质朴自然，清新晓畅，在中华民族古典诗歌的终结时期，不失为一次有益而成功的实践。

在当代中国古代诗学研究领域，清诗研究者有所谓仕宦文学与布衣文学分野之说②，也有所谓贵族文学与平民文学之论。在清代乃至近代，满族居于整个社会的最上层，具有最高的政治地位，而且，除王公宗室外，他们成为官员，进入仕途比汉族以及其他民族有着更为便捷的途径，这使得一般的满族知识分子有更多的机会、更快的晋升渠道成为国家机器的一部分。因而，我们现在看到的情况是，近代满族诗人绝大多数的身份是官员，低则县令、主事、内阁中书，高则督抚、将军、大学士，官阶、爵秩二品以上，亨通隆贵。只有区区数人无官无爵，身同下民。是不是满族文学就是"仕宦文学"或"贵族文学"呢？如果仅从诗歌创作者的身份来说，答案是肯定的，但如果从诗歌创作内容和情感方面来说，就很复杂了。由于近代满族诗人群体构成的多样性，决定了各个群体间存在较大的差异。具体来说，皇帝王公贵族所作诗歌多应制、题赠、酬应、消遣之作，歌功颂德、粉饰太平之声不绝于耳，风格半正典丽、雍容典雅，我们有理由说这是典型的贵族文学。部分宗室诗人和觉罗诗人尽管部分诗作有贵族文学或官宦文学的倾向，但同时，也有反映民瘼、关注时事之作，不完全属于贵族文学。大部分的满族诗人诗歌郊庙气、馆阁气较少，倒是更多发抒性情、记录游踪、描绘山水、反映时事和民间疾苦之作，甚至有些诗人如宗室宝廷、志润等时时发出贫困无依、世事艰难之叹，其思想感情与一般布衣诗人没有多大差别，因而也就难以用贵族文学或官宦文学名之。这是研究满族文学应该注意的。

近代满族诗人与祖国同呼吸，共命运，他们以诗歌反映了近代中国的

---

① 范罕：《蜗牛舍说诗新语》，张寅彭主编《民国诗话丛编》（二），第 570—571 页。
② 张琼：《清代"诗在布衣"现象论》，《北方论丛》2016 年第 2 期。

苦难历程。从鸦片战争开始，历经中法战争、甲午战争、戊戌变法、庚子事
变，以至辛亥革命，每一次重大的历史事件都在他们的诗歌中得到了体现。
他们抨击列强的入侵，批判和讽刺官员的庸碌无为，为王朝的失败和屈辱捶
胸顿足、扼腕叹息，个别诗人还主张师法西方先进的技术和政治制度，变法
图强，甚至呼吁改革内政，铲除积弊，如宗室寿富等。他们目睹了神州大地
上哀鸿遍野，灾民流离失所，并对他们寄予深切同情。当然，他们中的部分
诗人本身也陷入饥寒交迫之境，诗中屡屡慨叹困顿无奈之情，民族的苦难在
他们身上同样得到了反映。不可否认的是，在帝王逊位，清廷淡出历史舞台
之后，部分宗室诗人作为清朝遗老仍然对封建制度抱有幻想，怀念故国，表
达了无限留恋和惜别之情，成为历史发展中不和谐的音符。

　　金启孮先生说："清代对府邸、官员禁例很严，例如宗室不许出北京城
四十里以外，如王公擅自出京，马上革爵。京官也禁例很多，只有八旗外
官，收入、娱乐都比宗室王公和京官范围广阔，见识也多，比在天子脚下
舒服多了。"① 清代对宗室、满族官员行为的禁止，在很大程度上束缚了他们
的文学视野。他们步出京师一般只有两条途径，官员外任或奉使边地。清代
的疆域大大超出了元代以外任何时期，而出使边疆地区的使命又局限在八旗
官员之内，汉族官员是不能代表朝廷外出的。这样，京师之外中华大地的奇
异风光吸引了他们的眼球，奉使边地的"任务"又使他们时时留心路途的自
然风光和风土人情，这就产生了独具特色的"纪程诗"。这些诗篇绚烂瑰丽，
不仅将祖国的名山大川尽收笔下，边地的奇异景色也呈现在他们的诗卷里
面。这些诗篇极大地拓展了古代山水田园诗的地理范畴，成为近代乃至古代
诗歌一幅壮丽的画卷。

　　自宋代出现文学流派以来，明清两代层出不穷，但主要是汉族文学流
派，少数民族流派并不多。清初由于清廷忌讳文学团体的政治因素，曾一度
禁止集会结社，满族文人也不例外。随着文网松弛，统治乏力，近代出现了
两个主要由满族诗人结成的社团，一为秋红诗社，社中满族女性占据诗社的

---

①　金启孮：《金启孮谈北京的满族》，第 242—243 页。

半壁江山。这是满族女性文学创作由个体走向群体活动的重要一步，标志着她们个体意识觉醒，同时也意味着满族女性诗人群体的扩大，人数的增加，作为一个女性群体走出闺阁出现在满族文坛上，具有里程碑式的意义。另一个是主要由满族男性诗人组成的探骊诗社，这是一个初期主要由下级官吏和布衣、中下层诗人参加的文人团体，成员众多。其主要成员间经常诗酒聚会、联吟酬唱、切磋诗艺，对提高诗歌创作水平、扩大满族诗群影响起到了很好的作用。总之，满族文学社团的出现，显示了满族诗人群体阵容在近代进一步强大，文学创作水平整体达到了一定高度，其代表人物如宝廷、宗韶、斌良、宝鋆之诗歌水平不输汉族一流诗人。此外，众多文学家族的出现也是这个群体不可忽视的文学现象，它既是近代满族文学繁荣的表征，又是这个群体走向繁荣的必然趋势，将来尚需要进一步发掘。

　　总之，近代满族诗歌取得了较为辉煌的成就，在近代诗坛上也自成体系，自张一军，具有不容忽视的地位。学界理应加大对清代及近代满族文学的研究，给予他们足够的重视，赋予他们相应的位置。

参 考 文 献

一、古籍整理类

赵尔巽等：《清史稿》，中华书局 1977 年版。

王钟翰点校：《清史列传》，中华书局 1987 年版。

《清实录》，中华书局 1985 年影印本。

徐珂编撰：《清稗类钞》，中华书局 2010 年版。

鄂尔泰等修：《八旗通志》，东北师范大学出版社 1985 年版。

弘昼等编：《八旗满洲氏族通谱》，辽海出版社 2002 年版。

钱仪吉编：《碑传集》，《近代中国史料丛刊》本，台北文海出版社 1973 年版。

盛昱主编，马甫生等标校：《八旗文经》，辽沈书社 1988 年版。

李洵、赵德贵等主校点：《钦定八旗通志》，吉林文史出版社 2002 年版。

李元度纂，易孟醇校点：《国朝先正事略》，岳麓书社 2008 年版。

朱汝珍辑：《清代翰林名录》，北京燕山出版社 2008 年版。

马协弟主编：《杭州绥远京口福州八旗志》，辽宁大学出版社 1994 年版。

阿桂著，孙文良、陆玉华点校：《满洲源流考》，辽宁民族出版社 1988 年版。

恩华纂辑，关纪新整理点校：《八旗艺文编目》，辽宁民族出版社 2006 年版。

铁保辑：《熙朝雅颂集》，辽宁大学出版社 1992 年版。

钱仲联编校：《陈衍诗论合集》，福建人民出版社 1999 年版。

郭则沄纂，卞孝萱、姚松点校：《十朝诗乘》，福建人民出版社 2000 年版。

杨钟羲撰，雷恩海、姜朝晖校点：《雪桥诗话全编》，人民文学出版社 2011 年版。

张寅彭主编，张寅彭等点校：《民国诗话丛编》，上海书店出版社 2002 年版。

张寅彭选辑，吴忱、杨焄点校：《清诗话三编》，上海古籍出版社 2014 年版。

袁枚著，王英志编纂校点：《袁枚全集新编》，浙江古籍出版社 2018 年版。

柯愈春：《清人诗文集总目提要》，北京古籍出版社 2001 年版。

李灵年、杨忠主编：《清人别集总目》，安徽教育出版社 2002 年版。

昭梿：《啸亭杂录》，中华书局 1980 年版。

震钧：《天咫偶闻》，北京古籍出版社 1982 年版。

崇彝：《道咸以来朝野杂记》，北京古籍出版社 1982 年版。

法式善：《清秘述闻三种》，中华书局 1982 年版。

法式善：《陶庐杂录》，中华书局 1997 年版。

陈康祺：《郎潜纪闻初笔二笔三笔》，中华书局 1990 年版。

陈康祺：《郎潜纪闻四笔》，中华书局 1990 年版。

刘禺生：《世载堂杂忆》，中华书局 1960 年版。

刘体智：《异辞录》，中华书局 1988 年版。

梁章钜、朱智：《枢垣记略》，中华书局 1984 年版。

赵翼：《檐曝杂记》，中华书局 1982 年版。

姚元之：《竹叶亭杂记》，中华书局 1982 年版。

福格：《听雨丛谈》，中华书局 1984 年版。

刘声木：《苌楚斋随笔续笔三笔四笔五笔》，中华书局 1998 年版。

胡思敬：《国闻备乘》，中华书局 2007 年版。

朱彭寿：《旧典备徵》，中华书局 1982 年版。

国家清史编纂委员会：《清代诗文集汇编》，上海古籍出版社 2010 年版。

张应昌编：《清诗铎》，中华书局 1960 年版。

纳兰性德著，黄曙辉、印晓峰点校：《通志堂集》，华东师范大学出版社 2008 年版。

王英志主编：《清代闺秀诗话丛刊》，凤凰出版社 2010 年版。

爱新觉罗·岳端著，陈桂英点校：《玉池生稿》，天津古籍出版社 1990 年版。

法式善著，刘青山点校：《法式善诗文集》，人民文学出版社 2015 年版。

顾太清、奕绘著，张璋编校：《顾太清、奕绘诗词合集》，上海古籍出版社 1998

年版。

王培军、庄际虹校辑：《校辑近代诗话九种》，上海古籍出版社 2013 年版。

二、别集类

爱新觉罗·玄烨：《御制文集》，《清代诗文集汇编》第 191、192、193、194 册，上海古籍出版社 2010 年版。

爱新觉罗·颙琰：《御制诗》，《清代诗文集汇编》第 459、460、461、462 册，上海古籍出版社 2010 年版。

爱新觉罗·旻宁：《养正书屋全集》，《清代诗文集汇编》第 538 册，上海古籍出版社 2010 年版。

爱新觉罗·旻宁：《御制诗初集二十四卷》《御制诗余集十二卷》，《清代诗文集汇编》第 539 册，上海古籍出版社 2010 年版。

爱新觉罗·奕詝：《御制诗集》《御制文集》，《清代诗文集汇编》第 718 册，上海古籍出版社 2010 年版。

爱新觉罗·载淳：《御制诗集》《御制文集》，《清代诗文集汇编》第 781 册，上海古籍出版社 2010 年版。

爱新觉罗·载湉：《御制诗》《御制文》，《清代诗文集汇编》第 792 册，上海古籍出版社 2010 年版。

铁保：《惟清斋全集》，《清代诗文集汇编》第 432 册，上海古籍出版社 2010 年版。

恽珠：《红香馆诗草》《红香馆诗余》，《清代诗文集汇编》第 499 册，上海古籍出版社 2010 年版。

升寅：《晋斋诗存》，《清代诗文集汇编》第 469 册，上海古籍出版社 2010 年版。

穆彰阿：《澄怀书屋诗抄》，《清代诗文集汇编》第 540 册，上海古籍出版社 2010 年版。

斌良：《抱冲斋诗集》，《清代诗文集汇编》第 544 册，上海古籍出版社 2010 年版。

宝琳：《知足知不足斋诗存》，《清代诗文集汇编》第 577 册，上海古籍出版社 2010 年版。

豫本：《选梦楼诗抄》，《清代诗文集汇编》第 578 册，上海古籍出版社 2010 年版。

瑞元：《少梅诗抄》，《清代诗文集汇编》第 585 册，上海古籍出版社 2010 年版。

多隆阿：《慧珠阁诗抄》，《清代诗文集汇编》第 585 册，上海古籍出版社 2010 年版。

载铨：《行有恒堂初集》，《清代诗文集汇编》第 586 册，上海古籍出版社 2010 年版。

官文：《敦教堂诗钞》，《清代诗文集汇编》第 599 册，上海古籍出版社 2010 年版。

托浑布：《瑞榴堂诗》，《清代诗文集汇编》第 600 册，上海古籍出版社 2010 年版。

特依顺：《余暇集》，《清代诗文集汇编》第 607 册，上海古籍出版社 2010 年版。

崇恩：《香南居士集》，《清代诗文集汇编》第 614 册，上海古籍出版社 2010 年版。

宝鋆：《文靖公遗集》，《清代诗文集汇编》第 623 册，上海古籍出版社 2010 年版。

恩华：《求是真斋诗草》，《清代诗文集汇编》第 632 册，上海古籍出版社 2010 年版。

承龄：《大小雅堂诗集》，《清代诗文集汇编》第 655 册，上海古籍出版社 2010 年版。

绵愉：《爱日斋集》，《清代诗文集汇编》第 656 册，上海古籍出版社 2010 年版。

凤瑞：《如如老人灰余诗草》，《清代诗文集汇编》第 658 册，上海古籍出版社 2010 年版。

魁龄：《东使纪事诗略》，《清代诗文集汇编》第 660 册，上海古籍出版社 2010 年版。

恩锡：《承恩堂诗集》，《清代诗文集汇编》第 671 册，上海古籍出版社 2010 年版。

崇实：《适斋诗集》，《清代诗文集汇编》第 678 册，上海古籍出版社 2010 年版。

景廉：《度岭吟》，《清代诗文集汇编》第 692 册，上海古籍出版社 2010 年版。

锡缜：《退复轩诗》，《清代诗文集汇编》第 695 册，上海古籍出版社 2010 年版。

奕誌：《乐循理斋诗稿》，《清代诗文集汇编》第 703 册，上海古籍出版社 2010 年版。

铭安：《止足斋诗存》，《清代诗文集汇编》第 705 册，上海古籍出版社 2010 年版。

长善：《芝隐堂诗存》，《清代诗文集汇编》第 709 册，上海古籍出版社 2010 年版。

奕誴：《藏修斋诗稿》，《清代诗文集汇编》第 718 册，上海古籍出版社 2010 年版。

那逊兰保：《芸香馆遗诗》，《清代诗文集汇编》第 719 册，上海古籍出版社 2010 年版。

奕訢：《乐道堂诗抄》、文抄，《清代诗文集汇编》第 725 册，上海古籍出版社 2010 年版。

庆康：《墨花香馆诗存》，《清代诗文集汇编》第 729 册，上海古籍出版社 2010 年版。

志润：《寄影轩诗抄》，《清代诗文集汇编》第 733 册，上海古籍出版社 2010 年版。

奕譞：《九思堂诗稿》、续稿，《清代诗文集汇编》第 742 册，上海古籍出版社 2010 年版。

宗韶：《四松草堂诗略》，《清代诗文集汇编》第 753 册，上海古籍出版社 2010 年版。

廷奭：《未弱冠集》，《清代诗文集汇编》第 757 册，上海古籍出版社 2010 年版。

毓俊：《友松吟馆诗抄》，《清代诗文集汇编》第 768 册，上海古籍出版社 2010 年版。

奕詥：《徯月轩诗集》，《清代诗文集汇编》第 771 册，上海古籍出版社 2010 年版。

廷雍：《读画斋且存稿》，《清代诗文集汇编》第 771 册，上海古籍出版社 2010 年版。

盛昱：《意园文略》《郁华阁遗集》，《清代诗文集汇编》第 772 册，上海古籍出版社 2010 年版。

敦崇：《紫藤馆诗草》《南行诗草》，《清代诗文集汇编》第 780 册，上海古籍出版社 2010 年版。

载澂：《世泽堂古近体诗遗稿》《世泽堂古文遗稿》，《清代诗文集汇编》第 785 册，上海古籍出版社 2010 年版。

瑞洵：《犬羊集》，《清代诗文集汇编》第 787 册，上海古籍出版社 2010 年版。

载滢：《云林书屋诗集》，《清代诗文集汇编》第 788 册，上海古籍出版社 2010 年版。

毓朗：《余痴生诗集》，《清代诗文集汇编》第 789 册，上海古籍出版社 2010 年版。

廷樾：《报好音斋文稿》，同治家刻本。

廷桂：《仿玉局黄楼诗稿》，光绪十年刻本。

玉德：《余荫堂诗稿》，清刻本。

法良：《沤罗庵诗稿》，清刻本。

吉年：《藤盖轩诗集》，咸丰壬子年刻本。

阔普通武：《青海奉使集》，光绪刻本。

阔普通武：《南皮游草》，铅印本。

阔普通武：《万生园百咏》，宣统三年刊本。

麟光：《书春堂诗集》，咸丰七年刻本。

麟桂：《退省轩诗集》，清抄本。

庆麟：《松阘阁诗抄》，光绪十一年刻本。

荣禄：《荣文忠公集》，民国石印本。

奭良：《野棠轩全集》，民国十七年吉林奭氏铅印本。

双成：《听雨轩集》，清刻本。

延隆：《谦益堂诗存》，同治戊辰刻本。

豫本：《选梦楼诗抄》，道光刻本。

志锐：《廓轩竹枝词》，宣统二年石印本。

志锐：《张家口至乌里雅苏台竹枝词》，宣统二年南陵徐氏刻本。

花沙纳：《东使记程》，道光三十年刻本。

文焕：《叙州集》，光绪二十九年叙州刻本。

文干：《纪程诗抄》，道光九年刻本。

文篁：《佩兰轩绣余草》，光绪九年家刻本。

魁玉：《翠筠馆诗存》，同治七年刻本。

贵成：《灵石山房诗草》，同治七年刻本。

贵恒：《使闽吟草》，清刻本。

成坤：《雪香吟馆诗草》，清抄本。

龄文：《絮香吟馆小草》，光绪十三年刻本。

多敏：《逸倩阁遗诗》，光绪十九年刻本。

百保：《冷红轩诗抄》，光绪八年葆真斋重刻本。

三、著述类

江庆柏：《清代人物生卒年表》，人民文学出版社 2005 年版。

萧一山：《清代通史》，华东师范大学出版社 2006 年版。

李燕光、关捷主编：《满族通史》，辽宁民族出版社 2003 年版。

滕绍箴：《清代八旗子弟》，中国华侨出版公司 1989 年版。

杜家骥：《八旗与清朝政治论稿》，人民出版社 2008 年版。

杜家骥：《清朝满蒙联姻研究》，故宫出版社 2013 年版。

刘小萌：《清代北京旗人社会》，中国社会科学出版社 2008 年版。

刘小萌：《清代八旗子弟》，辽宁民族出版社 2008 年版。

刘小萌：《爱新觉罗家族史》，中国社会科学出版社 2015 年版。

王凯旋：《清代八旗科举述要》，人民日报出版社 2015 年版。

杨学琛、周远廉：《清代八旗王公贵族兴衰史》，辽宁人民出版社 1986 年版。

赖慧敏：《清皇族的阶层结构与经济生活》，辽宁民族出版社 2011 年版。

戴锦华：《清末民初旗民生存状态研究》，人民出版社 2010 年版。

张杰：《清朝三百年史》，社会科学文献出版社 2011 年版。

张杰：《清代科举家族》，社会科学文献出版社 2003 年版。

张杰：《清文化与满族精神》，辽宁民族出版社 2012 年版。

鲍明：《满族文化模式：满族社会组织和观念体系研究》，辽宁民族出版社 2005 年版。

戴逸：《乾隆帝及其时代》，中国人民大学出版社 2008 年版。

中国社会科学院近代史研究所政治史研究室：《清代满汉关系研究》，社会科学文献出版社 2011 年版。

金启孮：《金启孮谈北京的满族》，中华书局 2009 年版。

张德泽：《清代国家机关考略》，学苑出版社 2001 年版。

潘洪钢：《清代八旗驻防族群的社会变迁》，人民出版社 2018 年版。

王志明：《清代职官人事研究》，上海书店出版社 2016 年版。

周虹：《满族妇女生活与民俗文化研究》，中国社会科学出版社 2005 年版。

许可峰：《核心与边缘：清代前中期民族文教政策研究》，民族出版社 2017 年版。

何炳棣著，徐泓译注：《明清社会史论》，中华书局 2019 年版。

邸永君：《清代翰林院制度》，社会科学文献出版社 2002 年版。

邸永君：《清代满蒙翰林群体研究》，黑龙江人民出版社 2005 年版。

刘金德：《满洲瓜尔佳氏索尔果家族研究》，中国社会科学出版社 2019 年版。

陈江明：《清代杭州八旗驻防史话》，杭州出版社 2015 年版。

阎丽杰：《满族审美文化研究》，中国社会科学出版社 2015 年版。

尚小明：《学人游幕与清代学术》，东方出版社 2018 年版。

［英］J. G. 弗雷泽：《金枝》，商务印书馆 2014 年版。

［英］罗伯特·莱顿：《艺术人类学》，文化艺术出版社 2021 年版。

［美］路康乐：《满与汉：清末民初的族群关系与政治权力》，中国人民大学出版社 2010 年版。

［美］韦勒克、沃伦：《文学理论》，刘象愚译，江苏教育出版社 2005 年版。

［意大利］维科：《新科学》，人民文学出版社 1986 年版。

徐世昌：《晚晴簃诗话》，华东师范大学出版社 2009 年版。

钱仲联主编：《清诗纪事》，凤凰出版社 2004 年版。

邓伟主编：《满族文学史》，辽宁大学出版社 2012 年版。

袁行云：《清人诗集叙录》，人民文学出版社 2016 年版。

朱则杰：《清诗考证》，人民文学出版社 2012 年版。

关纪新：《满族书面文学流变》，中国社会科学出版社 2015 年版。

张菊玲：《清代满族作家文学概论》，中央民族学院出版社 1990 年版。

张佳生：《清代满族诗词十论》，辽宁民族出版社 1993 年版。

张佳生：《独入佳境——满族宗室文学》，辽宁人民出版社 1997 年版。

张佳生：《清代满族文学论》，辽宁民族出版社 2009 年版。

张佳生：《八旗十论》，辽宁民族出版社 2008 年版。

王佑夫主编：《清代满族诗学精华》，中央民族大学出版社 1994 年版。

朱眉叔等选注：《满族文学精华》，辽沈书社 1993 年版。

董文成：《清代满族文学史论》，中国文联出版社 2000 年版。

罗时进：《地域　家族　文学——清代江南诗文研究》，上海古籍出版社 2010 年版。

罗时进：《文学社会学——明清诗文研究的问题与视角》，中华书局 2017 年版。

胡媚媚：《清代诗社研究》，中国社会科学出版社 2022 年版。

潘务正：《清代翰林院与文学研究》，人民出版社 2014 年版。

刘嘉伟：《元代多族士人圈的文学活动与元诗风貌》，人民出版社 2016 年版。

夏勇：《清诗总集通论》，中国社会科学出版社 2016 年版。

李芳：《清代说唱文学子弟书研究》，社会科学文献出版社 2022 年版。

叶舒宪：《文学人类学教程》，中国社会科学出版社 2010 年版。

多洛肯：《元明清少数民族汉语文创作诗文叙录》，中国社会科学出版社 2014 年版。

多洛肯：《元明清少数民族汉语文创作诗文叙录》（清代卷），中国社会科学出版社 2014 年版。

王晓燕：《清代女性诗学思想研究》，四川大学出版社 2014 年版。

王英志：《性灵派研究》，辽宁大学出版社 1998 年版。

严迪昌：《清诗史》，浙江古籍出版社 2002 年版。

王小舒：《中国诗歌通史》（清代卷），人民文学出版社 2012 年版。

蒋寅：《清代诗学史》（第一卷），中国社会科学出版社 2012 年版。

蒋寅：《清代诗学史》（第二卷），中国社会科学出版社 2019 年版。

蒋寅：《中国诗学之路》，商务印书馆 2021 年版。

蒋寅：《王渔洋事迹征略》，人民文学出版社 2001 年版。

魏泉：《士林交游与风气变迁》，北京大学出版社 2008 年版。

黄建军：《康熙与清初文坛》，中华书局 2011 年版。

梁乙真：《中国妇女文学史纲》，上海书店出版社 1990 年版。

曾大兴：《中国历代文学家之地理分布》，商务印书馆 2013 年版。

曾大兴：《文学地理学概论》，商务印书馆 2017 年版。

王兵：《清人选清诗与清代诗学》，中国社会科学出版社 2011 年版。

四、期刊论文

王钟翰：《关于满族形成中的几个问题》，《社会科学战线》1981 年第 1 期。

李广柏：《曹雪芹是满族作家吗?》，《红楼梦学刊》1982 年第 1 期。

朱眉叔：《清代满族诗人诗歌创作的杰出成就》，《社会科学辑刊》1983 年第 1 期。

张菊玲：《清代满族作家文学创作简论》，《天津师范大学学报》1983 年第 4 期。

张佳生：《清代前中期满族布衣诗人述略》，《社会科学辑刊》1990 年第 1 期。

张佳生：《康熙朝满族文学兴盛的原因》，《满族研究》1995 年第 1 期。

赵志忠：《满族文学分期问题》，《黑龙江民族丛刊》1993 年第 3 期。

赵志忠：《满族文学源流及其发展》，《满族研究》2013 年第 2 期。

关纪新：《马迹蛛丝辨纳兰——成容若民族文化心态管窥》，《承德民族师专学报》

2006 年第 4 期。

邓伟：《毓俊诗歌思想性初论》，《辽宁大学学报》1986 年第 5 期。

邓伟：《满族文学研究的回顾》，《满族研究》1991 年第 4 期。

王佑夫：《清代满族文学理论批评述略（一）》，《昌吉学院学报》2002 年 4 期。

王佑夫：《清代满族文学理论批评述略（二）》，《昌吉学院学报》2003 年 1 期。

多洛肯：《清代中期满族文学家族及其诗文创作初探》，《西北师范大学学报》2014 年第 6 期。

多洛肯、吴伟：《清代后期满族文学家族及其诗文创作初探》，《满语研究》2013 年第 1 期。

多洛肯：《晚近古代少数民族文学研究的新趋向》，《西南民族大学学报》2020 年第 4 期。

侯冬：《玉德家族诗歌创作与清代中后期满族诗坛》，《兰州学刊》2020 年第 3 期。

顾建娣：《清代的旗人书院》，《近代史研究》2015 年第 6 期。

高莲莲：《康熙己未博学鸿儒科与明遗民心态的变迁》，《青岛大学师范学院学报》2010 年第 4 期。

姚大力：《中国历史上的民族关系与国家认同》，《中国学术》2002 年第 4 期。

刘大先：《文学共和：作为社会主义文学的少数民族文学》，《民族文学研究》2014 年第 1 期。

魏泉：《宣南人文环境的形成》，《北京社会科学》2003 年第 4 期。

李春青：《闲情逸致：古代文人趣味的基本特征及其文化政治意蕴》，《江海学刊》2013 年第 5 期。

刘继才：《论宋代题画诗词勃兴的原因及其特征》，《沈阳师范大学学报》2008 年第 1 期。

李定广：《论中国古代咏物诗的演进逻辑》，《中山大学学报》2015 年第 4 期。

五、学位论文

刘晴：《晚清名士盛昱研究》，黑龙江大学硕士学位论文，2010 年。

蒋亚：《满汉融合与清初宗室诗歌》，湖南师范大学硕士学位论文，2007 年。

李扬：《八旗诗歌史》，浙江大学博士学位论文，2014 年。

朱吉吉：《清代满族女诗人研究》，浙江大学硕士学位论文，2011 年。

陈欣欣：《晚清满族文人盛昱研究》，上海外国语大学硕士学位论文，2017 年。

王菲：《清代宗室诗人群体研究》，辽宁大学硕士学位论文，2017 年。

致　谢

　　拙著是在 2011 年教育部人文社科基金项目"近代满族诗人群体研究"（11YJA751018）结项成果的基础上进一步完善而成的。从事满族文学研究说起来很偶然，当初为了申报教育部人文社科基金项目，选题问题成了难题，就咨询我的导师山东大学孙之梅先生，她提示我清代满族文学作品数量多、研究少，可待挖掘的领域较广，可以以此选择一个侧面进行申报。此时我对该领域一无所知，就着手查找相关资料，发现这真是一个可待开拓的研究领域。于是在 2011 年以上述选题进行申报，幸而获得批准，从此进入了该领域的学习研究，直到今天。在此过程中，先后又于 2018 年获得山东省社会科学规划研究项目"清代满族文学家族研究"（18CZWJ10）、2021 年获得国家社会科学基金项目"清代旗籍翰林群体文学研究"（21BZW176），算是对该领域进一步研究的路标吧。

　　当时结项仅有 20 万字，近几年随着研究视野的拓展和山东省社科规划项目的落实，对近代满族诗歌研究又有进展，如关于近代满族纪程诗极大地拓展了中国古代纪游诗的书写范围，为此撰写了"近代满族纪程诗对藩部的书写"一节，而满族文学家族的涌现也是不争的事实，又增设了"近代满族著名文学家族创作"一章，选取三个有代表性的近代满族文学家族加以探讨。这样对近代满族诗人群体文学创作的研究就呈现出多侧面多维度的特点，也更为全面深刻了。需要说明的是，拙作的部分成果此前分别在《民族文学研究》《满族研究》《济南大学学报》《河北民族师范学院学报》等学术期刊上发表过，衷心感谢这些学术刊物的有力支持。

　　拙作有赖于教育部人文社科基金项目（11YJA751018）、山东省社科规划项目（18CZWJ10）和国家社科基金项目"清代旗籍翰林群体文学研究"（21BZW176）的资助而成，在此感谢济南大学文学院、社科处的支持，特别是要感谢济南大学出版基金对本书的资助。感谢郭延礼先生、孙之梅先生和郭浩帆先生长期以来对我的指导和帮助，他们是我学术之路和生活之路上的向导。在拙著付梓之际，更要特别感谢人民出版社王萍老师的热心支持和帮助！没有王老师的提携和支持，很难在这么短暂的时间内及时出版，王老师对学术的热心支持将使我终生难忘！